岩 波 文 庫
33-693-2

# ヘーゲルからニーチェへ

——十九世紀思想における革命的断絶——

（上）

レーヴィット著
三 島 憲 一 訳



岩 波 書 店

エドムント・フッサールの思い出に

# 凡　例

本訳書の底本は、Karl Löwith, *Von Hegel zu Nietzsche. Der revolutionäre Bruch im Denken des neunzehnten Jahrhunderts*, Hamburg (Felix Meiner Verlag), 1995 である。Philosophische Bibliothek シリーズの Bd. 480 に収められている。

当初は *Von Hegel bis Nietzsche* というタイトルで――副題はなかった――一九四一年、チューリヒおよびニューヨークのヨーロッパ出版社で出版された。一九五〇年の第二版は、『ヘーゲルからニーチェへ――十九世紀思想における革命的断絶　マルクスとキルケゴール』と副題をつけて、チューリヒおよびニューヨークのヨーロッパ出版社およびシュトゥットガルトのコールハマー社から出された。ただし、本書の底本である第九刷(一九八六年)では副題の末尾「マルクスとキルケゴール」は削除されている。

第二版の序文――「ニューヨーク　一九四九年」と記されている――でレーヴィットは、第一版に多少の変化を加えたことを指摘している。それらは、主として簡略化と削除から成っていた。これは時代が変わったために、例えばナチスへの言及の部分などが不要になったためもある。いずれにしても、当時ドイツ国内にいた多くの著作家とちがって、亡命していたレーヴィットは戦後に具合が悪くなって削除した文章などはない。全集版第四巻(Karl Löwith, *Sämtliche Schriften*, Bd. 4, Stuttgart 1988)には、その異同が詳しく記されている。本書ではドイツ語の細かい修正や形式的な部分の訂正は省略して、内容的な、特に政治状況の変化に由来する部分などを選択して訳した(下巻「付録　初版との異同」参照)。

その後はすべて第二版にしたがって増刷された。第五刷まではシュトゥットガルトのコールハマー社、第六刷はフランクフルト・アム・マインのフィッシャー社、第七刷から第八刷はハンブルクのフェリックス・マイナー社で出ている。

以下に訳文作成におけるいくつかの記号その他を記しておく。

1　著者による原注は、通し番号になっているが、編集の都合上、章ごとに1から番号をはじめ、各巻末に記した。

2　簡単な訳注は〔……〕で本文に記した。ただし、原注部分にも〔……〕と訳注をつけた箇所がある。

3　それ以外の訳注は本文中に〔1〕のように記し、各巻末にまとめた。

4　用語にドイツ語を補う時には括弧なしで記した。例――聖変化 Transsubstantiation

5　人名についての簡単な解説は各巻末にアイウエオ順に記し、初出箇所に＊を付した。ただ、あまりに自明の人名（プラトン、アリストテレス、ゲーテ、ヘーゲル、マルクス、キルケゴール、ニーチェなど）については記さなかった。本文の章タイトルを成す人名は、著者の記述で十分に説明されているからである。

6　原書中のイタリック文字の箇所は、原則として傍点をつけた。ただ、例えばフランス語であるがゆえにイタリックになっているような用語には、それは適用しなかった。また、人名がイタリックになっている場合も、傍点は附さなかった。

7　本文中の引用文は原則「……」とした。ただし、引用文中の引用文は〈……〉とした。

8　著者が強調するために用語につけている引用記号はそのまま「……」で再現した場合もあれば、〈……〉で再現した場合もある。引用度が強い場合は前者であり、強調度が強い場合は後者である（例――〈絶対知〉）。しかし、両者の区分は難しく、揺れ動いている場合もあろう。レイアウト上「……」の頻出を避けたためもある。同じく、著者が特になにもつけていない語でも、テクニカルターム的なニュアンスの強い場合には、テクストにアクセントを付けるために〈……〉とした場合もある。

9　段落はできるだけ原書にしたがったが、それでもあまりにも長大と思われる場合には、最近の習慣に合わせて適宜分けたところもある。

10　レーヴィットの文章は比較的明快であるが、それでも当時のドイツの教授に固有の長い文章も多い。そうしたものは、日本語の文体に合うようにいくつかに分けた。

# 初版の序文

十九世紀ドイツ精神の歴史における本来的なできごとは、ヘーゲルとニーチェという両極のあいだで、起きている。もっとも、ヘーゲルの著作は一般には観念論の体系のみごとな完成と思われており、逆にニーチェの書いたものは、そのつどの時代に合わせて適当に抜粋されているので、ふたりを論じるときにはきわめて慎重な対応が必要である。ヘーゲルはその作品を見るだけでは、今ではもうはるか彼方の存在に思えるし、ニーチェはその影響から見ただけではわれわれのすぐそばにいるように思える。だが実際にはヘーゲルの仕事は、彼の弟子たちを通じて、精神と政治にどんなに高く評価してもかまわないほどの影響を与えている。逆に一八九〇年以降ニーチェから発した無数の影響は、われわれの時代になってようやくひとつのイデオロギーへと固まってきたと言える。一八四〇年代のヘーゲル屋 Hegelinge たちに相応するのが、昨日のニーチェ屋 Nietzschelinge である。

ヘーゲルの体系は、ヘーゲルの専門家によってアカデミズムのなかで硬直したものとなり、ニーチェの著作は、崇拝者たちによって俗受けをめざして歪められてしまった。そうした行き方と反対に本書では、ヘーゲルからニーチェまでの時代を真に現代に浮かび上がらせることを、つまり十九世紀の哲学の歴史を現代の地平で〈書き直す〉ことをめざしている。だが、歴史を書き直すとは、かつて一度起きてもはや永久に変えられないことを、現代の生活に利用するべく捏造し、真理を犠牲にすることではない。むしろ、木はそれがつける果実によって、父は息子によってその真価がわかるという生きた歴史の事実に対応することである。二十世紀になってはじめて、十九世紀に本当に起きたことが明確になり、また解釈できるようになった。ヘーゲル以降の哲学的発展の恐るべきすじみちこそは、過激さにいたるその後のあゆみを辿りやすくしてくれている。

とはいえ、精神の歴史を論じる本書は、普通の意味での精神史研究ではない。なぜならヘーゲルの精神の形而上学に由来する精神の歴史なるものの基盤は、あの時代以来の動きの中で、まったく空疎なものとなってしまったからである。歴史の主体および実体とされた精神なるものは、もはや基盤などではなく、せいぜいのところ、それ自身が一個の問題となってしまった。ヘーゲルの歴史的相対主義は、そのはじまりと終わりに〈絶対知〉を想定していた。この〈絶対知〉とつながるなかで、精神の発展におけるそのつどの進展は、いずれも自由の意識の進歩ということになっていた。それに対して〈精神〉についての歴史学的な学問における知なるものは、もはや相対的ですらなくなってしまった。なぜなら、そのつどの時代の動きを判断する基準がなくなってしまったからである。精神と言われたもののうちなにがしかが残っているとすれば、それは、〈時代精神〉なるものでしかない。だが、時代を時代として把握し、概念化するためだけでも、時代の単なるできごとを越えた立場というものが必要である。ところが哲学を〈時代の精神〉と同一視することによってヘーゲルの弟子たちは革命的な力を得ることになった。そうである以上、ヘーゲルからニーチェまでの時代についての論考は最終的には次のような問いを投げかけざるを得ない。つまり、「歴史のあり方と〈意味〉は、そもそも歴史自身から定義されうるのだろうか？　もしそうでないならば、いったいなにによって定義が可能なのだろうか？」という問いである。

　十九世紀におけるドイツ精神の歴史を論じた以下の論考においては、十九世紀哲学史を余す所なく描くことはまったく意図されていない。そもそも歴史的に把握するために材料を完全に渉猟するのは不可能なだけでなく、そういうことは歴史における作用連関〔1〕の意味に反することでもあろうからである。この世の現実の歴史にしても精神の歴史にしても、それほどにも思えないできごとが、重大な含みのある事件へと展開することもあれば、また逆に大変な事件と思えたことが、じきにたいした事件でなくなってしまうこともある。それゆえ、たとえ予告的にであれ、あるいは事後的にであれ、ひとつの時代をあらゆる側面において特徴づけるなんらかの全体なるものを確定しようなどと思うことは無意味なことである。歴史の動きにおいて最後になにが生じるかがあらかじめ明らかになることは決してない以上、意味がずれて行くプロセスが終わることはあり得ない。それゆえ、本書がめざしているのは、ヘーゲルによる完成とニーチェによる新たなはじまりとのあいだの決定的な転換点を示し、すでに忘れられたエピソードが実は時代を画する意味をもっていることを現代の光に照らして明らかにする、このこと以上ではない。

十九世紀は、自らこの世紀より上だと思い上がっている今の時代のパースペクティヴから見るなら、たったひとつのキーワードで捉えることができるように思え、また、そうするだけで〈克服〉しえたかに見えるかもしれない。しかし、ニーチェといえども、自らがこの世紀の征服者であるとともに、継承者であることを自覚していた。時間の全体から見るならばひとつの時代というのは、賞賛にも非難にもあたいしない。なぜなら、どんな時代も債務者であるとともに債権者でもあるからだ。実際に過ぎ去ったこの十九世紀の隊列には、先駆者もいれば、並走者もいる。傑出した存在もいれば、平均的な者たちもいる。明晰な者もいれば、混乱した者もいる。十九世紀とは、ヘーゲルとゲーテであり、またシェリングとロマン派でもある。ショーペンハウアーとニーチェでもあれば、マルクスとキルケゴールでもある。しかしまた、フォイエルバッハとルーゲでもあれば、ブルーノ・バウアーとシュティルナーでもあり、エドゥアルト・フォン・ハルトマンとデューリングである。この世紀はまたハイネとベルネであり、ヘッベルとビュヒナー、インマーマンとケラー、シュティフターとストリンドベリ、ドストエフスキーとトルストイである。さらには、スタンダールとバルザック、ディッケンズとサッカレー、フローベールとボードレール、メルヴィルとハーディ、バイロンとランボー、レオパルディとダヌンツィオ、ゲオルゲとリルケである。そして、ベートーヴェンとヴァグナー、ルノワールとドラクロワ、ムンクと〔ハンス・フォン・〕マレー、ファン・ゴッホとセザンヌである。また十九世紀は、ランケやモムゼン、ドロイゼンやトライチュケ、テーヌやブルクハルトの巨大な歴史的著作の時代であるとともに、自然科学における猛烈な発展の時期でもあった。また最後には、ナポレオンとメッテルニヒの、マッツィーニとカブールの、ラサールとビスマルクの、ルーデンドルフとクレマンソーの時代でもある。十九世紀はフランス大革命から一八三〇年に至り、さらにはこの一八三〇年から第一次世界大戦まで続いている。またこの世紀は、人間にとっては幸せでもあり不幸せでもあるが、次から次へと技術文明をもたらし、われわれがそれなしにはもはやどうやって日常生活を続けたらいいのか想像もできないほどにまで、発明を地球全体に広めて行った。

　われわれがまだこの十九世紀によって生活していること、だからこそ「われわれのあとの人々はなにによって生きるのだろうか？」というルナン*の問い――これはまたブルクハルトの、ニーチェの、そしてトルストイの問いでもあったが――が理解できるのだ。このことを否定できる者はいないだろう。もしもこの問いに時代の精神からだけ可能な返答があるとするならば、一九〇〇年以前に生まれ、第一次世界大戦によって成熟したわれわれの世代が言いうる最後の、そして正直な言葉は、断固たるあきらめということになろう。しかも、いかなる功績もない世代のいだくあきらめである。なぜならほとんどすべてのことが失敗してしまったあかつきには、諦念こそが容易なものだからである。

仙台（日本）　一九三九年春

# 第二版の序文

本書が書かれてから、出来事の多かった、しかしきわめて貧困だったこの十年が過ぎ去った。過ぎ去ったとはいえ、依然として現代を作っている十年である。そのために著者としては、この新版にあたっては、いくつかの変更を加えざるを得なかった。変更の大部分は、削除、短縮である。時代状況が変わったことを受けて、いくつかの現在形の文章は過去形に変えた。

しかし、本書の本来のテーマは、時代の出来事によっても変わることはなかった。そのテーマとは、ヘーゲルの絶対精神の哲学がマルクスとキルケゴールによって逆転されて、マルクス主義と実存主義へと変形された過程である。そしてこれは、今日の読者には、当時よりもいっそう重要なことと思われる。

ニューヨーク　一九四九年

# 目　次

凡　例　3
初版の序文　7
第二版の序文　13

第一部　十九世紀における精神の歴史

序章　ゲーテとヘーゲル……25
第一節　ゲーテにおける原現象の直観とヘーゲルにおける絶対者の概念的把握……32
a　原理の共通性　32
b　解釈における違い　37
第二節　薔薇と十字架……50
a　ヘーゲルにおける理性と十字架の結合を拒否するゲーテ　50
b　人間性《フマニテート》と十字架のゲーテによる結合　56
c　薔薇と十字架についてのルターの意味　60
d　ヘーゲルとゲーテの〈プロテスタンティズム〉　62

e　ゲーテのキリスト教的異教主義およびヘーゲルの哲学的キリスト教　64
f　ゲーテとヘーゲルが完成させた世界の終焉　78

時代の精神的潮流の起源――ヘーゲルの精神の歴史哲学から見る

第一章　ヘーゲルにおける世界史と精神史の完成――歴史の終結……85
第一節　世界史の終結という構造……85
第二節　精神の絶対的形式の歴史的終結という構想……96
a　芸術および宗教　97
b　哲　学　104
第三節　ヘーゲルにおける国家およびキリスト教と哲学との宥和……119
第二章　老年ヘーゲル派、青年ヘーゲル派、新ヘーゲル派……133
第一節　老年ヘーゲル派におけるヘーゲル哲学の維持……133
第二節　青年ヘーゲル派によるヘーゲル哲学の転覆……161
a　ルートヴィヒ・フォイエルバッハ〔一八〇四―一八七二年〕　174
b　アーノルト・ルーゲ〔一八〇二―一八八〇年〕　200

c　カール・マルクス〔一八一八―一八八三年〕　220
d　マックス・シュティルナー〔一八〇六―一八五六年〕　246
e　ブルーノ・バウアー〔一八〇九―一八八二年〕　253
f　ゼーレン・キルケゴール〔一八一三―一八五五年〕　262
g　シェリングと青年ヘーゲル主義者たち　273
第三節　新ヘーゲル主義者たちによるヘーゲル哲学の復興……288
第三章　マルクスとキルケゴールの決断――ヘーゲル的媒介の解体……324
第一節　ヘーゲルの現実概念に対する全般的な批判……324
第二節　マルクスとキルケゴールによる批判的区別……344
a　マルクス　344
b　キルケゴール　348
第三節　資本主義世界の批判、世俗化したキリスト教世界の批判……360
a　マルクス　360
b　キルケゴール　373
第四節　ヘーゲル的宥和の起源としての分裂……382

歴史的時間の哲学から永遠性の希求へ
第四章　われわれの時代および永遠性の哲学者ニーチェ……410
第一節　ニーチェによるゲーテとヘーゲルの評価……413
第二節　一八四〇年代のヘーゲル主義とニーチェの関係……424
第三節　ニーチェにおけるニヒリズム克服の試み……441
第五章　時代の精神と永遠性への問い……473
第一節　はるかな時代の精神から時代精神への変化……473
第二節　ヘーゲルとゲーテにおける時間と歴史……490
a　永遠としての現在　490
b　ヘーゲルの歴史の哲学と、世界の事象についてのゲーテの直観　501

邦訳文献一覧　114
人名注　92
訳注　82

原注　8
引用書誌　1

《下巻目次》

凡　例

第二部　市民的＝キリスト教的世界の歴史

第一章　市民社会の問題

第一節　ルソー――ブルジョアと市民
第二節　ヘーゲル――市民社会と絶対的国家
第三節　マルクス――ブルジョアとプロレタリアート
第四節　シュティルナー
――唯一者としての自我による市民的人間とプロレタリア的人間の差異の解消
第五節　キルケゴール――市民的＝キリスト教的自我
第六節　ドノソ・コルテスとプルードン
――キリスト教による上からの独裁および無神論による下からの社会新秩序の創設
第七節　アレクシ・ド・トクヴィル
――市民的デモクラシーからデモクラシーによる独裁への発展
第八節　ジョルジュ・ソレル――労働者たちの非市民的デモクラシー
第九節　ニーチェ――畜群人間と先導獣

第二章　労働の問題
第一節　ヘーゲル――自己自身の外化としての労働、労働を通じての世界形成
第二節　コンスタンティン・レースラーとアーノルト・ルーゲ
――世界の獲得および人間の解放としての労働
第三節　マルクス
――人間自身が所有していない世界における人間の自己疎外としての労働
a　古典経済学における抽象的労働概念への批判
b　ヘーゲル哲学の抽象的労働概念への批判
第四節　キルケゴール――自分になるために労働がもつ意義
第五節　ニーチェ――祈りと瞑想を解消する労働
第三章　教養の問題
第一節　ヘーゲルの政治的人文主義
第二節　青年ヘーゲル派
a　ルーゲによる美的教養の政治化
b　シュティルナーにおける唯一者の自己啓示
――人文主義的教養と現実主義的教養の矮小化
c　ブルーノ・バウアー――普遍的という決まり文句への加担に対する批判
第三節　教養の世紀についてのブルクハルトの見解、
知の矛盾についてのフローベールの見方

第四節　かつての教養および現在の教養に対するニーチェの批判
第四章　人間性の問題
第一節　ヘーゲル――人間の普遍的本質としての絶対精神
第二節　フォイエルバッハ――人間の最高の本質としての肉体を備えた人間
第三節　マルクス――類的人間の可能性としてのプロレタリア
第四節　シュティルナー――人間の所有者としての唯一者の自我
第五節　キルケゴール――絶対的人間性としての単独の自我
第六節　ニーチェ――人間の超克としての超人
第五章　キリスト教の問題
第一節　ヘーゲル――宗教を哲学へと止揚
第二節　シュトラウス――キリスト教を神話へと還元
第三節　フォイエルバッハ――キリスト教を人間の自然的本質へと還元
第四節　ルーゲ――キリスト教の代替としての人間性
第五節　バウアー――神学とキリスト教の解体
第六節　マルクス――キリスト教は倒錯した世界とする説明
第七節　シュティルナー――神と人間の体系的な破壊
第八節　キルケゴール――逆説的な信仰概念、既存のキリスト教のあり方への攻撃
第九節　ニーチェ――キリスト教的道徳と文化に対する批判
第十節　ラガルド――教会化したキリスト教に対する批判

第十一節　オーファーベック
——原始キリスト教と消滅するキリスト教の歴史的分析
付録　初版との異同
解　説
訳者あとがき
年　表
邦訳文献一覧
人名注

訳　注
原　注
人名索引

# 第一部　十九世紀における精神の歴史

# 序章　ゲーテとヘーゲル(1)

ゲーテはドイツ文学を世界文学へと高めた。ヘーゲルはドイツ哲学を、世界的な哲学へと高めた。彼らの仕事の力は、やろうとすることとやれることとが一致した、完全な基準となるものだった。それに比べると彼ら以後の者たちは、視野の広さにおいても、仕事を仕上げるエネルギーにおいても、とても彼らと太刀打ちできない。あまりにも無理をしているか、逆にゆるんでいるか、過激であるか、凡庸であるか、言うことは言うが、そのとおりにできていなかったりだった。

一八〇六年といえば、ナポレオンがイエナとヴァイマールを通過した年だが、この同じ一八〇六年に、ヘーゲルは『精神現象学』を完成させ、ゲーテは『ファウスト』第一部を書き上げた。ドイツ語がその最も豊かな広がりと最も充実した深さを獲得したのが、この二つの作品である。とはいえ、ゲーテとヘーゲルの関係というのは、まったく目立たないものだった。当時のドイツの他の思想家と他の詩人との関係ならいろいろとあったのだが、詩人ゲーテと思想家ヘーゲルの関係というのは、想像がつきにくい。それゆえ、彼ら二人はまったく無関係に暮らし、一緒になんらかの活動をしたことはない、という印象が生まれやすい。シラーはカントの影響を受け、ロマン派の人々は、*フィヒテやシェリングから多くを受けている。しかし、自然および人間の世界についてのゲーテの見方には、いかなる古典的哲学者の影響もない。ゲーテの詩作は、それ自身として、豊かな思想に溢れていたために、いかなる哲学的な支えも必要としなかった。そして自然科学についてのゲーテの研究も、彼の文学と同じ想像力によって導かれていた。

したがって、この序論のタイトルで「ヘーゲルとゲーテ」というようにふたりを並べても、それは、彼らのライフワークが相互に依存し合っているとか、直接に絡みあっている、といった意味合いは含まない。むしろ、この並列によって私は、ゲーテの直観とヘーゲルの概念的把握のあいだに、なんらかの内的関係があることを示唆したいのである。この内的関係なるものは、ある種の近さでもあるが、また二人のあいだの遠さをも意味している。彼らはおたがいの著作や活動に尊敬を払っていたが、それは、この二人の間の結びつきに含まれる距離のゆえである。それぞれ別々に自分の仕事をしていたが、まさにそのことによって、二人の仕事を支えている心性のありかたは、決定的な事柄に関して同じだった。二人を分けると同時に結びつけている差異がどういうものであるかを明らかにするには、ゲーテの〈原現象 *Urphänomene*〉とヘーゲルの〈絶対者 *das Absolute*〉が、事柄においては出会っていることを考えるのがいい。ちょうど実人生においてと同じに、ある種の敬意を持って出会っていることに注目すればよかろう[2]。

両者の関係は三十年以上にわたっている。だが、二人の交渉で残っているものといえば、ゲーテの日記の何箇所かと、口頭での発言記録、そしてふたりのあいだで交わされたいくつかの書簡、これがすべてである。ヘーゲルの著作では、数回ゲーテの名前が軽く挙げられている。『エンツィクロペディ』の二つの版では、ゲーテの色彩論に少し詳しく触れられている[3][1]。他方でゲーテは、色彩論についてのヘーゲルの手紙の一節を、自然科学についての第四ノート〔『色彩論補遺』第二一節〕に引いている。しかし、二人の関係には、こうしたそのつどのことがらに即したかかわり以上のものがあった。

一八二五年四月二十四日のゲーテ宛の手紙でヘーゲルは、ゲーテに対して「好意と、さらには尊敬」を抱いて来た旨を語っている。「なぜならば、私の精神的発展を振り返ってみると、貴兄の存在がいたるところで私の中に浸透しているのが見えて来るからです。私は貴兄の息子のひとりだと言ってもいいくらいです。貴兄が与えてくれた滋養のおかげで、私の内面は抽象に耐えられる強さを得ることができたのです。そして貴兄の作品をいわばさきがけの標識と見て、針路を取ってきました」(4)。これに相応するのが、ヘーゲルの死後ゲーテが*ファルンハーゲンに語った言葉である。ゲーテは、「このきわめて才能豊かな、重要な導き手」がいなくなったことを深く悼んでいると述べた後、ヘーゲルのことを「基礎のしっかりした、多彩な分野で活躍する人物であり、かつ友人」であったと形容している。「彼の哲学理論の基礎は、私の視野の外にありましたが、彼の活動が私の知るところとなったり、私の仕事の分野に触れるようになったときには、私はいつも、真に精神的な利益を得ることができました」(5)。

ヘーゲル自身の哲学理論のドグマ的な基盤もゲーテには視野の外だったが、それ以上にヘーゲルの弟子たちの解説もゲーテには遠かった。もちろん、ゲーテは、この弟子たちの優れた知識は褒め讃えている。例えば、七十八歳になっても、*ヒンリクスによる古代悲劇についての研究を読み、それを*エッカーマンとの対話の中で重要な話のきっかけにしているほどである(6)。またヘーゲルの別の弟子のレオポルト・フォン・*ヘニングがベルリン大学でゲーテの色彩論について講義をした時には、ゲーテは、必要な材料を彼に提供していた。ヘーゲルの弟子の中では師から最も自立していた法哲学者のエドゥアルト・*ガンスに対しては、当のガンス自身の報告するところによれば、次のように述べている。「哲学は、自らが扱う事物や対象に十分配慮することを進んで義務とするならば、しかもその際に、経験的研究をする人々との交流を強くすれば、それだけ一層影響力が強まるはずでしょう。とはいえ、実際問題として、偉大な研究者かつ観察者でありながら、同時に一般論をする重要な人であり、かつ総括者であることは本当にできるのだろうか、という問いが必ず出て来ざるを得ません。……もちろんヘーゲルは自然についても歴史についても、大変な知識の持ち主であるとは思いますが、彼の哲学的思考が、やはり日進月歩で進む新たな発見に即して変わっていかねばならないのか、それによって断定的な調子が薄れて行くのではなかろうか、そういったことを問うのをやめることができません。このようにゲーテは語った。そして『年鑑』〔ヘーゲル学派の雑誌『学問的批判のための年鑑』〕のことを話題にしながら、そこに掲載されているいくつかの論文の鈍重で、くどくどしい調子は気に入らない、と述べるのだった。さらに、サヴィニーの本『中世ローマ法史』〔一八一五―一八三一年〕を論じた私の書評を批判して、私は、著者が目指していることと違うことをすべきだ、と著者に無理を言っている、と述べた(7)」。

ここでゲーテは、違う考え方を押し付けることを拒否しているが、同じように、ヘーゲル宛の手紙で、自分の自然科学的な仕事の骨子は、「なんらかの見解を押し通す」

ことにあるのではなく、誰もが自分なりのやり方で道具として使えるような「方法を伝える」ことにあるのだ、と述べている。[8] だがこのように留保をつけた直後に、ヘーゲルの仕事の仕方を賞賛する言葉が続いている。この賞賛の言葉は、ゲーテが身勝手でむらっ気な行動をいかに嫌っているかを良く示すものである。彼はこう書いている。「若い人々がついてくるように教育する貴兄の努力が見事な実りを収めているという話を、あちこちでうかがい、喜んでおります。当然のことながら、この驚くべき時代では、どこか中心点から理論が広がり、そのことが、人々の生活にとって理論的にも実践的にも資するようにすることが必要です。もちろんのこと、空っぽの頭が、曖昧な考えや響きのいいだけの空疎な言葉に溺れるのを防ぐことはできません。しかし、こうしたことは、上等な頭脳の持ち主にも悪影響を与えます。なぜなら、頭のいい人たちも、他の連中が若い時から誤った方法に巻き込まれているのを見て、自分の中に引きこもり、晦渋になったり、浮世離れになったりするからです[9]」。ヘーゲルの〈教え〉とは別に、次の世代に伝えうる、しっかりした根拠を持った基盤を得ようという熱意こそは、ゲーテとヘーゲルの精神的〈活動〉を結びつけるものだった。〈教え〉と〈活動〉の区別こそは、ヘーゲルに対するゲーテの関係の特徴だったが、そのことは、＊ミュラー宰相との対話で彼が、「私はヘーゲルの哲学について詳しいことはなにも知りませんが、ヘーゲル自身には魅力を感じます[10]」と述べていることにもはっきり表れている。それからしばらくしてヘーゲル宛に書かれた次の文章は、今少し穏やかである。「私は哲学者の与えてくれる贈り物に対しては、できるだけ開いた姿勢でのぞむようにしています。そして、自然が私には与えてくれなかった才能による研究の成果を我が身に受け入れることができるたびに、喜んでおります[11]」。こうして見ると、ゲーテはその生涯にわたってヘーゲルの哲学に魅せられると同時に、違和感も抱いていたことがわかる。[12]とはいえ、二人がその精神においては一致していることは確信していた。この点は、ツェルター*への最後の手紙の次の箇所にすばらしい表現で述べられている。「さいわいなことにあなたの才能は、音に中心を持っています。つまり瞬間にです。ところが、一連の瞬間の流れは、常に一種の永遠なわけです。それゆえあなたには、〔音楽によって〕流れゆく時間のなかで永遠であるという能力が与えられています。それによって、私にとってもヘーゲルの精神にとっても満足すべき存在となるのです。もっとも、私が理解するかぎりのヘーゲルですが[13]」。

## 第一節　ゲーテにおける原現象の直観と ヘーゲルにおける絶対者の概念的把握

### a　原理の共通性

ヘーゲルの仕事でゲーテが好んだところは、他ならぬヘーゲルの精神的活動の原則であった。つまり、自己存在 Selbstsein と他者存在 Anderssein の〈媒介 Vermittlung〉という原則であった。これは、ゲーテの言葉で言えば、ヘーゲルが主体と客体の間に身を置いていることであった。シェリングが広大な自然を、フィヒテが主観性の極限を強調するの対して、その間に位置をとっていることであった[14]。「主体と客体が触れ合うところ、そこにこそ生があるのです。ヘーゲルは、その同一哲学において、客体と主体のあいだに位置を取り、その場を断固守ろうとしています。まさにこの点で彼は賞賛にあたいします[15]」。ヘーゲルも、ゲーテの実体的な主観性、彼の自己存在 Selbstsein の世界的内実を感じ取っていた。ゲーテがロマン主義に下した「時代の全般的病の徴候」という診断とまったく同じにヘーゲルも、ロマン主義者たちの内実なき主観性に厳しい批判を加えて、彼らは、自分たちの主観性を生産的に表現することもできなければ、対象世界に深く関わることもできない、と論じている[16]。主体と客体のあいだ、対自存在 Fürsichsein と即自存在 Ansichsein、内面性と外面性のあいだの中間の位置 Mitte を見いだし、それを根拠づけることこそ、最初の体系草稿から『論理学』および『エンツィクロペディ』にいたるまでの、ヘーゲルの媒介哲学 Philosophie der Vermittlung の基本的な動機だった。この媒介を経てこそ、実体 Substanz が主体 Subjekt へと変じ、主体は、実質を獲得する。同じくゲーテの素朴な哲学も、自我と世界との一致の問題をめぐっていた[17]。自我と世界の矛盾とその止揚は、「理念」と客観的「経験」、主観的「受容」と「理念化」といった標語で、シラーとの往復書簡における有名な論述のみでなく[18]、「客体と主体の媒介者としての実験」「最近の哲学の影響」「直観的判断力」および「省察と恭順」という四つの論文が扱っている。

人間は宇宙を見る時に、無理してでも理念を作り、概念を形成し、それによって神と自然の本質を捉えようとせざるをえない――ゲーテはこのように述べている。「だが、ここに難しさがある。……つまり、理念と経験のあいだには、ある種の懸隔が確実に存在するようなのである。この懸隔を乗り越えるべく、われわれは全力を尽くすのだが、無駄に終わってしまう。だが、それにもかかわらず、われわれはこの亀裂をなんとか克服しようとする。理性、悟性、想像力、信仰、感情、妄想、そして、それ以外になにも使えないなら、愚劣さをも動員して、克服しようとする。そして、こうした試みをあれやこれやとしたのちにようやく、哲学者の言い分が正しいことに気がつくのだ。つまり、哲学者は、どんな理念も経験と収斂することはないと主張しつつも、理念と経験は類比的であってもいいし、なければならないと認めるのである」[19]。ここで言われている哲学者とは、カントのことであり、ここで、悟性による理念化と感覚的直観を統一へともたらした著作とは、『判断力批判』のことである。それに対して、『純粋理性批判』についてゲーテは、この本は、まったく自分の視野の外にある、と述べている。彼にとって『純粋理性批判』で注目すべきは、この著作が「昔ながらの中心問題」を新たに立てなおしているところだけだと述べていることである。昔ながらの中心問題とは、「われわれの自我と外界がそれぞれどの程度にまで、われわれの精神生活に寄与しているのか」という問題だとされている。ゲーテ自身は、この両者を一度も切り離して考えたことはないし、自分なりに哲学めいたことを考えるときは、無意識の素朴さで思考し、自分の見解をいつも「眼前に見ていた」と述べている[20]。詩を作る時も、研究をするときもゲーテは、自然と同じに常に分析的であるとともに、総合的に仕事を進めた、というのだ。「人間精神の収縮と拡張は、私にとっては、いわば第二の呼吸で、決して別々のものではなかった。いつも脈打っているのだ」。さらに彼に言わせれば、こうしたいっさいを現わすのに、言葉も決まり文句も必要なかった。そして、詩人の天分や常識のゆえに、カントの『純粋理性批判』の迷路に入り込むことはできなかったけれども、いくつかの章は理解したと思うし、そこから自分なりに使えるものを得ることができた、と彼は述べている。

カントに対するこの関係は、『判断力批判』（一七九〇年）の出版とともに変わった。この本のおかげで、ゲーテは、「きわめて軽やかな気分の時期」を味わうことができたと述べている。なぜならば、この著作によってゲーテは、自分自身の活動や思考とぴったり合ったかたちで、自然と人間精神の所産（つまり芸術）を、統一的に理解し、結果として、美的判断力と神学的判断力が相互に照らし合うものであることを学んだから、というのだ。「文学と比較自然研究は、ともに同じ判断力に服しており、それゆえ、おたがいにきわめて親縁である、というのは、私にとって喜ばしいことだった」[21]。しかしながらゲーテは、こうした理解と同時に、カントの議論の彼なりの利用の仕方が、カントが引いた境界線を越えていることを批判的に意識していた。ゲーテの感性は、単なる論証的な判断力 *diskursive* Urteilskraft に限定されるのを好まず、カントが人間のものではない理念であるとした原型的知性 intellectus archetypus、つまり直観的悟性 *intuitiver* Verstand を自分は持っていると主張したのである。「ここで著者のカントは、神の知を念頭に置いているようだ。しかし、もしもわれわれが、道徳において、神への信仰、美徳への信仰、そして不死への信仰を通じて、より高い次元に、そして第一存在〔神〕に近づくことになるなら、それと同じことが、実は、知的理解の分野においても、起きるはずではなかろうか。つまり、われわれは、たえず活動する自然を直観によってとらえることで、自然の所産に精神的に参与するのにふさわしい存在となるのだろう。なんといっても私は、最初はあまり意識せず、内的な衝動に駆られるがままに、原型に、典型に迫ろうとたゆまぬ努力を続けて来た。そして、自然に即した表現を作り上げることに成功した。とするならば、ケーニヒスベルクのご老人〔カント〕が自ら名づけた理性の冒険を勇気を持って私がし遂げるのを、妨げるものはなにもないはずだ[22]」。まさにこれこそ、「信仰と知」と題した論文(一八〇二年)におけるヘーゲルの議論の出発点だった。ここでヘーゲルはカントの『判断力批判』の帰結として、主観的観念論を止揚し、〈悟性〉を〈理性〉にまで高めたのである。ゲーテもヘーゲルも、判断力とは、自然と自由という二つの概念を媒介し、「同一性の領野」を明らかにしてくれる生産的な中心点である、というように理解している。その理由は次のとおりである。つまり、カントは「実在となった理性」について思考した。ようするに、客観的に目の前に見える美(芸術の場合)、そして有機体的組織(自然の場合)について反省をめぐらすことで、理性の真の理念を形式的なかたちで言ってのけたのである。もっともその際に、直観的悟性という彼の考えによって、実は思弁の分野に入り込んでいることは、自覚していなかったようだが、とヘーゲルは述べている。さらには、原型的悟性という考えを通じてカントは、自然と自由の関係という謎を解く鍵を手にいれていたというのである。

カントのこの最後の考え方を、ヘーゲルもゲーテも——そしてシェリングも——出発点にしていた。ふたりとも、カントの言う〈理性の冒険〉に踏み出した。つまり、論証的な悟性を越えて、自己存在と世界存在のあいだの中間に身を置くことによってである。両者とも媒介を重視したが、それでも違いが存在するとすれば、それは、ゲーテがこの統一性を、直観された自然の方から捉えたのに対して、ヘーゲルは、それを歴史的精神の方から行った点である。それに相応して、ヘーゲルは〈理性の狡知 List der Vernunft〉を承認し、ゲーテは〈自然の狡知〉を認めていた。しかし、ふたりとも、〈狡知〉について、人間の活動を、人間の知らないところで、全体に仕えさせているものという捉え方をしていた。

### b　解釈における違い

絶対者についての二人の考えはたしかに、片方は〈自然〉、もう一方は〈精神〉というように見方が異なり、その違いが、ヘーゲルとゲーテの関係の特徴でもあるが、いかに違っていようと、それは原理における対立ではなかった。原理の解釈における違いにすぎなかった。というのも、ゲーテが自然について語るときには――しかもその際に、自然が彼自身を通して語っていると信じているのだが――、自然とは彼にとって、同時に理性、それも生きとし生けるもののすべてに潜む理性のことであったからである。つまり、〈原現象〉自身がすでに、被造物のいっさいに多かれ少なかれ宿っている理性のことを意味したのと同じである。[23] 同じように、ヘーゲルが精神について語るときには――しかもその際に、精神が彼自身を通して語っていると信じているのだが――、精神とは彼にとって、同時に自然、つまり理念の他在としての自然のことであったのだ。その際、精神はいわば〈第二の自然〉なのである。こうした相違と共通性の結果として、ゲーテは、ヘーゲルにある贈り物をする際に、彼の〈原現象〉を〈絶対者〉の傍らに友達として置いていただけないでしょうかと、好意的なイロニーを込めてお願いし得たのだ。しかし、「理論的な意味での」絶対者について論じることは、ゲーテには適切でないと思われた。なぜなら、彼はいつもこの〈絶対者〉をまさに眼前に見ており、その現象のうちに認識していたからなのである。[24]

ヘーゲルが彼のもとを訪れてからしばらくして、ゲーテは、友人のクネーベル*に宛てて、ヘーゲルと話してから、いずれもっと長く彼と一緒に過ごしたいと思うようになったと書いている。さらに続けてこうも記している。「なぜなら、このような人物の印刷された文章は、不透明かつ晦渋なところがあって、こちらの要求にあったかたちで消化できないからです。ところが、そうしたことも、生きた会話の中では、すぐにわれわれの一部となります。なぜなら、基本的な考え方や志向では、彼と一致していることにすぐに気づくからです。そして、おたがいに考えを展開し、胸襟を開き合う中で、近づき、一致しうることもあるからです」(一八二七年十一月十四日付け)。同時にゲーテは、ヘーゲルに認められたとも感じていた。「私の考え方の主たる方向を貴下に認めていただきましたので、私にとっては一層のはげみになります。そして、いくつかの方面に関して、かなり学ばせていただいたと思います。とはいえ、全体にとってというよりも、私自身と私の内面にとってですが。私が今後できることのいっさいが、つねに貴下が始め、作り上げたすべての上に作られて行くことを願っています」(25)。この文章は、ヘーゲルからゲーテに宛てたものと考えてもおかしくない。実際問題として、両者の精神的活動はおたがいにつながっていたのである。ふたりのあいだには、人格のあり方やスケールにおいて、大きな違いがあったことはたしかである。またゲーテの人生は、ヘーゲルの散文的な生活にくらべて内容豊かで、波乱に富んでいたこともまちがいない。しかし、いかにそうであろうとも、二人とも、根本的なもの、いっさいの基礎となるものに眼を向けていた。それは、ふたりとも、「存在するもの」を認めることから出発していたからである。それゆえにふたりとも、〔ロマン主義者たちのように〕自己の独自性をことさらに吹聴するような行き方は拒否した。こうした独自性の主張は、彼らふたりから見れば破壊的で、世界に対して建設的でなく、ただ自由を否定的に利用しているにすぎないからである。(26)

たしかにゲーテは、目標を執拗に追求する時でも、自由な柔軟性を持っていて、ヘーゲルの概念構築がもつ暴力性とは異なっていた。にもかかわらず、この二人の強靭な精神は広大で、世界についての日常的な見方をはるかに越えている点では同じだった。彼らは、事物がわれわれにとってどのように利用可能であるかを知ろうとはしなかった。彼らが求めたのは、事物がそれ自身においてどのようであるか、つまり、即自的かつ対自的にどのようであるかの認識であり、またその承認であった。ゲーテは、「客体と主体の媒介者としての実験」のなかで、われわれは、こだわりなき存在として、いわば神のようなあり方で、「存在するもの」を求め、探求しなければならない。「われわれにとって快適なもの」を求めることはしてはならない、と述べているが、これは、ヘーゲルが『論理学』と『エンツィクロペディ』の序文で、純粋思考について述べていることと同じなのである。ふたりの評価では、純粋な観照という元来の意味でのテオリア[3]こそが依然として、最高の活動だった。

彼らにとって対象の直観〔理論によって対象の本質を客観的に見つめること〕こそが、彼ら自身のあり方をも明かしてくれるのだ。それゆえ、〔ロマン派のような〕たんに反省によるだけの自己認識のことは、そうしたものは真でなく、不毛であるとして拒否するのである。これについてはゲーテが次のように述べている。「この点に関して昔から私には、〈汝《なんじ》自身を知れ〉といういかにももっともらしく聞こえる人げさな課題が、いつもいかがわしく思えて来たことを告白しなければなりません。なにか、司祭たちが極秘に集まって練った策略みたいです。果たすことのできない要求で人間たちをまどわし、人々を、外界に向かって行動させずに、偽りの内面的静かさへとかどわかそうとしているかのようです。しかし、人間というのは、世界を知る程度に応じて、自分を知るのです。そして、世界は自分の中でのみ、自分は世界のなかでのみ知覚可能なのです。すべての新たな対象は、それをよく観察するならば、われわれ自身のうちに新たな知覚の器官があることを明らかにしてくれるのです」[27]。同じ理由からヘーゲルも「個人が自分にとってそれなりにたいせつな独自なところに、得意になって無駄に拘泥する」ことは駄目であるとしている。つまり、そのつどの重要な、自分の特殊なところを、精神と世界の普遍的なあり方から切り離して、それに拘泥することを批判している。(28)彼ら二人の教養概念と生き方は、自分自身の外に出て、自己を客観化し、世界に関わる生き方を目ざしていた。また、観測装置によって歪められていない対象世界のさまざまな現象に関わるという態度こそは、『色彩論』についてヘーゲルとゲーテが結びついている理由だった。これこそはそもそものはじめから二人を結びつける具体的な接点だった。もっとも、まさに自然哲学のこの領野で、二人とも学界から認められず、後継者も生まれなかったのだが。とはいえ、彼らふたりが光と色のさまざまな問題について論じあう仕方そのものの違いが、彼らのやり方と、自己認識の仕方の相違をもわれわれに知らせてくれる。(29)

往復書簡の表層には、彼らがおたがいに励まし合い、認め合い、承認し合う気持ちがはっきり表れている。特にゲーテの側にその点が、はっきりしている。ゲーテは、ヘーゲルを評して「すばらしく鋭く、かつ繊細な思考をする」人と形容し、色彩論についてのヘーゲルの言葉は、うがっていて明るいし、深く鋭い。もっとも、誰にもすぐにぴんとはいってくるものではないが、とも述べている。また、光学的現象についての自分の研究をヘーゲルがきわめて深く読んでくれたため、自分にもようやく今になって見えてくるところがあるほどだ、とも書いている。(30)だが、裏ではやはり考え方の差異があった。その相違は、両者がそれぞれ自分の方法の独自性を主張し、区別し合う時の慇懃《いんぎん》なイロニーという形でのみ表面に現れている。こうしたアイロニカルな距離感について、ゲーテは、一八二〇年十月七日の書簡で、言葉を丁寧に選びながら述べている。彼に言わせれば、この距離は、自らの〈理念〉の「眼に映る明白性 *Augenscheinlichkeit*」のゆえなのである。また、この書簡でゲーテは、考えを伝達するという彼のやり方を、何らかの見解をあくまでも押し通すという〔哲学の〕やり方と区別したうえで、すでに〔原注24で〕触れたグラスに添えたカードで〈絶対者〉と〈原現象〉のあいだの距離感を、穏やかな表現で保とうとしている。もっと直接的な物言いで彼がヘーゲルに留保をつけているのは、エッカーマンの伝える会話の中の弁証法を論じた箇所である。ゲーテはその箇所で、弁証法は、悪用されると、偽りを真と言いくるめることになりかねない、と疑義を表明している。さらに続けてゲーテは、「弁証法の病気に罹った者」は、自然を真剣に研究すれば、治癒します。なぜなら、自然は常にかつ永遠に真であり、こうした弁証法病などを引き起こすことはないからです、とも述べている(31)。

逆にヘーゲルの側からのイロニーは、ゲーテの観取した原現象なるものをヘーゲルが、哲学的〈抽象〉と形容して譲らないところに現れている。なぜなら、ヘーゲルから観ると、この原現象は、経験的に複雑に絡みあったものから、純粋で単純なものを取り出しているからである。「貴下は、自然現象を探求する貴下の態度を、素朴なやり方と呼んでおられますが、私の専門能力にしたがうならば、それは抽象であると言っていいかと思います。そして、貴下が、単純な基礎的真理を確定するその抽象の仕方と、さまざまな条件を研究され、それを発見し、単純な形で取り出した抽象を私は、賛嘆するのみです[32]」。さらにヘーゲルは、とりあえず単に可視的でしかないものを、つまり、一時的な感覚的確実性を、「ただ見ただけという確実性」を、ゲーテがこのようなやり方で、それ自身として高め、〈思考〉にまで高め、〈恒常化〉した、とも述べている。先のグラスの贈り物に対する礼状で、ヘーゲルは持って回った言い方で、およそ次のように述べている。つまり、ワインは、飲む人の精神を昂奮させ、「自然の中には精気 Geist(＝酒精)が宿っている」ことを示してきた。それゆえワインは昔から自然哲学の強力な支えだった。したがってこのグラスも、光という「霊気 Geist に富んだ現象」を明らかにしてくれます。私は、それゆえ、「思考が現象に、現象が思考に聖変化 Transsubstantiation〔4〕するのを信じたいと思います」。さらには一八二一年二月二十四日の手紙でヘーゲルは、色彩についての他の理論家たちの手練手管に溢れた沢山の文章は「ちっとも理解できませんでした」と述べたのちに、しかし、自分にとってなにより重要なのは、理解であり、「ただの乾いた現象」は、それを理解したい、つまり精神で捉えたいという欲求を引き起こすだけにすぎない、まさにその精神で捉えるということをゲーテは(しかも、彼自身が自覚している以上に)、彼の「精神的自然感覚」を通じて、やってみせてくれたのだ、つまり、自然に「精神の息吹き」を吹き込むことによってやってみせてくれたのだ、そしてこの息吹きだけが、議論に値するものなのだ、と記している。[33]「貴下は原現象について、それは単純で抽象的なものであると、きわめて適切にも表現されていますが、まさにこの単純で抽象的なものを、貴下はまず先に置き、そのあとで、それ以外の要素の作用や状況がつけ加わって成立するものとして具体的な現象を提示しておられます。そして単純な条件から、組み合わされた複雑なものへと進んで行くという順序を指示し、このような操作を経て、逆に、組み合わされたものが解体されて、単純明晰なものとして現象するようにされておられます。原現象を探り当て、それ自身にとって偶然的な周囲の諸事情から解き放つこと——、つまり、われわれの言葉使いで言えば、原現象を抽象によって把握すること、これこそ私は、偉大なる精神的自然感覚であり、さらに、このような進め方自身がこの分野での真に学的な認識のあり方だと思います[34]」。

ようするにヘーゲルは、ゲーテの原現象を〈本質〉であると見て、その観点から解釈しているのだ。この原現象なるものが哲学者の関心を引きつけるとすれば、それは、このような〈標本《プレパラート》〉、すなわち精神によって特別に抽象され、取り出されたものという意味での〈標本〉が哲学的目的のために使い得るからに他ならない。「まずは、牡蠣のような、灰色の、あるいは真っ黒ななにものかが、つまり貴下のお望みで言えば、絶対的なものがあって、それをわれわれが、空気と光に向けるべく努めるならば、やがてはこの絶対的なもの自らが空気と光を求めるようになるでしょう。すると、われわれは、この絶対的なものを昼の光のなかに完全に連れ出すための窓が必要となります。われわれが作る図式というものは、それを色とりどりの複雑で、われわれに逆らう外界に入れ込もうとすると、霧のように消えてしまうことになるでしょう。まさにこの点で、貴下の原現象がまたとない助けとなります。この薄明の領域で、ふたつの世界が、つまりわれわれの絶対的なるものと、現象する事物たちとがおたがいに挨拶を送り合うのです。その単純さにおいて精神的かつ概念的な絶対的なるものと、その感覚性において可視的かつ触れ得る現象とがです(35)」。こうして見ると、ヘーゲルにとってゲーテの原現象は、なんらかの理念(イデー)といったものではないことがわかる。むしろ、精神的かつ感覚的な中間的存在として、純粋な本質概念と、感覚的世界の偶然的な森羅万象のあいだを媒介するものという意味をもっていた。さらにこれに続く文章でヘーゲルは、もはやゲーテとの違いを隠そうとするどころか、ずばりと明言している。「貴下は、きわめがたいもの、概念によって理解しがたいものを、……われわれのいる場へと移そうとされていると私には思えます。つまり、その場から、われわれは、貴下の見解や原現象を正当化し、また理解する、あるいは言い方はいろいろですが、証明し、演繹し、もしくは構築することを企てるのです。このように言うと、貴下は、われわれに感謝することにはならないと思いますし、さらには、貴下の見解が〈自然哲学〉という嘲りを受けるとしても、貴下は、われわれが、貴下の考えをわれわれの無邪気なやり方でもってまわるのをお許しくださるほどには寛容であられると思います。それでもこのぐらいの誤解では、貴下が今まで蒙った中で、最悪のことというほどではまだないと思います。それに誰かがすばらしいことをすると、他のものたちが馳せ参じて来て、自分たちもそれなりに役立ったのだと言い張るのが人間の悪い癖で、そのことをお認めいただけるものと信じております。いずれにせよわれわれ哲学者は、貴下とともに共通の敵に直面しています。つまり形而上学です」。

こうして二人の共通性は、共通の敵に対する抵抗、つまりあの「なんともいえず拙劣な形而上学」、つまり物理学者たち(ニュートン)の形而上学なるものに対する抵抗のみに切り詰められてしまったようである。彼ら物理学者は、具体的な概念にまで至ることなく、経験的事実にあわせて抽象的規則を設定してしまうというのだ。もちろんのことゲーテは、ヘーゲルほどの「重要な人物の」「大変な賛意」を受け止めて、感謝しながらも、自分の意図や成果に対するヘーゲルの承認に留保が潜んでいることに気がつかなかったわけではない。気がついていることは、このヘーゲルの言葉に応えた手紙のなかで、原現象に関するヘーゲルの「友好的な対応」という決まり文句が示唆しているにすぎないが。

とはいえ、もっと以前の二つの手紙では、彼らのあいだの方法的相違は、克服不可能な亀裂のように見える。一八〇七年、ヘーゲルはシェリングに宛てた手紙の中で、ゲーテの色彩論について次のように述べている。「色彩論の一部を読みましたが、ゲーテは、事象を破壊してしまうような他の人々の考えを憎むあまりに、経験にしがみつくだけで、そうした他の人々の考えを越えて、つまり概念にまで至ろうとはしません。概念は、彼の場合には、ぼんやりと見えてくる程度で終わってしまうだけでしょう[36]」。ヘーゲルがここで、概念がただぼんやり見えてくるにすぎない、と形容している事態は、ゲーテから見れば、まさに現象がいっさいの歪みなしにそのまま顕現することであった。逆にゲーテにとっては、ヘーゲルによる神の存在証明は「もはや時宜に即さない[37]」ものと思えたし、彼の弁証法的な概念構築は、とてつもない思い上がりに見えた。一八一二年にゲーテは『精神現象学』の序文について手紙に次のように記している。ゲーテが問題視しているのは、この序文で、ヘーゲルが、つぼみから花が咲き、やがて実が実るという植物の発展段階を、一種の弁証法的な止揚と形容しているところである。「これ以上にモンスターめいたことを言うことはできないでしょう。自然の永遠の現実を、拙劣な詭弁《きべん》の楽しみでつぶそうというのは、理性的な人間にふさわしいことではありません。大地に足を降ろした経験主義者が、理念に盲目な場合には、そうした経験主義者をかわいそうに思っても、彼のしたいようにさせておけばいいし、ときには、そういう人の努力からさまざまな利益を引き出すことも可能かもしれません。しかし、優れた思想家がひとつの理念(イデー)の内部に深く入り込んで、そうした理念がそれ自身としてどのような価値があるかを知っているとき、さらには、この理念が強力な自然のプロセスを叙述しているときにどれほどの高い価値を得ることができるかを良く知っているとき、もしもそうした思想家が、この理念を詭弁によって駄目にし、それぞれ矛盾し合う言葉や言い回しで否定することに楽しみを感じるようになったら、もうなにをかいわんやです(38)」。

この手紙の中で、自分とヘーゲルとの関係について、ゲーテが自分の地平から見ているがゆえに間違っていることがある。それは、ヘーゲルが理解している「理念(イデー)」は、決して「自然のプロセス」ではなく、むしろ精神のそれであったという点にある。精神のプロセスということでヘーゲルが理解していたのは、決して自然の中に理性が潜むということではなく(この自然はヘーゲルから見れば無力であり、ゲーテから見れば全能なのであった)、むしろ、歴史の中に理性が潜むということであった。そして精神の歴史における絶対的なものとして、ヘーゲルはキリスト教の精神を見ていた。それゆえ、ゲーテとヘーゲルの差異の本来的な点は、キリスト教および歴史に対する彼らの態度の相違を見るとよくわかるであろう(39)。

## 第二節　薔薇と十字架

### a　ヘーゲルにおける理性と十字架の結合を拒否するゲーテ

一八三〇年、六十歳の誕生日にあたってヘーゲルは弟子たちからメダルを贈られた。メダルの表には、彼の顔が、裏側にはアレゴリー的な図像が彫られていた。図像の左側には、座って本を読んでいる男性の姿があった。彼の背後には尖端にフクロウが座った柱が見える。右側には、自分よりはるかに高い十字架を支えている女性の姿があった。そして両者のあいだには、座っている男性の方を向いて、裸の守護の霊がいて、彼は、腕を上げて右側の十字架を指していた。フクロウと十字架は、このアレゴリー的図像がなにを意味しているかを、いかなる疑いの余地もなく明らかにしてくれる。真ん中にいる守護の霊は、哲学と神学のあいだをとりもっている。このメダルは今もなおゲーテのコレクションに保存されているが、ヘーゲル自身の希望で、ツェルターを介してゲーテに届けられたものである[40]。このメダルについてツェルターは、こう書いている。「顔はよくできていて、多少とも似ています。でも、裏側は私にはどうしても気に入りません。十字架の重みを担わなければならないときに、それを愛せよなどと、誰が命令できるでしょうか！」。ゲーテは、貰うことになっていたメダルをヘーゲルの死後に受け取ったが、一八三一年六月一日付けでツェルターにこう書いている。「メダルの表は賞賛にあたいします。いかなる基準で見てもとてもよくできています。……しかし、裏側については、なにを言ったらいいのかわかりません。永遠の生に向かって進んでいるこの世で、私が常に距離を保って来た深淵が、ここには開けてしまっているようです」。これに対するツェルターの答えも引いておこう。「ヘーゲルのメダルが君に気に入らないのは、想像がつきます。もう長いこと私の手元に置いてありました。でも、われわれの新しいミュージアムを良く調べてみれば、気がつくと思いますが、悪趣味な仕事という犯罪を犯した名人たちの作品ばかりですよ！」。半年後にゲーテはまたしても、徹底的に気に入らない旨を書いている。「いったいなにを意味しようとしているのか、わからないのです。私が人間として、また詩人として、十字架を尊敬し、十字架を飾ることができる点については、すでに私のスタンザ〔八行詩〕のなかで示しておきました(ゲーテの詩「秘密」のこと)。しかし、哲学者が本質存在と非在の、根拠だか無根拠だか知りませんが、そういう遠回りの議論をして、自分の弟子たちを、こんな無味乾燥な結合 Kontignation(41) に誘おうなどというのは、私には気に入りません。そんなことは、もっとたやすく実現できますし、もっと上手に表現できるはずです」。こうして見ると、ゲーテの不快感は、このアレゴリー的叙述そのものに向けられたものでもなければ、キリスト教的なアレゴリー全般に向けられたものでもないことがわかる。彼は、この時期にツェルターのためにアレゴリーからなる紋章を考案してもいるし、詩「秘密」においても、『ヴィルヘルム・マイスター』においても、『ファウスト』においても、「人間として、また詩人として」キリスト教的な象徴を用いていることは、念のために確認しておこう。ゲーテが文句をつけているのは、ヘーゲルのメダルで、十字架というキリスト教の象徴が哲学的な意味で用いられていることである。つまり理性という迂回路を通じて用いられ、悪用されているという、まさにこのことであった。神学と哲学が双方にふさわしい距離を保つべきなのに、そうなっていないことであった。今引いた手紙の続きにはこうある。「わたしは、ローマの高位聖職者の肖像が入っている十七世紀のメダルを持っていますが、その裏側には神学 Theologia と哲学 Philosophia に擬せられた二人の品位のある女性が向き合って描かれています。そこでは両者の関係が、きわめて美しく純粋な形で考えられ、完璧に満足いく形で、かつ愛らしく表現されています。したがって、わたしはこのメダルを密かに持っていて、もしも、これをもつにふさわしい人がいたら、いずれお渡ししたいと思っているのです」。さらにゲーテは、一番高く描かれている十字架にも反対している。理由はさきほどとは異なる。この十字架は、その荒々しさと、剝き出しの感じのゆえに、われわれに不可欠な「人間性」や「理性」にどこか逆らうところがある、と彼は述べている(42)。ヘーゲルのメダルを受け取ってから一週間後に、ツェルターのための図案と関連させながら、ゲーテは次のように書いている。「小さめの気楽な飾りの十字架なら、どんな場合でも楽しいものです。でも、不快な非業の死を示すこの木塊は、太陽の下で最も忌まわしいものであり、理性的な人間ならこんなものを掘り起こして来て、打ち建てようなどとすべきではないでしょう」。でも、八十二歳にもなったら、わたしとしても、「数千年来馬鹿な営みを続けて来たこの愛すべき忌まわしい世界をなんとしても神の御名によって好きなとおりに続けさせる以外にないのかもしれません」とも述べている(43)。当時ツェルター用の紋章の図案に関わっていたことと、ヘーゲルのメダルに対する不快感が表明された時期と、この発言が時間的に近いことを考えると、書簡のこの箇所でも、あの十字架、つまりいかなる理性にも反して、ヘーゲルのメダルの中で聳え立っている十字架、そして守護の霊によって哲学と仲介されているあの十字架のことがゲーテの頭にあったことは、まずまちがいない。キリスト教をこのように哲学の中に引き込むことにゲーテは反抗していた。一八二九年二月四日のエッカーマンとの対話では、哲学者のシューバルト*についてこう述べている。「ヘーゲルと同じに彼シューバルトも、キリスト教を哲学の中に引き込んでいます。キリスト教が哲学の中ですることはなにもないはずなのですが。キリスト教はキリスト教であるだけで、強力な存在であり、人類は、衰退し苦しんでいる時になんどもキリスト教にすがって、再び立ち直ってきました。キリスト教にこれほどの力があることを認めるならば、キリスト教はいかなる哲学をも越えており、それゆえ、いかなる支えも必要ないことはあきらかです。そして哲学者としても、特定の教え、例えば、永遠の持続という考えを証明するために、宗教の名を借りる必要もないのです」。同じく、ある「思想的信者」の信仰告白をきっかけにしたミュラー宰相との対話でも、まったく同じ意見が示されている。[44] ところがそれに対して、キリスト教のロゴスという立場からの精神の哲学、およそ哲学的な神学というこの二重性こそは、ヘーゲル哲学をすみからすみまで規定している本質なのである。哲学の理性と十字架の神学の融合を示す比喩は、『法哲学』の序文にある有名な文章、つまり、ヘーゲルが、理性を「現代における十字架の薔薇」と形容している箇所である。[45] この比喩はもちろんのこと、ヘーゲルのメダルの裏面のアレゴリー図像とは直接にはなんの関係もない。このメダルには十字架だけで、薔薇が描かれていないからである。とはいえ、哲学的理性とキリスト教の十字架の一致というヘーゲルの考えを表わしている点では同じである。

ラッソン*は、このヘーゲルの文章を余すところなく解釈しているが、十字架の神学的な意味だけは消してしまっている。〈分裂〉という一般的な意味に満足して、消してしまっている。そしてこの〈分裂〉に宥和を生み出すのが、理性だというわけだ。このヘーゲルの比喩が薔薇十字団[46]〔十七世紀初頭の伝説上の秘密結社。フリーメーソンのはじまりとも言われている〕およびルター自身の紋章とも絡んでいること、さらにヘーゲル自身のルター主義や、宗教改革三百年記念祭〔一八一七年〕との絡みなどを、ラッソン自身が指摘しているだけに、このことは不思議である。だが、もしもこの十字架というものが、精神が自己意識を持ったために、現下の現実と分裂しているという事態だけを現わすなら、なぜ、ヘーゲルは『法哲学』の序文というかくも特別な場所で、この分裂概念を、十字架という、まさにキリスト教の根本概念と一緒に取り上げているのだろうか？——ラッソンの解釈に抗して、このように問う必要があろう。答えはおそらく、分裂も宥和も、ヘーゲルははじめから、精神の歴史として精神史的に、つまり十字架上のキリストの死を考えながら理解していたからだということであろう。もちろん、彼は、このキリスト教における〈精神〉なるものをはじめから〔聖霊という宗教的意味の方向ではなく〕哲学的に理解していたのだが。現代における十字架の薔薇が理性を意味するのは、どんな分裂も、その固有の本質からして一致をめざすからということにあるのではない。それ以上に、分裂の苦悩も、また宥和も、根源的には神の苦悩として、世界の歴史として起きているからなのである。(47) ところがそれに対して、ゲーテは、「純粋に人間的なるもの」という彼の理念の象徴化を試みた「秘密」と題した詩のなかで、薔薇が絡んだ十字架という比喩を自ら使っている。このことを考えれば、ヘーゲルの結合に対するゲーテの反感はなおいっそう注目すべきことがわかる。

### b　人間性《フマニテート》と十字架のゲーテによる結合

「秘密」というこのゲーテの詩の内容は、こういうことである。若い修道僧が山の中で道に迷い、ようやくにしてある修道院の前に出たところ、その入り口の上に薔薇の絡んだ十字架がかかっていた。この修道院には、以前の世俗の生活では別々に暮らしていた十二人の騎士僧が集まっていた。この修道院の院長は、フマーヌス〔人間〕という名の、不思議な知られざる人物である。純粋で普遍的な人間性を具現するこの院長と異なって、それ以外の十二人は、それぞれ独自の民族や宗教を、彼らのそれぞれ異なった思考様式や物の感じ方とともに代表している。とはいえ、このフマーヌスとの共同生活を通じて、彼らにも、いっさいを包摂するひとつの精神が伝わっていた。ところが今、このフマーヌスは、彼らのもとを去ろうとしている、というのだ。彼の精神が十二人のすべてに伝わり、彼らを形成した以上、彼がいる必要は、もうないというのである。

フマニテート〔人間性〕という宗教は、このように見ると、いくつもあるさまざまな宗教のひとつというわけではないようだ。また、レッシングの寓話[5]と異なって、さまざまな宗教の区別の消えるところに存するわけでもない。むしろ、「高められた人間的状況の永遠の持続」を意味している。にもかかわらず、この詩における薔薇の絡まった十字架は、ゲーテ自身の説明にしたがうならば、キリスト教の聖週間〔復活祭の日曜日の直前の一週間。金曜日はキリストの受難の日とされ、聖金曜日と言われる〕に起きたことを受けている。「世界の半分」が支持しているこの信仰に、ゲーテは、「まったく新しい意味」を与えたと主張している。つまり、キリスト教の十字架が持つ神学上の苛烈な意味を和らげて、純粋な人間性 reine Humanität の象徴へと高めたからである、というのだ。「ごつごつした木材」を薔薇が取り巻くことによって、やわらかさが生じるというのだ。この詩の象徴には、それを説明する言葉がついていない。むしろ、ゲーテに言わせれば、象徴の意味するところは、神秘的に眼に見えてくるはずのものであり、ファウストと同じに「眼に見える謎」〔一八三一年六月一日付けツェルター宛〕でなければならない。キリストの十字架がもつ人間的な秘密は、自己克服による自己解放という「理解しがたい言葉」によって暗示されている。「死して成れ」〔「浄福なる憧れ」というゲーテの詩の中の一句〕という言葉こそは、ゲーテの人間的な聖金曜日の内容を現わした表現である。ここまでは、ゲーテもヘーゲルも同じに、ルターの十字架の神学を、人間化している。とらえようによっては、精神化しているとも言える。そして、ルターの紋章にある薔薇と十字架という比喩を、そして薔薇十字団のそれを、世俗的な方向に解釈している。

とはいえ、同じ象徴を使いながらも、ゲーテとヘーゲルのあいだには違いがある。ゲーテでは、この象徴は、言葉では捉えがたい秘密とされている。それに対して、ヘーゲルでは、この象徴は、概念でとらえ得る関係を感覚的に可視化したものにすぎない。ゲーテでは、キリスト教は人間性《フマニテート》のうちに止揚されている。そして、「純粋に人間的なるもの」がなんであるかは、この象徴の秘密が明らかにしてくれる、というのだ。それに対して、ヘーゲルでは、キリスト教が理性のうちに止揚されている。この理性とは、キリスト教的ロゴスとして〈絶対者〉なのである。ゲーテでは、人間性の薔薇が十字架に自由に絡まっている。それに対して、ヘーゲルは理性の薔薇を、十字架の中央部に据えている。そして哲学は、神学と離れたものとして存続している。そして、哲学的思考は、神学のドグマ的な想念を吸収し、具現するものとされている。自らの詩を説明したゲーテの言葉によれば、たしかにこの「秘密」という詩のできごと全体は聖週間に起きたこととされているが、十字架の受難の死の祝祭と、キリストの復活こそは、高められた人間的状態の「確定」を意味するにすぎない。それに対してヘーゲルの哲学は、聖週間という歴史の出来事の謎を解こうとする。そのために、この歴史的出来事を「思弁的な聖金曜日」へと、そして、キリスト教のドグマを宗教哲学へと作り替えようとする。その結果として、キリストの受難が、最高の自由という理念と、また、キリスト教の神学が、哲学そのものと同一のものにされてしまう(48)。まさにこの結合をゲーテは根本的に嫌っていた。彼は「人間として、また詩人として」キリスト教の十字架を尊重していた。だが、まさにそれができたがゆえに、哲学者による迂回の仕方が嫌だった。この迂回によって、キリスト教の信仰にも、また人間の理性にも、いかなる栄誉も与えることはない、と彼は考えていた。

### c　薔薇と十字架についてのルターの意味

ルターが十字架と薔薇に与えた意味と比較するなら、ヘーゲルとゲーテの、キリスト教に対する立場の相違は、それほど重要でないと言える。ルターの作った紋章は、白い薔薇に囲まれた心臓の中心に黒い十字架を据えたものである。この意味は、「キリスト者の心臓は、十字架の真下にあるとき、薔薇の上を歩む」〔薔薇は神の愛を表す〕という刻銘文からわかる。この紋章の意味をルターは、一五三〇年、ラツァールス・*シュペングラーに宛てた書簡で次のように説明している。「私の印章がうまく考えられているかどうか知りたいということなので、皆さんが心に留め置かれるように、私の神学のしるしとして、この印章に込めた最初の思いを書きとめておきたいと思います。なんといっても最初に来るのは十字架です。心臓の中央に黒く描かれています。心臓はその自然な色のままです。これによって、十字架に架けられた主への信仰こそがわれわれに浄福をもたらすということを、私自身が思い起こすためです。このように、心から信じる者こそが義とされるのです。黒い十字架は、死につながり、つらいところがあります。しかし、この黒い十字架も心臓をそのままの色にしておきます。つまり、自然を腐敗させていません。つまり十字架は殺さないのです。生かしてくれるのです。〈なんとなれば、義人は信仰によって生きるからです。十字架に架けられた主への信仰によって Justus enim fide vivet, sed fide crucifixi〉。しかし、主の御心は、白い薔薇に囲まれていなければなりません。それによって、信仰は、喜び、慰め、そして平安をもたらすことを、つまり、世界がもたらす平安や喜びとは違う、白い喜ばしい薔薇のなかに入れてくれることを、それによって示しています。それゆえにこの薔薇は白くなければなりません。赤ではだめなのです。というのは、白い薔薇は聖霊の、そしてすべての天使の色だからです。この薔薇が天国の青い色をした地に描かれています。聖霊と信仰のうちでの喜びは、未来の天国の喜びのはじまりなのです。この天国の喜びがすでにこの世で捉えられ、希望によって得られるのです。しかし、今なお眼前に見えるようにあるわけではありません」。紋章を押された紙に、一五四三年、ルターは、対句のかたちで次のように、紋章の意味をまとめている。「アダムが生きているために(つまり罪を犯しているために)、死が生を呑み込んでいる。しかし、キリストが死ぬと(つまり、義とされると)、生が死を呑み込む」。

ルターによる薔薇と十字架のこうしたキリスト教的な解釈は、理性の立場から解釈し直したヘーゲルとも、人間的な立場から解釈し直したゲーテとも正反対である。というのも、ルターにあっては、キリスト者の心臓は、キリストにまねび、苦悩の十字架を自ら背負い、こうして十字架の「真下に」あるときに、逆説的にも薔薇に包まれることになるからである。キリスト教的に理解された十字架は、人間性《フマニテート》によって柔和にされてもいないし、自らの理性的中心として薔薇を据えているわけでもない。むしろ、この十字架は、きわめて反＝人間的であり、反＝理性的である。ちょうど自然な人間、つまりアダムに対立するキリストと同じである。それゆえ、ヘーゲルとゲーテにプロテスタント的心性を見ることが、かりにできるとしても、それは、本当にかすかにでしかないはずである。

### d　ヘーゲルとゲーテの〈プロテスタンティズム〉

ヘーゲルは、彼の言う精神の原理、それゆえに自由という原理を、信仰による義の確証というルターの原理の概念的発展であり、完成であると考えていた。これこそ、ヘーゲルのプロテスタンティズムの核心である(49)。事実、彼は理性を聴き取ることを信仰そのものと同一視していた。「理性を聴き取るというこのことこそ信仰とよばれたのだ。これは歴史的(つまり、外面的＝客観的な)信仰とは異なる。われわれルター主義者は、――そしてわたし自身まさにルター主義者であり、ルター主義者であり続けたいと思っているのだが――あの根源的信仰のみを抱いているのだ」[50]。人間は、神との直接的関係のうちに、自由に向かうという人間の使命を持っているのだ。このように考えるのが理性的信仰であり、この理性的信仰においてこそ、ヘーゲルは自らをプロテスタントであると理解していた。ルターは信仰と理性のあいだにラディカルな対立を見たが、ヘーゲルはこのように考えることで、この対立の両極を媒介したのである。ヘーゲルにとってプロテスタンティズムとは最終的に、このプロテスタンティズムが生み出した「普遍的な洞察と教養」に他ならない。「われわれの大学と学校はわれわれの教会なのだ」。そしてまさにこの点にこそ、カトリックとの本質的な相違も存する、と彼は述べている。

ヘーゲルと同じようにゲーテも、宗教改革は、「精神的狭隘《きょうあい》さという鎖からの解放」であったと見て、評価していた。もっとも、ルター自身から見れば、宗教改革こそは、真なるキリスト教の再建だったのだが。人生最後の年の対話でゲーテはこう述べている。「神の大地にしっかり足をつけて立ち、神によって与えられた人間本性を自覚する――そういう勇気を、宗教改革とともにわれわれは再び獲得したのです」[51]。とはいえ、「人間として自由であり、偉大な存在であると感じる」ことができることにこそ重要な意味があるとするようなキリスト教のあり方は、この宗教の根源的ありようとはほとんど関係がないことになるが、そういうことには、ヘーゲルもゲーテもなんのこだわりも抱かなかった。さらにゲーテはこうも言っている。「われわれはみな、言葉と信仰のキリスト教からしだいに志操と行為のキリスト教へと移り行くことになるでしょう」。このゲーテの言葉はすでに、ヘーゲルからフォイエルバッハへ、そしてさらにその先のラディカルな決断へと至る道の始まりを示していた。ニーチェとキルケゴールは、新たに異教を、あるいはキリスト教を選択するという正反対の実験であったが、これは、ヘーゲルとゲーテが唱えた、束縛を解かれたリベラルなキリスト教に対する思いきった激しい対応であった。

### e　ゲーテのキリスト教的異教主義およびヘーゲルの哲学的キリスト教

キリストおよびキリスト教についてのゲーテの発言を見ると、はっきりした賛成とはっきりした反対の間で揺れ動いていることがわかる。しかし、これは、態度を明確にできない迷いに由来するのでなく、あれかこれか、つまり賛成か反対かという二項対立から身を逸らそうとする挑発的なイロニーに発していた。「私にとってキリストとは常に、きわめて重要な、しかしまた厄介な存在であり続けています」[52]、とゲーテは述べている。こうした発言は、他の誰かが口にするなら、月並みな教養の表現でしかないだろう。しかし、ゲーテの言葉となると、これは、対立し合う思考様式の両極を包み込む広大な世界を意味する。そしてこの世界は、彼の強烈な中庸感覚によってバランスを維持しているのだ。

あるところでゲーテは自分のことを「断固たる非＝キリスト教徒」であると形容し、自分にとっては、地球が太陽の周りを回っているという発見の方が、聖書のすべてより重要なのです、と言っている。ところが別のところでは、自分のことをひょっとしたらまさにキリストがそうであって欲しいと望んだであろう、唯一の本当のキリスト者だとも形容している[53]。こうした矛盾した発言には、同じ会話の中で次のような発言も添えられている。つまり、ギリシアの少年愛は人類と同じくらい古い。少年愛は人間の本性に根ざしているのだが、自然に逆らっていることもまたたしかである、というやはり矛盾した発言が続いている。さらには、キリスト教の結婚は聖なるものであり、この聖性は、きわめて高い価値がある。とはいえ、結婚とは本当のところ、不自然である、と、このように矛盾した言い方を彼はしているのだ！

キリスト教についてのゲーテの発言には、このように両極の間の緊張に満ちた両義性が潜んでいるが、この両義性は、六十年間にわたって続いている。すでに一七七二年の「プロメテウス断片」〔「プロメテウス」と題した戯曲。断片に終った〕にしてからが、〔ギリシアの〕神々への反抗であるだけでなく、ヤコービとレッシングがたちどころに理解したように、(54) キリスト教の神の信仰への攻撃でもあった。続いて、一七七四年の「永遠のユダヤ人」では、教会と坊主への攻撃もなされている。その一年後ゲーテは、ヘルダーの『新約聖書注解』を受け取った礼状で、この「生きているゴミくずの山」に感謝すると書いている。続けて、キリストの教えの全体が、こんな頭に来るほどの虚像ばかりでできてさえいなかったら、対象の新約聖書も、それについてのヘルダーの論考もうれしいのですが、と述べている。一七八一年、ラヴァーターの出版された書簡集を受け取ったゲーテはこう書いている。「君のキリストを、君の手紙を通じてとても喜んで見ることができたし、すばらしいと思った。今までにないほどだ」。ラヴァーターが「結晶ガラスのこの入れ物」を熱っぽく手に取り、それに自分の明るく輝く赤い飲み物をなみなみと注ぎ、飲むさまを見ると、心が躍り、すばらしい思索の機会となる、とこう述べながら、ゲーテはさらに次のように続ける。「この幸せを君が味わうのを喜んで見てあげるよ。ともかくこの幸せがなければ、君はとてもみじめな存在になってしまうだろうから。個人の中のいっさいを享受しようというのが君の望みであり、欲求なのだ。そしてまた、ひとりの個人に君が満足することはあり得ないということを知っていると、はるかな昔からわれわれに伝えられているイメージに君がすべてを入れ込み、そのなかに映っている君自身の姿を見て、自分自身を崇拝できる――これは、なんとすばらしいことではないか。とはいえ、わたしには、そういうことは不当であり、君のやっているすばらしいことに合わない強奪と同じだとしか言いようがない。空の下を飛んでいる何千という種類の鳥のすばらしい羽を強奪と同じに毟《むし》り取り、それを飾りに使って、君の極楽鳥だけを飾り立てようというのだから、そういうことはわれわれにはどうしても、よくないこと、堪え難いことに見える。われわれは、人間によって人間に啓示された知恵を学ぶべく身を捧げている、そして神の息子たちとしてわれわれのうちなる神を、そして神のすべての子どもたちのなかにいる神を崇敬しているのだから。もちろんのこと、君がこの点で変わりようのないことも知っているし、君の言うことが、君から見て正しいことも分かっている。とはいえ、君が君の信仰と教えをこうやって繰り返し説教する以上は、われわれの信仰も、つまり、人類の揺るぎない岩としてのわれわれの信仰も君に示す必要があると思うよ。この確固たるわれわれの信仰に、君は、そしてキリスト教世界全体は、君たちの海の波を浴びせかけるだろうが、その潮の流れで覆い尽くすことも、深くから揺さぶることもできないはずだ」〔この書簡はゲーテのスピノザ主義を現わしている〕。一七八八年にゲーテがヘルダー宛に書いている内容は、以下のとおりで、もっとはっきりしている。「世界がまだ一千万年も存在し続けても、悟りに達することはないでしょう。キリストというメルヘン〔6〕がその理由です。なぜなら、このメルヘンを擁護するのも批判するのも同じくらいの知能と知力と理解力を必要とするからです。これは真実です。さまざまな世代が入り乱れて、過ぎて行きます。そして個人というのは、かわいそうな存在です。どのような立場に立とうとも、全体は、決して全体としてまとまることはないのです。こうして人類は惨めなかたちであちらの立場へと、またこちらの立場へとどうでもいいことに関して揺れ動いているのです。もしも、人間にとってこれほど本質的ないくつかの点で、これほどの大きな影響をふるうことがなかったとしたら、なにも言うことはないはずなのですが」。

そのおよそ六年後にゲーテは、ホメロスを改めて勉強し直してみたら、ユダヤ人たちの馬鹿げた話が、いかなる名状しがたい災危をもたらしたか、ようやく感じ取ることができた、という趣旨の発言をしている。「われわれがもしもオリエントの繰り言を知らないで済んだら、そして、ホメロスがわれわれの聖書であり続けたとしたら、人類はいかに違った様子になっていたことでしょう!」。この三十年後には、受難曲を聞いた際にツェルターに宛ててこう書いている。「〈イエスの死〉は、君に今年も楽しい復活祭をもたらしたことを願っていますが、坊主どもは、キリストの受難という、ありとあらゆる事件の中で最も苦しみに溢れた事件を利用して莫大な利益を引き出しています。画家もこの題材で大もうけをしています。作曲家だけが、一銭も手にしないでいいわけはないはずです」。さらに四年後、かれはミュラー宛に、説教壇で話す人たちがかわいそうだ、なぜなら彼らは、「二千年来、脱穀され続けて一粒も残っていない穀物の束」を話題にしているため、なにも語るべきことがないのだから、といったことを書いている。同じ時期に、「見よ、この人をEcce Homo」という受難の十字架像について、ツェルターに対して語ったという次の言葉が伝えられている。「この磔像《たくぞう》を見る者は誰でもいい気持ちになるでしょう。なぜなら、自分よりひどい思いをしている人を見ていることになるのだから」。そして、誰かがゲーテに、あなたは異教徒ではないかと非難がましいことを言うと、彼は、「私が異教徒ですって？　私は、グレートヘンを処刑させたし、オッティーリエを飢え死にさせたではないですか。これこそ皆さんにとっては、まったくもって十分にキリスト教的ではないでしょうか？」。(55)(7)

ところが、この同じゲーテが、『色彩論』の中の「伝承」というタイトルの章で、聖書のことを、ユダヤ民族の本であるのみでなく、諸民族すべての本であると呼んでいるのだ。彼に言わせれば、その理由は、聖書がユダヤ民族という一民族の運命をすべての民族の運命の象徴にまで高めているところにある。「内容に関して言うならば、ほんの少しつけ加えるだけで、今日まで話を続けることができる。旧約聖書にヨゼー*フス〔8〕の一部をつけ加えれば、ユダヤ人の歴史をエルサレムの破壊まで続けることができる。『使徒行伝』のあとに、キリスト教の拡大と、ユダヤ民族の世界中への分散に関する凝縮された記述を入れ込めば、……また、『ヨハネ黙示録』の前に、新約聖書にしたがってキリストの純粋な教えをまとめて掲げるならば、そしてそれによって、使徒たちの書簡の混乱した教説を解きほぐし、解明するなら、新約聖書というこの作品は、すぐにも昔の位置に戻ることになろう。普遍的な書物としてのみでなく、諸民族の普遍的な図書館として通用するであろう。そして世紀が過ぎるごとに時代の教養が高まるにつれて、ときには基盤として、またときには教育の道具として、もちろん、小生意気な物知りの徒が使うのではなく、真にかしこい人間たちが使い得るものとなろう」。そして最後になるが、ゲーテは、『ヴィルヘルム・マイスターの遍歴時代』（第二巻第一章）で、キリスト教のことを「究極の宗教」と明言している。なぜなら、この宗教こそは、人類が到達し得る、また到達せねばならない究極の、そして最高のあり方を示しているからだ、というのである。キリスト教こそは、われわれに「苦悩に潜む神々しいまでの深み」を示してくれたからだ、と彼は述べている。

　しかしながら、このように彼が言う詳しい理由は、決して普通の意味でキリスト教的とは言えない。それどころかニーチェが、生のディオニュソス的是認という表現で理解していたものに、きわめて近い。つまり、彼に言わせると、キリスト教は、生を聖なるものと見た古代の考えをはるかに越えていた。なぜなら、見たところ生に逆らうようなものも、キリスト教は、肯定的に捉え、受け入れたからだ、というのである。忌むべきもの、嫌われるもの、逃げ出したくなるもの、つまり「下賤と貧困、嘲りと軽蔑、屈辱と悲惨、苦悩と死」をもキリスト教は、神々しいものとして認めることを、それどころか、罪と犯罪をも、生を強化する手段として愛することを、われわれに教えてくれた、というわけである。ちょうど、「サチュロス」における自然と同じに「根源」であるとともに「不気味」でもあって、矛盾し合うものの包括的統一とされる。「自然について」という断片では、[9] 生とは「自然の最も美しい発明であり」、死とは「自然の策略、より多くの生を生み出すための策略」であると言われている。そして誕生と墓場は、ひとつの永遠の海原ということになる。

　神イコール自然とするこうした考えから、ゲーテは、聖書の純粋性を、そしてその真理性を理解しようとしている。とはいいながら、彼にとってキリストの姿に負けず劣らず真であり、かつ生き生きとした力を与えてくれるのは、太陽であった。次の対話の一節を見てみよう。「純粋な自然と理性との調和のうちにあるいっさいのすぐれた存在、そして今日においてもわれわれの最高の発展に役立つ存在、それを除いて、なにをもって純粋と言ったらいいだろうか！　実りをもたらさないか、すくなくともよきものをいっさい生みださない筋の通らないもの、空疎で馬鹿げたもの、こうしたものこそが不純なものである。聖書の純粋性を決めるのに、聖書によって真なるものがわれわれに伝えられることになったかという問いを基準にして決めるなら、いくつかの点に関しては、福音書の純粋性を疑うこともできなくはないでしょう。……とはいいながら、私は、福音書は四つ全部含めて、やはり純粋なものと思います。その理由は、キリストという人格が放つ高邁な輝きがそこに働いているからです。かつて地上に姿を現したことのない神々しさで輝いているからです。このキリストを敬い慕うのは、あなたの性分と合うかと聞かれたら、私は、まったく問題ない、と答えるでしょう。文明 Sittlichkeit の最高の原則を神として啓示したのが彼であり、そのような彼の前に私は頭を垂れます。ところで、太陽を敬うのは、あなたの性分と合うかと聞かれたら、私は、まったく問題ない、と答えるでしょう。というのも、太陽はキリストと同じく最高の存在の啓示だからです。しかも我々地上の人間たちの知覚に与えられた最強の啓示だからです。太陽のうちにある神の光、生命を生み出す神の力を崇拝します。この力のおかげで、われわれの誰もが生き、活動し、存在しているからです。われわれと一緒に植物も動物もです」[56]。

こうしてゲーテは、自らをはっきりした非＝キリスト教徒であると称することもできたし、また同時に、異教徒と見られるのも拒否できた。彼が神々しいとして敬ったのは、全体としてのこの世界が生命を生み出す力であった。戦争も、ペストも、洪水も、火事も、この活力を持った世界になにも手を加えることができないことである[57]。たえずみずから破壊し、みずから生み出して行くこの世界はディオニュソス的であるが、ゲーテにとってこの世界にはキリストも含まれていることになる。キリストの教えこそは、敬うべきものの領野を拡大して、逃げ出したくなるものにまで広げたからである。人生の最後の月にエウリピデスの『バッコスの信女』についてゲーテが述べている言葉は、「十字架に架けられたディオニュソス」というニーチェの考えを奇妙にも先取りしているかに聞こえる。つまり、エウリピデスのこの作品は、ゲーテから見ると、近代的な劇のように演じうるキリストにおける受難 leiden の神と、同じように苦悩する leiden 古代ギリシアの神との比較といううきわめて実り豊かな結果をもたらすことを教えてくれる、というのだ。それを通じて、さらにいっそう強力なディオニュソスが転成のうちから生まれてくる、とされている[58]。

この発言は、ゲーテ内部から見て筋が通っている。それは、すでに若い時の「永遠のユダヤ人」のなかで「疾風怒濤」のキリストが言っている言葉を見ればわかる。このキリストはたくさんの十字架を見ることにうんざりして、キリストらしからぬ言葉を発するのだ。「おお、すばらしき世界の混乱よ、秩序の精神と、惰性の迷誤に満ちたこの世界よ、歓喜と苦痛の輪がつながる鎖よ。私自身を墓場に向けて生んでくれたこの世界という母よ、創造に立ちあったこの私でも、全体としてはよく理解できないこの世界よ」。

キリスト教に対するゲーテのこうした自由でのびやかな態度は、彼が「真に感情に生きた」ことに由来している[59]。しかし、こうした前提が抜けると、十九世紀の教養人の世界では、浅薄化し、色褪せ、月並みな物言いへと堕してしまった。彼らは、自分たちの凡庸さこそが、中庸とその基準であると思い込み、この思い込みの正当化にあたってゲーテを引けばいいと思い上がりだしたのである。こうした市民的＝キリスト教的な教養世界のいい加減な中庸をよく示すのは、好んで使われた〈ホメロスと聖書〉という表現である。この定式は、第一次世界大戦の最中でも、背嚢《はいのう》に入れて出陣すべき本としてよく言われることになった。キリスト教の臭いをつけられたこうした人文主義は、ほんの数年前まで〔レーヴィットのこの本が書かれていたときからさかのぼってのこと。つまり、一九三三年にナチスが政権を取る直前まで、ということ〕、程度の差はあっても基本的には自由主義的宗教を奉じていたプロテスタントの学校長や牧師たちの説教の基本的な調子をかたちづくっていたものである。聖書のどこかの節を引いて、それをフンボルト、シラーおよびゲーテを使って解説するという調子だった。オーファーベック〔本書下巻最終章のオーファーベック論を参照〕は、こうした事態を次のように見事に言い表している。「今日のキリスト教は、独自のやり方で、世界に自分を合わせてしまう。今日の世界において、重要な人々が反キリスト教的な態度を取れば、たちどころに、キリスト教の側が喜んで、彼らこそキリスト教徒だとして、自分たちの側に引きつけてしまうのだ。ゲーテやシラーであれ、フォイエルバッハ、ショーペンハウアー、ヴァグナーやニーチェ、もちろん、彼らの後継者たちも含めて、こうした近代型のキリスト教徒とされる人々は、この事態を我慢するより仕方ない。実際にわれわれのキリスト教というのは、こうした偉大な人々がすべて、キリスト教からの離脱者というよりも、敬虔なキリスト教徒として近い存在に見えてしまうところまで来てしまった。そして彼らの人格がこうした敬虔なキリスト教徒だったという見方を証明するのに、彼らの書いたもののなかに、キリスト教を認めた〈暖かい〉調子を見つけ、このおいしいところだけつまんで食べることをしているていたらくである。こうなると、自ら率先して近代的キリスト教なるものに帰依するのを躊躇する人がいるだろうか[60]」。

ヘーゲルは、キリスト教についての彼の〈概念的把握〉を一度として〔キリスト教の弁証法的〕否定としては見ていなかった。それどころか、〈概念的把握〉こそは、彼の言う絶対的宗教の精神的内容を正当化するものと考えていた。受苦と救済というキリスト教の教えは、彼の考えでは、思弁的思考にとっても決定的なものであった。彼の著作や書簡の中に、皮肉っぽくキリスト教を嘲っている箇所を見つけようと思っても無駄である。もちろん、批判的攻撃をしているところはあるが、それは、特定の神学的方向に対してである。つまりまったく概念を欠いた、ふさわしくない理解の仕方に対してであった。特に老齢に達してからの彼は、自分の哲学はキリスト教に根ざしていると明確に述べている[61]。彼の伝記を書いたローゼンクランツ*は、ヘーゲルの哲学を「神のたえざる定義」と形容しているが、まさにそのとおりである。それほどにまでヘーゲルの哲学は、キリスト教という歴史的地盤に依拠した哲学だった。

ヘーゲルにとっては、自身が行った哲学とキリスト教の媒介はそれほど明確なものだった。だが、この媒介がいかに明確だったとしても、〔彼に続く人々によって〕それが攻撃されるきっかけとなるとともに、明確であったのとおなじほどに両義的なものとならざるを得なかった。実は批判のきっかけは、ヘーゲルによる正当化のなかに潜んでいたのだ。そして、媒介という性格が崩壊し始めると、この批判の契機が自立し、自由に動き回るようになった。もともとヘーゲルが宗教的想念を概念によって〈止揚〉したこと自体に潜んでいたこの両義性は、哲学とキリスト教という両側面に合わせて別々に解釈し得るものだった。それゆえに、彼自身による正当化 *Rechtfertigung* そのものが批判のきっかけとならざるを得なかったのだ。哲学と宗教をヘーゲルが媒介したがゆえに、この批判は、両者の間に区別をつけることを要求し、哲学と宗教のどちらにするかの決断を迫ることになったのだ。こうした新たな動きの帰結は、*シュトラウスにはじまり、フォイエルバッハを経て、ブルーノ・バウアーとキルケゴールにいたる宗教批判のなかに現れることになった[62]。こうした道筋のゆえに、ヘーゲル哲学の危機が露呈しはじめるとともに、キリスト教の危機も露わになったのである。

　ヘーゲル自身は、キリスト教の歴史において本当の危機が来るとは考えていなかった。ところがこのヘーゲルと反対に、一八三〇年頃のゲーテは、この危機を明確に予想していた。彼に言わせれば、伝承への信仰に固執して、批判にはいっさい関わらないようにするか、自ら批判に服して、信仰を放棄するかのどちらかしかない。第三の道は考えられない。「人類は今や宗教的危機のうちにある。この危機を人類がどうやって切り抜けようとするのかは、私には分からない。しかし、切り抜けねばならないし、切り抜けるだろう(63)」。それに対して、ふたりともが同じように感じていたのは、政治的危機である。危機の外的きっかけは、七月革命だった。

### f　ゲーテとヘーゲルが完成させた世界の終焉

一八二九年にゲーテはポーランド人のオデュニッチ*との対話で、ヨーロッパの状況について次のように述べている。「十九世紀は、単に前の十八世紀の継続ではなく、新たな時代の始まりとなる定めを持っているように見えます。なぜなら今世紀の最初の何年かに世界を揺さぶったいくつかの大変な出来事は、それに相応した大変な帰結をともなわないわけはないからです。もちろんのこと、種から実がなるように、ゆっくりと大きくなり熟してくるには時間がかかるかもしれませんが(64)」。ゲーテは、この大変な帰結なるものが、世紀の秋が到来する以前に来るとは予想していなかったが、直近の帰結はすでに一八三〇年の七月革命だった。この革命は全ヨーロッパを揺さぶり、すべての同時代者を深く考えさせることとなった。インマーマンは、この革命は物質的な貧困から始まったものというふうには理解できない、むしろ宗教的情熱に似た精神的な力によるものと理解するしかない、もっとも、動機は信仰ではなく、〈政治〉なのだが、と述べている。もっと冷静に判断しているのは、ローレンツ・フォン・シュタイン*である。彼は、工業社会が支配的になる大変動だと述べている。七月革命によって認識された工業社会という社会的真理こそは、ヨーロッパ全体に通用する普遍的な真理であり、同時に市民階級の勝利に向けられた疑いのまなざしは、文明一般に向けられることになった、とも彼は述べている。他の誰にもましてニーブール*は、この事件をまさに時代を画するものとして受け止めている。彼の『ローマ史』第二部の第二版のための、一八三〇年十月五日付けの序文は、深い諦念に満たされている。この序文でニーブールは、「いっさいの喜ばしい事態」が破壊される危険に直面している、ちょうど、ローマ世界が紀元三世紀に経験したような破壊の危険、つまり、豊かな生活の破壊、自由の破壊、文化と学問の破壊の危険である、と書いている。そしてゲーテは、将来には野蛮が訪れると予言して、ニーブールの言うとおりだと書いている。いや、この野蛮はゲーテにとってはすでに到来していた。「われわれはそのまっただなかにいる」と彼は述べている。(65)

七月革命は、フランス革命で開いた深淵が見かけ上閉じていたに過ぎず、実際には、世界が「いくつかの革命の時代」の始まりに立っているにすぎないことが明らかになるその徴候だった。大衆が、上層身分に対して立ち上がり、自分たちの政治的権力を獲得する時代の始まりということである[66]。宰相ミュラーが報告するゲーテとの会話があるが、そこでゲーテが言うには、この新たな危機は、自分の人生の最後の「最高の思考実験」となるかもしれないと考えることで、気を鎮めていたそうだ[67]。この会話の数カ月後にゲーテは、ツェルター宛の書簡で、〔フランス革命の〕四十年後にまたしても、昔の酩酊現象が繰り返されるのは、不思議な気がすると述べている。既存の政治権力が成すべきかしこい行動は、個別的な発作を無害化することである、と言いながら、こう続けている。「この危機を乗り切れば、しばらくのあいだはまた静かになるでしょう。それ以上のことは言いますまい[68]」。ゲーテから見て、この革命の、これまでなかったとんでもない側面は、「いかなる媒介もなく直接に無条件的・絶対的なものへと」、しかも「このかなり制約のある世界のなかで」「突き進もうとする意志である[69]」。ゲーテ自身は、どんなに社会が変わっても変わることのない自然の研究へと閉じこもって、自分を救おうとした。この七月革命の最初のニュースをエッカーマンが伝えようとするとゲーテは、彼に次のように叫び返したという。「ところで、貴兄はこの大いなるできごとをどう考えますか？　火山が爆発し、いっさいのものが炎に包まれています。ドアを閉めた部屋で机に向かって交渉するようなことではなくなっていません」。こう発言するゲーテが論じていたのは、エッカーマンも驚いたが、七月革命という政治的事件のことではなく、パリのアカデミーでの、自然研究の方法に関して始まった議論のことだった(70)。

民主主義による水平化と工業化の結果として一八三〇年頃に世界が、だんだんと変わり始めたことは、ゲーテがはっきりと気づいていたことだった。一八二八年十月二十三日には人類の将来について彼は、エッカーマンに次のように述べている。「神が人類を見てももはや喜んではくれない時代が来るのが見えます。そして、世界を若返らせ、創造の始めに戻すために、神が、いまいちどいっさいを打ち砕く必要のある時代になるでしょう」。市民社会とその社会的交流の基盤が壊されてしまった、とゲーテは感じていた。既成の秩序のラディカルな解体をめざすものとして彼が見ていたのが、サン・シモンの著作であった。そして折りに触れて読むフランスの現代文学は、〈絶望の文学〉であると彼は見ていた。つまり、幸せをめざして人間に語るべきことのまったく正反対を読者に突きつける〈絶望の文学〉だとしていた(71)。「醜悪で、不愉快で、残酷で、いかなる品位も欠いていて、さらには、忌むべきもののいっさいをまとめてとんでもないところまで引きずって行くのが、この文学の悪魔的な仕業なのです」。今やいっさいが「激烈」で、思想でも行為でも「飛んでしまっている」。「誰もが自分のことが分からなくなり、自分がそのなかで動き、生活している場というのはいったいなんなのか、理解している人はひとりもいなくなりました。自分がなにをいじっているのか、その素材も誰も理解していません。純粋なる単純などはもうどこにも見あたりません。逆に、単純なナンセンスはありあまるほどあるのです」。そして、現代の人類は、これまでのものを越え、過剰にまで高まり、結果として凡庸な段階にとどまってしまうのです。人類は極端になり、また下劣になっていきます[72]、と結んでいる。時代の動きに対するゲーテの見識を示す最後の文書は、ヴィルヘルム・フォン・フンボルトに宛てて、『ファウスト』第二部に封印をした理由を述べている書簡の次の箇所である。「もちろんのこと、遠いところ、近いところ、あちこちに住んでいる友人たち、私の感謝の気持ちでいっぱいの貴重な友人たちに、このまじめな冗談の作品を、私が生きているうちに献呈し、お伝えし、皆さんの反応を聞かせていただくのは、当然のことながら、はかり知れない喜びとなることでしょう。でもこの時代はまったくもって筋が通らず、混乱しています。したがって、この奇妙な作品を完成させるための私の真剣な、そして長期間の努力は報われることなく、どこかの岸辺に打ち上げられ、漂着した難破船のように時間の砂に覆われてしまうであろうと、私は確信せざるを得ません。混乱した行動をもたらす混乱した考えが世界を支配しています。私に残されたもの、まだあるものをできるだけ高め、私の独自性を蒸留し、尊敬する友人よ、あなたがあなたの城館でなされているように、保存すること、これ以上に私がするべきことはありません」。感嘆にあたいする決意と、そして余裕である。この言葉で、死の五日前のことだが、ゲーテの書簡そのものが終わっている。

七月革命でいやな気持ちになった点では、ヘーゲルもゲーテに劣らなかった。驚愕し、かつ憤怒を込めて彼は、新たな分裂が襲ってくるのを確認している。まさにこうした分裂に抗してヘーゲルは、既存の秩序を、真のありようとして守ろうとしたのだ。英国の議会制度改革を批判した一八三一年の、人生最後の政治的文書で、ヘーゲルは、改革への意志すらも「下克上」に由来する「服従拒否」と形容している。教会と国家に隷従しているだけではないかと批判され、攻撃されたヘーゲルは、一八三〇年十二月十三日に、ゲーシェル*に宛てて次のように書いている。「とはいえ、強烈な政治的利害が、それ以外のいっさいの関心を呑み込んでしまっています。まさに危機です。この危機のなかで、普通の状況なら信頼し得るいっさいのことが問題視されてしまうのだと思われます。無知と暴力に対して、そしてこのうるさい暴動に備わる悪しき情熱に対して、哲学というのは、対抗できるものをほとんどもっていません。同じく、これほど安穏に構えている人々の輪に哲学で入って行くことができるとは思えません。

哲学は、自らがほんの少数の人々のためにあるということを自覚——気を安らかにするためにも——すべきではないでしょうか」。『論理学』第二版の序文の最後でヘーゲルは、これほど政治的に気の立っている時代に、「純粋な思考による認識の情熱的な静謐《せいひつ》」の余裕がもはやなくなってしまったのではないかという恐れを漏らしている。この序文を書いた数日後、ヘーゲルはコレラに罹り、亡くなってしまった。

ゲーテとヘーゲルは、「浮世離れした行き過ぎ」に対してともに身を守りながら、人間が今なお自分自身でいられるような世界を建設することができた。ところが、彼ら二人の直近の弟子たちはすでに、この世界を自分の世界とは感じなくなり、師が達成した均衡を、単に調和主義の産物だというふうに誤解することになった。(73) ゲーテの自然は中庸 Mitte に根ざして生きた。ヘーゲルの精神は媒介 Vermittlung のうちで動いていた。ところがこの中庸も媒介も、マルクスとキルケゴールというふたりにおいてまたしても両方の極に、つまり外面性と内面性という極に分裂してしまった。(74) その後にはニーチェが新たな端緒を敢行し、近代性の無のなかから古代を取り戻そうと試み、この実験の挙げ句に、彼は狂気の暗闇に消えてしまったのだ。

# 時代の精神的潮流の起源
## ――ヘーゲルの精神の歴史哲学から見る

# 第一章　ヘーゲルにおける世界史と精神史の完成
## ――歴史の終結

### 第一節　世界史の終結という構造

ヘーゲルにとって哲学の歴史は、世界の動きを横目にみて進む、世界とは無縁な別のできごとではない。哲学の歴史は、「世界史の最も内奥のできごと」そのものなのである。哲学と世界の両者をともに等しく貫いているのは、〈世界精神 Weltgeist〉としての絶対者なのであり、この絶対者の本質には、運動が、つまり歴史が内属しているとされている。(1) ヘーゲルの著作全体は、歴史の哲学および哲学の歴史を含んでいるが、それだけではなく、彼の体系の全体が、彼以前のいかなる哲学にもまして、歴史的に思考されている。しかもきわめて基本的なあり方で歴史的な思考の産物なのである。彼の哲学的思考は、キリスト教の精神についての歴史的＝神学的論文〔初期の「民族宗教とキリスト教」や「キリスト教の精神とその運命」を指している〕から始まっている。これらの諸論文における歴史的感覚は、ヴォルテールやヒューム、さらにはギボンのそれをはるかに越えている。それに続いて歴史的＝政治的著作および、人倫〔Sittlichkeit＝倫理・文化・文明〕についての最初のいくつかの体系が書かれた。こうした体系的著作のなかで、歴史にそなわる、いかなる条件もない絶対的な力こそは、「いっさいを征服する時間」もしくは、「根源的な運命」とされている。[2] こうした著作群の中ではじめて〈世界精神〉なるものがその名で言い表わされている。〈世界精神〉こそは、そのどんな形態的現れにおいても、自らについて、「ときには曖昧な、ときにはより発展した明確な、いずれにせよ絶対的な自己感情」を備えており、いかなる民族においても〈生の全体性〉を表現しているとされる。[3] それに続く『精神現象学』では、現象する精神の発展の歴史が、そして知の発展としての教養の諸段階が論じられていた。この書では、体系的な思考の推移と歴史的関連とが切り離し不可能なまでに結びついている。哲学体系と歴史の両者は、経験的にどれがどれに絡んでいると割り振りされるようなものではなく、おたがい同士が重なり合うまでに浸透し合っているだけに、その結びつきはいっそう分かちがたいのである。

精神の弁証法的運動というこの構成を生かしているのは歴史であり、この弁証法的運動という構成が到達するゴールは、〈絶対知〉とされている。そしてこの絶対知なるものに到達する方途は〈想起 Erinnerung〉である。つまり、かつて存在した精神のあり方のすべてを〈想起〉することによって、絶対知に至るのである。常に存在し続け、意識を持ち続ける精神が、自己の歴史のかつて存在したあり方 das gewesene Wesen を通じて絶対知に到達するというこの道は、他にも辿れる道があって迂回できるというようなものではなく、知の完成に至るための唯一可能な通路なのである。この絶対者、もしくは精神なるものは、外面的な歴史をもっているが、それはあたかも人間が衣類をまとっているがごときものであって、実はそうした外面的歴史に尽きるものではない。この精神はその最も深い本性において、自己発展を宿した運動なのである。すなわち、運動発展を遂げることによってのみ存在しているような存在のあり方なのである。たえず前進する中で自己を外部に表現しながら〔外化しながら sich entäußernd〕、また自己自身の由来・過去を想起するのが、この精神のあり方であり、そうしたものとして精神は、それ自身において歴史的なのである。もちろんのこと、この生成発展の弁証法は、直線的に果てしなくいつまでも続くようにはなっておらず、むしろ、円環を描くことになる。それゆえ、この運動の終結は運動の始まりの完成を意味するのだ。精神はこの進歩という方途を経て、最後にようやく endlich、自己の十全で完璧なあり方と、それについての知 sein volles Sein und Wissen を得ることができるのだ。それによって精神の歴史が完成する vollendet。ヘーゲルにおける精神の歴史の完成ということの意味は、最高の充実ということである。つまり、これまで起きたことの、そして考えられたことのいっさいが一個の統一体へと凝縮される、ということである。だが、この歴史の完成なるものには、今ひとつの意味がある。それは終末における終結という意味である。精神の歴史が最終的に自己自身を捉えるという意味でもある。そしてこの精神の本質は、精神が自己自身のもとにある〔いかなる外的強制もなく自分の本来のあり方に到達している〕という意味での自由にある以上、歴史の完成が達成されるとともに、自由の歴史も完成するのだ。

精神の自由という原則に依拠してヘーゲルは、世界の歴史を構想する。目標の実現に向かって構想する。彼の歴史哲学において、精神の自己解放の最も重要な段階は、東洋における歴史の始まりであり、西洋におけるその終結である。世界における歴史的プロセスは、古代東洋の大帝国からはじまる。つまり、中国、インド、そしてペルシャである。この歴史は、ペルシャに対するギリシアの決定的勝利を経て、地中海沿岸のギリシアおよびローマの諸国家において継続し、最後には、西洋北部のキリスト教的＝ゲルマン的諸国家において終結する。「ヨーロッパとは西方ということとまったく同じであり」、それは「世界史の終結」である。それは、アジアが東方であり、歴史の始まりであるのと同じことである[4]。そして世界の普遍的精神は太陽と同じに、東から上り、やがて西に沈むのである。この運動において、精神は激しい戦いを通じて、自由へと教育されてきた。「オリエントは、たったひとりだけが自由であると認めていたし、そう考えている。ギリシアおよびローマの世界では、幾人かが自由であり、ゲルマン世界は、すべての人が自由であることを知っている」。キリスト教的ゲルマン的世界に固有の自由というのは、ひとりの専制君主の専横のことではもはやない。また、自由身分に生まれたギリシア人やローマ人のように奴隷制度に依拠した自由でもない。それは、すべてのキリスト教徒の自由なのである。オリエントの歴史は世界史の幼年時代であり、ギリシアとローマの歴史は世界史の青年期かつ壮年期なのである。それに対して、ヘーゲル自身は、――キリスト教的＝ゲルマン的世界の完成・終結にあたって――自らは「精神の老年期」の思索をしていると考えていた。

オリエントでは、精神的実体〔1〕は集合的で、単調であったが、ギリシア世界に固有のあり方は、精神が個人へと解放されたことである。何人かの重要な個人たちが、それぞれ築きあげた多様な人物群像を生み出した。そしてわれわれは、まさにこのギリシアこそが故郷であると感じるのだ。それは、このギリシアにおいてこそわれわれは、いっさいの異質なものを消化吸収する精神の地盤の上に立っているからである。ギリシア的な生のあり方は真の「青年の活動」である。詩的想像の産物としての青年アキレスこそがこのギリシア的生活を切り開き、現実の青年であるアレクサンダーがそれを完結させた。このふたりのうちにわれわれは、トロイアとアジアに対する戦いのなかで花咲いた最も美しく、最も自由な個性を見ることができる。政治においても、精神においてもギリシアは、反アジアの力であり、そのようなあり方として、ヨーロッパのはじまりなのだ。ギリシアの風土の性格もこれに相応して、単一の大陸的な塊ではなく、地中海の岸辺に沿った多くの島々や半島へと分散している。ここにあるのはオリエント的な自然の力ではない。つまり、ガンジス河やインダス河、チグリス河やユーフラテス河といったそれぞれの地域に唯一の、全体をつなぐ川があるのではなく、水系も多様に分散している。これこそ、ギリシアのさまざまな民族という多様性に、また彼らの精神の柔軟性に相応しているのだ。[5]

　個人個人の個性が多様な姿となって展開するこの精神に恵まれた地域には、統一性が欠如していた。そのためにこのギリシアは、ローマの政治権力に従属することになった。ローマこそは、それ自身として存在する初めての国家を、つまり〈政治的普遍性〉を創出した。さらに、国家というこの普遍性とは別に、それに向き合って存在する私人という、権利を持った人格なるものも生み出した。(6) ローマはすべてを均一的に組織する能力を持っていた。それによって将来のヨーロッパの基盤となり、その政治力と文化は、当時の世界全体に行きわたった。ローマの街道のいたるところに、ギリシアの文化が広まって行った。この背景がなければ、キリスト教といえども、世界宗教にまで拡大することはなかったであろう。

ギリシアおよびローマ世界にはしかし、内在的限界があった。その限界とは、古典古代の精神が、今なお精神自身にとって外在的な盲目的な運命に服さざるを得なかったことにある。彼らが下す最終的な決断は、外的な抑制を受けたものだった。つまり、ギリシア人もローマ人も、「決定的な決断が必要な」重要な問題に関してはいつの場合も自分自身の良心に問いを発することはしなかった。良心は「決断の頂点」に座しているはずなのだが、彼らは良心に問いかけることはなく、神託や前兆を頼りにした。キリスト以前の人間というのは、まだ完全に自己のもとにある存在 beisichseiend ではなく、それゆえ、かぎりなく自由な人格ではなかった。彼らの精神は、ギリシアの段階ではいまなお自己自身に到達していなかった。つまり、自己存在への解放を遂げていなかった。[7]

精神の最終的解放は、ヘーゲルによれば、異教世界にキリスト教が入って来たことによって生じた。「キリスト教的原理の登場とともに、大地は精神にとって存在するものとなった。世界は周航され、ヨーロッパ人にとって大地は丸い地球となった」。キリスト教的世界は、「完成の世界」である。なぜなら「〔世界精神の〕原理は実現し、この世の終結が完成した」からである。[8] キリスト教の神こそがはじめて真に「精神」であり、同時に人間なのである。精神的実体 Substanz は、歴史的に存在する一人の人間において主体 Subjekt となったのだ。これによって神的なるものと人間的なものとの統一性がようやく意識にもたらされ、神の似姿としての人間に宥和 Versöhnung[2] が生じたのである。「この原則こそは世界の要となる。この要を軸に世界は回っているのだから。これまでとこれ以降というように歴史が分けられる」[9]。それゆえ、ヨーロッパにおける紀元後の時代は、ヘーゲルにとって単に時間的な限定ではなく、絶対的＝歴史的な意味を持っているのだ。ヨーロッパ世界はこの決定的な瞬間において、ひとたびキリスト教的世界となった以上は、永遠にキリスト教的な世界となったのだ。

キリストへの信仰が広がるとともに、当然のことながらそれは政治に変化をもたらした。ギリシアの国家はなるほど(民主主義的な)自由を旨とする国家にはちがいなかった。しかし、それは、ヘーゲルの見るところ、あくまで「幸運な人と天才」だけが自由な国家であった。それと対照的に、キリスト教とともに、（君主の）絶対的な自由の原則が登場したとされる。この原則の中で、人間は、彼自身が対峙する権力とみずからが同一であることを認識するのである。ギリシアの自由は奴隷制という条件に依拠していた。それに対してキリスト教徒の自由は、無限であり、奴隷制の条件を持たないものとされている。

キリスト教の歴史は、「自由な決断の無限な力」の発展であり⁽¹⁰⁾、これによってキリスト教は十全な展開を遂げたのだと、ヘーゲルは見る。キリスト教のこの発展は、ゲルマン系の諸民族がキリスト教の信仰を受け入れた時点に始まり、ローマ・カトリック教会の支配を経て、プロテスタントによる宗教改革に至る。宗教改革こそは、教会と国家を、そして良心と法を宥和させた、というのだ。人間は、自由であるべく定められていることを、はじめて十全に確認したのがルターである⁽¹¹⁾。宗教改革のさらなる帰結は、啓蒙主義であり、最後にはフランス革命ということになる。教皇という普遍的な権威から一人一人の良心が解放された。その前提にもとづいてはじめて、自由と平等というキリスト教的理念を原則とする理性的国家の建設へと、人間自身の意志が決断しえたのである。とはいえ、ルターにとっては、キリスト教信仰の内容は啓示によって与えられた所与のものだった。だがやがてヨーロッパ精神は、ルソーによる媒介を経て、フランス革命において、自らが望む内容を自らに与えたのだ、とヘーゲルは考える。

フランス革命という、ヨーロッパ精神の歴史のこの最終段階において、「純粋で自由な意志」がようやく自分自身を達成したことになる。自ら意志し、しかもなにを意志しているかを自覚しているこの「純粋で自由な意志」が生み出されたのである。これによって人間ははじめて「みずからの頭で立つ」、つまりこれまでのありようから見れば逆立ちすることになった。そして世界の動きは、哲学の思考と同じものとなった。歴史哲学の原則は、「自由の意識が進歩する」ことである以上、このフランス革命のできごとを通じて、歴史における哲学が終結する。それゆえヘーゲルにとっては、元来のキリスト教のいわゆる世俗化——キリスト教の精神と自由の世俗化——は、決して、キリスト教の根源的ありようからの厭うべき離反などではない。それどころかまったく逆であって、キリスト教の起源を実定的に見えるかたちに実現することこそ、起源の真の展開なのである。[12] そして、キリスト教的世界の歴史は、古典古代を越えて行く進歩の運動であり、またそれと同じに、古代世界の「あこがれ」の真の実現でもあるのだ。ギリシア゠ローマ世界は、キリスト教的゠ゲルマン的世界のうちに〈止揚される〉ことになる。ヘーゲルの存在論的基礎概念は、それゆえに二重の性格を帯びている。つまり、ギリシア的ロゴスとキリスト教的ロゴスという二重性である。だが他方で、ヘーゲルの具体的な歴史感覚にはまったく想像もつかない無縁なことが起きることになる。それは、古代世界とキリスト教世界との結びつきを今いちど決断によって切り離し、ギリシア的起源であれ、キリスト教的起源であれ、抽象的に理解されたこのふたつの起源の〈あれかこれか〉に立ち戻ろうとする行き方だった(13)。

ヘーゲルが終結としての歴史を構想した最終的な理由は、彼がキリスト教を絶対的に評価していたことにある。キリスト教の終末論信仰では、キリストの再来とともに時間が終結し、成就する。ところがヘーゲルは、この世の世俗の時間 Weltzeit の終結を待望するキリスト教の考え方を、世界のできごと、つまり、歴史のなかへと、移し込んだのだ。同じく、キリスト教信仰における絶対者を、歴史の理性へと変換した。それゆえ、彼は、こうした変換の当然の帰結として、世界と精神の歴史における最後の巨大なできごとを、そのまま、歴史の始まりにあったものの完結であると理解したのである。〈概念〉の歴史は、実際にヘーゲルとともに終結したことになる。彼は、〈ここまで〉と〈ここから〉という歴史の全体を想起し、すべての時代と時間の成就という風に理解したためである。もちろん、経験的な歴史の動きは、はじめも終わりもなく今後も続くであろう。そのことと、こうしたヘーゲルの考え方とは矛盾しないのである。これからの経験的な歴史は、いかなる原則もなく、またそれゆえいかなる時代というものもなくなっているのだから。

ヘーゲル哲学のこのような歴史意識を通じて自己形成を遂げたのは、彼の弟子や後継者ばかりではなかった。彼に敵対する者たちすらも、この歴史意識を身につけてしまったのだ。〔ヘーゲルを批判した〕ブルクハルトですら、彼が意識的に古典古代とキリスト教世界に自分の対象をかぎっているのは、実はこのヘーゲルの歴史像の枠内で考えていたためである。もちろん彼は、この古典古代の精神がもはやわれわれのそれではないことを知っていたし、さらには、利潤と権力を追求する現代の生活が、キリスト教とは別の人生理解を必要としていることもわかっていたのだが。このことをはっきり見ていたのに、そして、世界を〈理性的〉と見るヘーゲルの歴史構築に反対していたにもかかわらず、ブルクハルトも、ヘーゲルの終末論的な歴史の見方を承認していたのだ。というのも、ヨーロッパの歴史についてのブルクハルトの思考の最終的モチーフは、〈旧ヨーロッパ〉は終わる、という認識だったからである。

## 第二節　精神の絶対的形式の歴史的終結という構想

## a　芸術および宗教

歴史の完成という原理は、精神が取る三つの絶対的形式、つまり、芸術、宗教、そして哲学のあり方をも規定している。例えば芸術の分野で言えば、世界史の三つの時期に相応して、芸術形式にもそれぞれ、象徴的、古典的、およびキリスト教的＝ロマン主義的形式が存在するとされている。

世界に対する見方は、どれも「その時代の子」である。それゆえ、ギリシア的芸術やキリスト教的芸術の本当に真摯な側面は〔時代が変わった以上〕終結してしまった、とされる。そしてこの芸術の終焉なるものは、ひどい時代になって、散文的な感覚がはびこるゆえに芸術が終焉に見舞われる、といったように考えられているわけではない。つまり、外部から襲って来る偶然的な不運といったものではなく、「芸術の所産と進展そのものが」芸術を完結させる仕組みになっているのだ。つまり、「いっさいのものが外に表現され」てしまい、内面的でほの暗いものがまだ外部で表現されることを求めることがいっさいなくなってしまった事態なのである。それとともに芸術に対する絶対的な関心も消滅する。「芸術が芸術という自らの概念のうちに含まれている世界への見方の本質的な部分を、そしてこの世界の見方に含まれている一連の内容を、そのすべての側面に関して表現してしまうと、芸術は、そのつど特定の民族、特定の時代に定められていた内容を失ってしまうことになる。そして、そのつどの内容を今いちど取り上げようという真の欲求は、これだけが通用するとされている既成の内容に抵抗し、逆らう意欲があるときにのみ再び目覚めるのだ。その例として挙げうるのは、ギリシアで、アリストファネスが自分の時代に反抗したとき、またルキアノスが、ギリシアという過去の全体に対して奮い立ったとき、また中世末期にイタリアとスペインでアリオストとセルバンテスが、騎士道に逆らおうとしたときなどである」[14]。だがわれわれの時代にあっては、教養によって反省能力が形成されているために、芸術の、迫力ある実体的な種々の形式が無意味化され、いわば「白紙に戻されて」しまった[15]。「ギリシアの神々の像を見てわれわれはたしかにすばらしいと思うかもしれない。また、聖画を見て父なる神、キリスト、マリアが威厳にふさわしく完璧に描かれていると感じるかもしれない。しかし、いかに強くそう思おうとも、われわれは、そうした像の前に跪《ひざまず》くことはもはやないのだ[16]」。われわれの時代には、ホメロスもソフォクレスも、ダンテもシェークスピアも現れることはありえない。「かくも荘重に歌われ、かくも自由に語り出されたことどもは、すでに語り出されてしまった。歌われた素材、この素材を観たり、受け入れたりする仕方、これらはすべて歌われてしまったのである。現在だけが生き生きしている。それ以外はすべて、気が抜けて色褪せていくばかりである」[17]。

しかし、事態は、芸術の特定の内容が関心を引かなくなったことに尽きるものではない。それどころか、芸術という形式そのものが、精神の最高の欲求であることを停止したのである。芸術はわれわれにとってもはや、真理が現実に存在するための最高のあり方ではなくなってしまったのだ、とヘーゲルは論じる[18]。したがって、過ぎ去った時代の世界観をもういちど習得しようとしても無駄である。例えば、多くのロマン主義者はカトリックになり、「そこではっきりした自分を確立し」、自分たちの揺れ動く心情を外面的に固定化しようとしたが、そういうことは、ヘーゲルから見て無駄なことなのである。「芸術家は自分の心の整理などつける必要はないはずである。自分の魂の救いを気にかける必要もないはずである。芸術家の偉大で自由な魂は、……はじめから自らのやるべきことが分かっているはずである。自らにたのむところがあり、自らを信頼していられるはずである」。特に今日の芸術家は、精神の自由な形成発展を必要としている。そうした自由に形成された精神にあっては「特定の見方や表現の仕方に限定されている迷信や信仰は、自由なる精神が自由に使いこなし、名匠になるための一側面や一契機にすぎないものとなってしまった。自由なる精神の芸術家は、そうした個々の側面や契機にはそれ自身として、自分の製作のために崇拝すべき聖なる条件が備わっているなどと認めてはいない。名匠がみずからこうした個々の側面や契機を利用してより高い内容を創り出し、その内容を個別的側面や契機に入れ込むことを通じて、それらは価値を獲得するのだ[19]」。このようにして芸術は自分自身を越えて行くことになる。だが、こうした自己自身の乗り越えによってこそ、芸術は同時に、人間の自己自身への回帰ともなるのだ。つまり、このようにして芸術は、特定の内容や形式へのとらわれや限定を捨て去り、そのことを通じて自己自身の完全なる終結〔目的〕に至るのだ。このような完成という意味でヘーゲルは、ジャン・パウルの文学におけるフモールを、そしてゲーテの普遍的人間性を解釈したのである。つまり、普遍的人間性とは、ゲーテが、そのつど異なる彼の活動に対してとらわれのない自由を維持していたことであり、文学作品の聖人は「フマーヌス」〔人間〕そのものであるとする彼の信仰告白のことである。「こうして芸術家は、自分の内容を自分自身のうちから見いだし、現実に自分を自分で規定する人間精神となる。つまり、自分の感情と状況の無限の変化を観察し、創り出し、表現する人間精神である。人間精神にとってはもはや、およそ人間の胸のうちで生き生きと動きうるいっさいが疎遠なものではなくなるのだ[20]」。およそ人間が馴染みうるいっさいのものが、この完璧に自由になった芸術の対象となりうるのだ。

絶対精神のもうひとつの形式である宗教も終結したことになる。なるほど、宗教の場合、宗教という内面意識の形態は、芸術という感覚的意識を凌駕しているかもしれない。とはいえ、この宗教といえども、精神が住まう最高のあり方ではもはやなくなってしまった。宗教哲学に関する講義の最後でヘーゲルは、[21] 現代におけるキリスト教の実際の状況についての問いを投げかけながら、〈時代の徴候〉[3]を説く。現代をローマ世界の終焉と較べる「気持ちにわれわれはなるかもしれない」とヘーゲルは述べる。ローマ末期に、理性は私的利益と私法に逃げ込んでしまった。その理由としてヘーゲルは、宗教的生活や政治的生活という普遍性がもはや存在しなくなってしまったことを挙げる。このような時代の個人というのは、普遍的なもの〔政治や社会全般のありよう〕は、なすがままに放っておき、自分の利益のことだけを考えるようになる。残るものといえば、世界についての道徳的な見方だけである。つまり、一人一人が自分の望みや意見を持っているだけで、それらには客観的な内実がない状態となるのだ。当時、〔救世主の誕生により〕時が満ちたように、今日でも同じように時が満ちるかもしれない。今日では信仰を概念によって正当化することが要求されている。なぜならば、宗教のこれまでの形式はもはや通じないからである。「キリスト教の信仰のこうした内容のなかで、なにが今なお本当に真理であると考えられているだろうか」と人は尋ねるかもしれない。実際に、宗教を守ることを課題とする聖職者身分の人々自身が、知的思弁に陥ってしまっている。彼らはキリスト教の教えを、道徳的な動機や外面的な歴史でもって説明しようとしている。だが、キリスト教の真理をただ主観的かつ歴史的観点からのみ論じるようになってしまっては、キリスト教の真理なるものも「おしまい」である。「塩には塩気がなくなってしまった」(『マタイ伝』5章13節)。残るのはただ教養人たちによる懐疑的な「屁理屈的説明」と高慢で空疎な言辞だけであり、これでは、こうした教養人たちの反省能力を役に立たせる気のない一般民衆にたいして、いかなる意味でも教師の役は勤まらない。キリスト教は、こうして滅びかかっているようだ。ということは、キリスト教は不協和音とともに終わる、ということである。こうヘーゲルは考えている。

キリスト教の歴史的状況についてヘーゲルは、このような認識を抱いていた。そして、この状況は、それはそれで仕方ないと認めるにあたって、このキリスト教の消滅は「偶然的なできごと」にすぎず、世界の外面に関することでしかない、という議論を彼はする。外面と、本質的な宥和は違うのだ、というわけである。「現世の時間のなかでの現代」がこうした状況からどのように脱出するかは、ヘーゲルに言わせれば、この時代に任せておけばいい。哲学にとっては、こうした不協和音はなんの意味もない。というのは、哲学が建立するのは、神の永遠の王国であり、聖霊は、哲学の教団のなかで生き続けるからである。今や哲学こそが、聖職者集団に代わって、真理を司ることになる、というのだ。

このようにして、芸術と同じに宗教のうちにも批判的反省が侵入してきた。批判的反省という思考のあり方はもはや止めることができない。最後まで遂行せざるを得ない。なぜなら、こうした批判的反省のみが「絶対的な裁判官」であり、この裁判官の裁きに、宗教の真理は耐え、みずからの正しさを明かさねばならないからである。芸術は今や芸術についての学問〈芸術学〉になってしまった。同じように、宗教も今や宗教についての哲学〈宗教哲学〉と化したのだ。精神の思考は、直接的信仰の段階を、そしてただの啓蒙的悟性という段階を越えてしまった以上は、このような状況なのである[22]。こうして宗教が宗教哲学に〈止揚〉されることになる。したがってこの止揚はまた同時に、哲学への宗教の〈避難〉なのである。理性的思考は、宗教的感情と想念に概念的あり方を与えるのであり、これこそ自らを知る精神の純粋な形式であり、われわれはそのようなものとしてこうした思考を承認しなければならない。絶対知の学問〈哲学〉こそは、「真の精神的拝礼の場」となった。「こうして哲学において、芸術と宗教が持つ二つの側面、つまり芸術という客観性と、宗教という主観性が統一されることになるのだ。芸術は、ここ哲学の中では、外的な感覚性を失うが、まさにそれゆえに、最高の客観性の形式、つまり、思想 *Gedanke* の形式をかわりに受け取ることになった。また、宗教はこうして思考 *Denken* という主観性へと純化されたのだ。というのも、一方で思考こそは、最も内的な、そして最も固有の主観のあり方だからであり、〔他方で〕真の思想、つまり理念こそは、同時に最も具体的で最も客観的な普遍性、つまり、思考においてはじめて自らを自らの形式において捉えることのできる普遍性だからである(23)」。

## b　哲学

哲学もまた、完成し終末に達している。哲学史講義の冒頭および最終部でヘーゲルは、哲学の完成という彼自身の立場を概念化し、思想の王国を終結せしめている。彼による哲学史の時代区分によれば、彼自身の体系は第三期の終わりに位置することになる。第一期は*ターレスから*プロクロスにいたる時期で、古代世界の発端から滅亡までである。この第一期は、プロクロスにおいて完成される。この頂点では、有限と無限、地上の世界と神々の世界とが古代的な宥和を遂げている。第二期は、キリスト紀元から宗教改革までである。この時期には、古代よりも高い次元で、同じように地上的な世界と神の世界の宥和が生じる。そして第三期、つまりデカルトに始まりヘーゲルで終わるキリスト教的哲学の時期が、ヘーゲル自身によって完成され、終わるのである。[24] 第一期および第二期での宥和は、ただ宥和だと信じられていただけなのだが、この最後の時期の哲学的な諸体系は、こうした信じられただけの宥和を、思考において概念的に把握することで本当に生み出した、とされる。[25] これらのもろもろの哲学体系は結局のところは、対立項の合一 Einigung の、程度に差はあれ、完全な様態をしめしているのだ。こうした諸体系の最後に、ヘーゲルの絶対的体系が位置することになる。つまり、絶対精神、すなわちキリスト教の精神のことである。この精神は現実を自己の要素、自分自身の世界と認めることで、自己自身を概念的に把握する。こうして現実の世界は、キリスト教的な意味において「精神的」になったのである。

このように創り出された時代区分に即すると、ヘーゲルによる精神の歴史は、どこか適当なところで暫定的に閉じられたのではなく、最終的かつ意識的に〈終結〉されたことになる。[26] 歴史であるがゆえに、この精神の歴史の論理的形式も、判断文ではなく、〈結論 Schluß〉つまり、発端と終末の合体としての統合的結論 Zusammenschluß なのである。歴史のこうした終結は、『精神現象学』や『論理学』や『エンツィクロペディ』の最後と同じに、ここまでたまたま論じて来て終わったという偶然的なものではなく、〈目的 *Ziel*〉に到達したこと、それゆえ〈結末 *Resultat*〉となったことなのである。プロクロスがロゴスに関してしたように、今やヘーゲルは、キリスト教的ロゴスの世界を、具体的に組織された理念の絶対的全体性へとまとめあげ融合させ zusammengeschlossen、そうすることで、これまでの哲学史の三つの時期に終結をもたらしたのである。ヘーゲルは、プロクロスに関して、プロクロスこそ、それまでのすべての体系を、包括的かつ全体的な体系に合一させた以上、彼のしたことは、たんなる折衷主義ではない、それは、「理念のより深い認識」なのだ、と述べている。そしてこうしたより深い認識は、「時おり」つまり、時代の境目に現れねばならないというわけである。(27) プロクロスの時点で世界精神は、大いなる〈転回〉に直面していた。つまり、絶対的な〈断絶 Bruch〉に遭遇していた。古代の異教世界へのキリスト教の侵入 Einbruch という断絶である。プロクロスにあっては、現実の神性はまだ抽象的な理想にしかすぎない。この理想が、神＝人であるキリストという特定の個別性において地上の現実となっていないからである。キリストにおいて理想が、地上の現実となるとともに、古代世界の熱望が成就した。そして精神と宥和するという世界のやるべき仕事は、これ以降、キリスト教的＝ゲルマン的世界に委ねられることになる。クロイツァー*への手紙でヘーゲルは、(28) 古代哲学からキリスト教への移行にあたっての転回点でなされた「巨大な一歩」という表現を使いながら、この一歩は主としてプロクロスの功績であるとしている。そしてまさに同じような一歩を「いまふたたび」踏み出すべきであると、彼はこの手紙で述べている。それゆえクロイツァーの編集によるプロクロスの新版ほど時宜にかなったものはないと彼には思えたのだ[29]。

それでは、ヘーゲルによるキリスト教的哲学の完成・終結からなにが生じてくるのだろうか？　出て来るのは、この完成こそは、大いなる転回に向かう、つまり、キリスト教との断絶に向かう最後の一歩であったということであろう。とするならば、古代哲学およびキリスト教哲学のヘーゲルによる完成・終結では、プロクロスによる完成・終結の場合と同じことがなされたことになる。つまり、〈解体を伴う宥和〉[4]が起きたということである。宥和の頂点は、同時に没落の始まりとなっていた。つまり、「いっさいが解体し、新しいものの追求が起きている」時期なのである[30]。例えば、アレクサンドリア哲学は、滅び行くローマ帝国の最後に咲いた花であったし、また哲学史の第二期の終わりの十五世紀および十六世紀において、中世のゲルマン的生活〔ゲルマン的な社会体制と文化〕の形式が変化し始めた時も同じであった。「哲学は現実世界の滅亡とともに始まる。哲学が始まるとき、……いっさいを灰色に塗り込めつつ始まるとき、青春の生き生きした生命力はすでに失われている。哲学の宥和はしたがって、現実における宥和ではなく、理念的世界における宥和なのである。ギリシアの哲学者たちは〔古代末期に〕国家の仕事からは手を引いて閉じこもってしまった。彼らは、民衆がそう呼んだように閑人であり、思想の世界に引きこもってしまった。そのとおりで、これこそ、哲学の歴史そのものにおいてその正しさが明らかになっている哲学の本質的な規定なのである」[31]。ヘーゲルの国家哲学も、すべてを灰色に塗り込め、「できあがった」世界を若返らせようとはしない。そうではなく、その世界をただ認識しようとするのだ。このような認識 Erkennen として哲学は、「現にある事態」の承認 Anerkennen であり、それとの宥和なのである。思想は、まったく自己自身のうちにとどまっているが、同時に、有機的に組織された理念である以上、宇宙の全体を包括するものとなる。すべて分からないことのない、見通しのきく〈叡智的〉になった世界としての宇宙を包み込むのである。存在するいっさいの〈対象世界 Gegenständlichkeit〉は、この理念の〈自己産出〉と同一となる。「今や世界精神にとって、いっさいの異質な対象的存在は廃棄され、ついには自らを絶対精神として把握し、自らにとって対象となるいっさいを自らのうちから生み出し、穏やかに自己の支配下に置くこと、このことを世界精神は成し遂げたように思える」[32]。対象世界とそれを生み出す自己の活動とがこのように一致することのうちにこそ〈新しい〉時代〔近代〕の完成という意味が、そして時が満ちたという意味が込められている。ヘーゲルによる哲学の歴史の終結をそのパトスと重みにおいて理解するには、まさにこの終末史的な意図を見なければならない。「今や世界精神はここまで到達した。最後の哲学は、それまでのすべての哲学の帰結である。そこではなにものも失われていない。〔過去の〕いっさいの原則が保持されている。この具体的な理念こそは、ほとんど二千五百年におよぶ精神の努力の帰結なのだ（ターレスは紀元前六四〇年に生まれた〔生年は六二四年とされている。著者の思い誤りであろう〕）。つまり、自己自身にとって自己を客観的に見る、すなわち自己自身を認識する真剣な仕事の帰結なのだ。精神が自己を認識するのは、かくも大変なことだった Tantae molis erat se ipsam cognoscere mentem」[5]。完成は満ちることであり、同時に終結することであるという二重の意味がここに込められていることは、ウェルギリウスの「ローマ国を建設する romanam condere gentem」[33]という言葉をもじって「精神が自己を認識する se ipsam cognoscere mentem」にしたことからもわかる。このもじりが意味しているのは、ローマの世界帝国をまずは建設するに必要とした努力と同じほどの努力が、今回ようやく精神の帝国を窮め尽し、設立するにあたっても必要だったのだ、ということである。こうしてヘーゲルは「認識の勇気」をもって、二千五百年というひとつの時代を終結せしめ、まさにそのことによって新たな時代を切り開いた。それとともに、キリスト教的ロゴスの歴史を終えることになったのだ。先に述べたとおり、芸術についてヘーゲルは、いっさいが外に現れ、表現されてしまった以上、絶対的関心が芸術に向くことはなくなっている、したがって、これからの芸術家たちは、いっさいの過去に対して戦いを挑まざるを得なくなっていると述べているが、それと同じことが、自らによる完成・終結の結果として哲学についても言えることになる。言語、概念、教養から成るひとつの大きな世界が、ヘーゲルによる精神の歴史とともに終焉に達したのだ。この終着点において、われわれ自身の最も固有の「精神の歴史 Geistes-Geschichte」が始まるのだ。だが、lucus a non lucendo という言い方と同じに、つじつまが合わない〔6〕。

自らが達成した完成なるものがどのような終末論的な意味を持つかについてヘーゲルは、直接的な言い方はしていないが、それについて間接的に表現していることもたしかである。過ぎ去った昔のあり方について追想を込めた回顧をしながら、つまり、〈精神の老齢期〉にあたっての回顧をしながら、同時に、今後の精神のあり得るであろう新大陸はどのようなものかと問い、未来の展望もしつつ、その終末論的意味を探ろうとしている。その際に、ある特定の知は無視すると明確に述べている。それは、アメリカについてほんの少ししか述べていないことである。十九世紀の冒頭以来、未来の自由の国と言われているこのアメリカについての発言は、ヘーゲルにほんの少ししかない。その中ではたしかに、世界精神がヨーロッパから外に引っ越して行く可能性が顧慮されてはいる。彼はこう述べている。「その意味でアメリカは、われわれの眼前に開かれつつあるこれからの時代にあって、……世界史的な重要性が明らかになる未来の国である。古いヨーロッパの歴史の道具箱に退屈している人々にはあこがれの国である。〈この古いヨーロッパは、私を退屈させる〉とナポレオンは言ったそうである。しかし、これまでのところアメリカで起きていることは、この旧世界の反響でしかない。また、われわれには無縁の活力の表現でしかない。未来の国としてアメリカは、われわれにはなんの関係もない」。スラブ世界が未来にどのような意味を持つかについての短い示唆も同じような文章で閉じられている。このスラブ世界をヘーゲルは、キリスト教のヨーロッパとアジアとの「中間存在」と理解しながら、この大きな世界は自分の論述では取り扱わないと述べている。理由は、このスラブ世界は、理性の一連のさまざまな形態が生み出されるにあたってなんらかの自立的な要素として登場したことはないからだ、というのである。「今後もそういうことがありうるかどうか、それはわれわれの関知するところではない」[34]。彼の弟子の一人であるボリス・ノォン・イクスキュル男爵への手紙では、ヘーゲルはもっとはっきりと述べている。この手紙の内容は、ローゼンクランツの教えてくれたところによるが[35]、それによるとヘーゲルは、ヨーロッパはすでに檻《おり》のようになってしまった。この檻のなかでは、二種類の人間だけが自由に動けるようだ。一種類は、この檻の鍵を閉じる側の人間であり、もう一種類は、この檻のなかに自分のための場所を見つけて、檻の格子に立ち向かう必要もなければ、格子を認めることで服従する必要もなくなった人々である。そして、この事態を自分の状況と認めてそれと真に肯定的に同一化できないありさまである以上は、エピキュール〔快楽〕的に好きなように生きて行くのが、そして、私人として自分だけを相手に一人で生きて行くのが、得なようだ。このようなあり方というのは、たしかに傍観者のあり方だが、きわめて影響力のあるものである。こう述べながら、ヘーゲルは、このヨーロッパという檻に、ロシアの未来を対峙させる。それ以外のもろもろの近代国家は、その発展の目標に到達してしまったようだ。ひょっとするとその頂点をすぎてしまったかもしれない。こうした近代国家は停滞状況にある。ロシアはそれと逆で、「その強靭な本性を伸ばし得るものすごい可能性」を奥底に秘めている――と、こう記している[36]。ローゼンクランツ自身は、ロシアの友人を元気づけるためにヘーゲルが冗談を言っているだけだと、この手紙を解釈しているが、それはとても考えられない。むしろ、ここでヘーゲルは、彼以降の時代の気分をなんとなく予感して書いているのだろう。すでに『法哲学』で自ら「いっさいを灰色に」[7]塗り込めていたではないか。

その十年後、体制とのヘーゲルが果たした宥和は、七月革命を通じて、新たないくつもの分裂 Entzweiungen に襲われた。「無目的な革新衝動」が彼の宥和に疑問符を附すことになった。こうした革新衝動に対してヘーゲルは、手をこまねいている以外にないという気持ちだった。逆に彼に最も近い弟子たちは、政治的現実からの刺激を、彼の哲学の中に持ち込もうとしていた。後にヘーゲルの『歴史哲学』と『法哲学』の編者となるE・ガンスは、自由に眼目をおいた法の解釈をして、ルーゲ、マルクス、そしてラサールへの道をつけることになるが、そのガンスと学内政治上の大げんかをしたおかげで、ヘーゲルは、人生最後の数カ月にきわめていやな思いをすることになった[37]。

とはいえ、このあらたな分裂へと至る可能性は、すでにヘーゲル自身の歴史意識の中に潜んでおり、予想しうるものだった。というのも、時代の実質についての哲学的な知は、なるほど、その知の属する時代の精神にもとづいて生まれる。つまり、対象に関わる知であるため、さしあたっては「形式的」にのみ、時代を越えているにすぎない。とはいえ、このように時代から離れて時代を見る思考によって、齟齬《そご》も、つまり、知と、「実際にどうであるか」とのあいだに潜む齟齬も同時に明らかとなる。そしてこの齟齬こそが、さらなる発展へと駆り立てることにならざるをえない。哲学においても歴史においてもさらなる道への可能性と必然性が、この齟齬から生まれてくる。「それゆえ形式的な齟齬は、また現実の本当の齟齬でもある。この知こそは、新たな形式の発展をも生み出すのである」(38)。知はその自由な形式を通じて、実質的な内容までも革命的に転覆させるのだ。自らを完成させ、終結にもたらす哲学は、やがて本当の実現、新たな実現を迫る精神の誕生の場となるのだ(39)。そして実際に、ヘーゲルによる知の歴史の終結は、十九世紀の精神的かつ政治的なできごとがそこから生まれる場となった。ヘーゲルの死の数年後にハイネは、『ドイツにおける宗教と哲学の歴史』(一八三四年)〔8〕で、宗教改革とドイツ哲学から現実の革命が起き得ることに、フランス人の目を開かせようと試みて、次のように述べている。「私の思うところ、われわれドイツ人のような方法的民族 methodisches Volk は、まずは宗教改革からはじめねばならなかったのだ。それが終わってから哲学にとりかかり、この哲学の完成が済んでようやく、政治革命へと移ることができたのだ。この順番は、私から見ればきわめて合理的である。哲学が熟考のために用いたいろいろな頭は、後に革命が勝手な理由をつけて切り落とせばいいのだ。しかし、もしも革命が哲学に先行したならば、この革命は哲学の頭を切り落としてしまったであろう。結果として哲学はこうした頭脳を用いることは決してできなかっただろう。しかし、君たち、ドイツの共和主義者たちよ、ドイツ革命は、その革命に先行してカントの倫理学があったからといって、あるいは、フィヒテの超越論的観念論が、いやそれどころか自然哲学があったからといって、ない場合よりも、穏やかでぬるい革命になるということは決してないのだ。実際には、こうした教養によって哲学的な力が発展したのだ。この力は、その噴き出す日を、そして世界を驚愕の念と賛嘆の思いで満たす日を待つだけとなっているのだ。その時に現れるカント主義者たちは、現象界においても敬虔な思いはこれっぽかりも持ち合わせず、われわれのヨーロッパ的生活の基盤を剣と斧で掘り崩し、過去の最後の根までも取り払ってしまうだろう。またそのとき武装したフィヒテ主義者たちが、歴史の舞台に現れるだろう。彼らは意志を狂信しているため、脅かしても、利己心を利用しても、おとなしくさせることはできないだろう。いやそれどころかこうした超越論的観念論者たちは、社会革命にあたっては、服従しないという点では、初期のキリスト教徒たちよりもすさまじいだろう。初期のキリスト教徒たちがこの世での殉教の苦しみに耐えたのは、やがて神の国での至福に到達するためだったが、超越論的観念論者たちは、拷問の苦悩自身が空疎な仮象であると考えているために、自分の思想の檻の中に閉じこもって、外からはなんともしようがないことになろう。でも、こうしたすべての連中よりももっと恐ろしいのは、自然哲学者たちだろう。彼らは、行動を通じてドイツ革命に介入し、破壊作業そのものに没入するだろう。たしかにカント主義者たちの手は強く、彼らの心は、いかなる伝統的な畏怖に動かされることもないため、強力かつ確実に打ち砕くかもしれない。また、フィヒテ主義者たちは、いかなる危険といえども、彼らから見ると現実のうちにこの危険はまったく存在しない以上、勇気いっぱいに戦うかもしれない。しかし、自然哲学者たちが恐るべきなのは、彼らが自然の根源的な暴力と結びつき、古代ゲルマン人の汎神論に潜むデモーニッシュな力を呼び出し得るからである。大昔のドイツ人に見られるような闘争欲が自然哲学者のうちで目覚めるからである。大昔のドイツ人たちのこの闘争欲は、相手をつぶすためや、相手に勝つための戦いではなく、ただ戦いそれ自身のための戦いを欲するのだ。ゲルマン人のこの残虐な闘争欲は、たしかにキリスト教がある程度鎮めることができた。これはキリスト教の最もすばらしい成果である。とはいえ、このキリスト教といえども、闘争欲そのものを破壊することはできなかった。それゆえ、いつの日にか十字架、つまり、鎮める効果を持つお守りが砕けることがあるならば、北方の詩人たちがあれほど歌い、またそれについて語っているあのベルゼルカー〔9〕にも似た無茶苦茶な破壊欲が、湧き起こってくるだろう。あのお守りは脆《もろ》くなっている。であるから、無惨にも折れ砕ける日がかならずや来るだろう。……フランス人の皆さん、そのときのために言っておくが、もしそうなったらじっとしているように、そしてまちがっても拍手喝采などしないようにお願いしたい。拍手などされると、われわれはすぐに誤解しかねない。そして、われわれ伝来の無作法なやり方で、皆さんを静かにさせるために乱暴な態度をとるかもしれない。……私は皆さんに好意を抱いているので、この際、はっきりと厳しい真実をお伝えしておきたい。解放されたドイツは、神聖同盟のすべてを合わせたより怖いと思っていただきたい。クロアチア人やコサック人も入れた神聖同盟のすべてよりもだ。……皆さんに対してなされる非難は、私にはいちども理解できなかった。かつて、ゲッティンゲンの酒場で、ある粗忽《そこつ》な昔風のドイツ人青年が、こう言ったことがある。フランス人は、昔ナポリでシュタウフェン朝のコンラーディン[10]の首を斬ったことがある。だから、彼らに復讐をしなければならない、と。皆さんは、そんなことはとっくに忘れてしまったと思うけれど、われわれはなにものも忘れないのだ。皆さんと争う気になれば、それ相応の適切な理由にはこと欠かないことがお分かりいただけたと思う。ともかく気をつけていていただきたい。ドイツになにが起きようとも、つまり、政権に就くのが、プロイセン皇太子[11]であろうと、あるいは

*ヴィルト博士[12]であろうと、備えをゆるがせにしないでいただきたい……。私は皆さんに好意を抱いているので言っておくが、最近もフランスの大臣たちが、フランスは非武装で行くという意図を表明したときには、なんとも恐怖をいだいたものである――。皆さんは、最近はロマン主義に染まっているけれど、生来の古典主義者なのだから、オリュンポスのことをご存知でしょう。オリュンポスの裸の神や女神たちのなかのある女神は、あれほどの喜びと楽しみに満ちながらも、常に鎧を纏《まと》い、頭には兜を載せ、そして手には槍を携えている。その女神こそ知恵の女神なのだ」。

ハイネが告知したドイツ革命の爆発は、当時に関しては起きなかった。しかし、ヘーゲルの弟子たちのしたことは、今日にいたるまで、その影響を及ぼしている。ハイネのこの挑発的な警告から十年、同じ一八四三年に、革命的な数冊の本が出版された。それは、フォイエルバッハの『将来の哲学の根本命題』、*プルードンの『人類社会における秩序の創造』、ブルーノ・バウアーの『キリスト教の発見』、キルケゴールの『あれかこれか』である。プルードンを別にすれば、それ以外はすべてヘーゲルの弟子か反対者であり、彼らなりにヘーゲルの理論を実践していた。彼らを通じて明らかになったのは、ヘーゲルの哲学的神学が本当にひとつの終焉であったということである。そして、精神の歴史における転回点であり、また旧ヨーロッパ的な教養のあり方の方向転換であったということである。ヘーゲルによる媒介は放棄され、その代わりに決断への意志が登場した。この決断によって、ヘーゲルが結びつけ統一したものが再び切り離されたのである。つまり、古典古代とキリスト教、神と世界、内面と外面、本質と実存が再び切り離されたのである。逆に言えば、ヘーゲルがこれほどに組み合わせを完成させたからこそ、ふたたび完全にその部分に分解できたのだとも言える。ヘーゲル左派の批判の鋭さは、その鋭さの歴史的な模範を、ヘーゲルの宥和があれほど決定的なものであったことに見ていた。決定的な宥和の最も明確な表現を彼らは、ヘーゲルの国家哲学および宗教哲学に見ていた。この宥和の破壊を弟子たちが追求したのは、彼らにとってとりもなおさず、「現実の」国家、「現実の」キリスト教こそが重要だったからである。

## 第三節　ヘーゲルにおける国家およびキリスト教と哲学との宥和

ヘーゲルの『法哲学』は、宗教哲学について彼の最初の講義をした頃に出版されたのだが、この本こそは、哲学がおよそ現実全般と宥和するという彼の原則的な傾向を具体化したものである。つまり、国家哲学としては政治と宥和し、宗教哲学としてはキリスト教と宥和するという傾向である。この両分野においてヘーゲルは現実と宥和しただけではない。それ以上に、現実の内部で宥和を遂げたのである。〈概念的把握〉というかたちをとった宥和だったとしても、宥和が宥和であったにはちがいない。自らの影響力が頂点に達していたこの時点でヘーゲルは、現実の世界を精神に「相応した」世界として概念化した。逆に、プロイセンのプロテスタント国家は、ヘーゲルという人物において哲学を取り入れたのである。[40]『法哲学』の序文でヘーゲルは、「現実に対する哲学の関係」を、きわめて論争的な表現で説明している。やがてマルクスとキルケゴールは、ここに潜む問題点を手がかりに、哲学を実現すべきであるというテーゼを立て、議論を始めることになる。マルクスにおいては哲学理論は「プロレタリアの頭脳」となり、キルケゴールにおいては「実存する思索者の純粋思惟」となる。なぜなら、目の前の現実は、どうみても、理性的でもなければ、キリスト教的でもなくなっていたからである。

ヘーゲルは国家哲学で、「現実には理性的な国家など存在しなかった、真の国家などというのは、たんなる〈理想〉であり、〈要請〉でしかない」といった妄見に強く反対している。[41]彼の言うところによれば、真の哲学とは、「理性的なものの根本を見きわめること」であり、まさにそれゆえに、「現前に存在するもの、現実的なもの」を把握することである。だからこそ、彼岸を望むことではない、つまり、理想国家、実現を望まれながら、決して存在することのないような理想国家を要請することではない、というのだ。一八二一年の時点で目の前にあるプロイセン国家こそはヘーゲルにとって、論理学で定義された意味での現実として把握される。論理学で定義された現実、つまり、内的本質と外的現実存在が直接的に統一されたものということである。あるいは、言葉の「強い」意味での現実 Wirklichkeit〔実効性〕ということである。(42) こうして「現実的なものの成熟」が今や達成されたことになる──成熟とは、没落に向けて成熟しているということでもあるのだが。そしてこの成熟状態において、思想はもはや現実に対して批判的に対峙するものではなくなり、理想は現実と宥和し、「向き合う」ことになる。(43) 自己自身の自覚に到達した理性──つまり、国家哲学──と目の前の現実という理性──つまり、現実の国家──とは、結びついたことになる。両者は、時代の実体精神の「深み」において、同じものとされる。(44) だが、自己意識に到達した精神としての理性と、目の前の現実との「あいだ」にあって、理性と現実を今なお分かつなにものかがある。それによって宥和に抵抗するなにものかがある。しかし、それがなんであるかについてのヘーゲルの説明は、断定的かつ不分明で、ただ「今なお概念にまで解放されていない、なんらかの抽象的な鎖」と述べているだけである。(45) 理性的な現実という概念についての彼の説明は、この〔理性と現実の間の〕非合理的な裂け目hiatus irrationalisに橋渡しをするために、〈みかけ〉と〈本質〉という区別を用いる。あるいは、「樹木の色とりどりの外皮」と「内部の生命の息吹き(46)」という区別でもある。ようするに、外部の偶然的な実際の存在の仕方と、内的に必然的な現実という区別である。哲学の関心は現実の認識にあるとされるが、その関心から、ただ一時的で過ぎ去るにすぎない「偶然的な」現実存在をヘーゲルは排除したことになる。だが、この排除は、まさに一時的で過ぎ去るだけの目の前の現実に〈順応〉しているだけではないかという非難となって彼自身に跳ね返ってくることになった。目の前に現存する現実へのこのような妥協・順応は、「存在するもの」の概念的把握において、妥協や順応でないかのように覆い隠されている。すなわち、「存在するもの」が、ただ目の前にある現実というだけの意味であるとともに、真に現実的なものという意味も含ませられていることがその隠蔽の理由である。

ヘーゲルの原則を理解するために国家哲学よりも重要なのが、宗教哲学である。これは彼の体系全体から切り離して扱いうるような付録ではなく、この体系の精神的重心なのだ。ヘーゲルの哲学は「世俗の知恵(47)」であるとともに「神の認識(48)」でもあるのだ。なぜならこの哲学の知は、信仰の正当化だからである。彼は、自分のことを、神によって哲学者であるべく呪われた存在と称しているほどである。[49] 彼にとっては「〔宗教的な〕霊感の言葉」は「概念の言葉」と同一だった。そして、新聞を読むことは、聖書を読むことと同等であり、それに並ぶことだった。「毎朝の新聞を読むことは、いわば現実的な朝の礼拝なのだ。世界に対する態度を神に即して、また世界のありようにに即してはかるのだ。前者も後者も、いまどうなっているかがわかっているという安心感を与えてくれる」。[50] ヘーゲルにあっては、真の哲学はそれ自身からしてすでに神への礼拝なのである。たしかに「独特の仕方での」礼拝にはちがいないとはいえ、神への礼拝なのである。また、歴史哲学は、弁神論であり、国家哲学とは、この地上における神的なものを概念によって把握することであり、論理学は純粋な思考という抽象的エレメントにおける神の表現なのだ。

ヘーゲルにとって、キリスト教に潜む哲学的真理とは、人間と神との分裂をキリストが宥和したことにある。[51] 人間にとってこの宥和が生じたのはただひとえに、すでに宥和がそれ自体としては、キリストにおいて生じていたからである。しかし、この宥和が、本来そうである真理へと即自的にも対自的にも至るためには、われわれによって自覚的に生み出されねばならないのだ。[52] ヘーゲルにとっては神の肉化においてこそ、神の本性と人間の本性との統一がおよそ保証されていたが、この統一は、マルクスから見ても、キルケゴールから見てもふたたび完全に切り離されてしまった。それゆえ人間を人間として絶対的に信じるマルクスの断固たる無神論は、原理的に考えるならば、キルケゴールと異なるよりも、ヘーゲルと異なる度合いがずっと強い。なぜなら、キルケゴールの逆説的な信仰は、神と人間が異なることを前提にしているからである〔その点はマルクスに類似している〕。マルクスにとってキリスト教は、〈倒錯した世界〉であった。キルケゴールにとってキリスト教とは、世俗を離れて神の「前に」立つことだった。ヘーゲルにとっては、神の肉化のゆえに真理のうちにあることだった。神の本性と人間の本性が「ひとつになっている」というのは、ヘーゲルが言うとおり、とりつきようのない難しい表現かもしれない。しかし、それが難しいのは、通念に即して思い浮かべようとするからであり、精神的に把握しないからである、と彼は述べる。〈神人 Gottmensch〉という「とてつもない合成語」においてこそ、人間本性が有限であるという弱さといえども、神と人の統一と矛盾しないことが、人間にとっての確信となるのだ。[53]

「達成された状態」に即して言えば、地上的なものと神的なものとの宥和こそは〈神の国 Reich Gottes〉なのである。[54] つまりは、唯一かつ絶対の精神としての神が支配する国のことである。この神の国の現実を思考において方法的に生み出すこと、これはすでに若きヘーゲルが目標としたことであった[55]。そして彼の哲学史において、この目標は「ついに最終的に」達成されたと彼は考えていた。宗教哲学における〈神の国Reich Gottes〉は、哲学の歴史における〈知の王国〉と同一であり、また、『精神現象学』における〈精神の王国Geisterreich〉とも同じであった。こうして哲学はその全体において、キリスト教が神の肉化を通じて行った現実との宥和と同じものとなるのだ。そして最終的に概念化された宥和として哲学は、哲学的神学となるのだ。哲学がこのように宗教と宥和することを通じて、〈神の平和〉が理性的なかたちで創り出された、とヘーゲルには思えたのである。

このようにしてヘーゲルは、国家もキリスト教も、絶対者としての精神から存在論的に把握し、概念化した。そうすることにより、宗教と国家の関係は、相互にぴたりと合うものとなる。ヘーゲルはこの両者の関係をその違いに関して、またその統一性に関して論じている。統一は内容面に関してであり、違いは、同一の内容がそれぞれ異なった形式をとっていることにある。国家の本性は「現前する神的意志」である。つまり、精神が世界の現実の組織へと発展した形態である。それに対して、宗教としてのキリスト教は、精神の絶対的真理そのものを内容としている。それゆえ、国家と宗教は、キリスト教の精神の基盤の上で一致したものとなりうるし、ならねばならない。もちろんその際に、同じ内容に別の形態を付与することによって別の道を行くことになる、つまり、教会と国家である。[56] もしも宗教が、たんなる〈心情〉と〈内面性〉だけのもので、国家および思考する理性の与える法律や制度に逆らい〈反抗的〉であるならば、あるいは、国家の実際の世俗的な事柄に無関心となるならば、それは、宗教的核心の強さのあかしではなく、むしろその弱さを現わすものでしかない、とされる。「真の信仰は、理性に適っているか否かは気にしない。理性のことなど考えないし、理性とは無関係である」[57]という見解があるが、しかし、こうした宗教信仰は「われわれの時代に」固有のものであり、われわれとしては、「それが真の欲求に」根ざしているのか、ただ「満たされないだけの虚栄心」に由来するのか、問うてみる必要があるだろう。こう述べるヘーゲルによれば、真の宗教は現実の国家に対して否定的な方向性をもつことはないはずであり、むしろ国家を認め、承認するものである。同じく国家も「信念のあり方が教会という形態を取ることを」認めるのと同じである。キルケゴールは、きわめて攻撃的な信仰概念をもっていて、こうした形態は忌まわしい妥協と考えていたが、まさにキルケゴールの嫌うこの形態こそヘーゲルから見れば、国家と宗教の本質的な一致を示すものだった。[58]「宗教団体がその宗教的目的に適うようにあらゆる援助をし、保護することは国家の義務である。国家がこうした義務を果たすのは、当然のことである。また、宗教は、国家にとって、心情の奥底にいたるまで国家を統合する契機なのであるから、その成員がなんらかの教会団体に所属することを国家が望むのも理の当然である。ついでに言えば〈なんらかの〉と言ったのには理由がある。つまり、心の内部のものの考え方に関して国家は介入できないからである。国家がその組織を整備し、それゆえに強力な国家であるならば、個々の教団の内容に関してはそれだけいっそうリベラルな態度をとりうることになる。そして、国家に関わるようなことでも細かいことは無視できるし、国家に対する直接的な義務を宗教的観点から承認しないような教会団体でも（もちろん、そうした団体の数が多ければ、問題だが）容認可能である」[59]。真理の内容という点では、教会と国家は、両者がともに精神の基盤の上に立っているかぎり、同一である。これは哲学的洞察の認識である。絶対的に自由な精神というキリスト教の原則のうちには、「国家権力、宗教、そして、哲学の諸原則が同じものとなり、およそ現実一般が精神と宥和し、国家が宗教的良心と宥和し、さらには、国家が哲学的知と宥和する」という絶対的な可能性が、そして必然性が存在しているのだ[60]。『エンツィクロペディ』の「客観精神の哲学」の章は、「国家の倫理性と国家の宗教的精神性とは、こうして見ると、相互に保証し合っている」という文章で終わる。

こうしてヘーゲルは、キリスト教を絶対的かつ歴史的に、世俗のこの世界と国家との関連で理解した。だが、このように理解することで彼は、哲学とキリスト教が断絶する前の、最後のキリスト教的哲学者となった。フォイエルバッハとキルケゴールは、この断絶をふたつの相反する側面から確認し、かつ自らそれを押し進めることになる。フォイエルバッハ以降は、キリスト教の教義体系と哲学との媒介は、哲学の利害から言っても、宗教のそれから言っても、否定せざるを得ないものとなった。(61) というのも、もしもわれわれが、キリスト教をその歴史的に規定された実際のすがたで見るならば、そして、ぼんやりした〈理念〉として見ないならば、いっさいの哲学は非宗教的なものでしかなくなるからである。なぜなら、哲学は世界を理性によって探求するものであり、奇蹟を否定するからである。(62) 同じ意味でルーゲも、アリストテレス以降の哲学はすべて「無神論」である、と主張した。(63) 哲学というものは、自然と人間一般を探求し、把握しようとする以上は、無神論にならざるを得ない、というのである。他方でキリスト教の側も、世界の歴史のなかの単なる一要素、つまりヒューマンな現象のみで終わる意図はない。「なんといっても哲学とキリスト教を、ひとつのものへと結びつけることは決してできない」と、キルケゴールの日記のある箇所ははじまっている。なぜなら、私がキリスト教の本質のなにがしかを獲得しようと思うなら、救済の必然性は、私という人間全体に及ばざるを得ず、当然のことながら、私の知にまでおよぶはずだからである。もちろん「キリスト教以後の」哲学というのは、考えられるかもしれない。つまり、ある人がキリスト者になってから抱く哲学のことである。しかし、そのときには、哲学のキリスト教に対する関係ではなく、キリスト教とキリスト者の知との関係が、問題となるのだ。「もちろんのこと、そうでない場合もある。キリスト教になる以前に――あるいはキリスト教になってからその内部でもいいが――哲学では人生の謎は解けないという結論に哲学が到達してしまった」と考える場合には、哲学はその最終的認識の頂点において、みずからの滅亡を内在させていることになる。いや、哲学はそれこそ、キリスト教への移行にも役立たない。なぜなら、そういう否定的な結論を得るならば、その結論にとどまる以外にないからである。「そもそも、まさにこの点にこそ大きな亀裂が走っているのだ。つまり、キリスト教は、人間の知というものは罪のゆえに不完全なものと見ている。そしてこの不完全な知はキリスト教においてこそ正されるものと考える。哲学はそれに対して、まさに人間であることを通じて、神と世界の関係についてはっきりしたことを言おうとする。しかし、人間が有限な存在である以上は、いくら考えてもその結論には限界があると見なければならない。とはいえ、この結論は同時にまた、人間として得られる可能なかぎり最高の

「オプティミズムを取るか、あるいは絶望するかの、あれかこれかのどちらかでなければならないはずだ」[65]。なぜなら、哲学者は哲学者である以上、キリストによる救済を知らないからである。こうした〈あれかこれか〉に対抗してヘーゲルはアリストテレスのひそみにならって、理性を神格化し、キリストとの関係で神としての理性を定義したのである！

ヘーゲルは理性と信仰を宥和させ、また哲学を通じてキリスト教と国家を宥和させたが、この宥和は、一八四〇年頃には消えてしまった。当時におけるヘーゲル哲学との断絶は、マルクスにあっては国家哲学との断絶であり、キルケゴールにあっては、宗教哲学との、いやおよそ国家とキリスト教と哲学が一致した状態との断絶だった。この断絶はフォイエルバッハでもマルクスと同じであり、またブルーノ・バウアーでもキルケゴールの場合に勝るとも劣るものではなかった。ただ、断絶のあり方がそれぞれ異なっただけである。フォイエルバッハは、キリスト教の本質を感性的人間に縮減し、マルクスは人間世界の矛盾に切り詰めることになった。また、バウアーは、キリスト教の躍進をローマ世界の没落によって説明し、キルケゴールは、キリスト教の本質からキリスト教的国家、キリスト教会、そして神学を捨て去り、つまりキリスト教の世界史上の現実すべてを放棄し、絶望の中で決断して信仰へと飛躍するパラドックスだけを残すことになった。キリスト教をなにに切り詰めるか、その仕方はそれぞれで異なったが、どの場合でも、市民的＝キリスト教的世界を、そして、宥和に依拠したヘーゲルの哲学的神学を破壊している点は、共通している。もはや彼らから見て現実は、自分が自分であるという意味での自由の光の下にあるとは見えてこなかった。むしろそれどころか、人間の自己疎外の影に覆われているとしか見えなかった。

フォイエルバッハとルーゲ、シュティルナーとバウアー、そしてキルケゴールとマルクスは、ヘーゲル哲学の本来的な遺産継承者であるが、その彼らは、ヘーゲルのキリスト教的哲学は完全に終わってしまった、とはっきりと自覚していた。そして眼前の国家とキリスト教を断固として拒否するような〈変革〉を宣言することになった。こうした青年ヘーゲル派と同じに老年ヘーゲル派も、ヘーゲルの理論が持っている終末史的な意味を理解していた。そうした彼らの理解は徹底していて、一八七〇年頃になっても、ヘーゲル以降登場したいっさいの哲学をヘーゲル体系の後日談にすぎないと見ていたほどである。反対に青年ヘーゲル派は、このヘーゲルの体系を自分たちの独自の方法で解体していった。彼らは、『論理学』と『精神現象学』の〈結論〉および『エンツィクロペディ』の〈体系〉および『哲学史』の〈終結〉に潜む主張を見誤っていなかった。そしてその点こそは、新ヘーゲリアンたちに対する彼らの強みだった。

# 第二章　老年ヘーゲル派、青年ヘーゲル派、新ヘーゲル派

## 第一節　老年ヘーゲル派におけるヘーゲル哲学の維持

ヘーゲル学派は、右派の老年ヘーゲル派と左派の青年ヘーゲル派とに分類される。この分類の特徴は、純粋に哲学的な違いによるものでないところにある。むしろ、哲学とは別に、政治および宗教における立場の違いに依拠した分類なのである。形式的に見れば、右と左というこの分類は、フランス国民議会内部の政治的区別に由来するが、内容的に見れば、キリストの人格性をどう見るかというキリスト論 Christologie に関する見解の相違である。

この区別を最初に行ったのは、ダーフィット・フリードリヒ・シュトラウスである。[1] 引き続いてこの点を詳しく論じたカール・ルートヴィヒ・ミシュレ*のおかげで、[2] この分類が通用することになった。右派（つまり、ゲーシェル、ガーブラー*、B・バウアーだが）[3] は、キリスト教を〈内容〉と〈形式〉に分けるヘーゲルの区別に依拠して、〈内

容〉を概念として肯定的に捉えたが、左派は、ヘーゲルにおける宗教という表象形式も批判すると同時に、〈内容〉の方も批判に曝《さら》した。右派は、神と人間という本性がキリストにおいて統一されているという理念を維持し、それとともに、福音書の物語全体を守ろうとした。〔右派にも左派にも属さない〕ヘーゲル中央派（つまり、ローゼンクランツ、そして限定つきでは、*シャラーと*エールトマンも）は、この福音の一部のみを支持した。それに対して、ヘーゲル左派の主張では、福音書における歴史的な報告は、理念から見て、全体としても部分としても、まちがいだとされる。分類をしたシュトラウス本人は自らをヘーゲル左派の一員と見ているが、ミシュレは（この点でガンス、*ファトケ、*マールハイネケ、*ベナリと同じ見解である）、「神の人格性および霊魂の不死性」と題した講義において、[4] ヘーゲル中央派とヘーゲル左派の合併を提案している。また、ミシュレは若きフィヒテ、クーノー・*フィッシャー、*ヴァイセおよび*ブラニスを〈偽ヘーゲル派〉なるものに分類している。神人、神の人格性、霊魂の不滅などの問題について当時は激烈な論争が行われたが[5]、もう今日では、どうしてそれほど激しい論争が行われたのか、ほとんど理解できないものとなってしまった。ヘーゲルの弟子たちが行った破壊的な宗教批判の結論は、今では、昔の論争の激しさの理由がわからないほどにまで自明のことがらとなっている。ヘーゲルの影響という観点から見ても、神学的問題をめぐるこの論争の重要性は、彼の国家論に関してルーゲ、マルクス、ラサールらが行った議論にまさるとも劣らないものがある。

ヘーゲル自身が生み出したヘーゲル学派に忠実という意味でのこの老年ヘーゲル派に属するのは、ヘーゲルの著作の編纂者の大部分である。つまり、フォン・ヘニング、*ホートー、*フェルスター、マールハイネケ、ヒンリクス、カール・*ダウプ、コンラーディ、シャラーである。彼らはヘーゲルの哲学を文字どおり守り抜き、その内容を歴史的な個別研究を通じて発展させたが、ヘーゲルが個人的に活躍していた時代を越えて彼の哲学を独自のやり方で作りかえて行くことはしなかった。十九世紀の歴史的運動にとって彼らは意味をもっていない。〈青年ヘーゲル派〉もしくは〈新ヘーゲル派〉の名前はこうした〈老年ヘーゲル派〉に対抗するものとして生まれた。[6] 以下では、混乱を防ぐために、新ヘーゲル派というときは、われわれの時代にあって、ヘーゲル主義を革新した人々のみを指すことにする。それに対して、青年ヘーゲル派は、ヘーゲルの弟子や後継者で左翼急進的な立場の人々を意味することにする。また老年ヘーゲル派とは、ヘーゲルの歴史的思考を、大変革の時代を越えて十九世紀全体を通じて独自の方法で（しかし、字義的に墨守するというかたちではなく）歴史的に守って来た人々のことである。老年ヘーゲル派と彼らを呼ぶのは、彼らにはラディカルな変革の傾向が備わっていなかったからである。この観点から見ると、なんといってもローゼンクランツが、しかしまたハイム*やエールトマンが、そしてクーノー・フィッシャーが、ヘーゲルとニーチェのあいだの時期にヘーゲル哲学を本当に守って来た人々ということになる。

カール・ローゼンクランツ(一八〇五―一八七九年)は、ルーゲが「老年ヘーゲル派のなかで最も自由な存在」と呼んだが、そのとおりである。彼は、いまなお越えられていない二冊のヘーゲル伝で、ヘーゲル以後に哲学が置かれた歴史的状況を適切に論じている[7]。一八四四年の最初のヘーゲル伝で彼は、われわれ今日の人間たちは、十八世紀の後半に生まれ、十九世紀前半に亡くなった哲学者たちの「墓掘り人もしくは記念碑建設者」であるかのようだ、と述べている。さらに続けて「われわれは果たして、十九世紀の後半に向けてかつてと同じように一群の聖なる思索家を送り出すことができるだろうか? 果たしてわれわれの若者たちのなかに、プラトン的な情熱とアリストテレス的な勤勉によって、思弁に向けての不死の努力へと心が駆り立てられる人々が生きているだろうか? ひょっとすると若者たちは、思索とは別の勝利の冠を得ることを夢見ているのではなかろうか。……おそらく行動という、思索より大きな目標が導きの星として彼らの行く手を照らしているのではなかろうか? 彼らの理想は、あの哲学者たちの理想を実現することにあるのではなかろうか。(8) あるいは、学問や人生のことなどどうでもいいという無関心に沈んでしまうのだろうか。そして、時代の勝者であることをあまりにも早く誇らしげに宣言したものの、結局は未来を作る力を失なってしまうことになるのだろうか。奇妙なことだが、今日では、才能ある人々は、忍耐力がないようだ。彼らは早くに消耗し、将来を嘱望させる花をひらかせたのちに、実をみのらせず、嵐のような青春時代の、一面的で不完全な、そしてとらわれの多いさまざまな試みを克服して、強力で、おちついた仕事をすべき時期になっても、あとは、自らのコピーをつくるだけで、いたずらに繰り返しが多くなるのみである」。そしてローゼンクランツは、フォイエルバッハ、マルクスおよびルーゲのように、ヘーゲルの哲学を「実現する」のだと自称する青年ヘーゲル派に鞘当てすべく、彼らは「雑誌を使ったつかの間の反乱で」哲学の改革と革命を「即興で果たし、自分の名声を自分であらかじめ作り上げるような」連中であるとしている。哲学は、これから続く世界史のなかで、こうした改革や革命について思い出すことはないだろう、とも述べる。「彼らは自分たちの仮説の迷路のなかをさまよい、即興的思弁に明け暮れる名士気取りにすぎない。彼らは、飲み屋の空騒ぎと立法府の集会におけるまじめな演説をとりちがえ、批判の応酬に伴う騒ぎと戦いの悲劇的砲声を混同しているのだ」。にもかかわらずローゼンクランツは、哲学の弁証法的な発展を疑うことはなかった。ただ、哲学は、かつてそうであったような世界からの隔絶状態を抜け出して「現実に対する自らの関係を」拡大し、変えたこと、これだけは、否定できないことだ、と述べている。この点でもヘーゲルこそは、理論と実践の統一を謳っただけでなく、実際に示した存在である、つまり、概念と現実との同一性を通じてこの統一を示し、さらには、本質が現存在〔実生活〕のうちに現象するさまを詳しく論じることによって明らかにしたのだ、とされる。ところが、それに対して、ヘーゲル以降の哲学は分裂して、抽象的な存在論（ブラニス）と抽象的な経験論*（トレンデレンブルク）という、それぞれの一面性に堕してしまった。分裂したこの二つの方向が統一されているのは、老シェリングの実存論哲学 Existenzialphilosophie においてである、とローゼンクランツは論じ、こうした抽象的な理論の裏側にあるのは、フォイエルバッハの抽象的な実践である、フォイエルバッハは具体的に触れうるものだけが現実であるとする基準を立てているのだ、としている。「フォイエルバッハは、シェリングに対立する最も鋭い、また最も雄弁な敵である。しかし、ひとつの点でシェリングと一致している。それは学を体系にまとめることを忌避している点である。[9] 彼は、胎児の幼稚な段階に通じる普遍性に固執するのみで、彼が批判を引っさげて登場した時のすごさから予想されたほどの影響を哲学の今後の発展におよぼすことはあり得ない。現在のシェリングと同じにフォイエルバッハは、自然のことも国家のことも詳しく論じようとしない。彼は、あるがままの人間から議論をはじめ、あること、どのようにありうるか、どのようにあるべきかなどを論じることは忌避する。また太古の、あるいは想像されたあり方についての議論も、ノアの洪水以前のおとぎ話として嫌う。それゆえフォイエルバッハは、シェリングよりも、とっつきやすいし、実際的だし、人間的かつ家庭的である。それに対してシェリングはまさに隠れたあり方 status absconditus における神性のうごきを想像で作り上げて喜んでいる。そして、太古のプロセスの秘密に預かっていると称する神秘的な態度で、きわめて多くの人々を魅了するすべを心得ている(10)」。

この四つの党派〔ブラニス、トレンデレンブルク、フォイエルバッハ、シェリング〕はすべて自分たちは勝ったと思いこんで勝ち誇っているが、ローゼンクランツに言わせれば、彼らの誰も、ヘーゲルの具体的に組織化された理念に達していない。本来ならば、この理念の中でのみ、理性と現実、理論と実践、理念性と現実性、思考と存在、主体と客体、理念と歴史といった対立項が原則としても、また現実的にも克服されているのだが。彼らはすべて〈抽象的な神学者〉のままであり、具体的なものは、ただ例として引き合いに出されているにすぎず(11)、それによってヘーゲルの概念化された認識を侮るだけである。ヘーゲル哲学によって誘発されたこうした極端な思想は、それゆえ、またヘーゲル哲学のうちに消去されねばならない。そしてこのヘーゲル哲学は今や、学派のエゴイズムから解放された、第二の、より持続的な時期に入ることになる。このようにローゼンクランツは述べながら、今や果たすべき仕事は、このヘーゲル哲学の方法を知の個別的特殊領域のすべてにわたって遂行することであるとした。[12] しかもこれやあれやの特定分野を優先させてはならず、宇宙の全体を同じ公平さで渉猟し尽くさねばならない、と論じる。

いっさいを包括するヘーゲル的な知のこの寛容さこそ、マルクスとキルケゴールが同じ時期にとりあげて情熱的な攻撃を加えたものである。なんでも扱うヘーゲルは、思考という一面的な要素の中で動いていると、これまた断固たる一面性と不寛容さで、この二人は論難した。つまり、〈現実の〉生きた生活（経済的および倫理的生活）への〈関心〉に由来する論難である。[13] ヘーゲル主義のこの分派は、ローゼンクランツの言うとおり、青年層に「猛烈な共感」を得ていた。ローゼンクランツはこの現象を説明するにあたって、この分派の思考は「とてつもなくお手軽」である、とする。彼はこう書いている。「これまでのすべては無駄であり、われわれはそれを捨て去る。そのあとでわれわれがなにをするかは、まだわからない。しかしそれも、現存する体制がいっさい破壊されて、われわれの新たな創造の場が開かれたなら、おのずから見えてくるはずだ。老年ヘーゲル派はヘーゲルの体系の真の帰結に対して恐怖を抱いているのだ、と単純な揶揄で青年ヘーゲル派は、疑いの目を向けている。老年ヘーゲル派と違って自分たちは、たぐいまれな正直さで、この帰結を受け入れる、と称している。この調子は青年層に大変に受ける。勇気を示すのは、見栄えのいいことだから[14]。マルクスとエンゲルスの『聖家族』[1]について、ローゼンクランツは、「こざかしい」本とのみ形容している。だがこの本こそは、『ドイツ・イデオロギー』を準備する仕事だった。そして、『ドイツ・イデオロギー』によってマルクスのみでなく、ドイツ哲学の全体が、普遍的理性と精神への信頼に別れを告げることになった。ところが、ローゼンクランツから見れば、ドイツ哲学の危機なるものは、ドイツ哲学の根本に関わることではなかった。たんに、ヘーゲルの存在論が論理学と形而上学に分離し、そして形而上学が自然哲学と精神哲学に別れて一時的に退化しただけなのである[15]。こうした分離のゆえに、論理学は有限なものとなってしまい、形而上学が〈実存〉の概念に、あるいは〈実用的現実〉の概念に退化することになった。論理学や形而上学はもはや、概念を、実際に起きていることの真の内容として示すことはできなくなった。それにもかかわらず、形而上学的原則への欲求は存在するので、倫理学の分野へと移行してしまった。倫理的言説に走るのが流行となり、結果として、形而上学も善についての知も、傲慢な道徳的お説教と化して堕落してしまった。ローゼンクランツは、ヘーゲル以降の哲学をこのように形容している。こうした否定的な評価を別にすれば、彼はヘーゲルに由来する明白な特徴を見事に捉えている、と言わねばならない。

この二十五年後にローゼンクランツは、ふたつめのヘーゲル伝で、時代の精神的状況の性格をいまいちど論じている。そこで彼は、あれ以降一八七〇年までにヘーゲルの体系に対してなされたすべての批判活動は無効となったとしている。「ヘーゲルの体系の批判者たちの言葉を信じるなら、この体系はありとあらゆる面であまりになんども敗北を蒙っており、すでに砕け散って雲散霧消しているはずである。そう考えるべきかもしれない。……にもかかわらず、ヘーゲルの体系はいまなおときれることなく公共の議論の注目の的であり続けている。そしてこの体系の反対者たちは、ヘーゲルの激しい議論を栄養にしているし、南欧の諸民族は、ヘーゲルを嫌い続けている。ようするにヘーゲルの体系はいまなお哲学的なアジテーションの中心であり続けている。今なおこれほどどこでも魅力を放っている体系はない。またこれほどにそれ以外のすべての体系を等しく敵としている体系もない。科学の真の進歩のすべてをこれほどにまで受容する用意と可能性をもった体系も存在しない」(16)。ローゼンクランツに言わせれば、ヘーゲルの昔からの批判者も、最近の批判者も、以前からの論難を彼に向けて繰り返している。しかし、一般の読者は、このようなヘーゲルへの攻撃に興味を示さなくなった。まさにそのことで、ヘーゲルの哲学が勝利したことが明らかとなったのだ。「大きな政治的闘争、内戦、諸国民間の戦争、諸国民の経済活動のたえざる拡大、そうしたものから時代の意識は大きな内容を受け取っている。そうした内容がもつ重要性と比べれば、哲学上の学派の小競り合いや、数人の哲学者の論争などは、どうでもいい、つかのまのできごとと化してしまった。これはわれわれの公的生活における激変であるが、それがどれほどのものであるかの明確な想像力が必要である。この想像力があれば、哲学もいかにこの変動から得るものが多かったか、また、なかでもヘーゲル哲学が最も得るところが多かったことがわかろうというものである。なぜならヘーゲル哲学こそは、他のすべての哲学よりも、この危機の進行に深く、そして危険なまでに巻き込まれているからである」[17]。その二年後に、「現代における哲学上のキーワード」を総点検する文章では、今引いた文章にあるような強気は少し影を潜めている。「われわれの哲学は目下のところ、消え去ってしまったように見える。しかし、少し見えないところに潜っているだけである。なぜなら、猛烈な早さで増えて行く膨大な経験に、哲学の原則のもつ真理が追いつくのに手間がかかっているからにすぎないのだ」。エピゴーネンたちが争いあう解体過程がはじまったのだ。ところが彼らは、ヘーゲルとシェリングのどちらが、あるいは、ヘルバートとショーペンハウアーのどちらが主導権を握るかの争いをしていると思っているようだが、それは、誤りである、と彼は述べる。これまでの体系のどれもそのまま存続することはないし、この解体の過程が終わらないうちは、まったく新しい体系が登場することもないからである。「なにごとにも時がある（旧約聖書「コヘレトの言葉」第三章）。そして、解体過程が終わったならば、認識における決定的な激震が走るだろう。この激震はおそらくは、現在の宗教的世界観のいっさいのさらなる変化をもたらすだろう」(18)。実は、認識およびキリスト教に対抗する激烈な衝撃がすでに一八四〇年頃に起きていたのだが、そのことは、ローゼンクランツのこの文章には意識されていない。彼自身は、科学の真の進歩を受け入れる用意をたゆまざる仕事の中で保ち続けていた。この科学の受け入れは、ヘーゲルの思考様式でこそ可能であるとしたからである。技術や最初の頃の世界博覧会も――ブルクハルトにとってはこうした世界博覧会は、とてつもなく恐ろしいことだったが――、ローゼンクランツに言わせれば、〈人類〉の進歩、それも自由の意識における〈人類〉の進歩に属するとされた。今や、精神の語はローゼンクランツの言い換えでは〈人類〉となった。ブルクハルトらのペシミスティックな見方とはまったくかけ離れて、ローゼンクランツは、国際的な交通網が整備され、書籍および新聞雑誌がすみからすみまで流通しているさまは、人類という普遍的な立場の高みに達することであり、「われわれの文明の同形性の進歩」を意味した(19)。狭隘で閉鎖的な精神のあり方は、「思考する精神の合理性と、そうした合理性がもつ水平基準」に服さねばならない、と彼は述べる。水平化は、*トクヴィルやテーヌやブルクハルトにとって、また*ドノソ・コルテスやキルケゴールにとって、時代の悪そのものであったが、ヘーゲルの教養豊かな弟子であるこのローゼンクランツから見れば、肯定的に評価すべきものだった。つまり、今なお存在しているさまざまな「局地的な思考」を均一にならして、精神の普遍的な次元に高めることであった。もちろん、この精神とはすでに、当然のことながら、博愛主義的にのみ理解された精神であったが。

もちろんのこと、蒸気機関も鉄道も電報も、それ自体としては、文化と自由の進歩を保証するものでないことは、ローゼンクランツも知っている。しかし、彼に言わせれば、これらは最終的には〈人類の人間化〉に役立つはずである。というのも、ひとたび科学が普遍的な法則を認め、新聞雑誌がそれを共通の知識として広めたならば、これらは、抗しがたい力をもって〈人類の人間化〉をもたらすだろうからである(20)。さらに、新聞雑誌や世界貿易が、人類の自己意識を日ごとに固め、人権宣言を実現している。

それと同じに、地理上の新たな発見や、それに由来する貿易は、世界という意識を真に実現してくれた、と彼は述べる。大洋を越えた世界貿易において、同時に〈精神の大洋〉が真理であることも明らかとなった。[21] このような議論をしながらローゼンクランツは、ヘーゲルの基盤の上に立ちながら、十九世紀の歴史を、反論しようのない徹底性をもって、なんとか哲学的にまとめ抜こうとしていた。

革命の時代を越えてヘーゲルの哲学を守り抜こうとしたもうひとりが、ルドルフ・ハイムである。それを彼は、ヘーゲルの歴史的＝批判的叙述によって行った。[22] 彼はローゼンクランツよりもっとラディカルにヘーゲルの〈体系〉にはっきりと対抗して、時代の変化のもたらす帰結を論じ、ローゼンクランツのように、ヘーゲルの哲学に手を加える程度にとどめなかった。[23] むしろ、ヘーゲル哲学を彼の時代から歴史的に説明しようとしただけだった。ところがローゼンクランツから見れば、ハイムのヘーゲルに対する歴史的な批判は、「不幸なまちがい」であり、「劣悪な気性」の産物でしかないとされた。政治的行動をする代わりにハイムは「たまたまヘーゲルについての本を書いたにすぎない」。当然、病的な著作にならざるをえなかった」。病的ということばで、ローゼンクランツの念頭にあるのは、ヘーゲルを反動的と見る、彼の時代のリベラルな諸思潮であった。ハイムに対するローゼンクランツの論難は、尋常ならざる激しさだったが、それは、立場がまったく違うがゆえではなかった。むしろ、あまりに近い、触れ合うほどに近くなるのを防ぐためでもあった。ローゼンクランツはヘーゲルの形而上学に多少の手を加え、逆にハイムはこの形而上学を結果として捨象することになった。形而上学への態度のこうした違いが生じたのは、精神についてのヘーゲルの考えを、時代の変化とどのように調和させるかをめぐってのやり方の違いに尽きる。ローゼンクランツはこの課題を慎重ながらも、人道主義化を通じて、それに対してハイムは、容赦なき歴史化によって行おうとした。ローゼンクランツの言葉使いは、時代を遡ってヘーゲルとゲーテをも通り過ごして、十八世紀の教養に棹《さお》さしていた。それに対して、ハイムの政治的パトスとあえて世間に売れるような表現の仕方は、完全に新しい世紀のものだった。十九世紀と心を合わせて、ヘーゲルの体系の崩壊を語るハイムの調子には、多少の快感が混じっていないとは言えない。ハイムの思い出によれば、かつての時代には、人はヘーゲル主義者でなかったら、野蛮で軽蔑すべき経験主義者とされた。「ひとつの哲学体系がほんとうに支配し、かつ通用していることがどういうことであるかを知るためには、こうした時代を今いちど記憶に呼び起こす必要があろう。一八三〇年頃のヘーゲル主義者たちのパトスと、自分たちの正しさを確信する彼らの様子をもういちど思い起こす必要がある。彼らは、ヘーゲルの哲学で世界精神はゴールに達してしまった。つまり、懸命な格闘の末、自身についての知に到達してしまった。それでは、今後の世界史の内容はどのようなものとなるのだろうか、と本気になって論じあっていたのだから。このことを思い出す必要があろう。そして、今日のヘーゲル主義者たちが、しかも最も良くヘーゲルについて学び、彼の体系に合わせている人々が、哲学の発展にとってヘーゲルは、ともかくなんといっても不毛だったとは言えないでしょう、と無理しながら言うときのおずおずとした調子を、昔の確信ぶりと比べてみなければならない」。ヘーゲル哲学のこうしたエピゴーネンたちと違ってハイムは、彼の体系の没落を確認しただけではない。それ以上に、哲学一般の疲弊現象を指摘している。「この偉大な建造物は破産した。その理由は、この哲学という業界全体が破綻したからである。……われわれは目下のところ、精神および精神への信仰の、巨大な、ほとんど全面的な難破状況にある」。ハイムの言葉を聞くならば、十九世紀前半には、かつて例のない巨大な変革が起きたのだ。「現在はもう体系の時代ではない。また詩文の時代でも哲学の時代でもない。その代わりに、今世紀の大きな技術的発明のおかげで、物質が生命を得たように思える時代なのだ。われわれの身体的生命および精神的生活の最下層の基盤が技術のこの勝利によって、ひっくり返され、あらたな形を帯びさせられている。一人一人の生活も、民族の生活も、新しい基盤を与えられ、新たな状況に置かれることになった」(24)。

さらにハイムに言わせれば、観念論哲学は、時代の試練に耐えられなかった。〈利害〉と〈欲求〉こそは観念論哲学を乗り越えてしまった、というのだ――実際、この二つの概念こそは、すでにフォイエルバッハ、マルクス、そしてキルケゴールにあっても、ヘーゲルへの批判の理由になったものだった。観念論哲学は、反証されてしまったなどという話で済むものではない、とハイムは続ける。それは処罰されたのだ、世界史の実際の動きによって処刑されたのだ。「生ける歴史の権利」によって、つまり、ヘーゲル自身が〈世界法廷〉として認めた[2]――もちろん、「世界史は世界法廷である」というのは、彼の体系が絶対的に正しいとする主張とは矛盾しているのだが――生ける歴史の権利によって処罰されたのだ(25)。現代の課題はそれゆえ、ヘーゲル哲学の歴史性を概念的に把握することでしかなく、「この未熟な時代に」新しい体系を確立することなどではない。この時代は「形而上学的律法」の能力はもちあわせないのだ。さらに続けてハイムの言うところにしたがえば、ヘーゲルの哲学をその歴史的諸要素に還元して見ることの積極的な意味は、哲学的真理をその人間的起源に、つまり、「真理感覚」に、すなわち「人間の良心と心情」に引き戻すことにある。それゆえヘーゲル哲学の本来の遺産継承者は、歴史学 *Geschichtswissenschaft* のみである。「人間の歴史を着想豊かに取り扱う」歴史学なのだ、とハイムは論じる。こうしてハイムはヘーゲルの哲学を、客観的な批判に曝したわけだが、それは、フォイエルバッハや、ルーゲやマルクスがラディカルなやり方で行ったヘーゲル批判のモチーフを、アカデミックな仕方で彼なりの形に変えて行ったにすぎない。ハイムはこのようにはじめて遠慮抜きにはっきりと述べて、ヘーゲル記述を歴史化した。このようにヘーゲルを歴史的に見るという原則は、エールトマン、クーノー・フィッシャーおよびディルタイ*のめざしたところでもあった。ディルタイの〈歴史的理性〉批判は、ヘーゲルの形而上学に始まった流れの最後に位置することになる[26]。

ヨハン・エドゥアルト・エールトマンは、デカルトからヘーゲルまでの哲学史を扱った大著を一八三四年に書きはじめ、一八五三年に完成させた。この本は、すみずみにまでヘーゲルの歴史感覚を浸透させ守り抜いている点で、他の本を抜いている。時代の状況が再版を許さなかったのと、クーノー・フィッシャーの通俗的な哲学史と競合したこともあって、エールトマンは、一八六六年に、『哲学史要綱』という二巻本を出すことにした。この本はさらに一八七〇年に再版が出ている。この本には非常に優れた後記がついている。彼の言うところによれば、準備がほとんどできなかったため、本論よりも書くのに苦労したそうであるが、この後記は、「ヘーゲル学派の解体」および「哲学の再建の試み」という観点に立って、ヘーゲルの死から一八七〇年までの歴史を論じている。この後記の最後でエールトマンは自らを、ヘーゲル学派の「最後のモヒカン族」と称しながら、自分の選んだ歴史的視点が、体系的な視点をはるかに圧倒していること自体が、哲学そのものの死滅の徴候ではないだろうか、と問うている。というのも、彼から見れば、哲学の勉強への関心が見られる場合、その関心はもはや、みずから哲学することにあるのではなく、他の人々が過去にどんな哲学をしたかを見ることにしかなくなっている。それは、文学史が文学より重要になり、偉人よりも彼らの伝記が重要になったのとおなじで、この点は否定のしようがないからである。ヘーゲルにあって歴史意識は、それ自身として体系に内属していた。ところが、エールトマンから見ると、彼以降の哲学者たちにとっては、彼ら自身の体系的研究はまったく関心をもたれなくなってしまったのに、彼らの批判的＝歴史的研究は、歴史に残る価値をもつことになった。例えば、*ジークヴァルト、*リッター、*プラントゥル、クーノー・フィッシャー、トレンデレンブルクがそうである。また、ヘーゲル以降、体系的な哲学研究においても、歴史的要素が支配的になってきた。歴史的＝批判的部分が著作の半分以上となるのが、通常であると言ってもいい、と、エールトマンは述べている。だが、と彼は言う、慰めになるのは、現在では哲学の歴史は、哲学することと切り離せなくなったことであり、哲学の歴史の哲学的記述こそが、それ自身もう哲学的なことなのだ、という事態である。なにについて哲学するかは基本的にはどうでもいい。自然、国家、あるいはドグマなんでも結構となっている。「そうである以上、なぜ哲学の歴史について哲学してはいけないのだろうか?」「哲学者が歴史家になってしまった、という嘆きがあるが、それに対しては、哲学史家自身が哲学をするのが普通になったのだ、おそらくは傷を負わせた同じ槍が治癒をもたらしてくれるかもしれない〔歴史意識は哲学を解体するように見えるが、歴史的解説によって哲学を再建している、ということ〕、とやり返せばいいではないか」。ハイムのこの議論の歴史的射程は長い。七十年後の今日でも、こうしたやり返しなしには相手を言い負かせないことからもわかる。(27)

ローゼンクランツはまだ体系的な基盤をもっていた。そのおかげで彼は、若い連中の要求を〈止揚する〉ことができた。それに対して、エールトマンは、彼自身が歴史的立場に立つ以上、ヘーゲル学派の解体過程を歴史的な事実として描くことで満足する以外になかった。一八三〇年以降のいっさいは、彼の目には、「それまでかくもみごとにつながっていたものが、ばらばらになったことを」示していた。エールトマンは歴史的な見方に立ち、ヘーゲルを、ナポレオンの没落後の政治的復古体制と関連させて、〈復古体制〉の哲学者と形容した[28]。その点では、フランス革命のいくつかの段階にそれぞれ相応した体系を打ち立てたカントやフィヒテの逆であるというのだ。ヘーゲルは、カントが、また彼以降の哲学が破壊したものを再建した、とされる。再建されたのは、旧来の形而上学であり、教会のドグマであり、人倫的な力の実体的内実である。だが、理性と現実とのヘーゲルが果たした宥和が、歴史の動きを止めるかもしれないことも、その逆、つまり、宥和が最終的に破壊されたことも、決して危険をはらんだことではない、と彼は言う。むしろ、〔歴史的な〕課題が果たされたという意識が生まれれば、それこそは、人類の精神に、新たな行為への力を与えるであろう、と。「まずは世界史的な行為が必要だろう。それが起きれば、その行為を、そしてそれを生み出した精神を概念的に把握する哲学者にこと欠くことはないだろう[29]」。解体の先に向けてのこうした「歴史的」見通しによってエールトマンは、「現代の焦燥する人々」に未来に目を向けるように指示している。なぜなら、エールトマンから見れば、われわれの五年ごとの大祓式〔数年ごとの知的流行の変化のこと〕が、精神の歴史における数少ないけれども、本当に決定的なできごとのあいだに流れる何世紀もの時間と相応するとは思われない。ヘーゲルは今なお友人の……フィヒテが来るのを期待していることになる[30]。

ヘーゲルの哲学が二十世紀において新たに見直されるにあたって本当の意味で仲介者の役割を果たしたのはクーノー・フィッシャーである。彼の『近代哲学史』が出たのは一八五二年だが、その時点ではヘーゲルは、忘れ去られていたに等しかった。クーノー・フィッシャーは、D・F・シュトラウスの友人であり、同時にフリードリヒ・テオドール・フィッシャー*（Vischer）やルーゲやフォイエルバッハ[31]とも関係があり、シュティルナーを批判したこともあって[32]、青年ヘーゲル派のサークルには通じていた。だがまた、ヘーゲルに抗する彼らの熱っぽい反論とは十分に距離を置いていたために、ヘーゲルの仕事の成果を、歴史的報告者に固有の中立性をもって俯瞰《ふかん》することができた。ヘーゲルは復古体制の産物であるとするエールトマンのテーゼと反対に、クーノー・フィッシャーはヘーゲルを〈進化〉の哲学者として解釈し、彼のことを十九世紀の指導的な思想家と呼んだ。フィッシャーに言わせれば、この世紀の特徴は、生物学的な進化論であり（ラマルク、ダーウィン）、発展史的な見方に依拠した歴史的批判であった（フリードリヒ・アウグスト・ヴォルフ*、カール・ラッハマン*、ニーブール、モムゼン、フランツ・ボップ*、カール・リッター、エドゥアルト・ツェラー*）。クーノー・フィッシャーの論じるところでは、ヘーゲルは、一八一八年から（彼の死の）一八三一年の時期に、自らの仕事を通じて時代を支配した。そして、この支配は、一八三一年から一八四八年までは、彼の哲学を批判的に応用した弟子たちを通じて、そして、最後には、歴史的教養の側からなされたヘーゲルの歴史的思考法の変奏を通じて続いた、というのだ。フィッシャーから見れば、ヘーゲルが熱く広めた発展という考えは、テュービンゲン学派の歴史的聖書批判[3]（フェルディナント・クリスティアン・バウアー、シュトラウス[33]）に大きな影響を与えただけではない。マルクスの『資本論』（一八六八年）における歴史的な観点からの経済〔学〕批判にも、またラサールの『既得権の体系』*（一八六一年）にも、影を落としている。ヘーゲルはしかしまた、オーギュスト・コントとオイゲン・デューリング、ショーペンハウアーとエドゥアルト・フォン・ハルトマンらの反論を通じて、十九世紀を規定することになった。

さらにフィッシャーは言う。個々にはヘーゲルの体系のなかには、もはや通じないところや欠陥も多くあるかもしれない。しかし、彼が歴史を「無限の」進歩の光に照らして把握した最初で、かつこれまでただひとりの世界的哲学者であること、この点は本質的なこととして残るであろう、と。しかし、この「無限の」という言葉でフィッシャーが理解したのは、もはやヘーゲルの概念のことではなかった。そうではなく、終わりのない前進という〈悪無限〉のことである。精神は、人類の課題がたえず多様化してくることを通じて「無限に」上昇することであろう。ヘーゲルは、哲学の歴史を終結せしめ、現下の哲学は、それまでのすべての哲学の帰結としての最終哲学であるとしたが、それは、フィッシャーから見れば、ヘーゲル哲学がその歴史的な豊潤さのゆえに、とりあえずは最後の哲学となることを意味したと同時に、実際には、「世界の問題」の今後の発展は、まさに哲学の歴史が引き受けるとする最初の哲学であるということでもあった。

ようするにヘーゲル哲学は、哲学全体を哲学史へと変じせしめ、こうした哲学の歴史化を通じて継続することになった。これは知としての歴史 gewußte Geschichte への退却である。この退却に相応して時代の動き Geschehen der Zeit からの撤退もはじまった。一八五〇年以降、多くの人々は時代の動きに対して、多かれ少なかれ、諦めの気分をいだくほかなかった。ローゼンクランツは歴史における理性を信頼して、世界史における新たな「激震」を期待した。それに対してハイムは、大きな失望感にとらわれつつ、「反動という悲惨が勝ちどきの声」をあげるのを前に、「時代の法廷」にしたがうほかなかった。エールトマンは、時代に逆らいつつも、なげやりな皮肉を込めて、歴史に定位した自らの仕事を続ける決断をした。逆にフィッシャーは、問題の解決を「進化」に委ねることになった。ヘーゲルの精神の歴史の形而上学に発する歴史主義は、(34) こうして、今なお教養と知識を信じる教養人の「最後の宗教」となった。

〈歴史学派〉と精神科学的な歴史的学問の業績は巨大である。とはいえ、哲学が哲学史に縮減されてしまったことによる哲学的弱点は、この業績によっても無視できるものではない。ハイムからディルタイまで、またさらにはディルタイ以降も、〈精神-史的世界 gesites-geschichtliche Welt〉という標語で理解されていたものは、ヘーゲルの哲学的神学から遠いという点では、『ハレ年報』の著者たち〔青年ヘーゲル派の人々〕と変わらない。一八五〇年頃から「精神史 Geistesgeschichte」という言葉が使われ始めたが、これは、ヘーゲルの精神の概念および歴史の概念とは、もはや言葉の組み合わせが共通している以上には、ほとんど関係がなくなっていた。ヘーゲルにとって精神は歴史の主体であり、実体であり、それとして絶対者であり、存在についての彼の教説の基本概念だった。精神についての学問とは、それゆえヘーゲルにあっては、自然哲学であるとともに、国家哲学、芸術哲学、宗教哲学、そして歴史哲学であった。この精神はキリスト教という絶対的宗教と同一の精神であるがゆえに、絶対的なものであり、自らを自らとして知ることによって、存在するものだった。そして、自らの道において、精神の、すでに存在したさまざまなあり方の追想を保持しているがゆえに、歴史的な精神なのである。「精神のさまざまなありかたを、その偶然に応じて現象する自由なあり方の側面に即して保存するならば、それは歴史である。さまざまなあり方を、概念的に把握された組織形態の側面に即して保存するならば、それは、現象する知についての学問、つまり概念として把握された歴史となる。すなわち絶対精神の追想であり、ゴルゴタの丘であり、その玉座の現実、真理、そして確実性である。この玉座なしには精神は、生命なき孤独な存在でしかないであろう」[4]。これは精神に溢れた無限性 Unendlichkeit である。この無限性と、ただ際限なく endlos 前に進んで行くだけの〈精神史〉なるものの無際限とのあいだには深い裂け目が存在している。ヘーゲルでは、宇宙の閉ざされた謎を開き、その豊饒さと深さを開示する力が人間の精神にあるとされていた[35]。ところが、ハイムからディルタイにいたる過程では、政治の世界と自然の世界に対して人間の精神は、基本的に無力である。なぜなら人間精神といえども、〈社会的＝歴史的〉現実の有限なる〈表現〉にすぎないからである、というのが、程度の差はあっても暗黙のうちに認められていた前提である。かつて〔ヘーゲルにあって〕精神は、永遠の現在としての〈時間の力〉であるがゆえにそれ自身において没時間的な存在であった。だが、彼らにとって精神はもはやそうしたものではなくなってしまい、時の単なる指数、時代の鏡でしかなくなった。こうして哲学は〈世界観〉となり、〈人生観〉となってしまった。その行きつく先は、ハイデガーの『存在と時間』における「自分それぞれの」歴史性の自己主張でしかなくなる[36]。

フリードリヒ・アルベルト・ランゲ*は、ヘーゲルを十九世紀の〈唯物論〉の観点に限定して論じた。それによってヘーゲル以後の大きな変動を、彼なりのテーマによって再構築して中立的に描いた(37)。彼は、七月革命こそ観念論の時代の終焉と、〈現実主義〉の始まりを告げるものという認識を持っていた。ここで彼の言う〈現実主義〉とは、物質的利害が精神生活に与える影響のことであった。教会や国家との軋轢《あつれき》、自然科学上の発見にもとづく工業の急速な発展〈石炭と鉄〉こそは、この時代のキーワードとなった)、工科系の高等教育機関の設立、交通システムの急速な拡大(ドイツで最初の鉄道が開通したのは、一八三五年である)、社会政策上有効な関税同盟や産業連盟の創設、それらにまさるとも劣らない青年ドイツ派の批判的論争の書物や論文(ハイネ、ベルネ、グツコウ*)、テュービンゲン学派の聖書批判、シュトラウスの『イエスの生涯』の大変な売れ行き、こうしたことが一緒になって、ランゲなどの哲学的書物が大きな影響力と重要性をもつことになった。しかし、こうした書物の内容は水準としては、それが体現する革命的衝動にはるかに及ばないものだった。こうしたさまざまなできごとの結果として「ヘーゲル哲学の神学的および政治的危機が生じた。強さ、大きさ、そして重要性において、歴史上比類のないこの哲学の危機がである(38)」。

老年ヘーゲル派と青年ヘーゲル派の境界線にいるのが、さまざまな面で活躍したミシュレである。かれはまた、ヘーゲルの歴史哲学とイエナ期の論文の編纂者でもあった。彼は長生きをしたおかげで(一八〇一―一八九三年)、元来のヘーゲル主義と、現代の新ヘーゲル主義とを結びつけることができた。アドルフ・ラッソン(一八三二―一九一七年)と個人的にも知り合いだったことにもそれは現れている。[39] このミシュレにとっても、ヘーゲルの体系の〈頂点〉と〈試練〉は、歴史哲学だった。[40] だが、彼はヘーゲルの体系をラディカルに歴史化して見ることはしなかった。むしろ、この体系が絶対精神のうちに基礎づけられていることには手をつけなかった。市民社会のありかたに関わる「今世紀の問題は[41]」、彼から見れば、精神の哲学の枠内で解決可能と思われた。彼は、理性の現実性というヘーゲルのテーゼを現実化するために、〈科学〉を〈生活〉のなかに導入しようとした。[42] というのも、ヘーゲル以後に残ったのは、人間的なものと神的なものとの思考のなかでの宥和だというのだ。そして、そうした思考の中での宥和を現実へと高め、それを通じて、いっさいの生活関係に、ヘーゲルの原則を浸透させることが可能になった、とされる。「こうして思考は、世界精神の発展の、ある特定段階の最近の産物であることをやめ、老齢段階の落ち着いた熟慮にふさわしい第一原則となる。すなわち、より高い段階に意識的に進むための第一原則となった[43]」。その五年後に彼は、青年ヘーゲル派のような文体で、哲学は、夕暮れに飛ぶ〈ミネルヴァのフクロウ〉であるだけではなく、新たな日のはじまりを告げる〈鶏鳴〉であると書くことになる。[44] フクロウと鶏鳴このふたつの比喩によってミシュレは、ヘーゲルとマルクスのあいだに位置することがわかる。やがてこのマルクスはミシュレと同じに、ヘーゲルの比喩を継承しながら、それをミシュレのように補うだけにはあきたらず、ひっくりかえすことになる。[45]

## 第二節　青年ヘーゲル派によるヘーゲル哲学の転覆

「究極の論理的徹底性よりも徹底度の低いものはない。究極の徹底性は、不自然な現象を生み出し、最後には転覆するのだ[46]」

ゲーテ

ローゼンクランツとハイム、エールトマンとクーノー・フィッシャーによって、全ヘーゲル帝国の文献は収集され、歴史的に保存された。青年ヘーゲル派は、この帝国を〔ローマ帝国が個別の州に分解されたように〕、個別の地区に分け、それによって歴史的影響を及ぼすことになった。〈青年ヘーゲル派〉という表現は、当初はヘーゲルの弟子のなかで若い方の世代を指していた。〈ヘーゲル左派〉の意味で使われる時は、ヘーゲルとの関係において革命的な転覆をもくろむ派を指していた。当時、〈ヘーゲル一家Hegeliter〉と対立させて、この弟子たちの革命的調子を強調するために、〈ヘーゲル屋Hegelinge〉とも呼んだ。老年ヘーゲル派と青年ヘーゲル派という区別は同時にまた、〈老人〉と〈若者〉というヘーゲルの区別にも由来している——シュティルナーはこの区別を通俗化したのだ。老人とは、ヘーゲルの人倫の体系にあっては、真に統治に召された人々のことである。なぜなら、彼らの精神はもはや個別的な自分たちのことを考えずに、〈普遍的なこと〉を念頭に置いているからである(47)。ヘーゲルによれば、老人たちはさまざまな身分層の個別利害に対して文字通り「無関心」そのもので、全体の維持のために尽くすのだ。老人は青年たちのように、自分たちに合わない世界と不満に満ちた緊張関係に立つこともなく、「現実への反抗」に生きていない。また現実の世界に男らしく「合わせて」生きる必要もない。そうではなく、翁のように、これやあれやの個別的なことがらにとくに関心を抱かなくなっている。彼らは、普遍的なものと過去に目を向けている。過去から、普遍性の認識を得ているのだ。それに対して若者は、個別的なものにこだわり、未来を求めて、世界の変革を追求する存在である。現存する社会に不満で、綱領を作り、要求を掲げる。蝶番《ちょうつがい》のはずれた世界をまずは整えるべきだ、という荒々しい思いにとらわれている。彼らから見れば、普遍性の実現は、あるべきありかたから外れることでしかない。このように理想にしたがおうとするために、青年には、大人より、高貴な志の面影がやどり、無私の色合いが濃い。それに対して大人たちは、世界のために働き、現実のもつ理性に合わせている。青年はやがて、現存の社会を認める方向への歩みをやむを得ずする。それはまた俗物の生活への苦痛を伴った移行である。しかし、青年たちがこの移行を、外的な必要性からのやむを得ないことと理解するなら、それはまちがいである。これはまさに理性的な必然性なのである。目の前の特定の利害から解放された老人の叡智は、こうした理性的必然性のなかで生きているのだ。こうヘーゲルは論じている。

青年と老人についてのヘーゲルの評価と反対に、青年ヘーゲル派は、若者の立場に立つことになる。しかし、それは、彼らが本当に青年であったからというのではなく、エピゴーネンでしかないという意識を克服するためだった。現存の社会や国家がこのままでは根拠がないという認識にもとづいて彼らは、〈普遍性〉および過去から目を背け、未来を先取りし、〈特定のもの〉〈個別的なもの〉を要求し、現存の国家や社会を否定しようとした。彼らの個人的な運命は、共通した特徴をもっている(48)。

フリードリヒ・アルベルト・ランゲは、かつてフォイエルバッハについてこう語った。フォイエルバッハはヘーゲル哲学の奈落の底から、苦労して表層に上がって来て浅薄そのものとなった。彼は、精神をもっているとは言えないながらも、はっきりした人格の持ち主だった。しかもその際に、ヘーゲルの深遠さの痕跡を完全に喪失することもなかった。フォイエルバッハの体系は、彼が好んだ「それゆえに」という語の多用にもかかわらず、神秘的な暗闇のなかにたゆたっている。〈感性〉や〈直観性〉をいくら強調しても、この暗闇は明るくなっていない。ランゲによるこの描写は、実はフォイエルバッハのみにあてはまるものでなく、青年ヘーゲル派の人々すべてにあてはまる。彼らが書いたものは、宣言文であり、綱領であり、そしてテーゼだった。それ自身としてまとまった内容の完結したものはなく、彼らの書いた学問的証明なるものは、いつのまにか、強力な影響を及ぼす宣言文となっていた。大衆や一人一人の個人に訴えかける宣言文である。彼らの書いたものを読むと、激越な調子にもかかわらず、味気なさが残る。乏しい手段で際限もない自負を言い張るだけで、概念に即したヘーゲルの弁証法を、くどくどと述べ散らかすための文章のレトリックにしてしまっている。対位的にひねった彼らの文章の調子は、単調でありながら、明確でない。雄弁だが、光らない。世界は一八三〇年以降、「下品」になりはじめたとブルクハルトは言ったが、「下品」というこの彼の形容は、頻用されはじめた言葉使いにも、はっきり見ることができる。つまり、激越な論争的調子、悲愴な大言壮語、ドラスティックな比喩の使い方を楽しむ文章の調子が広がり出した。フリードリヒ・リスト*もそのひとつの例である。彼らの批判的な活動好きには際限がない。なぜなら、彼らが引き起こそうとしているのは、いかなる場合でもなんとしても〈変革〉なのである(49)。とはいえ、彼らはたいていの場合、思いつめた正直な人々だった。自分たちが実現を目指すもののためには、現実の生活を賭けるほどの人々だった。変化と運動のイデオローグであった彼らは、弁証法的否定性というヘーゲルの原則に固執し、世界を動かすのが矛盾・反論であると信じていた。

彼ら相互の関係を見ると、特徴的なのは、おたがいに相手よりも強いことを言おうとし、相互につぶしあう関係になっていることである。彼らは、時代が彼らに提示している問題を先鋭化し、恐ろしいほどに論理的徹底性を貫く。ともに反体制という点でつながっているだけなので、個人的なつながりや文学的な同盟関係は、結びつくのと同じに簡単に解消し、すぐに分裂し、自分たちのラディカリズムに応じて、おたがいに〈俗物〉呼ばわり、〈反動〉呼ばわりしあっていた。フォイエルバッハとルーゲ、ルーゲとマルクス、マルクスとバウアー、そしてバウアーとシュティルナー、このそれぞれのペアは憎しみ合う兄弟のようなもので、どの瞬間からおたがいに敵視しあうようになるかを決めるのは、偶然のみであった。彼らは、「脱線した教養人」なのだ。

人生に失敗し、置かれた社会的状況の下でやむを得ず、自分たちの勉強した知識をジャーナリズムへと移し替えている。彼らの本当の職業は、〈自由業的〉著述業である。そしてパトロン、出版社、読者公衆、そして検閲官にたえず依存している。ドイツで職業として、また食べて行くための手段としての文筆業は、ようやく一八三〇年頃に認められるようになった[50]。

フォイエルバッハは、自分は特別な意味で「物書きであり、かつ人間である」と感じていた[51]。ルーゲはあきらかにジャーナリスト的な才能を持っていた。バウアーは、物書きで生活していたし、キルケゴールの生活は、〈著者〉であることと同じだった。キルケゴールは、ジャーナリズムに対しては情熱的に対抗していたが、それでも、彼とヘーゲル左派の青年たちを結ぶのは、自分の書いたものだけによって人々に影響を与えようという意欲であった。「著述家としての活動」に彼は特別な使命を見ていた。つまり、「文学と宗教の境界線にいる」著作家という理解である。この理解によってキルケゴールは、ヘーゲル左派の文筆活動と異なっているが、実際には異なっているだけでなく、共通点ももっていたのだ。すなわち、彼らヘーゲル左派は、哲学と政治、あるいは、政治と神学の境界線で活動していたのだから。こうしたヘーゲル左派の人々のおかげでヘーゲル自身は、逆説的な運命に見舞われることになった。つまり、彼の体系は、それ以前のいかなる体系にもまして、〈概念の努力〉を要求したはずなのに、ヘーゲル左派による激越な通俗化を通じて流布し、広範な影響力を持つことになったという逆説である。かつてヘーゲルは、一人一人の人間は、特定の身分Standという〈普遍性〉のなかでのみポジティヴな意味で自由であり、そもそも「なにものか」でありうると言った。[52] もしも、ヘーゲルのこの言葉が正しければ、フォイエルバッハとルーゲ、バウアーとシュティルナー、マルクスとキルケゴールは、ネガティヴな意味での自由な存在でしかなく、〈無〉ということになる。大学のポストを世話しようとした友人に対して、フォイエルバッハはこう書いた。「私をまともな存在にしようとすればするほど、私は駄目な存在になります。この逆も正しいです。そもそも私は無であるかぎりにおいて、なにものかなのです」。

ヘーゲル自身は市民社会の限界のなかで自らは自由な存在であると考えることができた。市民社会の公務員でありながら、〈絶対者の司祭〉であること、つまり、自分自身でありながら、〔世間的な〕なんらかの位置にいること、これはヘーゲルにとっては、あり得ない不可能なことではなかった。精神の第三段階[53]、つまり、〈近代〉世界の始まり以降の哲学者の人生のあり方についてヘーゲルは、近代にあっては哲学者の生活状況は、第一段階や第二段階の時代とは異なっている、と述べている。ヘーゲルに言わせれば、古代の哲学者たちは、「彫琢された」個人であり、彼らの教えにしたがって自分の人生の姿を作り上げて行った。それゆえ哲学はそれ自身として、その人のあり方を規定していた。中世にあっては、哲学を教えていたのは、たいていが神学の博士たちだった。神父として彼らは、外の世界とは違った存在であった。近代世界への移行期にあっては、哲学者たちはデカルトを見ればわかるように、内面においては自分自身と、外面においては世界の実態と落ち着かない戦いを続けながら、実人生ではさまざまに動き回っている。それ以降の哲学者たちは、もはや特別な身分ではなくなった。彼らは、市民として国家のコンテクストのなかにいる存在であり、それ以上のものではない。つまり、公務員として哲学という学科の教師なのである。こうした変化をヘーゲルは、哲学が「自己と世俗の原則との和解に達した」というように解釈している。もちろん、本質的となった状況の力と離れて、自己の「内面の世界」を打ち立てるのは、まったく一人一人の自由に委ねられている、と彼は言う。つまり、哲学者は、彼の生活の「外面」を、この国家という「秩序」に委ねていいのだ。ちょうど現代人が服装を、そのつどの流行にあわせているのと同じことだ。現代世界とは、まさに市民社会の連関の中で、どの要素もおたがいに深く絡みあい依存しあっている、この全面的な相互依存の力のことなのである。そしてヘーゲルは結論を続ける。本質的なことは、この国家公民相互の連関のなかで、「それぞれ自己の目的に忠実であること、同時に国家に依存していること」なのだ。真理に対して自由に開かれていること、この二つは、ヘーゲルにとっては十分に調和可能と思えた。

おなじくヘーゲルの特徴は、〈欲求の体系〉のなかにあっても、その体系を越えて存在する自己の目的に忠実であれたことである。だが、逆に彼のあとから来た者たちの誰もが、まさにこの自己の目的のために、市民的秩序を脱しようとした。フォイエルバッハは、彼の書いた『死と不死についての考察』〔当初は著者名を伏せて出版された〕が、大学の世界に批判の嵐を引き起こしたために、エルランゲン大学の私講師のポストを放棄し、「教会すらない」「村でまったくの私人」として教えなければならなかった。彼がのちに一度だけ公的な場に出たのは、一八四八年にハイデルベルク大学の学生たちが彼を招いたときである。ルーゲは、革命的知識人の運命をもっと厳しく味わうことになった。政府や警察と耐えず戦っていた彼は、じきにハレ大学の講師職を失った。その後ドレスデンで自由アカデミーを作ろうとしたが失敗し、彼も編者に入っていた『学問と芸術のためのドイツ年報』[5]も、二年間首尾上々の出版を続けたあと、廃刊せざるを得なかった。もういちど牢屋にはいらないで済むために、彼はパリに逃げ、さらにはスイスに、そして最後にはイギリスに逃げた。Ｂ・バウアーは、神学的見解がラディカルだったために、大学の私講師の職を剝奪され、自由業の著述家となり、ベルリン「自由派」の中心的存在となった。彼は、生きて行くために、たえず困窮と戦わねばならなかったが、それでも毅然としたところはなんら崩れることがなかった。シュティルナーは、一時は高校の教員だったが、落ちぶれて小市民的貧困にあえぎつつ、最後には翻訳と、牛乳店からの収入でなんとか糊口をしのいでいた。マルクスも、ボン大学で哲学の教授資格を取る目論見に失敗した。そこでまずは、ルーゲやハイネも加わっていた『独仏年報』の編集を引き受けた。その後は、パリ、ブリュッセル、ロンドンに亡命し、著述家としての印税、新聞への寄稿、援助と借金で生きて行くしかなかった。キルケゴールは、神学の国家試験を受けて牧師職の資格をとる決断ができなかった。つまり、「有限の中に落ちついて」「普遍的なものを実現する」という気になれなかった。彼は、「自分の財産の信用で」暮らし、みずからの著述活動を形容した言葉を使えば「領土なき王」として生きていた。金銭的には父の遺産で食べていたが、その遺産は、教会との戦いに疲れ果てて倒れたちょうどその頃に、食いつぶしてしまった。また、ショーペンハウアー、デューリング、ニーチェも、ほんの一時的に国家に奉職しただけだった。ショーペンハウアーはベルリン大学でヘーゲルと張り合おうとして失敗してからは、私人の生活に戻って、「大学の哲学者ども」に強烈な軽蔑感を抱いて暮らすことになった。デューリングは、政治的な理由から講師の職を剝奪されてしまったし、ニーチェは、何年間か働いただけで、バーゼル大学から生涯の休暇を貰うことになった。ニーチェはショーペンハウアーを賞賛していたが、特に国家と社会から自立した彼の生活の仕方を讃えていた。彼らは誰もが、現存の世界のつながりから外に出ようとしたか、あるいは、革命的批判によって、現存の社会をひっくり返すことを望んでいた。

ヘーゲル学派がヘーゲル右派と左派に分裂した思想上の理由は、ヘーゲルの弁証法における〈止揚〉〔複数〕の概念の根本的両義性だった。この概念は、保守的なものと見ることも可能だし、革命的なものと解釈することもできた。ヘーゲルの方法を〈抽象的〉に一面化して受け取るだけで、ヘーゲル左派全員にあてはまるソリードリヒ・エンゲルスの次のような文章となる。「この見方の保守主義は相対的なものであるが、これがもつ革命的性格は絶対的なものである」。なぜならば、世界史のプロセスは、進歩の運動であり、それゆえ現存するもののたえざる否定だから、というのである。(54)「現実的なものは理性的でもある」とするヘーゲルの命題がいかに革命的であるかをエンゲルスは論証する。彼に言わせれば、たしかにこの命題は見かけの上では反動的だが、本当のところは、革命的なのだ。なぜなら、「現実」ということばでヘーゲルは、目下偶然的に存在する社会のあり方を考えているのではなく、「真なる」かつ「必然的な」ありかたを意味していたのだから、というわけだ。それゆえ、ヘーゲル法哲学のテーゼは、一見すると国家維持的に聞こえるが、ヘーゲルの思考の「一般的な規則にしたがって見ると」その逆の意味に受け取れるのだ。「すべて存在するものは、滅びるにあたいする」ことになる。[55] もちろんヘーゲル自身は——エンゲルスから見れば——彼の弁証法の帰結をこれほど鮮明には表現しなかった。それどころか、彼の体系を閉じることによって、こうした帰結に反してしまった、というのである。つまり、批判的革命的側面を、ドグマティックで保守的な側面で覆い隠してしまった、というのである。それゆえ、エンゲルスに言わせれば、必要なのは、ヘーゲルをヘーゲル自身から解放することであり、また、現存社会の方法的否定を通じて、現実を実際に理性化することだ、というのである。こうして見るとヘーゲル学派の分裂は、現実的なものは理性的であり、また、理性的なものは現実的である、[56] というヘーゲルにおいてひとつの形而上学的中心点としてまとめられた二つの命題が、右方向と左方向に切り離されて、個別化して行ったことにあることがわかる。まずは、宗教の問題に関して、次には政治の問題に関して分離して行ったことになる。右派は、現実に存するものだけが理性的であると強調し、左派は、理性的なものだけが現実的となると主張したことになる。

反対に、ヘーゲルにおいては、少なくとも形式的に見れば、保守的側面も革命的側面も同じに妥当するのだ。

内容から見ると、ヘーゲル哲学の方法論的転覆は、その性格が哲学的神学であることをめぐってなされた。この宗教哲学を無心論的に解釈するか、神論的に解釈するかの違いが論争の的となった。つまり、絶対者がその現実の存在を得ているのは、人となった神においてなのか、あるいは人類においてのみなのか、ということである(57)。ヘーゲルの哲学的キリスト教に残るドグマの残滓《ざんし》に反抗するシュトラウスとフォイエルバッハのこの戦いにおいて、ヘーゲルの哲学は、ローゼンクランツの言葉を使えば、「それ自身のうちにおいて、詭弁の時代を過ごした」。しかも、それは、結果としてこの哲学の「若返り」にはならず、バウアーやキルケゴールに見られるように、キリスト教が危機にあることをラディカルに露呈することになった。政治的危機もキリスト教の危機に勝るとも劣らず重要なもので、それはヘーゲル法哲学への批判にはっきり現れた。法哲学への批判を始めたのは、ルーゲであり、マルクスはそれを受けてさらに先鋭化した。こうした攻撃の方向を取ることで、青年ヘーゲル派はそれと知らないままに、実は、ヘーゲルの青年期の政治的神学的論集の問題を再び取り上げていたのである〔6〕。つまり、この青年期の文章でヘーゲルは、市民社会とキリスト教の問題を、ギリシアのポリスとその民族宗教を基準として、きわめて鋭く論じていたのである。

ヘーゲル哲学の転覆にあっては、三つの局面に分けることができる。まず第一はフォイエルバッハとルーゲである。彼らは、ヘーゲル哲学を、変化した新たな時代の精神に即して変革しようとした。その次はブルーノ・バウアーとシュティルナーである。彼らは、およそ哲学なるものを、ラディカルな批判主義とニヒリズムのうちで消滅させようとした。最後はマルクスとキルケゴールである。彼らは、変貌した新たな状況から極端な帰結を引き出した。つまり、マルクスは市民的＝資本主義的世界を、キルケゴールは、市民的＝キリスト教的世界を解体したのである。

### a　ルートヴィヒ・フォイエルバッハ(58)〔一八〇四―一八七二年〕

ドイツ観念論の哲学者のすべてと同じに、フォイエルバッハもプロテスタント神学から出発している。彼は、ハイデルベルク大学で、ヘーゲル主義者のダウプと*パウルスの下でプロテスタント神学を学んだのだが、パウルスの講義について故郷への手紙で「詭弁の蜘蛛の糸に巻かれている感じがする。あるいは、撥打《ばち》ちみたいなもので、叩かれていじめられた個々の単語が、本来考えてもいないことを白状させられているみたいだ」と書いている。「できそこないの鋭敏さが吐き出す唾液」に嫌気がさした彼は、ベルリン大学に移った。当時ベルリン大学では、シュライエルマッハー*およびマールハイネケと並んで、シュトラウスおよびネアンダー*が教えていた。ベルリンからの最初の手紙は、哲学にはあまり触れていないが、それでもこう記されている。「この学期は、主として哲学を中心にやって行くつもりです。それによってできるだけ有効に、また集中して、指定された項目にしたがって哲学関係の授業を終えたいと思っています。それゆえヘーゲルの論理学と形而上学と宗教哲学の講義を聴いています。……ヘーゲルの講義はとても楽しみですが、だからといってヘーゲル主義者になるつもりはありません」。フォイエルバッハは、やがて父の抵抗を押し切って、完全に哲学に移り、二年間ヘーゲルの下で学んだ。そして、『唯一の、普遍の、無限の理性に関して』と題した学位論文で、勉学を終えた(59)。この論文を一八二八年にヘーゲルに送るに際して、添えた手紙でフォイエルバッハは、自らをヘーゲルの直接の弟子であると形容し、自分の恩師の思弁的精神のいくばくかを学び取ったと思うと、書き記している。

のちに彼はヘーゲル哲学を革命的に変革することになるが、二十四歳のときのこの手紙でもすでに、ヘーゲルの概念の彼なりの使い方に変革の気配が感じられる。この手紙で彼は自分の学位論文に欠陥があることを認めながらも、それを弁護して、ヘーゲルの下で学んだことを「生き生きと」かつ「自由に」取り込んだためであると正当化している。さらには〈官能〉の原則を強調している。なぜなら理念といえども、感覚的なものを越えた普遍性の王国にたゆたっていてはならず、「無色の天空の純粋さ」と「自己自身との一致」から降下して、特殊性を貫く直観に至らねばならない[60]。それによってこそ、現象の中の規定された特殊性を自己のものとするのだ、と論じている。純粋なロゴスは〈肉化〉を必要とするし、理念は〈現実化〉を、そして〈世俗化〉を要求するというのだ。さらに彼はいわば欄外の走り書きという調子で、——しかも、彼自身の将来の運命を先取りしたかのように——こうした感覚化とか、現実化と言っても、それはもちろん思考の通俗化とか、思考をうつろな直観に変えることを、あるいは、概念をただのイメージや記号に変貌させることを意図するものではない、とも述べている。むしろ、この現実化への傾向を正当化するにあたってフォイエルバッハは、これはまさに「時代に適った」ことであり、「同じことだが」ヘーゲル哲学の精神にそその根拠をもっているのだ、と述べている。なぜなら、ヘーゲル哲学はある特定の学派の問題ではなく、人類全体の問題だからだ、というのである[61]。反キリスト教的な傾向もすでにはっきり現われている。つまり、フォイエルバッハから見れば、精神は今や新たな「世界時代」のはじまりに位置している。理念を完全に実現するには、キリスト教時代が始まってからずっと世界を支配して来た「自我」――「この存在する唯一の精神」――を玉座から引きずり降ろし、感性的世界と超感性的宗教との、また教会と国家との二元論を破棄することが必要なのである。(62)「重要なのは、その普遍性の形式における概念の発展ではない。抽象的な純粋性や閉じた自己閉塞的存在 abgeschlossenes Insichsein における概念の発展が問題なのではない。重要なのは、時間、死、此岸、彼岸、自我、個人、人格、そして有限性の外部の絶対的なもののうちに絶対者として直観された人格、つまり神を真に廃棄することである。この神のうちに、これまでの歴史の根拠が包摂されていたのだから。つまり、キリスト教正統派の想念の体系も、また合理主義的な見方の体系も、その源泉はこの神にあったのだから、この神を廃棄し、真理の根拠を穿《うが》ち抜くことが重要なのだ」。この人格神の代わりに、近代哲学の中に「含みとしてあるだけだが」ともかく含まれている認識が登場しなければならない、と彼は論じる。キリスト教はもはや絶対的宗教と考えてはならない。単に古代世界に対する対立項として登場しただけなのだ。ところが、このキリスト教は、自然について、精神を欠いたものという位置づけをしてしまった。死も、きわめて自然なできごとなのに、キリスト教はまったく没精神的なかたちで、自然を「主のブドウ畑に欠かすことのできない日雇い労働者」にしてしまった。(63)

こうしてヘーゲルからの学び方は「自由な」学び方と言える以上の好き勝手なものであったが、それにもかかわらずフォイエルバッハは、ヘーゲルの思考に馴染みきっていた。そのことは*バッハマンの『反ヘーゲル』[64]に対する一八三五年に出た批判によく見て取れる。この反批判は、ほとんどヘーゲル自身が書いたかに見える。この批判では六四ページにわたって、バッハマンの「概念なき経験」が上からの視線で徹底的にやっつけられている。まさにヘーゲルがその本質を展開し[65]、常識に適用した[66]哲学的批判にふさわしいものである。この論文でフォイエルバッハは、批判を二つに分けている。ひとつは認識の批判であり、もうひとつは誤解に基づいた批判である。前者は、論じられている事柄の積極的な本質に入り込み、著者の基本的理念を判断の基準とする。それに対して、誤解に基づく批判は、まさに著者の積極的に哲学的なところを外部から攻撃する。誤解は、相手とは違うものを常に念頭に置いていて、自分の想念より相手の概念の方が上等である時は、まったくなにも理解していないことになる。バッハマンは、哲学と宗教の同一性、論理学と形而上学の同一性、そして主体と客体の同一性、思考と存在の、そして概念と現実の同一性というヘーゲルの教えをほんの少しも理解していない――この点を、フォイエルバッハは逐一論証している。ヘーゲルにおける神の理念に対するバッハマンの批判は、まったくの茶番であり、ヘーゲルの

「きわめて深く、かつ崇高な」理念に対するバッハマンの反論は浅薄そのもの、なんの根拠もなく、いかなる批評にも耐えられない、とフォイエルバッハは決めつけている。

ヘーゲルのカテゴリーをフォイエルバッハは、このようにヘーゲル学派に忠実に適用している。これを見ると、この七年後にローゼンクランツが、次のように書いたのも理解できる。「フォイエルバッハは、バッハマンの反ヘーゲルを論破するために、私と一緒にヘーゲルの哲学を断固として擁護したのに、今ではこのヘーゲル哲学をかくもこきおろすようになるとは、誰が当時予想しただろうか？[67]」。しかし、フォイエルバッハとしてはバッハマンの[7]『反ヘーゲル』への批判は、プロテスタント正統派からの批判を再批判したレッシングを例にとって、非哲学的な攻撃に対してヘーゲルを「代行的に」擁護したにすぎず、ある事柄の批判者を批判したからといって、その事柄に絶対に賛成していると考えるのは、短絡であると、後に説明している。それどころか、反ヘーゲルは自身の中に潜んでいた、と述べながら「それでも、この反ヘーゲルは、まだなんとも未熟な男だったので、私は彼に沈黙を命じたのだ[68]」。

ヘーゲルに対するフォイエルバッハの批判がはっきり出て来たのは、一八三九年にルーゲの年報に出た「ヘーゲル哲学批判」においてである。この批判は、その前にやっつけたバッハマンのヘーゲル批判と、重要な点すべてにおいて一致している。ここでフォイエルバッハも、哲学と神学の、概念と現実の、思考と存在の弁証法的同一性を断固として拒否している。バッハマンに対抗してヘーゲルの最も崇高な理念として擁護したものが、今度は、「絶対者のナンセンス」とされている。絶対精神なるものは、ヘーゲル哲学のなかで亡霊のように徘徊している神学の消え失せた精神「以外のなにものでもない」と決めつけている。

フォイエルバッハは一八四〇年にもう一度自分とヘーゲルの関係について説明している。その際に彼はヘーゲルのことを、教師とはなんであるかを経験させてくれた唯一の人であると形容している。しかし、生徒としてのわれわれのかつてのあり方は、たとえ意識の上では忘れてしまっても、決してわれわれの本質から消えることはないであろう。自分はヘーゲルを研究しただけでなく、他の人々にも彼のことを教えた。なぜなら、若い講師の義務は、学生に自分の見解を知らせることではなく、認められた哲学者の教えを伝えることにあると確信しているからだ、と述べる。「私はヘーゲルの哲学を教えるにあたって、教える対象以外のもの、またその対象以上のものを知らないがゆえに、それに完全に賛成し、同一化している人間として行った。やがては、教材としての対象と別の存在、それに別れを告げた存在として、歴史的位置づけを行うことにしたが、それだけ一層、対象のヘーゲル哲学を正確に捉えようと、努めたのだ」。それゆえ自分は、決して形式的にヘーゲル派であったわけではないけれども、本質的にヘーゲル主義者だった。そして絶対的体系を「いっさいの有限性の法則」のうちに取り込もうとしたのだ、と言いながら、次のように述べている。「私は将来の物書きとして、思弁哲学一般の立場に立っていた。特にヘーゲル哲学の立場に立っていた。それは、この哲学が思弁哲学の最後の、そして最も包括的な表現だったからである(69)」。

二十年後の一八六〇年にフォイエルバッハは、ヘーゲルに対する自分の立場を最終的に手短にまとめている。自分のことを、「精神の英雄たち」とは異なって、哲学の究極の限界にまで押し出され、体系の知的崇高さの向こうに出てしまった最後の哲学者というように形容した上で、キルケゴールを思わせる論難調で、ヘーゲルのことを、自己満足的な職業思想家の典型と呼んでいる。彼の実際の生活は国家が面倒を見ているので、生活そのものは、彼の哲学にとって無縁なものとなっている。ヘーゲルは講壇の立場に世界史的な光背を与えた。「絶対精神とは、絶対教授以外のなにものでもない(70)」。

ところで、ヘーゲルによって完成された哲学を変革する、とフォイエルバッハが唱える時、その変革とはどういうことなのだろうか？「変革の必然性」と題された一八四二年／一八四三年のメモには、いくつかの重要な点がおよそ次のように記されている。哲学は、カントからヘーゲルまでの発展の時代とはもはや違う時代にいる。哲学が第一義的に属しているのは、もはや〔自律的な〕哲学の歴史ではない。哲学はむしろ、世界の直接的な動きに取り込まれてしまっている。それゆえ、これまでの既知の路線で進むつもりなのか、新しい時代を開く気なのかを「決断」しなければならない。必要なのは原則的な変革である。原則的というのは、「時代の要求」に由来する変革だからである。より正確に言えば、未来から現代に向かって押し寄せて来る時代の要求である。「世界史的な見解の没落する時代には、当然ながらさまざまな要求が対立しあっている。ある人にとっては、古きを維持し、新しきを排除するのが望みである。あるいはそのように見える。他の人にとっては、新しいものを実現するのが望みである。それではどちらの側の要求が真の要求なのだろうか？　もちろん、未来の要求を先取りする側である。前に進む動きの側である。現状維持の要求は、なんとなく人為的なだけの、あるいは無理難題な要求である。つまり、反動である。ヘーゲルの哲学は、現存するさまざまな体系、中途半端な要素を恣意的に結びつけたものにすぎず、積極的な力をもっていない。なぜなら、絶対的な否定をしていないからである。絶対的に否定的である勇気を持つ者だけが、新たなものを作る力をもっているのだ」[71]。未来を先取りして先駆的に走り出すことこそ、ルーゲ、シュティルナー、バウアー、そしてマルクスの望むところだった。彼らはすべて、自分たちの現代を、時間的なものでしかないと見ていたからである。その点では、自分の時代を永遠なものと見るヘーゲルとは異なっていた。彼らは皆、ニーチェおよびハイデガーにいたるまでとりあえずの〈先駆的〉〔8〕な哲学者であった[72]。

ヘーゲルの追想の哲学を転覆させる最初の一突きとなったのは、フォイエルバッハの「哲学改革のための暫定的命題」および彼の『将来の哲学の根本命題』であった。当時のある手紙に記されているところでは、精神のこれまでの住居は、解体してしまった。決然として「移住」するより仕方ないのだ——この比喩はマルクスにも出て来る。しかもその際に、本当に大切な持ち物しか持ち出せないのだ。「世界史の車は、狭いのだ。特定の時間に乗りそこねると、もはや乗り込むことはできない。……同じように、もしも同乗したければ、本質的に必要なもの、自分固有のものしか持参不可能だ。家財道具は駄目だ」[73]。キルケゴールの「狭い通路」という言い方も思い出させるこの比喩は、それを世界史的な規模に拡大したものだろう。キルケゴールに言わせれば、人間は誰でもこの狭い通路を抜けて行かねばならないし、「必要なたったひとつのもの」だけもって行ける、というのだ。「人間はこのことにどんなに集中しても、しすぎるということはない。たったひとつか、無なのだ」とフォイエルバッハも述べている。(74)

計画中の変革を念頭に置きながら、フォイエルバッハはヘーゲルを批判する。(75) 彼に言わせれば、哲学は今や必然的な「自己幻滅」のうちにある。哲学が陥っている欺瞞《ぎまん》は、自足した思考がはまり込む自己欺瞞である。つまり、精神は自己自身のうちから自己自身を基礎づけることができるが、自然は——つまり世界および人間の自然は——まずは精神によってそうしたものとして設定されねばならないとする思い誤りである。この〈観念論〉もしくは〈精神主義〉に潜む人間学的な前提は、思考する人間を思考する人間として切り離した存在にすることにある。ヘーゲルも、たしかにさまざまな対立項を止揚したにはちがいないが、極度の観念論者であった。彼の〈絶対的同一性〉なるものは、本当のところは「絶対的一面性」だった、とフォイエルバッハは続ける。つまり、自己確証的な思考の側にいるだけだった。観念論者は、〈我思う〉としての〈我あり〉から出発して、人間の共同世界および環境世界を、いやおよそ世界を、たんに自己の〈他者〉として受け止める。〈もうひとつの自我 alter ego〉として受け止める。その際に重点はこの自我 Ego の側にある。こうしてヘーゲルは、自分ではない他者を、自己「自身の固有の」他者として解釈してしまう。そのことによって彼は、自然および自分と共存する隣人 Mitmensch のあり方を見誤ってしまった。彼の哲学の前提は、自己意識を持った *selbst-bewußt*、純粋哲学的な立場である。哲学の発端そのものが、あるいは哲学の諸原則そのものが、実は非哲学的であることを、彼は見損なっているのだ。それゆえヘーゲル哲学には、デカルト以来のすべての近代哲学にあてはまる非難が可能となる。つまり、哲学のより直接的な前提であるはずの感覚的直観との媒介なき断絶という非難である。もちろん、学問の本性には断絶が不可欠である。しかしまさに哲学こそは、非哲学から自らを生み出している以上、そのことを通じてこの断絶を架橋する媒介をするべきなのだ。「哲学者は、人間の中の哲学しない部分、むしろ哲学に反する部分、抽象的思考に対抗する部分、つまり、ヘーゲルにおいては、脚注に落とされている部分、それをこそ、哲学のテクストのうちに取り込まねばならないのだ(76)」。フォイエルバッハは、「感覚的に所与として与えられているあなた」という問いを発したが、その問いの批判的な出発点は、精神の哲学が伝統的に「われ思う、ゆえにわれあり cogito ergo sum」から始まっていることに向けられていた。

自然としての感覚性・官能性が観念論によって「単なる」自然性に貶《おとし》められてしま

ったことの歴史的な動因は、フォイエルバッハから見れば、近代哲学がキリスト教神学に発していることにある。先に触れたヘーゲル宛の手紙ではすでに、この神学の原則は純粋〈自我〉であるとされていた。『将来の哲学の根本命題』におけるフォイエルバッハの攻撃も、ヘーゲルが哲学的な神学者であることに向けられていた。「近代哲学は神学から出発している。哲学は、それ自身が哲学へと解体し変形した神学以外のなにものでもない」。「近代哲学の矛盾は……神学の否定、しかも神学の立場にとどまったままでの神学の否定でしかないところにある。あるいは、神学の否定でありながら、その否定自身がまたしても神学になっているところにある。この矛盾こそは、特にヘーゲル哲学の特徴である」。「ヘーゲル哲学を放棄しない者は、神学も放棄していないことになる。理念によって……現実が措定されているとするヘーゲルの教説は、自然は神によって……創造されたとする神学上の教説のただ合理的な表現にすぎない」。他方で、「ヘーゲルの哲学は、神学の最後の避難所、最後の合理的な支え」なのだ。「かつてカトリックの神学者たちは、プロテスタンティズムを打ち負かそうとして、事実問題としてアリストテレス主義者になった。同じように、プロテスタントの神学者たちは、無神論を打ち負かそうとして、権利問題としてヘーゲル主義者になっている」。「こうして見ると、すでにヘーゲル哲学の最高原則のうちに、彼の宗教哲学の原則と結論があることに気づく。つまり、哲学は神学のドグマを止揚するのではなく、単に合理主義の否定を通じてこのドグマを再建することである。……ヘーゲルの哲学こそは、失われ、滅亡したキリスト教を哲学によって再建しようという最後の壮大な試みなのだ。しかも、近代において全体としてそうであったように、キリスト教の否定をキリスト教そのものと同一化するやり方によって、キリスト教を再建しようというのだ。精神と物質、無限なものと有限なもの、神的なものと人間的なものの思弁的統一なるもの、この広く賞賛されている統一は実は、近代のどうにもならない矛盾以外のなにものでもない。つまり、信仰と不信仰、神学と哲学、宗教と無神論、キリスト教と異教の矛盾の頂点、つまり、形而上学の頂点における統一ということになる。ヘーゲルはこの矛盾をぼやかしている……〔神の〕否定を、つまり、無神論を、神の客観的定義とし、逆に神をプロセスとすることによって、つまり、無神論もこのプロセスの一契機とすることによって矛盾をぼやかしているのである[77]」。

宗教と哲学は無限であるといっても、実際には、一度としてなんらかの有限以外であったこともないし、今でもそのとおりである。それゆえ、なんらかのかたちで規定されたものでしかないのだ。それなのに神秘化されて、有限であるにもかかわらず、有限ではない、限界なきもの〔無限〕であらねばならないと要請されている。フォイエルバッハから見れば、思弁哲学も、神学と同じ間違いを犯している。つまり、有限な現実のさまざまな事物は規定されていることによってのみ、特定のありかたをしているのに、そうしたさまざまな規定の否定を通じてのみ、無限なあり方という規定に到達できるとしたことである。ヘーゲル哲学のように、哲学が、無限から有限を、無規定から規定を導き出そうとするなら、そうした哲学は、有限と規定についての真の設定 *Position* には、決して到達できない。「有限が無限から導き出されている。つまり、無限あるいは無規定が規定される、つまり、否定されることになる。ということは、いかなる規定もない無限は、すなわち有限性を伴わない無限は、無であるということを認めたようなものだ。ようするに、無限が現実となるならば、有限として措定されるということである。しかしながらその際に、絶対者という否定的な非在がいぜんとして奥にあり続けることになる。それゆえ措定された有限性は、くりかえして止揚されてしまう。有限は無限の否定となり、それに伴い無限はまた有限の否定となる。絶対者の哲学は矛盾である」。真の積極哲学、肯定的な哲学は、神や絶対者から始まってはならない、とされる。同じく存在者なきただの「存在」でもだめである。そうではなく始まりは、有限、規定されたもの、現実的なものでなければならない。〔哲学の発端となるべき〕有限な現実とは、なんといっても死すべき人間なのである。死が肯定的なものとなるような人間なのである。

「新しき……哲学は、いっさいの講壇哲学の否定となる――講壇哲学の真なる部分も含むことにはなるにはちがいないが……。この新たな哲学は、ことさら新しい言葉や特別な原則をもっているわけではない。この新しい哲学は、思考する人間そのものである。存在し、自分のことを知っている人間そのものである。……」。ところが新しい哲学というこの名前を、〈自己意識〉に依拠した哲学に引き戻すかたちで翻訳するならば、新しい哲学を古い哲学にもとづいて解釈することになってしまう。実際には旧哲学で言う自己意識は、現実を見失った抽象でしかないのだ。なぜなら、人間だけが自己意識として〈存在している〉のだから[78]。「人間学的に」、つまり、人間に合ったかたちで哲学するということは、フォイエルバッハから見ればまず第一には、自己の思考を確証する感覚〔官能〕を顧慮することである。感覚が認識の様態に対して持つ意味は、感覚的に規定された直観、思考を感性で満たす直観である。第二に、自己の思考を確証する、共存する隣人 Mitmensch を顧慮することである。この隣人が認識の様態に対して持つ意味は、対話的思考のパートナーであることである。この二つの契機を顧慮することを通じて、自己だけで自立して運動する思考、単に筋が通っているだけの閉じた思考は客観性へと切り開かれ、正されるのである。

第一の契機である感性〔官能〕に関して言えば、これは単に人間の感性の本質を言い表すだけではなく、そもそも自然および肉体的実存一般の本質でもある。感性こそは、フォイエルバッハから見れば、フィッシャーの表現にしたがうならば[79]、これまでは軽蔑されていた第三身分なのだ。フォイエルバッハはまさにこの第三身分を、全体を意味するところにまで引き揚げたのだ。それに対して、ヘーゲルは思考を賞賛し、思考には資格も聴覚もないと述べるまでに自慢するのだ。だが、感性にこそ〈実存〉の真の概念も由来しているのだ。なぜなら、なにかが真に実在・実存しているということは、そのものが感覚に明白に訴えるかたちではっきり見えて来ることによって示されるのだ。ただたんに思考によって創り出されたり、想像されたり、あるいは単純に思い浮かべられたりするだけのものではないということである[80]。フォイエルバッハのこの〈感覚主義〉がもっともはっきりわかるのは、魂と肉体についてのヘーゲルの弁証法を批判した文章である[81]。ヘーゲルの心理学は、肉体と魂の同一性を証明しようとする。しかし、フォイエルバッハに言わせれば、この同一性なるものも、それ以外のヘーゲルのいっさいの〈同一性〉と同じく、本当のところは「絶対的一面性」でしかない。人間は本当は肉体などない方がいい、なぜなら肉体があるがために人間は肉体的欲求の満足を必要とし、自分本来の精神的生活から切り離され、真の自由を得ることができないーーこのように考える人々がいるが、そういう考え方に対しては、ヘーゲルはたしかに、それは空疎な考えであると明言している。次のとおりである。「精神は、物質をあるときは自分自身の肉体として、あるときは外界として自己に対峙させる。そしてこのように自己と区別した物質をこの対峙によって、そしてまたこの対峙の止揚によって、自己自身との統一へと媒介するのだ。そのことを通じてのみ精神は〔自分自身を本当に理解した〕対自的な存在となる。このことを哲学は認識しなければならない。精神とそれ自身の肉体とのあいだには、当然のことながら、それ以外の外界と精神とのあいだよりも、もっと親密な関係が存在している。このように私の肉体と私の魂との間には必然的な連関があるがゆえに、魂の側から肉体に対してなされる活動は、単に……否定的なだけの活動ではない。それゆえに私は、私の魂と私の肉体との直接的な調和が可能なようにがんばらねばならない。……そして肉体を軽蔑すべきものと考えたり、敵と見たりしてはならない。私が肉体組織のもろもろの法則に従って動くならば、私の魂はその肉体のなかで自由である」。このヘーゲルの発言に対してフォイエルバッハは、「完璧に正しい命題である」と述べる。だが、それに引き続いて、ヘーゲルは次のように述べる、と彼は言う。「とはいいながら、魂は、肉体とのこうした直接的な統一性にとどまっていることはできないはずである。あの調和なるものにおける直接性という形式は、魂という概念と相反する。魂には、自分自身に関わる理念性という規定があるのだから、その規定に反することになる。自らの概念に相応したものとなるために魂は、自らの肉体との同一性を、精神によって措定された同一性、あるいは精神によって媒介された同一性にしなければならない。つまり、自らの肉体を所有し、その肉体を魂の活動のための、従順で練達した道具へと形成しなければならない。それによって、魂が肉体において自分自身に関われるようにならねばならないのだ」。「直接的」という言葉は――さらに続けてフォイエルバッハは論じる――ヘーゲルがいくどもいくども際限なく使っているが、実際には、この言葉が意味するもの、つまり直接的なものは、彼の哲学にまったく抜けているのだ。直接的なものは、ヘーゲルにとってははじめから際限なく媒介されたものとしての概念の一契機にしかすぎなくなっているために、ヘーゲルは直接性を論じても、論理的な概念としての段階から決して外に出ることがないからである。ヘーゲルにおいて肉体は、いかなる意味でも真理ではなく、魂にとっての現実でもない。魂は、肉体性を止揚することによって、あるいは、肉体が無であることによって媒介されて生じる概念でしかない。むしろただの概念そのものでしかない。そうである以上、魂と肉体の直接的統一性などということが、ヘーゲルにあってどうして論じうるのだろうか。そういうことはあり得ない、ということになる。「直接性の痕跡だけでも見えるところがヘーゲルのいったいどこにあるというのだろうか?」とフォイエルバッハは問いながら、自ら答える。「そんなものはどこにもない。なぜだろうか? 観念論においても唯心論においてもそうだが、肉体は魂から見れば、それは思想家の魂から見てもおなじだが、対象にしかすぎないからである。対象であると同時に、意志と意識の根拠であるはずなのに、そうなっていないからである。われわれは、意識の手前にあって対象的でない肉体的なものを通じて、われわれの意識の届かないものとして肉体を知覚しているのに、そのことが完璧に見逃されているからである……」。とはいいながら、フォイエルバッハに言わせれば、この精神なるものは、肉体を規制する、つまり、精神的職業をもった人間は、その職業に合わせて、彼の生活様式、彼の睡眠や飲食を規則化し、彼の胃や血液循環も間接的には彼の意志や職業に合わせて作り上げる。「しかし、一方にかまけて他方を忘れないようにしようではないか。精神は意識を通じて肉体を精神的職業に向けて規制するが、実はそうした方向に彼は、すでに無意識に彼の肉体によって定められているのだ。たとえば私は思想家として、私の肉体を私の目的に合わせて規制しているが、それは、私を作っている自然が、破壊的な時間と連携しながら、私を思想家にすべく組織しているからなのである。つまり、私は運命によって最高度に定められた思想家なのである。そもそも肉体が特定の方向に、あるいはなにかになるべく規制されているように、精神も定められ、規制されているのだ……。こうしたことを忘れないようにしようではないか」。結果であるはずのものが、原因となり、またその逆ともなる。――こうしてフォイエルバッハから見れば、感覚的＝自然的な肉体性をヘーゲルが承認しているといっても、その承認は、自己自身を自己自身から基礎づける精神の哲学という前提の枠内での承認にすぎない。また、自己意識というこの観念論的な概念は、感覚的＝自然的な肉体性と同じく、隣人 *Mitmensch* という、それ自身で自立した現実をも承認していないことになる(82)。

フォイエルバッハにとって感覚的＝自然的な肉体性の基本的な指数である器官は、その名前からして上品な社会層は口にしないで無視しているが、本当はその本質からして世界史的な意義を持っているし、また世界で支配的な力をふるっている、人間の自然的な性である。現実の自我は、決して「没性的な中性名詞的存在」ではない。それどころか、「アプリオリに」女性か男性として存在しており、それゆえに、それ自身として非自立的な隣人〔*Mit-mensch* 共同存在〕として定義される。こうした性の相違を哲学が無視できるとすれば、この相違が生殖器という部分だけに限定されているとした場合だけである。しかし、この性差は、人のすべてに浸透しているのだ。女性特有の、あるいは男性特有の感じ方や考え方にいたるまで浸透している。私は、自分自身が男であると知っていることによって、すでにもう私とは異なる存在が現実に存在することを、私に属しながら、私の生活のあり方をともに規定している存在が現実にいることを承認しているのである。私は私自身を理解する以前にすでに、その本性からして *von Natur aus*、他者の存在に自己の根拠を持っているのだ。私は考えることによって、実は自分がもともとのありようを意識化・確認するにすぎない。もともとのありようとはすなわち、他者の存在に根拠をおく、決して無根拠でないあり方としての自分のことである。私ではなく、私とあなたこそが、生と思考の真の原則なのだ。

私とあなたの最もレアルな関係は、愛である。「他者の愛こそはあなたに、あなたがなんであるかを語ってくれるのだ」。「真理は他の自我からわれわれに向かって語りだすのであって、自分自身のうちにとらわれたわれわれ自身の自我からなのではない。伝達による共有を通じてのみ、人間と人間の会話を通じてのみ、理念も浮かんでくるのだ。二人の人間がいっしょになってひとりの人間を作るのだ。精神的にも身体的にもである。人間と人間の合一こそは、哲学の、つまり真理と普遍性の最初にして最後の原則なのだ。というのも、人間の本質は、人間と人間との合一にのみ含まれているからである。その合一は、私とあなたの相違という現実に依拠した合一である。思考と哲学においても私は、人間といっしょにいるからこそ人間なのだ」。

このように人間を結びつける愛に依拠することで、ヘーゲル批判のフォイエルバッハは実際には、奇妙なことにも若きヘーゲルに近づいていることになる。若きヘーゲルの精神の概念は、愛という「生きた関係」における差異の止揚を出発点としているからである。しかし、後のヘーゲルは、彼の思考力のすべてを挙げて、この精神の概念を、哲学的＝具体的に個々の複雑な規定へと細分化した（つまり、「感覚的」意識、「知覚する」意識、「悟性的」意識、さらには、「欲求する」自己意識および「反省された」自己意識、「召使いの」自己意識と「主人」の自己意識、「精神的」自己意識および「理性的」自己意識などである）。ところが、それに対してフォイエルバッハの〈愛〉なるものは、彼の哲学の統一的な二重原則、つまり、〈官能性〉と〈あなた〉という二重原則の統一性を示すものだったのだが、実際には、いかなる内容的規定もない、センチメンタルな決まり文句に終わってしまった。

フォイエルバッハによる原則の変更がもたらした重要な帰結のひとつは、政治と宗教に対する哲学の位置の変化であった。今や哲学がみずから宗教となり、また同時に政治ともならねばならない、というのだ。いわば一種の政治的世界観となり、それが、これまでの宗教にとって代わろうというわけだ。「なぜなら、われわれはふたたび宗教的にならなければならないからだ。政治こそがわれわれの宗教とならなければならないのだ。だが、そうなるためには、われわれにとって政治が宗教と化するような、最高のものをわれわれが直観のうちにもたねばならない」[83]。ところで、人間にとって最高のものとは、人間である。哲学が宗教にとって代わるというテーゼはまた、必然的に、もうひとつのテーゼ、すなわち政治が宗教となるというテーゼをもたらす。なぜなら、キリスト教徒にとって代わって、この地上の貧しい人間が登場するべきならば、祈りの共同体にとって代わって、労働の共同体が登場しなければならないからである。キルケゴールは時代の政治化を、キリスト教信仰の消滅から説明しようとした[84]。同じ徹底的な論理で、フォイエルバッハは、政治化の必然性を、人間それ自身の信仰から引き出そうとする。「普通の意味での宗教は、国家の絆とはほとんどなりえず、むしろ、国家の解体である」。もしも神が主なら、人間はこの神を信頼するだろう。しかし、そうすると人間は、他の人間たちのことは信頼しなくなる。だが逆に人間たちが国家を形成するなら、それとともに彼らは実際には、神への信仰を否定することになる。「神への信仰がではなく、神への絶望こそが国家を作らせたのだ」。そして主観的に国家の起源を説明するのは、「人間こそが人間の神であるとする人間への信仰なのだ[85]」。キリスト教を無視すれば、世俗国家は、必然的に「いっさいの現実の総体」となる。国家は「普遍的な本質存在」となり「人間の摂理」となる。国家とは、「大文字の人間」である。自己自身と関わる国家こそは、「絶対的人間」である。国家は現実となると同時に、信仰の実践的な反証となる。「実践的無神論こそはしたがって、国家間の絆となる」。「そして現在においては人間たちは、政治に夢中となる。なぜなら、キリスト教は人間たちから政治的エネルギーを奪う宗教であることを、彼らは認識するからである」(86)。一八四八年の失敗のあとで、フォイエルバッハは、ドイツにはまだ政治的世界観の実現の場と時間が欠如しているという見解に達したが、それでも、先の信念は放棄しなかった。というのも、彼に言わせれば、宗教改革は、宗教的カトリシズムを破壊したが、それにとって代わって、政治的カトリシズムが登場してしまった。そして宗教改革が宗教の分野だけでめざしたことを、いまこそ政治の分野で追求すべきである、というのだ。すなわち、「政治的ヒエラルキー」を止揚して、デモクラシーの共和国を作るという目標である。とはいいながら、共和制という外面的形式よりも、国家権力そのものの中央集権化と拡大こそが、フォイエルバッハの関心の対象だった。その点は、ルーゲ、マルクス、バウアー、ラサールではもっとはっきりしていた。そのことは、のちに彼らがビスマルクを必ずしも敵とは考えずに、自分たちのかつての革命的傾向が進展するためのペースメーカーと見ていたことにも現れている。[87] 一八五九年のある手紙でフォイエルバッハはこう書いている。「ドイツの政治に関して言えば、ご承知のように、人間の数だけ違った見解がありますquot capita tot sensus。そしてドイツは、ひとりの指導的頭脳の下に集まらないかぎりは、決して一方向を向くことはないでしょう。しかも、刀をひっさげて立ち上がり、〈われこそは、ドイツの頭目なり〉と叫ぶだけの度胸をもった人が出てくるまでは、決してひとつの頭脳の下に集まることはないでしょう。しかし、気持と頭脳が結びつくのはどこにあるでしょうか？　プロイセンにはたしかに頭脳があるかもしれませんが、気持がないです。オーストリアには気持はあるかもしれませんが、頭脳がありません」[88]。

ヘーゲルの「精神」の歴史の基準で見るならば、フォイエルバッハの激烈な感覚主義は、ヘーゲルの概念的に組織された理念と比べて、思想的退化に見えるかもしれない。思考の野蛮化に、つまり、思想の内容を、けばけばした言葉使いと心情に取り替えただけのものに見えるかもしれない。ヘーゲルは最後には、時代の騒々しさと、それにのみ関心を持つ虚栄心に由来する「耳を聾《ろう》するほどのおしゃべり」の結果として、そもそも情熱的な認識の場が残るだろうか、と心配していた。しかし、このヘーゲルの心配も、哲学に時代の関心をないまぜにした彼の弟子たちの形容豊かで雄弁な議論にかき消されてしまった。ゲーテとヘーゲルの友情に続いたのは、「ルートヴィヒ」

（フォイエルバッハ）と「コンラート」＊（ドイブラー）のあいだの牧歌的でのんびりした交流であった。[89] ドイブラーがこの「偉大な人間」に対して懐いた月並みな尊崇は、フォイエルバッハの基本的に無害な心情にふさわしいものだった。とはいいながら、すでに死に絶えた精神の哲学の高みから、十九世紀の〈唯物論〉を無視しようとするならば、それはまちがいである。フォイエルバッハはヘーゲルの哲学的神学を感性へと引き下ろし、有限化した。これこそ、われわれ全員が、意識するとしないとにかかわらず、どのみち立っている時代の立脚点となったのだ。

### b　アーノルト・ルーゲ〔一八〇二―一八八〇年〕

ルーゲはフォイエルバッハよりももっとはっきりと、新しい時代の新しい哲学の根拠は、「いっさいを歴史によっている」ことにあるとした。歴史というのは、「当然のことだが」「哲学的歴史」のことだ、と彼はヘーゲル主義者としてつけ加えている。[90] もちろん、歴史が哲学的というのは、「哲学の歴史 philosophie-Geschichte」というだけではなく、なによりも時代のできごとおよび歴史意識一般としてということである。「真の現実」とは「時代意識」以外のなにものでもない。これこそが「真に積極的な、最後の歴史的帰結」なのだ、と。[91]「ひとつの時代の歴史的理念」もしくは「真の時代精神」こそは、「絶対的な主」であり、歴史において妥当するのは、「今まさに時代の力であるもの」だけとなる。というのも、精神の絶対性は、歴史的プロセスのなかでのみ現実となるからだ。このプロセスは、人間そのものである「政治的存在」の自由によって作られるのだ[92]。

それに対して、ヘーゲルの体系における絶対者の圏域は、それ自身がすでに絶対的なものである歴史をただ絶対化したにすぎない、とルーゲは述べる。「絶対的なものに、われわれは歴史においてのみ到達することができるのだ。歴史においてこそ、キリスト以前でも以後でもいっさいの点に関して絶対的なものに到達するのだ。人間はいたるところで神のうちにある。最後の歴史的形式こそは、形式から言って、最高の形式であり、未来は、いっさいの歴史的なものの枠組みとなる。キリストにおいて宗教の形式が完成したのではない。ゲーテのなかに詩文の形式が、そしてヘーゲルのなかに哲学の形式が完成したのでもない。それらは、精神の終結などではまったくなく、むしろ、新しい発展の発端となることにこそ、その名誉が存しているのだ[93]」。すべては歴史のなかにある以上、そのつど「最新の」哲学こそが、「真に積極的な」ものであり、未来を自分の否定、生きた否定としてあらかじめ自己のうちに宿している存在である。〈歴史的精神〉あるいは〈時代の自己意識〉は、歴史の動きのうちで自己自身を

修正して行くのだ。それゆえ、この歴史は、ヘーゲルの体系の終結ともなるはずだ、とルーゲは論じる。(94)

彼の本のタイトル『われらの体系　あるいは世界の叡智およびわれらの時代の世界運動』(95)はそれゆえ、時代との関係はたんに二次的なとおりがかりのものではないことを示している。むしろこの〈体系〉そのものが、直接的に時代の哲学なのである。世界の叡智がそのまま世界運動とひとつとされているのと同じことである。『昔の日々』と題した論集の第四巻の冒頭でルーゲがドイツ人に呼びかける最初の言葉は「われわれの時代の精神」である。本書でルーゲは、ヘーゲルの哲学の歴史を継承しながら、プラトンからヘーゲルまでの発展とともに、最後に一八三八年から一八四三年までの「哲学および時代精神の批判的発展」を模範的なまでに通俗的に叙述している。この本でも彼は、哲学的思考は時代の同志であるとしている。というのも、一般的な時代精神こそは、そのつどの哲学と同じ精神運動を形成するものだからである。そして実際問題として、この青年ヘーゲル派が影響力をふるった時代ほど、ジャーナリズム、文学および政治にいたるまで哲学が浸透していた時代はない、といっていい。時代精神が――ルーゲはこの時代精神という言葉と、「世論」という表現をときおり同じものとして使っている――時代の哲学的精神と常にかつ必然的に「同じ歩み」をしていくことこそ、時代に即した哲学のアプリオリとされる。「世界精神と哲学的精神のこの意識的統一」こそは、われわれの時代の特徴とされる。[96] そしてこの時代の精神は、その本質からして進歩的なのだ。このことは、ルーゲにとっては、時代の流れを逆転させることが不可能なのと同じに、たしかな事実なのだった。またどんな反動といえども、時代の精神の力と帰結に関して欺くことはできないと述べつつ、彼自身が発行していた『ハレ年報』に引きつけながら、こう述べている。「最後の勝利は精神における勝利である。そして、歴史における年報の位置について、それゆえ(!)歴史の方向の未来について語るならば、それは、公的な精神から、あるいはもっと正確に言えば、その真の公的なあり方を妨げられている現代の精神から明らかになると言わねばならない。なぜなら、金で買われ監視されている新聞におけるみせかけの精神などが真の精神でないこと、また、古くさい学者たちの、制度にこもった利害中立的な精神なども、これから生きて行く力をもった精神でないこと、これは秘密でもなんでもない、誰でも知っていることである」。[97] 真に現代的な精神は、状況次第では公然の秘密となるが、いかなることがあってもこの真に現代的な精神こそ歴史が勝利に向けて押し進めてくれるものなのだ。「時代の理性」は、簡単に認識でき、それを知るつもりなら、誰にでも認識できるとルーゲは考えていた。

とはいえ、哲学と時代との統一性を本当に発見した人は、ヘーゲルその人に他ならなかった。このことは、青年ヘーゲル派のすべての人々にとって自明のことだった。精神のラディカルな歴史化を正当化すべく彼らは、『法哲学』の序文の次の文章を引くのだった。「個人に関して言えば、もともとどんな個人といえども、彼の時代の息子なのだ。それと同じに哲学も、自分の時代を思想のうちに捉えたものである。なんらかの哲学が自分の属する時代を越えていくことができると思い込むのは、個人が自分の時代を飛び越えることができると考えるのと同じ愚劣な妄想である」[98]。だがヘーゲルは、どんな理論も自分の時代を越えることはない、という事態に依拠して、よく言われる「〜すべきだ」を拒否する反動的な結論を引き出した。そして、まだ存在していないが、存在すべきだとされる世界を、憶測という「ふにゃふにゃの素材」で作り上げることを拒否した。それに対して、彼の弟子たちは、逆に精神と時代のこの同一性に依拠しつつ、未来への展望を込めて、「あるべき」ものの実現に固執した。そして、先へと進む時代に合わせて、哲学を革命に役立たせようと望むことになった。このように未来に範を取るか、過去を志向するかという点で時間軸の向きは、正反対であるが、それでもヘーゲルとその弟子たちは、哲学的意識と歴史的存在とのあいだに必然的な一致があるというテーゼでは共通していた[99]。ヘーゲルにとっては精神の歴史こそが、世界史の最内奥であった。それに対して、青年ヘーゲル派は、時代の「真の」動きを精神の運動の基準とした。そして、今や歴史の理性は同時代史によって測られることになった。

　時代と精神とがこのように原則的に結びついているとされた結果、今度はヘーゲルの体系そのものが、それが成立した時代と関連づけられて反省の的となった。ルーゲにおけるその結果は、二重の内容を持つことになる。ひとつには、ヘーゲルの哲学はフランス革命と「同時代的な」ものとされる。革命は自由な人間を国家の目的へと押し上げた。それと同じことをヘーゲルはしたのだ。しかも、絶対者は思考する精神であり、その精神の現実こそは思考する人間であるということを示すことによってである。政治的な世界としては、自由の精神は啓蒙主義と革命のうちに生きている。形而上学としては、ドイツ哲学のうちに生きている、とルーゲは論じる[100]。さらに彼に言わせれば、ヘーゲルにおいて人間の諸権利が、その哲学的な自己意識を獲得したのであり、今後の発展は、この自己意識を実現すること以外にはない。ところが、人間精神に絶対的な自由人の最高の品格を与えるこの哲学は、「古き時代精神の反動のつきあげ」の同時代者でもあるのだ。つまり、思考および政治的意志における自由に逆らう存在でもあるのだ。つまり、ヘーゲルは時代の進歩的精神とも、反動的精神とも結びついていた。そして後者の側と結びついている場合には、彼自身の原則、つまり、自由の意識における進歩の原則に逆らっていることになる。それゆえ、時代の進歩的精神の課題は、弁証法的方法を使って、ヘーゲルの哲学をそれ自身から解放し、本当のあり方へと解き放つことである、とルーゲは論じる。「現代こそは最高の存在である」(101)とするヘーゲルの命題にしたがうならば、彼を越えて前に進んできた時代の最高の権利は、批判によって彼の体系を彼自身に逆らって守ることである、とされる。それは、発展と自由の原則を貫徹するためである。ヘーゲルの体系に閉じ込められている真理を歴史は否定によって展開する。つまり、〈概念〉と〈実存〉のあいだに今なお存在する矛盾を理論的批判と実践的革命を通じて除去することによって、つまり、この否定によって、真理の展開を果たす。一八四八年のドイツ革命は、この理論的修正の実践的側面ということになる(102)。

実践的な転覆を理論的に準備する文筆上の機関誌は、『ドイツの学問と芸術のためのハレ年報』(一八三八—一八四八年)であった(103)。この雑誌は、プロイセンからの立ち退きを強要されたあと、ザクセンに移り、『ドイツ年報』とタイトルを変えている。その寄稿者として挙げるべきはなかでも、シュトラウス、フォイエルバッハ、バウアー、フリードリヒ・テオドール・フィッシャー、エドゥアルト・ツェラー、ドロイゼン、ラッハマン、ヤーコプ・グリム*およびヴィルヘルム・グリム*であった。第四巻の年度の前書きでルーゲは、これまでドイツの雑誌でこれほど満足を経験したものはない、しかも、この年報での論述は理論家のサークルを越えて、現実の社会からも興味を引いてもらえる事件になった、と書いているが、これは決して誇張ではない。ドイツの哲学は本書を書いている現代にいたるまで、批判的迫力、効力、そして思想政治的な効果の点で、この雑誌に並ぶものをもったことはない。

内容から見れば、この年報でなされた批判は、なによりも宗教と政治をめぐるものだった。ローゼンクランツは、ルーゲの書いたものには「無神論的＝共和主義的」で乱暴なトーンがあると難詰している。ローゼンクランツから見ると、ドイツの無神論者は、洗練された教養豊かなフランスのドルバック*主義者と比べると、不器用で子どもっぽい(104)。とはいいながら、シュトラウスとフォイエルバッハの宗教批判をラディカルに追い越したバウアーと比べるなら、ルーゲはまだきわめておとなしい。そしてローゼンクランツの晩年の仕事を見れば、事柄だけに関して言えば、彼もルーゲの立場からそれほど遠くないことがわかる。ローゼンクランツにも、精神の発展なるものは、暗黙のうちに人類の進歩を意味するような変化があったのだ。

だがルーゲにあって、「解放された人間からなるヒューマンな世界」のうちでキリスト教が解消〔止揚〕されるという考えよりも、もっと決定的だったのは、国家と政治に関する彼の批判だった。『年報』に掲載された「政治と哲学」についての論文でルーゲは老年ヘーゲル派と青年ヘーゲル派を分けている。老年ヘーゲル派は、ヘーゲルの哲学を現存する体制に合わせているが、青年ヘーゲル派は、宗教哲学も法哲学も、「否定的かつ措定的な実践」に移行させるところが、区別の基準となる。それゆえ青年ヘーゲル派は、抗議せざるを得ないのだ。まずは、ヘーゲルの「恭順」に対して抗議せざるを得なかった。ヘーゲルはこの恭順のゆえに、政治的現実を現下のドイツのプロセスに移行させることをせずに、彼の時代においてすでに古くさくなっていた昔からのイギリスのあり方に自己投影して理解したのである。(105) 他方でヘーゲルの絶対哲学の「高慢」にも抗議せざるを得なかった。この絶対哲学なるものは、かつて存在したことどもを追想することを通じて「最後の審判」であろうとするが、彼らから見れば哲学こそは、自らの批判を通じて、いまこそ未来を切り開かねばならないのだ。論理学のいろいろなカテゴリーを使って絶対国家をでっちあげることなどせずに、現在の国家のあり方を、すぐ前に見える未来を考えつつ歴史的に批判することこそ、なすべきことだというのである。なぜならば、自らを形成して行く途上にある時代精神のみが、真に概念的に把握された現実のはずではないか。ヘーゲルが「何百という箇所で」お教えくださっているとおりではないか。それなのにヘーゲル自身は、教会と国家のお気に召さないようなことはすべて言うのを避けてしまった、というのだ。

ヘーゲルの国家哲学に対するルーゲの原則的批判はすでに、『法哲学』の第二版についての彼の書評に含まれている[106]。この本が、意志による自己規定をこそ国家論の基礎に据えていること、この点をルーゲは、大きな功績と見ている。それゆえ、国家は、実体的な意志であり、この実体的な意志こそが、自己自身を認識し、自分についての認識を完遂する。その際に同時に、一人ひとりの自由な意欲と認識は、国家の意志の媒介されたあり方である、ということになる[107]。ところがルーゲに言わせれば、この原則を展開し論じるにあたって、大きな欠陥が本書にはあるというのだ。「それは、ヘーゲルが歴史について論じるときに、その内容のすべての影響をはっきりと法哲学にいれこもうとしなかったことにある。それどころかヘーゲルは、歴史を終結させてしまった」。ところが彼の『美学』ではそれと異なって、体系的展開は十分に歴史的にできているのに、と論じられている。

展開された歴史のトップに位置するのは、当然のことながら、現前に存在する国家である。なぜならば、いっさいの歴史とは、さまざまな国家の歴史であるからだ。だが、国家そのものは、それだけで自身において、自由へと向かう歴史的運動なのだ。

そしてこの運動は常に解放の活動でしかなく、決して絶対的な存在ではないはずである、とルーゲは論じる。彼に言わせれば、ヘーゲルは、国家についての固定した概念だけを示したが、運動しつつある国家の理念(イデー)を見せてくれなかった。この理念の力こそが、歴史なのに。それゆえに自由の絶対的体系に続いて、いまこそ、歴史的体系が続かねばならないはずだ。歴史的体系、すなわち、現実の自由、現実化されるべき自由を描き出すことである。「抽象的および理論的な発展体系の替わりに、具体的発展の体系が登場する。この具体的発展の体系こそは、いたるところで精神をその歴史において捉え、いっさいの歴史の終点にあって、その未来についての要求を提起するのだ」。ヘーゲルの静謐な思弁は、フィヒテの活力 Tatkraft によって目覚めさせなければならない(108)。なぜならば、ヘーゲルは「すべきである」に反対する。この反対は、「概念なき空疎な存在」〔としての国家〕しか生み出さない。それゆえ、ただ眼前に存在している現実、その本来の真の概念に相応していない国家のあるがままを承認することにしかならない。同時代史的な精神に反する、こうしたあるがままの国家とは、ヘーゲルの教えのなかではたとえば、諸侯の権力、政府の権力であり、国民各界会議としての国会であり、二院制である。ヘーゲルは多数決を信用しなかったし、いっさいの選挙というものを憎んでいた。しかし、選挙を信じないというのは、ルーゲから見れば、精神を〔つまり時代の精神を〕信じないのと同じことである。大衆は愚鈍で「打ち壊し」のときだけ尊重に値する、というヘーゲルの考えは愚劣そのものである、とルーゲは言う[109]。「だいたい、大衆は誰の名前で打ち壊しにかかるのだろうか？世界史的な精神の名前によってのみ打ち壊しを始めるのだ。それはどうして可能なのだろうか？　一七八九年〔フランス革命〕も一八一三年〔解放戦争〕も、大衆による襲撃は決して没精神的でなかったし、多数派は決して不当ではなかった。それはどうして可能だったのだろうか？　〈哲学は少数の裁判官で満足する philosophia paucis contenta judicibus〉という命題にとどまっているかぎりは、精神とそのプロセスを完璧に誤解することにしかならない。実際は逆であって、真理は世界を大衆を通じて征服するのだ。……。知を抱く者たちは、彼らの知とともに、長期にわたって大衆から見捨てられることは決してない。新しい精神を告知する者たちが、当初は少数派であり、場合によっては滅びることがあるとしても、後世の人々が彼らに賛同し、また彼らの功績を持ち上げるであろうことは、それだけいっそう確実である。もちろん、多数派に真理があるといっても、それは絶対的にあるわけではない。しかし、全体としてみるならば、多数派こそは、時代精神の特性 Bestimmtheit なのだ。つまり、政治的真理であり、歴史的真理であるのだ。そして国民議会で、時代精神に即した発言をするのは、たった一人だけだったとしても（そしてそういうことはいくどもあろう）、最終的にはエゴイズムと、底意地の悪い気まぐれは、少数派に転落することだろう。多数派が間違う場合には、そうした相対的な誤謬《ごびゅう》も歴史的精神とその特性を共有する。しかし、こうしたそのつどの特性は、当然のことながら未来によって否定されることになり、それに抗する手段はないのだ[110]」。

大衆に真理があるとする確信はまさに「美徳」であり、「われわれの世紀の経験」なのだ。これこそ、精神を世界過程の動きへと解放したヘーゲルの思考方式の当然の帰結なのに、ヘーゲルは、この結論を回避したのだ。ヘーゲルの立場はまだ十分に歴史的でなかったために、この真理を拒否してしまった。つまり、彼の原則に逆らって、精神の力を疑うような議論をしてしまった。もしもそんなことをしなければ、彼の法の体系から大衆としての選挙民を排除する努力をしないで済んだはずなのに、ところがルーゲは論じる。ところがその反対でヘーゲルは、身分制度の固定化と、なんとも馬鹿気た長子相続制度の確定に走ってしまった。だが、現実には、大衆の物質的な利害も、精神の発展と矛盾し得ないのだ。なぜなら、物質的〔経済的〕上昇はどんな場合でも、精神的な高揚でもあるからだ。歴史が「いっさい」であり、現実の精神の作用である以上は、そうなのだ、とルーゲは言う。

ヘーゲル法哲学に対するルーゲの批判は、[三] マルクスの場合と同じく、原理的には、形而上学的〈本質 *Wesen*〉と歴史的〈実態 *Existenz*〉の批判的区別に依拠している。ルーゲから見れば、たしかに国家という普遍的な本質的存在 das allgemeine Wesen は、精神の本質と一致しているにはちがいない。それゆえ、論理学の普遍的ないくつかのカテゴリー（普遍性、特殊性、個別性）および精神の哲学のカテゴリー（意志と自由）にしたがって規定することが可能なはずである。ところが、それに対して、ヘーゲルが自由の現実という彼のテーゼに即したものとして依拠する現実の国家〔プロイセン国家〕は、一個の歴史的な実態でしかない。それゆえに、この国家は歴史的にのみ把握可能だし、その本来のあり方と比べてのみ批判し得るものなのだ。「論理学および永遠のプロセスの研究の場合には、……現実の実態 *Existenzen* などというものは存在しない。こうした場合には、現実の存在 Existenz、つまり、考える人および彼の精神なるものは、どうでもいい基盤でしかない。なぜなら、一人一人が行うことは、（思考自身の）普遍的行為以外の……なにものでもないからである。……これでは、それ自身としての普遍的存在が論じられるだけになってしまう。その実際のありようは問題とならないことになる。自然科学にあっては、自然的な事物の現実の存在は、いかなる関心も引かない。……現実に起きている〔自然科学上の〕プロセスが研究の対象であるにはちがいないが、それらは、永遠の法則の一例、自己生産したえず循環する自然のふるまいの、なんども繰り返す一例にすぎず、どうでもよいものである。ところが、歴史が学問の分野に入ってくるにしたがって、この現実の存在のありようそのものが関心をそそるのだ。歴史の運動はもはや、形態が繰り返す循環ではなく、……精神の自己産出を通じて歴史は常に新たな形態をうみだすことになる。さまざまな時代における精神と国家のありようはまさにこうした現実の存在であり、そのようなものとして、学問的関心を引くものとなる。形態の状況は、もはやどちらでもいいような例にすぎないものではなく、プロセスの段階、およびこうした歴史的な現実的実態の認識は、基本的にその独自性に関わる。まさにこの実際の存在そのものが重要となるのだ」(112)。それゆえヘーゲルの絶対的な国家形而上学は、シュトラウスが神学的独断論を批判したように、歴史的に批判しなければならない。こうした批判こそが唯一の客観的な批判である。なぜなら、実際に起きている事柄に即した批判だからである。普遍的な本質的存在から、個別的＝歴史的な現実存在へと歴史的に視線を展開することが、ヘーゲルの『法哲学』にはまだ欠けている。それゆえ、この『法哲学』には、『精神現象学』と同じに、とらえどころのない性格がつきまとうことになる。「ヘーゲルの国家は……プラトンの国家よりも現実的であるとはいえない。そしてプラトン以上に現実的になることもないだろう。たしかに、プラトンのそれがギリシアの国家を思い起こさせる程度には、現今の国家を思い起こさせるにはちがいない。それどころか現在のプロイセン国家を名指しさえしている。とはいえ、歴史的なプロセスの結果としてヘーゲルの国家が出てくるようにはなっていない。それゆえに、政治生活および政治意識の発展に直接影響を及ぼすこともない。フランス人は、あらゆる面で歴史的に見ている点で、われわれより先んじている。彼らにあっては精神が生きていて、世界を精神自らに合わせて形成している」[113]。歴史的な観点から批判を呼び起こさないために、ヘーゲルは歴史的な現実存在を、形而上学的本質存在へと高めてしまった。そのために例えば、世襲の王を思弁的に証明しようとしている[114]。しかし、概念と現実との真の結びつきは、現実の存在を概念へと高め、賞賛することではなく、概念が現実の存在へと実現することのはずである。自由といえども、決して絶対的に〔現実と無関係に思弁の分野で〕存在するものではなく、特定の外面的な現実の存在の諸関係との関連でのみ、つまり、そういったものから人間がそのつど自己を解放する諸関係と関連してのみ存在するはずである。ヘーゲルは純粋に理論的な精神の側に、そして、純粋に理論的な自由の側に自らの位置を定めている。本当は、『法哲学』の最初のいくつかの章節で、意欲は思考の別の一側面にすぎない、つまり、理論はそのままもう実践であり、理論と実践のあいだの相違なるものは、精神が外を向いているか、内を向いているかの違いにすぎないのだ、と論じているのにである[115]。ドイツ哲学は、理論には実践的側面が備わることを理論として発見したにはちがいない。しかし、そのことを実践面では、隠蔽してしまったのだ。真の学問は論理学へと逆行して行くことはないはずで、歴史という現実の世界に出て行くべきなのだ。「論理学自身が歴史の中へと引き込まれねばならない」。そして、それ自身が〔無時間的な本質の話ではなく〕、現実存在として把握されるのを忍ばねばならないのだ。なぜなら論理学そのものが、この特定の哲学の形成状態に内属しているのだから。そして、真理は、歴史的な真理としてのみあるのだから。真理といえども運動のうちにある。真理は自ら区分をつけることにあり、自らを批判することにあるのだ[116]。

こう考えると、ヘーゲルの法哲学の理論的一面性は、同時代のできごとを通じてのみ正当化できるし、歴史的に見てのみ理解できるものとなる。「ヘーゲルの時代は、政治にあまり好都合な時代ではなかった。彼の時代には、出版や雑誌による論争と公共の議論を中心とする社会のあり方がまったく欠如していた[117]」。当時の精神は、理論に引きこもり、実践を拒絶していた。しかしまたヘーゲル自身の教養もあまりにも、ギリシアの影響を受けていた。そして、フランス大革命を明白な意識で経験していたので、市民社会に現存する君主制国家、その警察と官僚制度が、公的な政治的共同体、つまりギリシアの「ポリス」とはいかなる意味でも違うことを見ていなかった。彼は当為にもとづく要求を拒否するのだが、この拒否はそれゆえ、彼のはじまりとは矛盾している。そしてこの矛盾は、プロイセン・ドイツの状況に深く根ざしているのだ。カントとヘーゲルの体系は、理性と自由の体系である。しかも、理性と自由の欠如の中で作られた理性と自由の体系である。そして、二つの体系ともこの不釣り合いな事態を隠蔽している。

カントは〔モーゼス・〕*メンデルスゾーンに対して次の有名な言葉を吐いた。「わたしは、多くのことについて明確な確信を持って考えていますが、それを言う勇気は決してもてないでしょう。ただ、考えていないことは、決して言わないつもりです[118]」。公的な場での発言と私人としての考えをカントはこのように区別しているが、この区別は、〈思想家〉としての自分と、〈臣民〉としての自分をカントが分けていることによっている。当時は公的生活と私的生活、一般に通用している倫理と、個人の良心とは分けざるを得なかったのだ。臣民には、哲学者であることが許されなかった。それゆえ彼は、外交官的態度を取らざるを得なかったが、その場合でも「自分に対する尊敬」を失わないで済ますことができた。彼の立場には限界があった。その限界は歴史的には「プロテスタント的な狭隘さ」から来る立場である。この立場からすれば、自由とはただ良心の問題でしかなかった。私的な美徳と公的なそれは分けざるを得なかったからである。[119]

ルーゲから見ると、ヘーゲルの場合はもっと問題である。彼の法哲学は、道徳性と良心の決断というカントの立場を、普遍的かつ政治的な人倫 Sittlichkeit なるもののうちに止揚してしまったからである。たしかにヘーゲルは哲学者としては、プロイセン国家と、カントのような葛藤なしに済んでいた。それどころか、カントと逆で、プロイセン国家から彼の哲学の正しさを承認してもらっていた。それゆえ思考の側にたちながら、国家との一致のなかで自分の意見を表明できた。しかし、国家との一致は、たんにみかけにすぎなかった。プロイセン国家の絶対主義がヘーゲルの体系に潜む理性を承認しているかぎり、このみかけは、人の目を欺くことができた。他方でヘーゲル自身も、知の絶対的体系という彼の体系を基礎づける、その体系自体を国家の中で認めさせることだけにしか関心がなかった。ヘーゲルといえども元々は、政治的実践の敵ではなかったし、国家批判に反対するわけでもなかった。しかし、後には理論としての理論の完成に自己の仕事を限定してしまった。そしてハイデルベルクの就任演説で、哲学は政治的現実にかかわるべきではないとする信条を述べることになる。政治的現実の気高い関心が下劣な利害といっしょになって、解放戦争〔ロシアから敗走するナポレオンを打ち破った一八一三年から一五年の戦争〕の時代に、認識への関心を追い払ってしまったのだから、というわけだ[120]。ルーゲはそのことに反対して、「そういう考えは一体なんなのだ」と自ら問いかけ、このように答える。「それは次のこと以外のなにものでもない。〈皆さん、われわれは革命と戦争の直前で、歩みを止めてしまったけれども、その止めた状態をそのまま続けようではないかということなのだ〉。つまり、内面的自由の形成を続行しようということだ。プロテスタント的精神の自由、あるいは、抽象的理論の自由を完成させようということだ。抽象的理論の完成こそ哲学だというのだ。ヘーゲルは自由のこの形態を完成させ、先鋭化した。先鋭化の頂点で、この自由は逆転することになるはずだ[121]」。

概念への退却そのものが現実との矛盾を引き起こすことになるはずだ、とルーゲは論じる。なぜなら、国家の本質なるものに関する純粋な認識が得られたとすれば、まさにその認識は、批判となって現実に立ち向かうことになるはずだからである。理論的な自由はその私的な対自存在のうちにあっても〔私的に完璧な意識として自足していても〕、検閲を通じて、実際にはこの自由が拒絶されていることを認識せざるを得ないはずだ。なぜなら、政治的共同体のうちで公的な認識となっていないからである。しかし、真なる知の「実践的パトス」は、馴致できないはずだ。ヘーゲルは政治との衝突を避けることができたが、その衝突は彼の弟子たちのためにとっておかれたのだ。「それゆえ、時代が、あるいは言い方を変えれば、世界に対する意識の立場が変わった、ということが納得できるのだ」。「発展はもはや抽象的ではない。時代は政治的となった。もちろん、十分に政治的となるにはまだ足りないものが多いこともたしかだが(122)」。ドイツの教養の美的時代を批判しながらルーゲは、十九世紀の人間は、「倫理的パトスとともに政治的パトス」なしで済ますことはできない、と論じる(123)。

ルーゲの知的発展の特徴は、哲学的批判から政治的実践への、狭隘なる良心から、狭隘さを脱したと称する党派的良心への変化にあるが(124)、それだけでなく、ほかにやりようがなく困った挙げ句での歴史なるものへの退却こそ彼の特徴である。つまり、知に依拠して歴史を作るのではなく、ただ歴史を書き続けるだけの歴史である。亡命先での彼の最後の仕事は、自分の全集の編纂と並んで、バックル*の『英国文明史』の翻訳であった。理論的批判と現存の社会に対する実践としての革命というルーゲが始めた仕事は、マルクスが究極の帰結を伴いつつ引き受け、継続することになった。

### C　カール・マルクス〔一八一八―一八八三年〕

ルーゲは、『ドイツ年報』が禁止されたために、パリに移り、その地で『独仏年報』を創刊する。他ならぬマルクスが、この雑誌に参加することになった。この年報に掲載されたのは、「ユダヤ人問題」についてのマルクスの議論であり、また「ヘーゲル法哲学批判序説」であった。さらには、マルクス、ルーゲ、*バクーニン、そしてフォイエルバッハ間の往復書簡も掲載された。その後じきにマルクスはルーゲと絶交する。マルクスの人物についてルーゲはきわめて厳しい評価を下しているし[125]、逆にルーゲについてのマルクスの判断も酷評という点ではそれに勝るとも劣らないものがある。とはいえ、ヘーゲル批判の原則が二人に共通している事実に変わりはない。両者に違いがあるとすれば、それは学問的な厳密さと迫力においてマルクスは、ルーゲのジャーナリスティックな才能を遥かに上回っており、また、ヘーゲル左派のなかで、概念的鋭さの点で、さらには学識の点でもヘーゲルと比肩しうるのは、彼マルクスをおいていなかった、という点である。ルーゲでは常套句を駆使したレトリックこそが文章の基本だったが、マルクスでは、レトリックはたんに目的のための手段であり、彼の見せる批判的分析の迫力を弱めるものではない。マルクスがいかにヘーゲルに学んだかは、フォイエルバッハの影響下に直接にヘーゲルに依拠している初期論考よりも、『資本論』によく示されている。『資本論』におけるマルクスの分析は、内容的にはヘーゲルから離れているとはいえ、現象を概念化するときのヘーゲルのやり方を会得していなければ、考えられないものである。

後年のマルクスは、歴史の本当の動きの理由を、物質的な生産関係の変化に固定し、経済的な階級闘争にいっさいの歴史の唯一の起因を見ようとしたにはちがいない。しかし、経済学批判へのこの移行のあとでも、「昔の哲学的良心」と袂《たもと》を分かったつもりでいながら、元来のヘーゲルとのかかわり合いが残っていた。彼の最初で最後のヘーゲル批判は、ヘーゲルの完成に対するアンチテーゼとともに始まっている。博士論文でマルクスの心にかかっていた問題は、ヘーゲルによる終結のあとの新たなはじまりは、どのようになりうるかというものだった。

エピクロス*とデモクリトス*を論じた一八四〇年／四一年の学位論文は、ヘーゲルの創り出した状況との間接的な対決を宿している。この論文でエピクロスとデモクリトスは、プラトンとアリストテレスによるギリシア哲学の完成というコンテクストで論じられている。しかも、ヘーゲルの哲学がその唯物論的かつ無神論的後継者たちによって解体されていったことと比較されているのだ。ギリシアの古典時代の哲学とその後に来る種々の分派の哲学の関係を論じた冒頭の文章は、ヘーゲルに対するマルクス自身の関係をもじっている。「ギリシア哲学に起きたのは、よくできた悲劇にあってはならないことである。つまり、最終幕のだらけた結末である。アリストテレスとともに、つまり、ギリシア哲学におけるマケドニアのアレクサンダー大王ともいうべきアリストテレスとともに、ギリシアにおける哲学は終結したように見える。……エピクロス主義者、ストア派、懐疑主義者、彼らは、先行する偉大な存在たちと比することも不可能な、釣り合いの悪い補遺ぐらいにしか見えない」[126]。だが、マルクスに言わせれば、ギリシア哲学が彼らとともに死滅したと考えたら、それはまちがいである。歴史を見ればわかるとおり、ギリシア哲学の解体過程こそは、ローマ精神の原型となっているではないか。そしてこのローマ精神の彫りの深い見事な個性は、誰も否定できないではないか。たしかに古典哲学はそれとともに滅びたかもしれないが、英雄の死は「膨らみすぎて破裂したカエル」と同じではないのだ。それどころか、新しい日を約束する日没なのだ。「プラトンやアリストテレスのような全体性へと拡張した哲学のあとで登場した新たな体系は、先行する豊かな精神の姿によりかからず、遥か以前の素朴な学派を振り返りつつ、物理学に関しては自然哲学に、倫理に関してはソクラテス学派へと目を向けたのだ。これは、奇妙な現象と言えないだろうか？」。ひょっとしたら、ドイツ古典哲学が終結した現在も、かつて、哲学がアテナイからローマに移ったときとおなじような、哲学のテーマにおける集中と単純化が必要なのではないだろうか？　だが、そもそもヘーゲルのあとで、どのようにしたら彼の単なるコピーでもなければ、恣意的でもない思想的立場が獲得できるのだろうか、とマルクスは問うている。それは、ヘーゲルにおいて全体化した哲学との根本的な対決を通じる以外にない。つまり、この哲学の〈止揚〉、それが同時にこの哲学の〈現実化〉であるような〈止揚〉を通じる以外にない。哲学というのは、アリストテレスやヘーゲルにおける場合がそうであるように、その抽象的な原則が全体的具体化へと展開してしまったときには決まって、このような〈分岐点〉に立つことになる。そのようなときには、これまでのことをそのまま直線的に継続する可能性は絶たれる。なぜなら、ひとつの円環が、自己のうちで完結したからである。いまやふたつの全体性が対峙し合っている。ひとつは、自己自身において全体となった哲学であり、それに対峙するもうひとつは、完成した非哲学としての、実際に現象しているこの世界である。というのも、現実とヘーゲルが宥和したといっても、それはまさにこの現実のなかにおける宥和ではなかったからだ。概念把握という枠のなかでの現実との宥和にすぎなかったからだ。マルクスから見れば、哲学はいまや「外に向かう」べきであり、世界とともに動く実践とならねばならない。哲学は国家哲学である以上、哲学的政治とならねばならない。ヘーゲルにおいて哲学は叡智的世界と化してしまったが、この哲学は今や、現実の目の前の世界に目を向け、哲学そのものに反抗することになる。哲学のこうした両刃の刃にも似たあり方は、理論および実践から成るまとまったひとつの世界がふたつのばらばらの全体性へと分裂したことの帰結なのである。二つの別々の全体性が対峙しあっているがゆえに、これからどのようなものとなるかを新たに決めねばならない哲学自身の分裂も、それ自体が全体的な分裂とならざるをえない。ヘーゲルにおいて完成した哲学の客観的普遍性なるものは、まずは、この哲学から発生して来た私的哲学に、つまり、ただ主観的なだけのさまざまな意識形態へと分解してしまう。すべてが揺れ動くこの嵐は、自己自身においてまとまった哲学が分岐するときには、歴史的必然性をもって生じるものなのだ、とマルクスは言う。この必然性を理解しようとしない者は、全体化した哲学のあとでも、人間はまだ精神的生活をすることができるという事実を否定しなければならないはずだ。このことを理解してのみ、なぜアリストテレスのあとに、ゼノン*が、エピクロスが、そしてセクトゥス・エンピリクスが、そしてヘーゲルのあとに、「新しい哲学者たちの、大部分は基盤を欠いた貧弱な試みが現れて来たか」が見て取れるはずだ、と言うのだ(127)。青年ヘーゲル派の他の人たちは、ヘーゲルを部分的に改造しようとしただけだったが、マルクスは、哲学そのもののあり方が問われている、ということを歴史から見て取った。「どっちつかずの心情の持ち主たちは」——このように言うときのマルクスの念頭にあるのはルーゲのような哲学者たちである——「このような時期に、すべての将軍たちと同じに、倒錯した見解を抱いている。彼らは軍隊を削減すれば、損害を立て直せ、軍隊を分散させ、現実の必要性と講和を結べば、失地回復が可能と考えている。ところが、テミストクレスは*」、——テミストクレスとはマルクス自身のことなのだが——、「アテナイが」——アテナイとはここでは哲学のことである——「滅びる危機に瀕したとき、アテナイの人々に、全員町を離れて、海に向かうように、〔9〕そしてこの別のエレメントに依拠して」——つまり、政治的かつ経済的実践のエレメントに立って、「存在しているのはなんであるか」を把握すべき実践のエレメントに立って——、「新たなアテナイを」——つまり、これまでの意味では哲学でないような、まったく新しい哲学を——「建設する」ように導いたのだ。しかしまた、このような破局に続く時代というのは、鉄の時代であることも忘れてはならない。「この時代を巨人の時代と見れば、幸福な時代かもしれない。しかし、偉大な芸術時代のあと足を引きずりながらついていくだけの時代に似ていると見れば、嘆かわしい時代かもしれない。なぜならこういう時代は、カッラーラの大理石で生まれた……〔10〕作品を石膏や銅で模倣するだけだからである。だがまた、それ自身において全体的な哲学とその主観的な発展形態のあとに続く時代は巨人的でもある。なぜなら、この哲学の統一性を成すのは、巨大な分裂だからである。こうして、ストア哲学、懐疑哲学、そしてエピクロス哲学に続いてローマが登場することになったのだ。彼らは不幸であり、鉄の時代である。なぜなら彼らの神々は死滅してしまったからである。そして、新たな女神は直接的にはまだ運命という暗い姿をしている、つまり純粋な光か純粋な暗黒の姿のままだからである。この女神にはまだ白昼の色彩が欠如している。しかし、不幸の核心にあるのは、時代の魂が自己満足に陥って……、現実が自分抜きにできあがっていることを認めようとしないところにある。こうしたなかで不幸中の幸いというべきはそれゆえ、哲学が主観的意識として……現実に対して態度を取るという主観的形式として残存していることである。であるから、たとえばエピクロス哲学、ストア哲学は、その時代の幸運だったのだ。普遍的な太陽が沈んだあと、夜に飛ぶ蝶は、私的なもの〔人生論〕という誘蛾灯を求めるのだ」[128]。新しい女神は純粋な光か、純粋な暗闇か、という不確かな運命の暗い姿をしている、というマルクスのこの文章は、哲学というのは、できあがった世界の灰色の夕暮れと同じであるというヘーゲルの比喩に由来している。そのことが、マルクスにとって持つ意味はこういうことである。つまり、ヘーゲルにおいてできあがった哲学が崩壊してしまった今では、この薄明は、漆黒の夜が到来する前の夕暮れの薄明なのか、あるいは、新しき日のめざめる直前の明け方の薄明なのか、当座のところは、明確には言いがたい、ということである。(129) 現実の世界の老齢化は、ヘーゲルにあっては、哲学の最後の若返りと一緒だった。それに対して、未来を先取りするマルクスにとっては、完結した哲学は、現実の世界の、古き哲学に対抗する若返りと一体化しなければならなかった。現実の世界における理性の現実化を通じて、哲学は哲学としての自己自身を止揚し、眼前の非哲学の実践へと変じて行くのだ。つまり、哲学はマルクス主義になったのだ。直接的な実践理論へと変じたのだ。

ヘーゲルにおいて世界は哲学的になったが、マルクスになるとまさにそのこと自体がこんどは、哲学が同じように完全に世界となる〔世俗化する〕ことを要求するのだ。今やヘーゲルの体系は、一箇の抽象的な全体性として把握されることになる。実はその裏側に全面的な非理性が隠されているような全体性ということである。ヘーゲル哲学の内部的にきれいな仕上がりや自足的なところは、破れはててしまった。この哲学における「内部の光」なるものは、「燃やし尽くす炎」となって、外部に噴き出した。そして非哲学から世界が自由になることは、同時に哲学からの世界の解放でもある。とはいえ、こうした新しい種類の哲学といえども、理論的にはまだヘーゲルの体系を越えてはいない。それどころか、彼の体系のうちにとらわれていた。そしてマルクスは今なおヘーゲル主義者だった。それゆえ、この新たな哲学もまず最初に、できあったヘーゲルの体系に反論することによって自己確認をするのみで、みずからによるヘーゲル哲学の解体そのものが、この哲学の最も本来的な実現であるということは、わかっていなかった。なぜなら、理性と現実の統一、さらには、現実そのものが本質と現実存在の統一であるとするヘーゲルの原則は実はマルクスの原則でもあったからである。それゆえマルクスは、自ら両刃の剣となって、現実の世界と、現存の哲学の両方に反抗せざるを得なかったのだ。なぜなら彼は、この現実の世界と現存の哲学を、理論および実践を包み込んだ包括的な理論のなかで統一しようと目論んだからである。彼の哲学が実践的になろうと思えば、それは現存の体制の批判としてでしかありえなかった。つまり、現実と理念の批判的区別、本質と現実存在の批判的区別を通じる以外にあり得なかった。理論はこのような批判〔区別〕となることによって、実際の変化への道を用意するのだ。しかし、理論から実践への特定の「転換」の仕方を見ると、そこから、ヘーゲル哲学がやはり世界史的な性格をもっていることを逆に見て取ることができる。「この点でわれわれは、ひとつの哲学の生涯履歴が一点に、主観的な一点に集約されているのを見る。ちょうど、英雄の死から、彼の人生の閲歴を逆推測するのと同じである」。

この新たな状況をマルクスはきわめてラディカルに捉えた。その結果として、ヘーゲル法哲学の批判にとどまらず、『資本論』の著者へとみずから変じた。それゆえに彼は、政治的現実とのヘーゲルの「妥協」を、ルーゲよりもずっと原理的に理解できたのである。マルクスの考えでは、「ある哲学者が、これやあれやの妥協のゆえに、みかけの上でこれやあれやの不徹底性の間違いを犯す、ということは仕方ないことかもしれない。哲学者本人もそのことを意識しているかもしれない。しかし、彼が意識していないことがある。つまり、このみかけ上の妥協が実は、彼の原則の不十分なところに、あるいは、自らの原則の不十分な理解にその奥深い根をもっていることである。したがってもしある哲学者が妥協したなら、彼の弟子たちは、彼自身にとっておもてに現れた意識の形態をとっているものを、その哲学者の内面の本質的意識のうちから、説明しなければならない」[130]。マルクスから見れば、ヘーゲルの哲学は、理論および実践、本質および現存の世界を同時に把握していない。それゆえに、この哲学は必然的に現存の体制に同化し、それと妥協しなければならなかった。なぜなら、把握しなければならないものがなんであるかという、まったく具体的な内容は、ヘーゲルにとっては、すでに与えられているからである。つまり、現存の体制という意味で「存在している」ものこそ把握しなければならないものになってしまっているのだ。

理論と実践の弁証法は、マルクスにとって、観念論的な精神の哲学への批判のみならず、フォイエルバッハの唯物論哲学への批判の根拠ともなった。「フォイエルバッハにかんするテーゼ」（一八四五年）においてマルクスは、それまでの唯物論の中心的欠陥として、感覚的現実を「直観」Anschauung（theoria〔theorein は、ギリシア語では「見る」の意〕）の形式のもとにおいてのみ捉えている、それゆえ、すでにできあがって存在している「客体」のように捉えるだけで、人間的＝感性的活動、あるいは実践の所産として捉えていないことを指摘している。(131) 逆に観念論は、マルクスから見れば、主体から出発することで、たしかにこの主体の生産的活動を主張することになったが、精神による措定をいうかぎりは、あくまでも抽象的なものにとどまっていた。精神主義（Spiritualismus）もフォイエルバッハ的唯物論も、それがあってはじめて人間の世界が作られる「革命的」、つまり「実践的＝批判的」活動を正しく把握していない。たんに直観するだけの唯物論にフォイエルバッハが限定されてしまっているのには、歴史的理由がある。それは、後期ブルジョア社会の限界のゆえである。つまりこの社会は、ただ享楽するだけしか知らない個人から成る社会なので、それが消費するいかなるものも、共同の人間的活動の歴史的産物であることを自覚していないのである。つまり、リンゴといえども、交易と世界貿易の結実であり、決して直接的に手に入って存在しているものではないことを、知らないのである。[132] こうした限界の範囲内で見れば、フォイエルバッハは、宗教的世界をその世俗の基盤へと解体しており、これは大変な功績であることはたしかだが、その際に、この基盤そのものを理論的かつ実践的に問うことはしなかった、というのである。疎外によって人間に疎ましいものとなった世界を、フォイエルバッハといえども、宗教とは違う形で、つまりヒューマンに「解釈した」にすぎない。重要なことは、この世界を理論的批判と実践的革命を通じて「変革する」ことである。[133] しかし、このマルクスにおける世界の変革への意志は、単なる直接的運動のみを意味することではない。それは同時に、これまでの世界解釈の批判でもあった。つまり、存在および意識の変革であった。たとえば、現実の経済および経済学としての「政治経済学」の変革であった。つまり、経済学は、経済の意識だからである。[134]

理論と実践とのこの弁証法的関連を、俗流マルクス主義はエンゲルスの方式にしたがって単純化してしまった。[135] 抽象的に物質的なだけの〈下部構造〉なるものに固執しすぎたためである。だが、この〈下部構造〉と理論的な〈上部構造〉との関係は、マックス・ヴェーバーが示したように、[136] 同じように簡単に逆転可能なのである。こうした俗流マルクス主義に抗して、マルクスの元来の認識に即して考えるなら、ヘーゲルの理論もやはりなおも実践的なものであるという把握が可能となる。なぜなら、ヘーゲルは自己の概念把握の内容を先に決めてしまい、それを〈批判〉によって変える気はなかったが、そのより深い理由は、たんに〔哲学者による世界の〕〈解釈〉にあるのではなく、彼が実践としてめざしていたものにあるからである。つまり、ヘーゲルの概念把握は、現実と和解することをめざしていたのである。しかしながら、ヘーゲルが目の前の世界の経験的な矛盾と和解できたのは、最後のキリスト教的哲学者として、この世界に由来しないかのようにして、この世界にいることができたからである。他方で、現存の社会に対するマルクスのラディカルな批判も単なる「変革への意欲」に由来するのではなく、この変革の意欲も、その根は、被造物におけるキリスト教的な秩序に対するプロメテウス的な反抗にあったのである。人間は自己自身を信じるという無神論のみが世界の創出を試みなければならないのだ。マルクスの〈唯物論〉におけるこの無神論的動機は、古代の無神論者や唯物論者を論じた学位論文にすでに表現されている。マルクスから見るとエピクロスは、死すべき人間としてはじめて、大の神々に反抗した、ギリシアにおける最も偉大な啓蒙家である。また、人間的〈自己意識〉の哲学は、哲学の暦における最も偉大な殉教者であるプロメテウスへの支持を表明し、天国や地上のいっさいの神々に対立するのだ[137]。キリスト教の破壊こそは、人間が自己の主人公になれるような世界を構築するための前提なのだ。

プロイセン国家とヘーゲルの国家哲学に対するマルクスの批判のはじまりはそれゆえ、宗教の批判――「いっさいの批判の前提」、つまり、世俗の前提となる宗教批判――は、基本的には終了したという確認である。「それゆえ、真理の彼岸が消滅したのちの、最初の歴史の課題は、此岸の真理を実現することとなる。それゆえ歴史に仕える哲学の課題は、人間の自己疎外の神聖なるさまざまな姿の仮面が引き剝がされた今、今度はこの自己疎外の神聖ならざる諸形態の仮面を暴露することである。それとともに天国への批判は、この地上への批判となり、宗教批判は、法への批判となり、神学への批判は、政治への批判となる」[138]。哲学とともに経済学批判も歴史に仕えるものとなる。「歴史的」唯物論という意味でのマルクスの唯物論の特質もここから理解されるべきものとなる。フランスにおける階級闘争、フランスの内乱、ブリュメール十八日、そしてドイツ・ブルジョアジーについて彼が書いた歴史研究は、経済学上の分析にともなう付随的な著作では決してなく、人間の世界の歴史性に関する彼の基本的な考え方の、本質的構成要素なのである。

哲学的理論は歴史的実践に仕えるものとなる。こうした前提を立ててはいるが、実際にマルクスの批判は、予想されるのとは異なって、直接に政治的現実に向かうことなく、むしろ、ヘーゲルの国家哲学に向けられる。つまり、「オリジナル」でなく、その「コピー」に向けられる。この方向転換は一見すると「観念論的」である。しかし、そうした転換の理由もまた歴史的現実に根ざしているのだ。というのも一八四〇年代のドイツの政治的実情は、フランス革命にはじまる近代ヨーロッパ世界では「アナクロニズム」だったからである。ドイツの歴史は、フランスですでに一七八九年以来起きていることさえ果たしていない。「つまり、われわれは近代諸国民が行った革命をいっさい行わなかったのに、こうした諸国民の復古体制だけは共にしているのだから。われわれが旧体制に復したのは、第一には他の国民たちが革命を敢行したからであり、第二には、彼らが反革命の憂き目にあったからである。はじめの方、つまり革命をしなかったのは、われわれの大旦那たちがこわがりだったからであり、後の方は、旦那たちがこわがらなかったからである。われわれは、われわれの羊飼いたち〔聖職者たち〕を先頭に、いつも必ずいちどだけは自由に、それもこの自由の葬儀の日につきそっているのだ[139]」。ドイツはラディカルな解放行動をたったいちどだけ経験したことがある。つまり農民戦争である[140]。そしてこの農民戦争は、宗教改革のゆえに挫折した。つまり、ドイツの革命的過去が「理論的に」、つまりは宗教において表現されている宗教改革である。しかし今日では「神学自身が挫折している」。そういう事態にあっては「ドイツ史において自由が最も欠如しているという事実、つまりわれわれの現況は、哲学によって挫折するであろう」。哲学とはここではマルクス自身による哲学理論という歴史的実践のことである。だが思想においてはドイツ人はすでにその後史をあらかじめ経験してしまった。それは、ヘーゲルの法哲学である。この哲学の原則は現在のドイツの状況を越えて行くものを宿しているのだ。「われわれドイツ人は、現代の歴史的な同時代者にはならないままに、その哲学的な同時代者となっている。ドイツ哲学はドイツの歴史の理念上の延長形態である。……先進諸国民にあって現代の国家体制との実践的な決裂となるものは、こうした現代の国家状況そのものがまだ存在すらしていないドイツにおいては、まずはこうした国家状況の哲学的反映との批判的決裂なのである。ドイツの法哲学および国家哲学は、ドイツの歴史のなかでは、公式の現代というこの時代とはりあえる唯一のものである。したがってドイツの民は、この夢のような歴史も、実際の現存する状況の一部と見なして、この現在の状況ばかりでなく、その抽象的な延長物〔ドイツの法哲学および国家哲学〕をも批判に曝さねばならない。ドイツの民の未来は、その国家および法の現実状況の直接的否定に限定されてはならない。また同じく、その国家および法の理念的状況の直接的実現に限定されてはならない。というのは、ドイツの民は、その現実の状況の直接否定をその理念的状況においてすでに所有しているわけであるし、その理念的状況の直接的実現を、近隣諸国民を見ることでまたしてもすでに乗り越えて生きているからである」[141]。

　こうした批判の文章においてマルクスはヘーゲル主義者であり、またヘーゲル自身が「マルキスト」である。それがいかに徹底しているかは、フランスとドイツにおいて哲学と現実との関係が異なるあり方をしていることを描いたヘーゲルの文章そのものからもわかる。ヘーゲル自身、ドイツにおいては自由の原則は概念としてのみ存在し、フランスにおいては政治的現実になったと主張している。「ドイツにおいて出現した現実は、外的状況の暴力的帰結か、それに対する反応のように思える」[142]。フランス人は「現実感覚を、つまり、行動し、処理する感覚をもっている。われわれの頭の中はぼんやりした思いでいっぱいだ。……ドイツ人の頭はおとなしくナイト・キャップをかぶって、その頭の中でだけ動いているのだ[143]」。

　こうした独仏の差異からヘーゲルが引き出した結論は、この両者、つまり、理論的自由と実践的自由というそれぞれ一面的な形式を、哲学の根本理念としての「思考と存在の統一」から把握することであった。実際にはヘーゲルは、こうした思弁的な拡張を通じても、特定の現実を越えて行こうとはせずに、ドイツ的な理論の側につくことになったのだが。

哲学と現実との関係についてマルクスは二正面作戦を採る。つまり、哲学を単純に否定すればいいとする実践の要求に反対し、また同時に、政治的党派のたんに理論的なだけの批判にも反対する。前者は、ドイツ哲学は現実に属するものとはなっていないとして、哲学を現実化することなく、止揚しようとする。後者は、哲学というものは、それを止揚せずに、実現できると考えている。真の批判はこの両者を、つまり、哲学の止揚と実現を果たし得るものでなければならない。哲学は現代国家の批判的分析でなければならず、また同時に、これまでの政治的意識の解体でなければならない。そして既存の政治的意識の普遍的で最終的な表現こそは、ヘーゲルの法哲学なのである。「ドイツでのみこの思弁的法哲学が、つまりは現代国家についてのこの抽象的で、思い入れ過剰の思考が可能だったのだ。しかもこの思考の現実は彼岸にしかない……。同じく、現代国家についての、現実の人間を捨象したドイツ的な思考形態が可能となったのは、現代国家そのものが現実の人間を捨象しているからであり、あるいはまた、人間全体を空想的なやり方でのみ満足させているからである。ドイツ人は、政治においては、他の諸国民が実行したことを、思考したのである。ドイツは諸国民の理論的良心であった。ドイツの思考の抽象性と高踏性は、そうしたドイツ人の思想の現実がもつ一面性や鈍重さと常に歩調を合わせていたのである。ようするにドイツの国家体制の現状がアンシャン・レジームの完成を意味しているなら，……ドイツの国家学の現状は，現代国家の未完成状態を表している」[144]。ヘーゲルの理論がドイツ史にとってもつこの実践的な意味にこそ，法哲学を理論的に批判しようというマルクスの強い関心の理由があるのだ[145]。

ドイツの哲学と現実は，マルクスの判断するところでは弁証法的統一を成している。この見解の点で彼は，老年ヘーゲル派とも，青年ヘーゲル派とも異なる。マルクスから見れば，青年ヘーゲル派には，現実の世界史を概念的に把握するのに必要な実践的もしくは物質的観点が欠如しているのだ。『ドイツ・イデオロギー』で，マルクスは青年ヘーゲル派たちの「無邪気な幻想」をあざ笑っている。彼らの革命的決まり文句は，それを受け取るドイツの公衆に畏敬の念を引き起こすとともに，驚愕させるだけである，と。「本当はおとなしい羊でしかないのに，自らはオオカミであると思い込んでいたり」，またそう思われたりするこの連中を暴露すること，そして，この最近の哲学者たちの大法螺は実は，ドイツの状況がいかに惨めであるかを映し出しているにすぎない点を示すこと，これこそ『ドイツ・イデオロギー』の目的であった。

『ドイツ・イデオロギー』におけるフォイエルバッハの章はこう始まる。「ドイツのイデオローグたちが言うように，ドイツはこの数年に大変な変革を蒙った。ヘーゲルの体系の腐敗は、シュトラウスとともにはじまったプロセスだが、それはやがて、世界の発酵へと広がり、この発酵過程に、〈過去のいっさいの勢力〉が引きずり込まれて行った。全面的な混沌状況の中で、強大な帝国がいくつもできたが、じきに崩壊してしまった。また一時的に英雄たちが出現したが、もっと大胆で強い競争相手によって暗闇へと葬られてしまった。これはまさに革命であって、それに較べれば、フランスの革命など児戯に等しく、ディアドコイの戦い〔前三二三―二八〇年にアレクサンダー大王の将軍たちが大王の後継をめぐって争いを繰り拡げた〕などは、ちっぽけなものに見える。さまざまな原則がおたがいに排除し合い、思想の英雄たちがおたがいにこれ迄なかったほどの激しさで襲いかかり合った。そして一八四二年から一八四五年の三年のあいだに、多くのものが葬られて行った。葬られたものの量はそれ以外のときなら三百年かかるよりも多かった」(146)。しかし、本当のところ実際に起きたのは革命ではなく「絶対精神の腐蝕過程」だった。これまでヘーゲルの精神を流布させることを仕事として生活していたさまざまな哲学の「起業家たち」が、性急に新しく手を取り合い、自分たちに割り振られたヘーゲルの遺産を、競い合って売り飛ばし合った。「この競争は当初はそれなりに市民的で堅実なやりかたでなされていたが、のちにドイツの市場はいっぱいになってしまった。しかも、この思想の商品は世界市場では全然人気がなかった。そこで商売は、これまでのドイツ式のやり方、つまり、見てくれだけいい商品の大量生産、質の低下、素材のごまかし、羊頭狗肉、空取引、空手形、そして裏づけのない信用制度などを多用したために、すっかりだめになってしまった。競争は、激烈な闘争へと変じてしまった。しかも、この闘争こそは世界史的な激変であり、強烈な成果と利益を達成するものだと吹聴され、でっち上げられている始末だ。この哲学マーケットの叩き売りの叫び声は、堅実なドイツ市民の胸にも国民感情を引き起こし、気持ちよくさせるものである。でも、この叫喚ぶりを正しく評価する必要がある。また、この青年ヘーゲル主義者の運動全体のスケールの小ささ、局地的な自己満足ぶりがいかばかりのものであるかを、見せる必要がある。また、こうした自称英雄たちの本当の仕事の成果と、成果についての幻想とのあいだにあきらかな悲喜劇的なコントラストをはっきりさせる必要がある。そのためには、このお芝居の全体を、いちどドイツの外から見てみるのがいいだろう(147)」。

フランスの社会批判と異なって、ドイツのそれは、その最もラディカルな努力にあっても、哲学の土俵を離れたことは一度としてない。「彼らの問いは、その普遍的＝哲学的前提を問おうなどとはしていない。そういうこととはまったく無縁に、彼らの問いは、特定の哲学的体系、つまりヘーゲルの体系という土壌に育っている。彼らの答えだけではなく、問いのうちにも見せかけの深さが生きている。ヘーゲルにこれほど依存しているがゆえに、こうした新しい批判者たちのだれもが、ヘーゲルを越えていると主張しながら、実際にはだれひとりとしてヘーゲル体系の包括的な批判を、試みてさえいないていたらくである。彼らはヘーゲルを攻撃し、またおたがいに攻撃しあっているが、それは、だれもがヘーゲルの体系の一面だけを取り出して、それを体系全体に、また他の連中が取り出した別の側面にぶつけて批判しているだけである。皆最初は、ヘーゲルの使うカテゴリーを純粋に、偽造なく取り出していた。たとえば、実体とか自己意識といったカテゴリーである。だが、しばらくするとこのカテゴリーを俗化させてしまった。つまり、類とか唯一者とか人間といった俗っぽい名前に変えてしまったのだ(148)」。

ドイツにおける批判の本当の成果は、神学と宗教の批判に限られているのだ。しかも、道徳、法、政治にかかわるさまざまな考え方も、この神学批判、宗教批判に包摂されていた。青年ヘーゲル主義者たちは、いっさいを「批判した」。つまり、いっさいを「神学」だときめつけ公言することによってである。それに対して、老年ヘーゲル主義者たちは、ヘーゲルのカテゴリーに引き戻すやいなや、いっさいを「概念的に把握した」と称している。両者とも、ヘーゲル的なもろもろの普遍的な概念の支配を信じる点では一致している。ただ青年ヘーゲル主義者たちは、概念のこの支配を簒奪であるとして、闘争を挑み、反対に老年ヘーゲル主義者たちは、この支配の正当性を宣言しているところが違うだけである。老年ヘーゲル主義者たちは、昔からの意識を保持しようとし、青年ヘーゲル主義者たちは、この意識の革命的転覆をはかる。しかし、現実の歴史のあり方から離れてしまっている点では両者とも同じである。フォイエルバッハは「人間的」意識に、バウアーは「批判的」意識に、シュティルナーは「エゴイスティックな」意識に固執しているが、同じことである。「意識の変革という この要求は、現存の社会のあり方を今とは別様に解釈するという要求に帰するだけだ。つまり、現在のあり方を、別の解釈によって承認しようということにすぎない。青年ヘーゲル派のイデオローグたちは、〈世界を揺さぶる〉と称して決まり文句を弄するが、それと逆に実際には、最大の保守主義者なのだ。彼らの中でも最も若い連中は、〈決まり文句〉のみを打ち砕こうとしているのだ、と述べているが、そのことはとりもなおさず、彼らの活動をよく表わす表現だ。彼らがしていることは、決まり文句に対して自分たちの別の決まり文句を唱えているだけなのだが、そのことを忘れてしまっているのだ。この世界の決まり文句に対抗したところで、存在する現実の世界と戦っていることにはならないのに、そのことを忘れているのだ。こうした哲学的批判が挙げた唯一の成果は、キリスト教についての宗教史的な、いくつかの、しかも、いささか一面的な啓蒙である。それ以外の彼らの主張はすべて、どうでもいいようなこの啓蒙作業を通じて世界史的な発見を提供したとする自負の飾りにすぎない。こういった哲学者たちの誰ひとりとして、ドイツ哲学とドイツの現実の関連を、あるいは彼らの批判と彼ら自身をとりまく物質的状況の関連を問うことはしていない」[149]。彼らの議論の限界は、歴史上の実践にある。この実践の限界の範囲内で彼らは、哲学を中心と見る自己意識の中で生きることをやめない。そうしたかぎりで可能な範囲でせいいっぱい前に進んだということであろう。

　このドイツ・イデオロギーの全体に対抗してマルクスは、自分の唯物論的歴史観を作り上げて行った。この歴史観にはその後、非マルクス主義者も、反マルクス主義者も、彼ら自身が認める以上に、規定されることになる。ヘーゲル以降の〈精神史〉を主として経済的生産関係に即して〔マルクス〕、あるいは普遍的社会学に即して〔デュルケーム、*ジンメル〕、あるいは「社会的＝歴史的現実」に即して〔ディルタイ〕、あるいはまた階級もしくは人種なるものを導きの糸として内容的に解釈するなど、いろいろとあろうが、そのどれも、ヘーゲルの精神的世界と比べるなら、おたがいのあいだに原則的な違いはない。それらはすべてマルクスと同じに、「現実の生のプロセス」なるものを、あるいは「生の特定のあり方」を把握しようとしているのだ。つまり、こうした「現実の生のプロセス」あるいは「生の特定のあり方」は、決して無前提なものではなく、さまざまな前提を含んだもの、思考様式の前提ですらあるということだ。「ものの見方は、決して無前提なものではない。それは、現実の前提から出発しているのだ。この前提をひとときも離れることはないのだ。ものの見方のさまざまな前提というのは、幻想の中ですばらしくも人間だけ切り離され、それとして固定されているということではなく、まさにその具体的な発展プロセス、特定の条件の下での発展プロセスにおける人間こそ前提となっているということなのだ。活動する生のプロセスが描かれるならば、歴史は、抽象的な経験主義者のあいだですらそうであるように、死んだ事実の蓄積であることをやめるはずだ。また観念論者のあいだでなされている妄想にとらわれた主体の活動幻想であることをやめるはずだ」(150)。すべての歴史的な存在は、条件づけられ限定されているということが、マルクスにおいては、唯一の無条件絶対的なものとされている。こうして、ヘーゲルにおける精神の歴史の形而上学が、考えられるかぎりの極端さにおいて有限化され、時間化され、歴史に奉仕するものとなる。

こうした歴史的立場からマルクスは、これまでの歴史の全体を単なる「前史」の位置に貶める。既存の生産関係の全面的な変革が起きる以前の歴史ということである。生産関係とは、人間たちがその生活を身体的かつ精神的に創り出す仕方そのもののことである。哲学の歴史における「結合点」に相応するのが、世界史を〈これから〉と〈これまで〉に分ける切断点である。こうした主張のラディカルさという点でマルクスと対抗できるのは、シュティルナーの正反対のプログラムのみであろう。シュティルナーの本は、世界史の全体をふたつの章に分けているからだ。そのふたつとは、〈人間〉と〈われ〉である。

### d　マックス・シュティルナー〔一八〇六―一八五六年〕

『唯一者とその所有』と題したシュティルナーの本は、これまでは大体において、変わり者によるアナーキーな産物と受け止められて来た。しかしながら、この本はむしろ、ヘーゲルによって構築された世界史の究極の帰結なのである。このヘーゲル的構築を——アレゴリー的に歪めたかたちで——そのままそっくり繰り返したのがこの本なのだ。シュティルナー自身も、自分がヘーゲルに発していることを、バウアーの『最後の審判のラッパ』を評した文章のなかで認めている。ヘーゲル自身がその哲学史の最後で、各自が自分の場で時代の精神をとらえ、かつ、その閉鎖性を白日の下にさらけだすべきである、と呼びかけているではないか、と彼はこの書評で述べる。マルクスもシュティルナーの主著を、ヘーゲルのパターンにしたがった歴史の構築と見て、そのことを細かく証明している。[151] だが、シュティルナーのヘーゲル主義は、彼がヘーゲルのいくつかのカテゴリーに素朴で、それだけにより具体的に聞こえる名前を与えたことで、見えにくくなっている。この具体的な名称を通じてシュティルナーは、自分はヘーゲル的な「精神」の歴史を越えていると思い込んでいるのだ。[152]

『唯一者とその所有』は、新たな時代のはじまりを告げる自負に貫かれている。つまり、そのつどの〈われ〉こそがそれぞれ独自の世界の所有者となるような、新しい時代が来るとしている。この革命の目的のためにシュティルナーは「創造的無」なるものへと立ち戻る。この創造的無から発して彼は、異教およびキリスト教という〈古き〉世界と〈新しき〉世界から成る歴史を、終末論的地平のうちに構想する。そして、その歴史の新たなはじまりこそは〈われ〉であるとする。古代人にとっては、世界は感覚的真理であった。キリスト教は、その感覚的真理の正体を見抜いた。キリスト教以後の近代人にとっては、精神こそが超感覚的真理となった。この超感覚的真埋の正体をシュティルナーは、フォイエルバッハの考えを押し詰めることによって見抜いた。キリスト教の「精神」史の最後の到達点は、ヘーゲル左派の政治的、社会的かつヒューマンな「リベラリズム」であるとされる。そして、このリベラリズムの正体をシュティルナーは、彼の「エゴイスト同盟」という切り札によって乗り越えたと称するのだ。彼なりに根底的に、つまりある意味では根無し草的に、彼は、ギリシア人の「世俗的知恵」も、キリスト教徒の「神についての学知」も、そして最近の無心論者たちの「神学的反乱」も乗り越えたとするのだ。

この二千年来というもの、人々は、元来は聖なる存在だった精神からその神聖さをはぎ取ることにつとめてきた。生命をもたらす精神なるものへのキリスト教信仰は、ヘーゲルにおいて、精神の最後の、そして最高の形態に到達したとされる。カトリック中世の終結とともにはじまった発展は、ヘーゲルにおいて完成された。この世の世俗的な存在のすべてをルターは信仰において聖化し、デカルトは思惟における根拠づけを通じて、ヘーゲルは思弁的理性を通じて、それぞれ聖化した。「それゆえ、ルター主義者であるヘーゲルも、……概念をいっさいに徹底的に浸透させることに成功した。つまりいっさいのうちに理性が、ということは、精神が宿っていることになった」(153)。ところが、シュティルナー自身が到達した「完璧なる日常的愚劣」から見れば、ルター、デカルト、そしてヘーゲルのあいだの違いは、どうでもいいものとして消えてしまうことになる。シュティルナーに言わせれば、かれらはすべて人間のうちになんらかの神的なものがあると信じていた。あたりまえの卑俗で裸の人間というものを、すなわちひとりひとりの自我を彼らはまだ知らなかった。つい最近でも、人道的な「人間」はまだ神々しい真理であるかのように思われていた。しかし、彼に言わせれば、それはただの「中味の定まらない決まり文句」にすぎない。唯一者こそすべての決まり文句の最後の決まり文句なのだ。この唯一者という「絶対的文句」でシュティルナーは、きれいごとの決まり文句を乗り越えたと称している。それゆえ彼の出発点は、精神でも人間でもない。ただひたすら彼自身なのである。キリスト教の神と異教世界への信仰が失われた極致にいたって彼の〈われ〉は無から自分の世界を創り出す。人間にはおよそいかなる普遍的な「使命」も「義務」もないのは明らかなのだ[154]。というのも、唯一者の意義は、ただひたすら彼自身の奪取力にのみ存するからである。

逆に、人間なるものの普遍的使命を問うことは、いまなお「キリスト教の魔圏」で動いていることにしかならない。あるいは、普遍的な（神的な）〈本質〉とひとりひとりの個別的な（地上的な）〈実存〉のあいだの緊張関係の内部にいることにしかならない。キリスト教においては、古典古代と同じに神的なものだけが大切だった。それゆえキリスト教は明白なこの世の世界史となることはなかった、とシュティルナーは言う。キリスト教徒にとって世界の救済は「この世の日々の終結」というかたちで想念され、人間にとっては「歴史の目標」として想念されている。キリスト教徒も人間も、歴史をそのつどの「瞬間」[155]として見ることができていない。この瞬間こそ〈われ〉なるものの時間的ポイントなのに。脱魔術化された自我、今やキリスト教の神の国の参加者でも、ヘーゲルの精神的世界帝国の管理人でもなくなった自我こそがはじめて、みずから自覚して、それだけですでに世界史なのだ。「そして、それこそはキリスト教を越えていくことなのだ！」。唯一者は、自分以外の世界のことは気にしていない。世界はどのみち彼自身の所有で、彼が利用しつくすべきものなのだ。「私はこの自我、すなわち唯一者であり、私にとっての重要事はこの唯一者なのだ。そうすれば、この私の重要事は、過ぎ去るべき、死すべきその創造者、自らを消費し尽くすこの創造者、つまり、この自我に依存しているのだ。そしてこの自我は、私の重要事を無の上に設定した、と自ら言い放ってよかろう」。これは極度の有限化であり、時間化である。もはや人間の〈類的存在〉（マルクス）とは無縁であり、ただ自我にのみ関わるものとなる。こうした有限化と時間化を通じてシュティルナーは、ヘーゲルによる歴史の完成の影響下に、彼なりに作った歴史を自ら終結させる。

　シュティルナーによるこうした歴史の構築をマルクスは、「聖マックス」と題した批判で、唯物論的な歴史観の立場から、幽霊物語 Geister-Geschichte であって、「おばけのはなしGespenstergeschichte」に堕している，とやっつけている。全世界はヘーゲル哲学において「終わりにけり」というベルリンの田舎の結論と，彼「個人の」世界帝国なるものとを混同している，とマルクスは糾弾する。そして次のように述べている。「このベルリンの田舎の学校教員にして物書きの活動は，つらい勤務と思考の快楽にかぎられている。彼の世界は，モアビトからケペニック〔いずれもベルリンの地区の名前〕までの地域にこもっていて，ハンブルク門〔ハンブルク方向への街道の出口，ここでベルリンが終わる〕のところで，釘付けされた板戸で閉じられている。世界に対する彼の関係は，みじめな生活上の位置のために最低限に縮小されている。このような人の場合には，彼個人とその人生そのものと同じに，知的にも，思考を抽象的なものとせざるを得なくなるのは，やむを得ないだろう(156)」。このような思想家は，「自分における思考の欠如を，哲学の終焉と宣言し，肉体を伴った生命への輝かしい到達を勝ち誇る」ことで，哲学をのたれ死にさせようという議論をせざるを得ない。しかし，彼が実際にやっていることといえば，「思弁のかかとを使ってコマのように同じ箇所を回っている」だけなのだ。こうマルクスは論じている。

シュティルナーは，崩壊しつつある市民社会〔ブルジョア社会〕のきわめてラディカルなイデオローグにしかすぎない，ということをマルクスは積極的に論証しようとしたのだ。この市民社会とは所詮は、「ばらばらになった唯一者」から成る社会にすぎないのだから、というわけだ。シュティルナーがそこからの解放を目指したのは、実際の生活状況ではない。彼は、ただ意識状況からの解放を目指したにすぎない、ということである。ところが、彼自身は、この市民社会のプライベートなエゴイズムに捉えられているので、この意識状況をそれとして看破することはできないのだ。それゆえに彼は私人とその私的所有を絶対化して、「唯一者と所有」というカテゴリーに変造したのである。それぞれの「唯一者」の所有というこのシュティルナーのテーゼに抗してマルクスは、所有の奪取を要求した。それは、「類的存在」としての人間に、それ自身の世界を与えるためであった。シュティルナーとマルクスは同じ自由の砂漠にあって相反する方向で哲学をした。マルクスにおいては、人間は自己疎外されている。そしてこの自己疎外された人間こそは、現存する世界の全体を革命によって変革しなければならない。今とは違う存在となることを通じて、自己自身に立ち返った存在となるためである。逆にシュティルナーの自我は、切り離されて一人になった存在である。彼は、自己の無に立ち返り、あるがままの世界を彼に使えるかぎり利用し尽くそうとするのである。

### e　ブルーノ・バウアー〔一八〇九―一八八二年〕

バウアーの文筆活動は、共観福音史家〔『新約聖書』のマタイ、マルコ、ルカによる福音書の筆者を十八世紀半ば以降このように呼ぶ〕による福音書の物語の批判から始まり、十八世紀および十九世紀のフランスとドイツにおける革命的運動を論じた、同時代史にかかわる大量の著作で終わっている。[157]すべての若いヘーゲル主義者たちと同じにバウアーも、徹頭徹尾歴史的に思考する。彼らにとって、知的な出来事の最高の審級は、歴史のプロセスである。ヘーゲル左派は哲学を実践に変換しようとしたが、そうした彼らと違ってバウアーは、形而上学は最終的に終結したと宣言している。そして、永久批判へと重点を移したが、この永久批判の「純粋性」は、実践への転換を不可能とするものだというのだ。彼は存在するこの現実の世界の「変革」をめざすこともしなかったし、「使い尽くす」ことも念頭になかった。彼がしようとしたのは、歴史的状況を批判的に闡明《せんめい》することだった。またヘーゲルの完成に対する彼の態度も世界史によって定められることになった。つまり、キリスト教的＝ゲルマン的世界の終結は、はじまりつつあるロシアの台頭という地平に位置づけられている。「ロシアとゲルマン世界」と題した一八五三年の文章は、すでにドストエフスキーの思想を先取りしながら、ドイツ哲学の歴史的状況を分析している。

バウアーに言わせれば、カントの哲学的および政治的なもろもろの理念は、フランス革命の枠内で動いていた。フランス革命こそカントにとって、進歩に向かう素質が人間に潜んでいることを示す最高の保証だった。この革命の経験に依拠して、彼は歴史の課題を定義した。それに次いでフィヒテは、ドイツ人を創造的な原民族として描き出し、ドイツ的な固有の本質を自己主張することにこそ、それ以外の人類の再建がかかっていると論じて、ドイツ人たちの誇りをくすぐった。さらに、ヘーゲルによる知の完成こそは、これまで辿って来た歴史を思い起こすことであり、それとしてひとつの終結となった。これまでの全歴史と断絶する可能性は、彼にとっては存在しなかった。また、これからの新しい時代はどういう時代になるのかという問いも、阻止した。こう論じつつ、バウアーはさらに次のように述べる。「彼らドイツの哲学者たちはすべて、国民の見解にきわめて高くかつ純粋な表現を付与するものだった。しかし、彼らドイツの哲学者たちは、ただ西欧のみを念頭に置いていた。――東方は彼らにとっていまなお存在していなかった。ロシアに対して、ゲルマン的世界は彼らから見るとなおも関係をもっていなかった――。とはいえ、すでにカントの生きている時代に、エカテリーナ二世は、独裁をこの大陸に打ち立てていた。この独裁の力、影響力、そして世界史的な意義は、スペインのカール五世や、フランスのルイ十四世のそれをはるかに上回るものである」[158]。現在の問題とは、「ゲルマン世界が古い文明の没落を乗り越えて生き延びるか（というのも、この没落以上に確実なものはない）、あるいは、ロシア国民のみが、あらたな文明を規定する存在となるか、これから始まる時代はロシアの時代となるのか。あるいは、ロシアとともにゲルマン世界も、この新たな時代にその名を冠するようになるのか」である。[159]「ドイツ問題とロシア問題こそは、最近のヨーロッパではこれしかないと言えるふたつのきわめて重要な問題である。特に後者のロシア問題は、きわめて正確に提示されており、その返答はドイツ問題の返答に先行するであろう。ロシア問題は、きわめて大きな機構によって支持されており、この機構を司る権力は、いつその返答を自ら誘引するか、それによってゴルディアスの結び目を叩き切るか決めることができる」[160]。

旧ヨーロッパの解体と関連してバウアーは、「哲学の終焉[161]」ということは、ひとつの歴史的発展が終結したということであり、またそれは、政治世界および知的世界の新たな編成に向けた移行がはじまったことであると見る。「ドイツ人がこの八十年間その最良の頭脳を捧げて来た哲学が崩壊した時期は、まさにこのドイツがさまざまな国民議会、会議、そして租税協議などを使って自己を組織する内的な力の場を求めても得られなくなってしまったのと時を同じくしている。これは単なる偶然だろうか？

哲学が文科系の学問も理科系の学問も自らの支配下に置いていたその征服の力が完璧に破壊されてしまった。これは、偶然だろうか？　哲学がこれまで個別学問に君臨していたその優越した力が疑問に附されてしまったのは、西欧を哲学の名において揺さぶったその民族自身が同様にその攻撃力を失ってしまったのと時を同じくしている。これは、偶然だろうか？……形而上学者たちの精神的優越性が終結したのは、ひとつの国民〔ロシア〕がこの大陸にその独裁制の影響力を強めたのと時を同じくしている。これは、偶然だろうか。この国民は——ロシアのことだが——その始まりから、西欧の哲学的作業に無縁で、西欧の形而上学などはまったく気にせずに、実際的な利益以外の利益をいっさい考えないのだから。いや、これらは決して偶然ではない。全ヨーロッパの国家システムを、そして立憲主義を、また形而上学を同じ時期に襲った破局は、内的に関連しあった事件なのだ」[162]。大学は、バウアーがさらに続けて論じるところによれば、いかなる刺激的存在でもなくなってしまった。哲学の先生たちは、ふるぼけた体系を繰り返して紹介するだけになってしまった。彼らは、かつてのように世界を動かした新しい思想をただのひとつも生み出すことはできなくなった。時代の全面的貧困、つまり精神的および経済的な「貧窮」[163]は、形而上学を勉強する関心を消滅させてしまった。大学は年度ごとに聴講者の数が当然のことながら減少している。それに対して、技術者養成の専門学校は人気がある。アカデミーも定員補充のためにごくありきたりの学者を採用するようになってからというもの、普遍的な教養をめざした研究が減少しつつあることは明らかだ。「自然を服従させることで成り立とうとする諸国民が必要とするのは、エンジニアだけである。エンジニアは、新しく、また論理の通った原理にしたがって工業設備を創設する。そして、コミュニケーション手段を実現することで、これまで恐れられていたさまざまな困難を克服する。こうしたエンジニアこそは、諸国民が、時間と空間をめぐる彼らの実際上の闘争にあたって、その能力を信用する者なのだ。だが諸国民は、時間と空間の概念に関する哲学者たちの論争を聞いている時間もなければ、そういう気分にもなれない。同じく、理念から自然への移行を哲学者たちが実現するための手腕に興味を抱く時間もないし、同じくそういう気分にもなれない。それでは政府はなにをしているのだろうか？　各国の常備軍こそは現在では各国政府による哲学者の学校なのだ。この各国政府の哲学者たちの学校は、静かさと秩序を守るためのただひとつの当世風のシステムを諸民族に教え込む点で一致している。古き形而上学の先生たちを諸国民は、いまや彼らが大学にいるかぎりは我慢してやっているにすぎない。それは、新しい建物の横にある古い廃墟を、どうしても撤去する必要があるまでは、我慢しているようなものだ」。「そしてヨーロッパのこのようなやりかたは正しい。ヨーロッパは、十年前にドイツの批判が解明し、実行し始めたのと同じことを表現しているだけだ。ヨーロッパが形而上学から永遠の別れを告げたとすれば、形而上学は批判によって永遠に再生不可能に破壊されてしまった。形而上学的体系、つまり、文化の歴史にその場を確保しうるような体系が再び打ち立てられることは決してないであろう(164)」。

その代わりにヨーロッパを支配するのは、バウアーに言わせると、帝国主義的ないくつかの独裁体制であろう。こうした独裁体制を通じて、ロシアかヨーロッパかという問題の決着がつくであろう。「三月革命は諸民族に、これによって新しい時代が始まり、歴史上の諸民族から成る家族のメンバーが、同権という新たな原則を通じて、以前からのもろもろの影響に対抗して、自決権を守り、憲法によって国家を構成し、平和のうちに相互協力するという幻想を抱かせた(個々の政府の種々の試みや諸民族会議の理念、そして平和会議の議事に表明されているのと同じ幻想である)。幻想という点では、個人的活動に対する以前の手枷足枷が取り払われるとともに、新しい自由の時代が始まったとしながら、実際には、もっと厳しい枷の力による締めつけで解体してしまったその他すべての幻想と同じことである。個人主義こそこの六十年間の革命の歳月の成果と見て、そこに解決を、いっさいを認めるような幻想も含めてである。実際には、この幻想も暫定的かつ一面的でしかなく、鋼鉄の掟によってその反対物、つまり帝国主義と独裁体制につながれているのだということを、日ごとに認めざるを得ないのだが」[165]。というのも、旧来の団体組織や身分が破壊された結果、個人は特定の団体 Korporation[11] のメンバーとしての個人的な使命を奪われてしまい、その結果として「拡大された中央集権システムと全体の全能の力」に従属させられてしまった。「労働は解放されたかもしれない。しかし、こうして解放された結果、労働は、より強力な集中化を受け、かつては閉鎖的な生活のなかで安定と保護感を味わっていた一人一人の生活はばらばらになってしまい、中央からの指令の鋼鉄の腕に引きさらわれ、服従を迫られる。さもなければ、一人一人は没落せざるを得ない」。またしても人間たちの上に新たな掟が支配し――フランス革命前の「軍事的＝神学的世界」と同じに――人間たちを訓育し、彼らの感情、思考、意志を特定の基準で規制しようとするであろう。人々の感情世界を、昔の道徳的秩序がしたのと同じように捉えうるような、「歴史的な掟の学」は、いまだ存在していない。この歴史の分野では、他分野の自然科学のリードにまだ追いついていない。現代人は、伝来のアナーキーと未来の社会秩序および支配秩序のあいだに位置しながら、いかなる支点も失った個人となり、「さて、これからどうしよう」と不安げに問うが、その際に今日に対する不満はそのまま、未来の力を内在させていると思い込んでいる。

こうした現代人に抗してバウアーは、彼なりに「自分自身であること」に徹しようとする。これこそが、時代を画する大きな変化の時期における真の哲学的立場だというのだ。バウアーに言わせれば、ローマの国家権力が崩壊したときに、キリスト教徒こそは、「未来の党」だった。それは、彼らがいっさいの国家生活から離れるようにしていたからである。同じように今も現存の秩序にいっさいかかわってはならない。むしろ、政府の力に対抗して、新たな共同体の萌芽として名乗り出なければならない、と彼は言う。「最初のキリスト教徒たちがそうであったように、現在でも、この今を越えて行くような理念を自己のうちに宿している人々はすべて、国家にかかわるいっさいのことがらには無縁である。ローマ帝制のつかのまの勝利に対抗して、キリスト教徒が受け身の抵抗をしながら、自分たちの未来をじっと待っていたのと同じに、現在もいっさいの党派は、現在の支配的な状況に抗する受け身の抵抗のうちに引きこもらねばならない[166]」。教養の持つ建設的な力に賭ける向きもあるかもしれないが、時代の転換点にあっては、教養の力は否定的なものでしかない、とバウアーには思える。彼に言わせれば、ソクラテスは、既存の国家とその宗教的伝統に対抗して、自らの無知を誇示した[167]。キリスト教徒は霊の救い以外の何物をも重んじなかった。デカルトは中世の終わりにあたって、自己意識のうちに根拠づけられていないいっさいのものを疑うべきだとした。まさにこうした「無の英雄的行為」(168)こそは、新たな世界の創造にほかならない。つまり、人間たちにこの世界における支配を可能にするために、以前の人々からなにも求めないことが重要なのである。そのためには、自分の力で新たに始めることが必要なのだ。この新たなはじまりは、一七八九年や一八四八年の革命とはちがって、死滅したいかなる要素にも巻き込まれてはならないのだ。

「歴史の永遠の歩み」に対する信頼という点ではヘーゲルを継承しつつ、バウアーは、歴史的＝批判的な著述を通じて現在を解体し、ロマン的イロニーの否定性をキルケゴールと似たやり方ではあるが、やはり彼とも異なった意図で、乗り越えようとした。バウアーのこの批判は絶対的である。なぜなら、いかなるものも絶対的な妥当として設定することをやめ、自ら批判的に措定する行為において自らをすでに否定しようとするからである。それゆえにバウアーの批判は、先行する哲学的、神学的、そして政治的批判、つまり、フォイエルバッハ、シュトラウス、そしてルーゲの批判とは意識的に異なったものとして設定されている。彼らはすべてまだ積極的・肯定的であろうとし、それゆえに党派的・一面的であろうとした。それに対してバウアーは、さまざまな虚無を、ストア的な無関心で分析している。彼の歴史的批判の中心テーマは、いっさいの破壊のはじまりとしてのフランス革命であったことはたしかだが、実際には彼自身の批判が生んだ成果は、キルケゴールが守ると同時に攻撃したキリスト教の「発見」であった。歴史をのみ信じることに限定した彼の批判的ニヒリズムは、彼の時代にはあまり大きな影響をもたらさなかったが、一世紀後には、新たな「未来の党」においてふたたび生命を得た。〔ナチスへの〕「抵抗」運動に関わるサークルの政治的著述家たちは、バウアーの理念を継承し、現代に適用したのだ。[169]

### f　ゼーレン・キルケゴール〔一八一三―一八五五年〕

ここではキルケゴールを単なる〈例外的存在〉とは見ないことにしよう。むしろ、当時の時代の歴史的運動の内部でそれなりに目立つ現象として見よう。そうすると、彼の「孤立」は決して彼ひとりだけのものではなく、世界の当時の状況に対する反応としていろいろなかたちで広がっていたことがわかる。バウアーおよびシュティルナー、マルクスおよびフォイエルバッハの同時代者として、キルケゴールは、なによりも時代のできごとに対する批判者であった。キリスト教に関する彼の〈あれかこれか〉の態度は同時に社会的政治的運動によって規定されていたのである。「この時代においてはすべてが政治である」と『単独者』〔一八四七年〕についての二つの論述を飾る前書きで言われている。そしてこの前書きは、「時代が要求すること、つまり社会改革は、時代に必要なことの正反対である、時代は、絶対的に確実なものを必要とするのだ」、という言葉で終わっている。現代の不幸は、現代がただの「時代」となってしまったことである。そして、この「時代」は、永遠についてはまったく関知しようとしない。キルケゴールが時代の「自己検証」のために読むように勧めている一八五一年の著述では、聖霊降臨について述べながら、「今日では、〈時代精神〉を信じない者はほとんど誰もいない。自らはなんとも凡庸な幸福に甘んじて、みじめなしがらみのとりこになっていようとも、時代精神は信じているのだ」。「そういう人ですら、しかも心底から強く時代精神を信じている」。時代精神こそは、そういう人間にとって自分自身よりもなにか気高いものなのだ。だが、実際にはこの時代精神は時代の上に沼地の瘴気《しょうき》のように漂っているのだから、時代よりも高いということはあり得ない、と彼は論じる。あるいは人々は〈世界精神〉や全人類の〈人間精神〉なるものを信じようとする。それによって、少なくとも精神的なるものを信じることができるようになりたいのだ。だが、聖霊を信じるものは誰もいない。聖霊こそ、決定的な存在であると考えねばならないはずなのに。聖霊からみれば、それ以外の精神なるものはどれも悪である。解体の時代にはいつもそうだが、人々は空気みたいに浮いているものにぼんやりとすがる方を好む。つまり、時代精神にすがりたいのだ。それを通じて時代のどんなちょっとした空気の動きにも、晴れやかな良心をもって服することができるためである。[170] こう彼は論じている。

こうしてキルケゴールは、「時代の矯正者」であると自ら思っていた。それによって彼は、自らを歴史のなかにおいて理解し、自己の課題を時代の性格に応じて見ていた。自己自身で――キリスト教に賛成もしくは反対の――決断をする実存者の単独性 *Einzelheit* は、世界における無名かつ公的な動きのもつ普遍性 *Allgemeinheit* と精確な関連をもっていた。単独者こそは、「この著者が、たった一語で絶対的に決定的なことを表現しうることを……」見せねばならない。つまり、著者が「自らの時代を理解し、この時代のなかで自らを理解している」ということを見せねばならないのだ。そしてこの時代は「解体の時代」であると彼が理解していることを、見せねばならない、というのだ。この「解体の時代」という表現を、彼は二重下線で強調している。[171] これは、「世界の発展」との関連をきわめて意識した表現である。つまり世界が重要な差異を水平化する方向へと進んでいるがゆえに、キルケゴールはそれに対抗して、孤立した単独者の強調へと向かったのである。同じ時代状況のゆえにバウアーは、〈自己存在〉という批判的態度に至り、シュティルナーは、ニヒリスティックな〈唯一者〉の考えに逢着し、マルクスは〈類的本質〉という社会主義的立場に達したのである。

自分の時代に対して、また時間性に対してのこのような態度は、ヘーゲル哲学に対するキルケゴールの関係をも規定している。キルケゴールから見れば、ヘーゲル哲学こそは、歴史的世界の普遍性のなかで一人一人の実存が水平化されてしまう代表的な例なのである。つまり「世界過程」のなかに人間が「雲散霧消」してしまう例なのである。それゆえにヘーゲルの「体系 System」に対するキルケゴールの攻撃は、体系的哲学への批判にとどまるものではなく、現存の世界の体制 System にも向けられていた。この現存の世界の最終的な叡智こそがキルケゴールから見れば、ヘーゲルの歴史哲学にあたるということである。キルケゴールのヘーゲル批判および時代批判は、「イロニーの概念について」(一八四一年)[172]によって開始される。このイロニーの「絶対的否定性」なるものを彼は、ヘーゲルの体系的かつ世界史的な解釈に対抗する主観性の真理として持ち出すのだ。そして『哲学的断片』においては、ヘーゲルの「定在の体系 System des Daseins」が明白に否定されている。なぜなら、キルケゴールに言わせれば、定在について体系を打ち立てるためには、各人が別々の個人として倫理的に実存することこそ個人の本質に属するということを無視しなければならないからである。この世界の体系との差異においてこそ、自己の実存の真理が存するのだ。実存にとって世界史は、付随的で偶然的なものにすぎないのだ。ヘーゲルの思弁的考察こそは、十九世紀からこの実存の真剣さを奪ってしまった。「それゆえ、おそらくわれわれの時代は、世界史の考察と瞑想によってあまやかされているので、……もしも行為しようとすると、……社会的に組織しあって、歴史の精神から尊敬を得ようとすることで、本来の自分たちよりも大いなる存在になろうとする非生産的な試みを不機嫌に沢山しているのだ。世界史なるものとひっきりなしにつきあうことであまやかされているが、今や人々は本当にただひとつの重要なものを欲しているのだ。偶然的なもの、世界史の脱線現象にかかわろうとするのだ。本質とか内的なものとか、自由とか、倫理的なものとかは無視したいのだ(173)」。倫理的実存と比べるなら、世界史の「量的な弁証法」などは、ただの付録的な書き割りにすぎない。キルケゴールから見れば、ヘーゲル主義者は、実存の主観性に満足しようとせずに、ある種の壮大な自己滅却を通じて、どの時代からもその人倫的な実態を、ひとつの理念を見て取ろうとするのだ。それはあたかも、自己の生活が形而上学的思弁であり、個人がそのまま一個の世代であるかのようだ。ヘーゲル主義者は、個々の木々を見ずに、森だけを俯瞰しているのだ(174)。

キルケゴールに言わせれば、自然の世界では、個体は直接に類に関わっている。羊を改良すれば、それによって羊という類のいっさいの個体を変えることになる。しかし、個人は精神的に規定された人間である以上、たとえば両親がキリスト教徒ならば、そのまま直ちにキリスト教徒の子どもが生まれると考えるのは、馬鹿げているだろう。精神的発展は一人一人の個人の行為である。したがって、十九世紀に生まれたというだけでは不十分なのだ。なぜなら、世代や時代に助けてもらって皆でまとまって自己自身に到達するなどということができるわけはないのだから。「日常の思考においてさえ、世代という考え方が支配的になるにつれて、単独者として実存する人間へと移行するのは恐ろしいこととなる。世代に埋没し、〈われわれ、われわれの時代、十九世紀〉などと言うのをやめて変わろうとするのは、恐くてなかなかできないこととなる。この移行がきわめて困難なことを私は否定しない。それゆえ、この移行を拒まないならば、大いなる放棄が必要である。単独者として実存する人間とはなんだろうか？　まさにわれわれの時代こそは、こうした実存者がいかにちっぽけであるかをあまりにもよく知っている。だがまさにその点こそ、この時代の特別に不道徳なところなのだ。どの時代にもその固有の不道徳がある。われわれの時代の不道徳は、おそらくは奢侈《しゃし》や享楽にあるのではなく、一人一人の人間に対する軽蔑がのさばっているところにあるのだろう。自分たちの時代とこの十九世紀を讃える万歳の声がいたるところに聞こえるが、まさにそのまっただなかから、人間であることに対するひそかな軽蔑の調子が聞こえて来る。世代の重要性を論じる論調のなかに、人間であることへの絶望が支配している。誰もがまきこまれていたい。誰もが世界史全体の動きなるものに騙されていたい。単独者に、そして、実存する人間になろうとする者は誰もいない。おそらくそれゆえにこそヘーゲルにしがみつこうとするさまざまな試みがあるのだろう。ヘーゲル哲学のまずいところを見抜いた人々ですら彼にすがろうしているのだから。単独に実存する人間になると、影も形もなく消えてしまうことになるのが怖いのだ。日刊紙どころか、……ましてや世界史的な思弁を弄する者たちから、一瞥《いちべつ》だにしてもらえない存在になってしまうのが怖いのだ。倫理的な、そしてまた宗教的な感興にとらえられていなければ、単独者になることに絶望せざるを得ない。その点は否定しがたい。しかし、もしも逆だったら、なんでもないはずだ(175)」。世代が意気軒昂なのは見かけだけで、その背後には、一人一人の個人が本当は臆病な存在であることが隠されているのだ。今ではもう彼らは、自分がなにかであるためには、大きな集団のなかでのみ生きて行こうとするのだ。彼らは、自分自身と時代を、この世紀を、世代を、公衆を、そして人類大衆を取り違えているのだ。こうキルケゴールは論じる。

さらには、ヘーゲルは一人一人の個人を除去して考えているので、「生成」進歩という彼の物言いは、ただの幻影でしかない。実際には彼は世界史をすでに存在が生成し尽くし終結したものとして理解しているのだが、そこには現実の生成が、行為と決断が必要な現実の生成が排除されているのだ[176]。過去にあったことを想起するというヘーゲル的なやり方と同じに単独の実存にとって無意味なのは、世界の今後の進展の可能性を論じる彼の弟子たちの哲学である。こうした哲学は、本気で言えば、ボウリングやトランプ遊び以上の重要性はないのだ、とキルケゴールは、彼の時代批判の最後で述べている。

しかし、自分の時代に決定を迫るといっても、キルケゴールがそれをできるのは、自ら時代のできごとに参画することによってのみである、たとえその参画の仕方が否定的であってもだ。単独者としての時代への参画の仕方を彼自身は比喩を使って述べている。つまり、自分の時代は、あてもなく海の上を走る船に似ているように思えるというのだ。自分も他の船客と同じにこの船に乗ってはいるが、自分自身は船室を持っている。この自己に向き合っていられる市民的世界は、まさに孤立した私的生活の裏返しであるが、だからといって、世界の公的な動きが見られないわけではない、というのである。

彼は小さなデンマークこそヨーロッパの「体制」が崩壊して行くさまの「完全な標

本」であるとして、その様子を眺めていた。そして、この崩壊の動きに、「単独者」こそ――しかもこの単独者は「またまさに」キリスト教の原則でもあった――時代を救う唯一の存在であるとして対峙させた。水平化への世界の動き、神の前に自己として実存すべきとするキリストの要求、このふたつは、彼の目には、あたかも幸福な偶然であるかのように、合致しあうように見えた。「いっさいはまったく私の理論（つまり単独者についての私の理論）どおりである。まさにこの私がいかに時代を理解しているかを世間は思い知るべきである」。このようなメモを、キルケゴールは例外者の誇りを持って書き記している。まさに例外者であるがゆえに規則を理解している、というわけである。[177] 彼は一八四八年の「破局」を警告し、今回は宗教改革と反対に、政治運動が宗教運動へと転換するだろうと予言できると考えていた。なぜなら、彼から見れば、ヨーロッパ全体が、ますます激情に駆られて加速度的にさまざまな問題へと誤った道を驀進《ばくしん》している。だが実は、こうした種々の問題はこの現世の手段では答えることができないものなのだ。永遠を見据えてのみ返答の可能なものなのだ。この単なる痙攣《けいれん》状態がまだどのくらい続くかはもちろんのことわからない。しかし、人類が現在のように苦悩と失血によって疲労困憊している以上、永遠が再び見直されるようになることだけはたしかだ、と彼は述べる。「永遠をいまいちど獲得するためには、血が必要であろう。だが、その血は、普通の血とは異なる血である。つまり、戦場で殺される何千という犠牲者の血ではない。そうではなく、単独者たちの、殉教者たちの高価な血が必要なのである。生きた人間は、何千という人間を殺戮《さつりく》させることができるが、そうした生きた人間にはできないことができる強い死者たちの血が必要なのだ。彼ら強い死者たちも生きていたときにはできなかったこと、死者となってできること、つまり、狂える群衆を服せしめること、それができるような死者たちの血が必要なのだ。まさに、こうした狂える群衆こそは、服従を拒否して殉教者たちを虐殺しかねないからこそ、殉教者たちは死後に彼らを服せしめうるのだ(178)」。この「転換」の決定的瞬間において世界を支配できるのは殉教者だけであろう。世俗の指導者はどのような人物であれ、支配不可能であろう、と彼はさらに論じる。必要なのは、宗教者である。兵士や外交官ではない。「この〈群衆〉を切り離し、彼らを単独者にする宗教者。勉学にはそれほどの要求を課さず、支配だけを望む宗教者。強烈に雄弁であるかもしれないが、それにまさるとも劣らず沈黙と忍耐において強烈である宗教者。心情をよく理解しているかもしれないが、それ以上に、判決や裁きをしないことに通じている宗教者。自ら犠牲になるという方策によって権威を行使し得るであろう宗教者。服従し、耐え忍ぶようにできており、そのように教育され形成されているために、和らげ、警告し、訓導し、感動させ、かつ、有無を言わせないこともできる宗教者。権力による強要はせず、いやそんなことはまったくせずに、それ以上に、自己の服従によって強要しうる宗教者、なによりも、病いのいっさいのいやなことにもいやな顔せず忍耐強く耐えられる宗教者である。……というのも人類は病んでいるからである。精神的な意味で死にいたる病いにかかっているからである」(179)。

時代の力は、ヘーゲルの〔世界精神の〕過程なるものを強く批判するキルケゴールですら、このように世界史的思弁に走らせてしまうほどなのだ。また、マルクスに対抗しては、反共産主義宣言を書かせてしまうほどなのだ。キルケゴールは、もしも〔革命の〕破局が訪れたあかつきに迫るであろう危機を予言するほどに、思いつめていた。彼の予想では、破局のあとでは、キリスト教の偽りの宣教者が出てくることになる。新しい宗教をでっちあげる人々である。彼らは、悪魔の乗り移った姿で、自分たちは使徒である、と宣言するだろう。警察の制服を着た泥棒と同じだ。彼らのする約束のおかげで彼らは、時代から恐るべき支持を得るだろう。だが、やがて明らかになることがある。それは、時代はやはり絶対的なものを必要としている、いっさいの時代とはまったく無縁の真理を必要としている、ということである。このように、真理のために撲殺されることも引き受ける信仰の証人たちによるキリスト教の再建をキルケゴールはめざすが、まさにそのことによって彼は、プロレタリア世界革命というマルクスのプロパガンダに対する同時代の対極となった。だが、共産主義の本当の強さをキルケゴールは、キリスト教的な宗教性の「成分」がこの主義のなかにも含まれていることに見ていた。(180)

## g　シェリングと青年ヘーゲル主義者たち

青年ヘーゲル主義者たちによって多方面からなされたヘーゲルへの攻撃をさらに助長したのが、一八四一年にベルリン大学で彼の最後の哲学を講じた老シェリングだった。聴講者のなかには、キルケゴール、バクーニン、F・エンゲルス、ブルクハルトといった同時代の多様な人々がいた。(181)シェリングは彼の〈積極哲学〉なるものを述べるにあたって、まずはヘーゲル批判から始めたが、この攻撃はヘーゲルの存在論をただの〈消極哲学〉にすぎないと論難するものだった。〈消極哲学〉は、ただ可能性としての存在を概念化するだけで、思惟に先立って現実に存在するものを把握しようとしない、というのだ。この攻撃は、ドイツ古典哲学の歴史における最後の事件である。この事件とともに〈実存哲学 Existenzphilosophie〉なるものがはじまった。マルクスはこの実存哲学を外面重視の立場から、キルケゴールは内面重視の立場から、ヘーゲルに対抗すべく展開したのである。

existentia という用語は元来はスコラ哲学において、〔〈本質〉を意味する〕essentia もしくは Wesenheit と異なり、その反対を意味する概念だった。existentia と essentia という区別は中世のキリスト教哲学においては、神によって作られたすべての存在にあてはめうるものだった。しかし、神にはこの区別はあてはまらないとされた。神という存在に関しては、存在するということが本質的に備わっているというのだ。なぜなら、神の本質には完全性が本来備わっており、この完全性には、存在するということが含まれているからである。神においてのみ、本質と存在はいっしょであり、ひとつであるのだ。このことを証明することこそが、カンタベリーのアンセルムス*におけるる神の〈存在論的〉証明の課題だった。〔12〕 そしてこのアンセルムスの方向で、デカルト、スピノザ、ライプニッツおよびクリスティアン・ヴォルフ*はなおも論じていた。カントの批判によってようやく、この証明を反証する試みがなされた。カントに言わせれば、「概念」からその「実際の存在」をより分けることはできない。概念の上では、現実の百ターレル〔当時の通貨単位〕と可能性としての百ターレルは区別不能であり、この両者を分かつもの、すなわち「実際の存在 Existenz」という積極的要因は、この百ターレルがなんであるかということ、つまり、この百ターレルの本質 essentia

とは無縁で、その外部にあることになる、とカントは論じている。あるものがなに(was)であるか、というのと、そのあるものが存在するということ(daß)を批判的に区分するこのやり方を、ヘーゲルは再び止揚・消去している。ヘーゲルの論理学は、「現実的なるもの」を定義して、「本質と現実存在との、あるいは内部と外部との直接的な統一」とした。つまり、以前の考えでは、神の存在だけの特徴であったもの〈本質と存在の統一〉は、ヘーゲルから見れば、いっさいの存在するものに、つまり、それが「真に」もしくは「強い」意味で現実であるならば、そうした存在者のいっさいにあてはまる。なぜなら、現実を単に外面的にすぎないものと見て、それに対して本質なるものを単に内面的なものとして対峙させるのは、なんとも「月並み」な思考だからである。むしろ、〈理念〉もしくは〈概念〉こそは、本質的に存在するものとして、作用する以外のなにものでもない現実的なものでもある、とヘーゲルは論じる。本質と現実存在をこのように一致させるヘーゲルに対抗してシェリングは、またしても〈積極的〉哲学と〈消極的〉哲学の区別に固執した。しかし、それはカントに戻るためではなく、ヘーゲルを越えて先に進むためであった。[182]

ヘーゲルの「理性的」哲学に対抗するシェリングの実存哲学への傾斜は、すでに『神話の哲学』や『啓示の哲学』のずっと以前から、たとえばクーザン*の著書への序文（一八三四）や、[183] 近代哲学史に関するミュンヘン大学での講義[184]で表明されていたこともたしかである。とはいえ、さまざまな書物で広く議論されるようになったのは、彼がベルリンに移ってからの講義以後である。[185] 全体として見れば、このシェリングによるヘーゲル批判のモチーフは、フォイエルバッハやルーゲにも、またマルクスやキルケゴールにも、そしてトレンデレンブルクにも認められる。実際にキルケゴールは、このトレンデレンブルクのヘーゲル批判になんどか触れているとおりである。[186]

シェリングはヘーゲルの論理的存在論には、弁証法的進歩の根拠づけが欠如しており、また理念から自然への移行も根拠づけられていない、と批判した。ヘーゲルのような純粋思考は、真の運動に、そして、生き生きした現実把握に到達することは決してできない、と彼は論じる。なぜなら、自分の思想の内在的運動にはいかなる前提もない、とヘーゲルが主張しているとおりで、そこには経験的なものが欠如しているからである。純粋な存在および無から〈生成〉が合成されるというのは、見かけにすぎない。自己の中から、自己を越えてなにものかへと移行し、かつまた自己自身へと立ち返る、あるいは、自己を自然へと解放する――そうしたことは、純粋で空虚な存在といった「抽象の抽象」では決してできないことなのであり、そうしたことができるのは、積極的な存在としての、現実に存在するものだけなのだ、とシェリングは言う。[187]

生成が弁証法的に進展するなかで、存在のさらなる細かい規定がヘーゲルにおいて可能になっているのは、シェリングから見れば、より内容豊かな存在がすでに存在しているからにすぎない。また、思考する精神そのものがすでに、このような内容豊かな存在だからなのである。ヘーゲルの論理学の進行を無意識に動かしているのは、その到達すべき目的、つまり、現実の世界、学〔としての哲学〕が到達すべき現実の世界なのである。そしてこの世界の直観(188)がすでに暗黙のうちに前提されている。この直観がこっそりと裏から入っていなければ、ヘーゲルの存在なるものは、実現しえないのであり、その本来のありよう、つまり無にとどまっていたであろう(189)。最初にして最高の存在は、たとえそれが、存在する主体の、それとして思考する主体の単なる思考にすぎないものであったとしても、それ自身としてすでに規定された存在なのだ(190)。だが、ヘーゲルの理性哲学なるものは、存在者を持たない存在であり、積極的現実存在への問いをまったく受け入れようとしない以上、その観念論は「絶対的」である。ヘーゲルは、積極的現実存在という、このアプリオリに経験的なもの、それゆえ偶然的(191)でもあるものを、捨て去ってしまった。それも、生けるもの、現実的なものの代わりに論理的概念を措定し、それを奇妙なやり方で実体化するというやり方で行った。実体化の仕方は、この概念にまったく備わっていないはずの自己運動をさせることによっている。ヘーゲルの体系が、実存の否定性から重たい一歩を進めると、つまり、単に論理的なものから現実[192]に向かって一歩を進めると、弁証法的運動の糸は完全に切れてしまい、なにかであることWas-Seinと、あるということDaß-seinとのあいだには「広く不気味な溝が」残ってしまう。「理念が、たんに論理的なだけの存在のあり方のゆえの退屈を打ち破るため以外には、なんのためだか知らないが、その個々の契機に分解され、それとともに自然を生み出さざるを得ないことを思いつく、あるいはそれに思いいたる——こう考える第二の仮説が必要となろう[193]」。

いかなるものもあらかじめ措定しない、つまり前提しないと称する哲学[194]の最初の前提はこうして見ると、純粋に論理的な概念なるものは、みずからいわば飛びながら前に回転し、次にまた後ろ向きに回転して起き上がる傾向を持っているということである。すなわち、本当は生きているものについてのみ考えうることを、概念について述べるという曲芸である。第二のフィクションは、理念が自分自身から離脱し、自然になろうと決意するというはなしである。これによって最初に斥けられた経験的なるものが、理念の変節という裏口を通ってふたたび登場してくることになる。ヘーゲルが実際に証明したことといえば、純粋に理性的なるものをもっては決して現実に至ることはできないということなのである。存在についての彼の教えは、「考えられないものでないもの」「思考以前でないもの」、存在の否定的に普遍的な側面〔ないものでないことという普遍性〕、それがなければなにものも存在しえないもののみを概念的に把握するのみである。しかし、彼の教えでは、あるものがそれによって存在として成立するもの、つまり、みずからのうちに否定的なものを宿している真に積極的に存在するものは把握不可能である。[195] 哲学をこの積極的な立場に引き揚げるためには、この存在者を、つまり、「存在するか、現実に存在しないか」のどちらかでしかない「存在者」となることを意欲しなければならない。それに対してヘーゲルは、単に存在するだけのもの――このいっさいの論理的概念の最高の頂点であるもの――を純粋な存在として措定するのみである。だが、この純粋な存在などというものは実際には無でしかない。ちょうど白い事物がなければ、白などというものも存在しないのと同じである。[196] 本質なるものは否定的存在であり、現実存在こそ積極的な存在者であるとするこの区別によって、哲学は、最後の大きな変革に直面することになる。つまり、哲学はこれによって、一方では現実の積極的説明をしうることになるが、その際に他方で、「神そのもの」にすら先立つ位置を保持している理性の特権を奪われることなく済むのだ。[197]

それに対してヘーゲルにおける神の概念は、概念の創造的力と同一である。この概念には単に合理的な性質しかない、という考えをシェリングは拒否する。[198] それゆえへーゲルの理念が通俗化されると、弟子たちにあっては、汎神論にして無神論的な結論が生じざるを得なかった。つまり、ヘーゲルにおける絶対者を歴史的に現実に存在するものと考えずに、概念に内在するプロセスと見るならば、神についての人間の知こそは、神が自分自身についてもっている唯一の知ということになる。[199] これによってこの体系の「最低水準」に達したので「人気が出てきて」、「広い世間」でヘーゲルの支持者が増えて来たのも、驚くにはあたらない。もっともヘーゲル自身は、彼の思想がこのように薄められて広がって行くことには喜ばなかっただろうが。だが、こうしたいっさいは、論理的関係を現実の関係であるかのごとく扱うという、このひとつの大間違いから生じたことなのだ、[200] とこのようにシェリングは論じた。

シェリングはベルリンでの講義の導入部で、実存から始める理由をもっとラディカルに表現している。積極哲学は、否定的＝合理的哲学とは異なり、思考から存在へと向かうのではなく、「直接の存在」から思考に向かうのだ、と彼は述べる。積極哲学の思考は意欲する思考であるがゆえに、自由な思考なのである。そしてその体系は「アプリオリな経験主義」なのだ。それは「盲目的に存在するもの」から、あるいは、「直接に実存するもの」から始まるのだ。哲学する人間の、そしてさらには神さえもそのあゆむべき真の道とは、盲目的に見出される存在から、つまり「亡我的なもの」

から、自己自身へと自らを解放することである。単に存在するだけのものからの自律へと、自らを「解き放つ」ことである。この単に存在しているだけのものは、自分があることに「なんの変更もできない」「偶然的に必然的なもの」でしかないのだ。「世界全体は、このように、いつからともなく盲目的に存在し、止まりっぱなしのもの[201]」なのだ、と。マールハイネケはヘーゲルの立場から、シェリングは、「本来的」とか「非本来的」といった「些末なカテゴリー」で事足りるようになって以来というもの、フォイエルバッハの神学を本当のところ認めているようなものだ、とつけ加えているが、実際そのとおりであろう。

　こうして存在の問題は、ヘーゲルに対する反抗運動の中でシェリングにおいてすでに一定の地点に到達していた。まさにこの到達点こそハイデガーが問題を継承する地点となった。なぜなら、現存在の「事実性」、あるということの重々しい事実としての「事実性[202]」、「被投性」(存在することへと現存在としての人間が投げ出されていること)ないし「投企」(未来に向かって自分を投げかけること、ひとつのプロジェクトへと自己を押し進めること)が、シェリングの言う「まさに実存する現存在」に、あるいは、こうした必然的偶然からの「自己解放」に相応しているからである。このことは誰にも否定できないことだろう。シェリングとのあいだに違いがあるとすれば、ハイデガーは「現存在についての体系」をキルケゴールを土台にして築いた点であろう。このハイデガーの現存在論の体系には、シェリングにはあった〈理性〉の消極哲学と〈実存〉の積極哲学のあいだの緊張関係が欠如している。現＝存在の普遍的な〈本質〉なるものはハイデガーからすれば、まさにそのつどの自己の〈実存〉のなかに、そしてそこにのみ存するのである。(203) そしてこの実存は「どこから来て」「どこに行くのか」は自ら知らず、ただ単に「存在する」以外にしようがないのだ。シェリングでは「現存在の無垢」、ようするに自分があるからといってそのことになんの責任も取る必要のないあり方であったものが、ハイデガーでは「罪科」として引き受けられることになる。ヘーゲルの「存在」はシェリングでは、単なる「存在しうること」でしかなかった。つまり、存在の可能性という意味であり、現実に対するひとつの可能性でしかなかった。この「存在しうること」がハイデガーにあっては、まさに現実の実存の存在論的規定となるのだ。(204)

ヘーゲルの存在論には、現実の実存との直接的な関連が欠けているとか、直観が欠如しているというのは、シェリングだけの考えではなく、青年ヘーゲル派の人々のそれでもあった。ヘーゲルは「現実」をただ「よそおう」だけで、「存在の砂漠」に変容させてしまうだけだとシェリングは主張するが、同じような批判はフォイエルバッハにも、マルクスにも、キルケゴールにもある。キルケゴールがヘーゲルに対してシェリングを擁護したのは、ともかくもシェリングこそは、思考の自己反省を停止させる試みをしているからだ、ということになる[205]。それゆえ、シェリングに対してヘーゲルの哲学を擁護しようというのは、余計で無駄なことだ、とシェリング自らが主張しているのは、そのとおりなのだ。自分に抗してヘーゲルの哲学を引き受けようとする人々とても、「自分の積極哲学に対抗するためにしているのでは、少なくとも部分的にはない。むしろその正反対で、彼ら自身もそうした積極哲学めいたものを望んでいるのだ。ただ彼らは、こうした積極哲学なるものは、ヘーゲル哲学の基盤の上に作られねばならない、それ以外の基盤では無理だ、ヘーゲル哲学を自分たちが積極的な方向に継続すればいいのだ、それだけが唯一の道だ、そしてこれは、断絶なき、転覆なき継続による以外にない、と考えているのだ[206]」。ヘーゲルの哲学を継続するということは、こうした試みに対してシェリングはすでに一八三二年に、この哲学を継続することは不可能で、「真の進歩の線に」立ち戻りたければ、中断させる以外にない、と信じるに至っている[207]。そしてその十年後にシェリングはベルリンで講義することになるが、その際に彼は、ヘーゲル主義者の大多数が聴衆の中にいることを自慢できるほどだった。彼らの誰もが、公式にもプライベートな場でも自分にありとあらゆる敬虔な賛辞を捧げてくれてはいますが、とシェリングは手紙で書いている。さらに続けてこう述べる。「信じがたいほどの緊張が漂っています。すでに今から……人々が教室に向かい始めています。一番大きい教室も比較的小さいので、あまりにたくさんの人が押し寄せて、スキャンダルにならないように気をつける必要があります」[208]。とはいえ、勝利を確信するシェリングもじきに幻滅を味わうことになった。青年ヘーゲル主義者たちの革命熱が、シェリングの「最近の反動攻勢」に抗する激烈な批判を呼び起こし、頂点に達することになった[209]。ところがその十年後には、反動は青年ヘーゲル派にも支配を及ぼし、彼らの「進歩」なるものを終わらせてしまった。一八五〇年代の政治的および宗教的な反動は、時代の精神に忠実であろうとした青年ヘーゲル派の哲学から、いかなる基盤をも奪い取ることになる。反対にショーペンハウアーの世界観が、尋常ならざる遅ればせの影響力をふるうようになった。このショーペンハウアーの影響は本当のところ、その実質的な内実によるよりも、むしろ国家および歴史と関わろうとしない雰囲気によるところが多かったのだが[210]。

「ペシミズム」と「オプティミズム」こそは、時代のキーワードとなった[211]。「ペシミズム」は、あきらめと不快感に相応し、「オプティミズム」は、よりよき時代への希望に対応していた。その際に「貧困の哲学」が、経済的な(プルードン)生活の悲惨に由来するのか、あるいは、一般的人間的な（ショーペンハウアー）悲惨によるのか、それともキリスト教的な意味での精神的な（キルケゴール）悲惨のせいなのか、そうしたことはあまり原則的な相違ではない。また、貧困の哲学を強調するか、「哲学の貧困」（マルクス）を重視するかどうかも、大きな違いではない。さらには、「人生の苦悩」をキリスト教的に（キルケゴール）解釈したか、または「仏教的」（ショーペンハウアー）観点から解き明かしたかも、そして人生の没価値性（バーンゼン）を唱えたか、あるいは「人生の価値」（デューリング）を論じたか、さらには人生の価値は評価可能（E・v・ハルトマン）としたか、または「かぎりなく価値がある」（ニーチェ）としたかも、それほど大きな相違ではない。これらのいっさいの現れ方に共通しているのは、人生（現存在）がそれ自身として問題視されるようになったことである。なによりもショーペンハウアーが時代の哲学者となった。彼は「思弁的世界でのヨブとして有限世界の崩壊した焼け跡に立つ」存在であり、それゆえにキルケゴールに注目されることになった(212)。この苦悩の世界は盲目的な〈意志〉が生み出したものであり、〈表象〉は、この盲目的意志に対して、なにも意欲しないのがいいという以上のことを勧めることができない、というのである。

ドイツにおける哲学史の記述は、この政治的反動にかんしても、またそれに先んじて起きた知的世界と政治における根本的な革命にかんしても、その十全な意味がわかっていない。それゆえこれまでの哲学史の記述は、十九世紀の歴史の真の理解にいたっていない。フランス革命を承《う》けた反革命の哲学者たちは、貴族階級の出身だった。彼らと異なってブルジョア的反動の時代におけるドイツの哲学者たちは、いかなる意味でも広い展望を持ってもいなければ、なんらかの知的立場も取れなかった。十九世紀の六〇年代には、自分たちがヘーゲルとその弟子たちを乗り越えて進歩していると彼らは考えていた。しかも、ショーペンハウアーが準備したカントへの回帰を通じて乗り越えていると思っていた。だが彼らには、この新たなカントへの回帰が実は、四〇年代にヘーゲルと対決する中で生まれてきた新たな問いに対処できない無能力と関連していることが分かっていなかったのだ。

ヘーゲル以降の哲学の歴史は通常「付録」的に扱われることが多いが、まさにそのことが、この精神的「疲弊」にどう処したらいいか分からなくなっている事態を示す外面的兆候である。この「疲弊」は当時一般には、ドイツ観念論を振り返ってその崩落にすぎないと考えられていたが、それは実際には、新たな運動の破壊力を見損なっていたにすぎない。クーノー・フィッシャーの二巻本のヘーゲル論〔十巻の『近代哲学史』の第八巻が二分冊でヘーゲルを扱っている〕がマルクスに触れているのは、たった二行にすぎない。ユーバーヴェークとハインツェの『哲学史要綱』では、その第五版（一九一六年）にいたっても、エンゲルスとマルクスを扱っている量はたったの二ページである。フリードリヒ・アルベルト・ランゲの『唯物論の歴史』ですら、その本論でマルクスにまったく触れておらず、資料注のところで、経済学史に最も詳しい人としてマルクスに言及しているだけである。キルケゴールも『ハレ年報』に彼の博士論文の書評が出たにもかかわらず、知られないままだった。そして、キリスト教の批判的＝歴史的解体は神学にまかせられていた。ところがこの神学の教理学そのものが、体系的哲学と同じに、教理史と教会史に、また比較宗教学と宗教心理学に解体していたのだ。哲学上の、かつ神学上のラディカルな運動の危険性と意義は元来のヘーゲル主義者たちならば、十分に認識していたはずなのだが、その危険性も意義も忘れられてしまい、ヘーゲルの死とカントへの回帰のあいだにはなんら本質的なことが起きなかったかに思えるようになってしまった。しかしながら、このことをこの十九世紀の実際の歴史の全体との関連で見るならば、カントに戻るという、意気込みの薄いかに見える運動の理由は、市民階級の知識人たちが彼らの実践において、歴史の運動を担う階級であることをやめてしまい、その結果として彼らの思考のイニシアチブというか、衝撃力といったものを失ってしまったことにあるのだ。政治的な革命運動が終了するとともに、一八四〇年代の哲学運動も消滅してしまった。カント回帰は、その実際の動きを見ていると、青年ヘーゲル派が、哲学および宗教の分野で、また社会と政治の分野で到達した問題的な境界線から退いてしまったことを示している[213]。その基盤を痛めつけられてしまった市民的＝キリスト教的世界は、新カント派の歴史を通じてみかけだけの再生を経験することになる。その後新カント派の危機が訪れて初めてようやく、ヘーゲル復興がまた起きることになったのだが。

## 第三節　新ヘーゲル主義者たちによるヘーゲル哲学の復興

ヘーゲル復興の原則を最初に、しかもきわめてはっきりと確定したのはベネデット・クローチェ*である。彼はその際に、ヘーゲル哲学の「死んだ」部分と「生きた」部分という区別を行っている[214]。クローチェから見て死んでいるとされるのは、まずは自然哲学であり、また論理学と宗教哲学である。生きているとされるのは、客観精神についての学であるが、それも、その絶対的体系という自負を歴史的な要請へと解体しうるかぎりにおいてである。こうした区分けはヘーゲルの体系がひとつの全体であることを否定するものとなるが、生ける部分と死せる部分への分別は、ドイツにおけるヘーゲル復興にもあてはまる。だがイタリアにおいては、ヘーゲル哲学の伝統は断絶抜きに続いていた。なぜならこの哲学のうちに含まれている諸問題が先鋭化されないで済んだからである。それに対して、ドイツでは復興の意欲は、ヘーゲルに対する全面的無視に逆らって表明されねばならなかった。「ヘーゲルの名声は、永きにわたってこの国民の恥辱となろう、そして世紀の笑い物となろう」とショーペンハウアーは予言しているが[215]、この予言は、新ヘーゲル主義によって無効となった。ショーペンハウアーはニーチェを通じてのみ名前が残ることになり、二十世紀初頭にヘーゲルは、予想に反して復活したようだ。ヘーゲルの論理学は八十年間というもの再版されなかったが、今や全集が二種類出ているし、遺稿の出版もあり、さらには彼の青年期の文章の注釈、ヘーゲル事典、そして、すでに見通しがたいほど大量のヘーゲル関係の文献が続々と出版されている[216]。この新ヘーゲル主義は、自らをすでに歴史的に見るようになっており、ヘーゲル主義の変化そのものを反省の対象としている[217]。ヘーゲル連盟〔ヘーゲル法哲学を継承し、のちにナチスを支持したユリウス・ビンダーにより第一次世界大戦後に創設された〕や、さまざまなヘーゲル会議が、ヘーゲル研究の隆盛を示している。だが、問題は、こうしたヘーゲル復活という外的な事実ではなく、すでに最初のヘーゲル主義者たちが投げかけた歴史性についての、いやおよそ時間そのものについての問いに、現代がどのように答えうるかということにある。

ディルタイは、歴史意識を哲学と精神の問題として見るというきわめてすぐれた見方をしていた。この点で彼にとって、ヘーゲル哲学の理解は決定的に重要だった。このことは、歴史的理性批判として構想された初期の『精神科学入門』(一八八三年)にも、また、歴史的世界の構成を論じた後期のさまざまな論文(ディルタイ全集第七巻にその大部分が収められている)にもあてはまる。ディルタイは、『ヘーゲルの青年時代』(一九〇五年)および、その他の歴史的＝体系的な論考を通じて、ヘーゲルの歴史的思考方法を復活させ、現代に生かそうとした。この点では彼以外の新ヘーゲル主義者たちすべてをあわせたよりも大きな功績がある。一八六〇年代にまでさかのぼる、ディルタイにおけるヘーゲルとの関わりは——この一八六〇年代には、スターリング*の『ヘーゲルの秘密』が出ている——研究者としての人生の最後まで続く。いわばその中間点となるのが、一九〇〇年におけるクーノー・フィッシャーのヘーゲル論についての書評である。

ヘーゲルにおいて残るものと終わっているものとを批判的に分けるにあたってのディルタイの基準は、すでにハイムにおいてもそうだったが、歴史性である。ディルタイは、ヘーゲルにおいて、すべての歴史的現実は相対的であると見る歴史意識と、体系の形而上学的終結とのあいだには矛盾があるとし、これは、筋がとおらないと考えていた。[218] 彼に言わせれば、絶対的体系という閉じた形態は、「発展という偉大な、未来をはらんだ思考」および、この思考が依拠している「事実」とそぐわない。「もろもろの世界から成る巨大な体系のただなかにあって、こうしたさまざまな世界において起きている実に多様な発展の壮大さを見るならば、さらには、たえず新たな事物を生み出し、作り出して行くこの宇宙の奥底に潜む無限の未来を考えるならば、どうしてこうした〔形而上学的な絶対者の〕要求ないし自負を維持することができるだろうか[219]」。フィッシャーはヘーゲルを進化論的に解釈したが、そうしたフィッシャーと異なってディルタイは、十九世紀における進化・発展の思想はヘーゲルの思想と違うものであり、むしろヘーゲルに反論を加えるものであることを知っていた。[220] ヘーゲルにおけるような、論理的形式においてなされた自然と精神の閉じた構築は、もはやわれわれの世界でない世界を前提にしている、とディルタイは考えていた。「精神こそがこの地上での絶対的な認識に到達すべきものなら、この精神こそが世界の中心とならねばならない。実際にそのとおりで、ヘーゲルの自然哲学の全体は、この観点から構築されている。この地上での精神の発展は原則に即して見るならば、絶対哲学の発見をもって終結するはずである。そしてヘーゲルの世界史および哲学の歴史のすべてはこの観点から構築されている[221]」。このような思い込みの「馬鹿さ加減」は、ディルタイにとってはいかなる疑いもさしはさみえないものだった。なぜなら、われわれの世界の〈現実〉についてディルタイが抱いていた考え方は、実証科学で発見された〈事実〉によってたしかめうるものであり、ヘーゲルにおけるように哲学的概念によって確認しうるようなものではなくなっていたからである。[222]「ヘーゲルの書いたものすべてにわたって、自然、人間および歴史にかかわる科学〔学問〕に対する無駄な闘争が見える」[223]。実証科学の手続きや方法に対してヘーゲルが拒否的な態度を取っていたとするこの指摘は、ヘーゲル復興に基盤が欠けていることをディルタイが批判しているのと同じことであり、きわめて興味深い。近代科学を支える意識と、ヘーゲルの思弁的な〈学問〉とは実は矛盾し合うことを、このヘーゲル復興は無視している。また、ヘーゲルが個別学問を、「理性が立ち去ったあとの悟性の建造物」と形容し、科学のこのような浅薄な爆発的拡大は耐えがたいと述べていることを忘れているようだ。[224]もしもヘーゲル哲学が唯一の正しい〈学問〉であるなら、それはことの必然として、ディルタイの世界観論とは別のものということになる。なぜならディルタイの世界観論は、形而上学的「欲求」の単なる「表現」にすぎないものとして理解されているからである。学と現実についての判断や評価に関してこのように原則的な差異がある以上、精神的世界の全体を歴史的に「それ自身のうちから」把握し、概念化しようとするヘーゲルの試みは、ディルタイから見ると、絶対精神という説明原理と矛盾するものとなる。ディルタイに言わせれば、ヘーゲルは、人間精神に発する「レアルな」歴史的世界のうちに、「論理的な」諸規定の集積としてのイデー的な王国が潜んでいるとしてしまった。だが、この「論理的」諸規定は、無時間的なものである以上、空間と時間における現実の発展を説明することなどできないはずなのだ。時間によって規定されていない発展という「キマイラ的な」概念を、時間的でレアルな発展と組み合わせてしまったために、ヘーゲルの哲学は十九世紀に挫折してしまった。あやまって設定された課題を弁証法の助けを借りて解決する試みも、同じく全面的に使いものにならず、放擲《ほうてき》すべきものとなる。[225] 答えが可能なものとなるように問題を正しく設定するべく、ディルタイは、ヘーゲルにおける現実概念の思弁的な〈概念把握〉を、現実の一般的な諸構造の分析的な〈了解〉へと縮減する。存在するもの一般にひそむ〈ロゴス〉はこうして相対的な〈意味 Bedeutung〉へと変容し、ヘーゲルの存在論は、現実の世界観的分析へと変化する。[226] この体系の有限的な部分でしかないとディルタイが見る形而上学的＝神学的基盤を取り払うと、ヘーゲル形而上学のうちで残るものとしては、「歴史的な志向」のみとなる。ヘーゲルの継続的な意義は、生のいっさいのあらわれの本質を歴史的に理解することを教えてくれた点にある、ということになる。[227]

論理学と自然哲学以外にもヘーゲル哲学のなかで現代史の犠牲となって滅びたものとしては宗教哲学がある、とディルタイは述べる。つまり、キリスト教の絶対性のテーゼは古くなった、というのだ。しかし、このテーゼは、ヘーゲルにおける精神の歴史的構成にとってきわめて中心的なものだった。ちょうど、ヘーゲルの自然哲学にとって地球が宇宙において中心的位置を持つのと同じだった。逆に、ヘーゲルにおいて「過ぎ去ることのないもの」を挙げるとすれば、それはむしろ、いっさいの宗教的かつ道徳的な真理にもあてはまる歴史的相対性の意識であると、ディルタイは言う。「いっさいは相対的である。いかなる条件もなく絶対的に存在するのは、この精神の本性 die Natur des Geistes のみである。つまり、こうしたいっさいの多様な精神となって顕現する本性のみである。そして、この精神の本性を認識することには、終わりがない。最終的なバージョンというものはありえない。いっさいの見方は相対的であり、どのバージョンも自分の時代に十分に即しているなら、それなりのことを十分にしたことになる。こうした大きな考え方の最後の帰結として、所有概念の相対性こそは、社会秩序に革命を引き起こした。この相対性の考えは、当然のことながら、キリストの教えの相対性にもつながる」(228)。こうして絶対者を歴史に変容させたことで、――いっさいを相対化したがゆえに――、この歴史自身が絶対性の性格を帯びることになったが、いずれにしても、これによってディルタイは実際にはヘーゲルを復活させたのではなく、ルーゲとハイムのヘーゲル理解を再生させたことになる。彼らのヘーゲル批判はすでに、ディルタイにおけるヘーゲルとの格闘のモチーフすべてを先取りしていた。しかし、彼ら青年ヘーゲル派のラディカリズムと異なって、ディルタイによるヘーゲル形而上学の時間化は、革命的傾向を伴うものではなかった。ディルタイが伝えようとしているのは、最終的には「歴史意識について思いをめぐらすなかから」彼のうちに浮かび上がってきた、ある種の哲学的な「気分」にすぎない。宇宙の深層まで解き明かそうとするヘーゲルにおける精神の形而上学的なパトスは、ディルタイにあっては、ある種の「思いめぐらし」という穏やかなものとなっている。つまり、「いっさいの深い確信に関して目下支配的なアナーキー状態[229]」は、古き形而上学の再興を通じても、また新しい形而上学の建設を通じても解決することはない、と分かっている者の穏やかな思いでしかない。ヘーゲルの精神豊かな世界はただの「社会的＝歴史的現実」となってしまった。この現実はそれ自身としては、理性的でもなければ、またその反対の非合理的なものでもなく、特定しがたいかたちで「意味深い」にすぎない。世界における意味のありようは、もはや世界自身のうちにその根拠を持ってはいない。そうではなく意味は世界に対するわれわれの態度、われわれの世界理解の産物なのである。なぜなら世界から生のうちに意味を「われわれ」が運び入れるわけではないからである。むしろ逆であって、「意味と意義が人間とその歴史のなかではじめて成立してくるものであり、われわれはその可能性に対して開かれている」。「人類史の大いなる客観的な諸勢力」(国家、社会、宗教、芸術、法など)――つまり、ヘーゲル哲学における客観精神――こそは、個人がドグマ的神学や形而上学に頼らずに人間の生をそれ自身のうちから理解しようとするときに、依拠しなければならない実体なのだ。もちろん、歴史性の問題に対するこうした答えは本来的な意味ではもう哲学的な答えではない。そもそも歴史意識それ自体から哲学を構築しようというディルタイの生涯にわたる努力は、彼の知の誠実さのゆえに挫折せざるを得なかった。しかしだからといって、まさにこのヘーゲルの立場の放棄のゆえに、ディルタイこそがヘーゲルの生産的な革新を果たした唯一の存在であることを見損なってはならない。

「ヘーゲル主義の再興」がオフィシャルに宣言されたのは、一九一〇年の〔ハイデルベルク〕アカデミーにおけるヴィンデルバント*の講演においてである(230)。今この講演における表現を見ると、精神の貧困化に驚かざるを得ない。公式のヘーゲル再興はヘーゲル自身との根源的なつながりを欠いたまま、同じく再興されたカントを経由してなされている。「カント以降の哲学は、その概念の努力を通じて、理性の体系の発展に向かわねばならなかったが、カントからフィヒテおよびシェリングを経てヘーゲルに至る道は実際に必然的な進歩だったといえる。それゆえ、新カント主義から新ヘーゲル主義に至る最近の哲学の進展においても先のプロセスが反復されているのは、決して偶然ではなく、それ自身がことがらに根ざした必然性を備えているのだ」[231]。ヴィンデルバントに言わせれば、かつてのカントに関してと同じくヘーゲルに関しても「世代の交代とともに、関心も交代して行く」というのだから驚きだ。ヘーゲルに戻ろうという動きの進展が意味するところは、カントの理性批判が歴史的基盤を要求しているということであり、さらには、カントの自然科学批判は「文化学 Kulturwissenschaften」批判にまで拡大されねばならない。なぜなら、この文化学は精神に関するさまざまな歴史的学問のなかで大きく発展しているのだから、とヴィンデルバントは論じる。だがさらに、「さまざまな理性価値 Vernunftwerte」の歴史的発展の膨大な全貌を概念的に究めつくすためには、ヘーゲル哲学こそ必要となる。なぜならば、この哲学こそ精神世界の諸原則を闡明《せんめい》するものだからであると、彼は続けて論じ、次のように述べる。「われわれの若い世代を捉えているのは世界観への飢えであり、この飢えはヘーゲルにおいて満たされるのだ」。しかし、精神状況のどのような変化のゆえにこのような気分が生まれたのだろうかという問いは、ヴィンデルバントの斥けるところである。「この気分があるというだけで十分だ。そしてこの気分がその原初的な力で発揮されてくるのだ」。形而上学の荒廃した状況にあって若い世代は、「生の精神的基盤」に立ち戻ることを望んでいる。そしてこの欲求にはヘーゲルにおける歴史的精神の普遍的哲学、「現実の総体的意味」を示してくれる普遍哲学が特に答えてくれるのだ。さらには、ヘーゲルの教えに内在する「進歩・発展を喜ぶオプティミズム」が重要だ、と彼は言う。続けて、このオプティミズムによってヘーゲルは、ショーペンハウアーのペシミズムやニーチェの無際限な個人主義に打ち勝っているのだ。この意味で、ヘーゲルに立ち戻るのは、ひとつの進歩なのだ。ただ新ヘーゲル主義は、昔のヘーゲル主義における「摩訶不思議な外見」や「形而上学的な軽率さ」から離れなければならない。死んだ殻を捨てて生きた実をとどめおかねばならない。そして残る豊かな実というのは、われわれが「発展しつつある類」として世界理性に参与しているという洞察なのだ、とこうヴィンデルバントは論じる。だが、このプログラムは実は表面の殻以外のなにものでもなかった。そして、ヴィンデルバントがヘーゲルから借りてもちいる諸概念は、オプティミスティックな市民層の常套句でしかなく、精神の「基本的な」力でもなんでもなかった。このことも今では誰も見誤らないであろう。

ゲオルク・ラッソン[232]も基本的には同じやり方をする。だが彼は、ヘーゲル哲学におけるプロイセン的要素とプロテスタント的な自由意識を強調しながら、ヘーゲル主義の課題をカント主義の帰結として理解する。彼は、プロイセンのヘーゲル主義者であると同時にみずからも牧師であるという二重の立場から、ヘーゲルの著作の校訂という仕事を始め、それによって功績を残すことになる。だが、このカントからヘーゲルへの道の繰り返しは、たいした根拠のあるものではなかった。それがどのくらい根拠薄弱なものだったかは、ユリウス・エビングハウス*[233]の軌跡が示している。彼は、ヘーゲルの「絶対的観念論」を支持したが、その後まもなく、またカントに舞い戻り、最後にはクリスティアン・ヴォルフに落ち着くことになる。

ヴィンデルバントのプログラムを本気に実行したのはリヒャルト・クローナー*だけだった。『カントからヘーゲルへ』という著作およびヘーゲルに依拠した「文化哲学」がそれである[234]。「ヘーゲルを理解するということは、彼を越えるのがもう完全に不可能であることを悟ることである」とクローナーは述べる。それにもかかわらず、ヘーゲルを現代に再興する意図を彼が抱き得たのは、現在の課題と、ヘーゲルが果たした課題とを同一視したためである[235]。たしかにヘーゲル以来哲学の前提条件は変わってしまった。しかし、この巨大な変化に負けないためにこそ、ヘーゲルが見事に体現している古典的伝統を再び吸収する必要がある、とクローナーは論じる。なによりもヘーゲルは、世俗の意識と宗教意識との宥和を達成し、古典古代とキリスト教の対立を克服し、ギリシア精神とドイツ精神を合体させたではないか、というのだ。

第一次世界大戦の最中に、ヘーゲルにおける理念と現実の弁証法的統一なるものは、愛国主義によって単純化された。「ドイツ的観念論〔理想主義〕とドイツ的な現実感覚」の、ラッソン言うところの(236)「すばらしき統一性」は、ヘーゲル哲学と世界大戦のうちに圧倒的なかたちで顕現したと論じられる始末だった。現実と理想は、ドイツの国家の「いたるところで」相互に支え合っているとクローナーは論じた。(237) 戦場携行用の哲学叢書が流布したこの時代において、ヘーゲルのアカデミックな場における革新が同時代史的な場においてもつ本来の意義は、キリスト教的＝ゲルマン的、あるいはもっと精確に言えばプロイセン的＝プロテスタント的自己意識の自己主張にあることが露呈された。

われわれの生活と思考の前提が根本的に変わってしまったことを、そしてヘーゲルの世界はもはやわれわれの世界でなくなってしまったことを、こうしたヘーゲル主義が——みずから嘯《うそぶ》いているとおりに——本当に理解していたならば、そして、ヘーゲルの運命はフォイエルバッハとともに終わっていると通りがかり的に述べている洞察を、本気に受け止めていたならば、ことはちがっていたろう。つまり、ヘーゲル哲学において、絶対的意味と歴史的意味とのあいだに存する矛盾は見かけ上の矛盾にすぎないこと、すなわち、キリスト教の絶対性を、そしてこのキリスト教に根拠を持った精神なるものの絶対性をわれわれがもはや信じていないがゆえに矛盾に見えるようになってしまったことがわかったはずである。キリスト教と精神の絶対性をわれわれがもはや信じていないことを前提としてのみ、ヘーゲルの終末史的な話の作り方が、そういうものとして理解できるのだ。逆に、精神の歴史の無限の進歩という理念を立てると、キリスト教的な時間意識は、ヘーゲルが実現した形態においてすらアプリオリに排除されてしまうことになる。

それゆえクローナーのヘーゲル主義の矛盾は、彼が、ヘーゲルの精神なるものがキリスト教的であることを肯定しつつも、それに根拠を持った精神の歴史の終結を拒否しているところにある。ヘーゲルの哲学が実際にキリスト教の原則の終結としての完成と終焉 Voll-endung であり、ヘーゲルによる古典古代とキリスト教の媒介は「継承される遺産」などではなく、すでに百年前に怪しげなものとなっていたことを、彼は認めなかった。矛盾の理由はここにある。

〈体系〉と〈歴史〉の矛盾を解決するためにクローナー[239]は、もうひとつの矛盾をヘーゲルに読み込んでしまったが、これは、ヘーゲルの特徴というには、あまりにモダンな矛盾であった。つまり、歴史的制約と非制約的な、つまり絶対的な〈妥当性〉のあいだの矛盾を読み込んだのである。クローナーに言わせればヘーゲルは「すばらしい気楽さ」でこの矛盾に堪え抜いたことになる。つまりヘーゲルは一方で、いっさいの哲学は「時代を思想において捉えたものである」(『法哲学』序文)と述べながら、他方で、精神の永遠の絶対性を主張している、とクローナーは論じる。このふたつの主張の統一性をクローナーは、まずは形式だけ弁証法的に理解しようとする。すなわち、このヘーゲルの卓越した洞察は両者を統一している。なぜなら、ヘーゲルにとって歴史自身が精神の所産だから、というのである。「歴史は単に歴史であることに尽きるのではなく、歴史は同時に、人類の精神であり、この精神はたえず産出するのだ。歴史とは精神の故郷の家なのだ。精神はこの家をたえず建設し続け、また改築し続けるのだ」[240]。クローナーはこのたえざる建設と改築という理解で、自分がヘーゲル研究を更新するのだと考えていた。だが、それによってヘーゲルにおいて完遂された終結が意味するところを誤解することになった。だがその際にみずからも、回顧的に哲学したという点でヘーゲルは人後に落ちないとも述べている。つまり、歴史は終了したという意識である。そしてヘーゲルに続く時代は、この見解をあまりにもよく確認するものとなったように思われた[241]。だが、こうした歴史的問題性にもとづいて、体系と歴史のあいだにあると彼が見た矛盾を解明すればいいのに、クローナーはそれはせずに、「ヘーゲルはこうした、すべては歴史的に限定された相対的なものであるというあきらめにも〈かかわらず〉、みずからの体系こそ〈絶対的妥当性〉をもつものと主張したが、それはいかなる権利にもとづくのだろうか？」と問うてしまった。クローナーの論じるところによれば、ヘーゲルは、彼の体系の真理を、真理自体、つまり、即自的かつ対自的真理と同一のものと見たが、同時に彼以前の誰にもまして歴史的に思考したのである。他方で彼による哲学史もまたこの体系の一部をなしているのだ。この矛盾を解くにあたってヘーゲルは、歴史的側面を体系的側面へと変換することで、歴史相対主義の危険を逃れることができた、というのだ。

だが歴史相対主義はきわめてモダンな問題なのであり（とはいえ、現在ではもはやモダンでもなくなってしまったが）、ヘーゲルにとってこの問題はまったく存在していなかった。彼の独自の功績は、歴史的側面を体系的なそれに変換したことではなく、——この変換の試みはディルタイになってはじめてなされた——その逆方向、つまり、体系的側面と歴史的側面を同一のものにしたことにあるのだ。哲学の諸体系が歴史的な側面を持つということ、いわゆる理念史、そして問題史というのは、ヘーゲル以後になってはじめて生まれたのである。このことは偶然ではない。しかし、哲学的真理の歴史化はヘーゲルにおいては、歴史主義や妥当性の問題と同じくきわめて遠い問題だった。妥当性〈それ自体〉の主張・請求というモダンな問題は、歴史的にはヘーゲル以前に由来しているが、新カント主義の要請なのである。そして真理それ自体を主張しはじめると、真理の歴史性なるものは、妥当性を相対化する歴史主義へと落ち込むことになる。それゆえ体系と歴史の対立は、クローナーが主張するように「超歴史的」歴史性、すなわち、精神の歴史性というテーゼそのものがそれだけで超歴史的である、なぜならそれはいかなる時代にも「妥当」するから、という形式的な議論では、解消しないのだ。ヘーゲルにおいては時間的なもののうちに永遠なるものが現出するようになっているが、そこに潜んでいるのは形式だけの弁証法ではなく、キリスト教的ロゴスという豊かな内実をもった形而上学なのだ。実際問題としてヘーゲルの哲学は、クローナーも言うように[242]、キリスト教的意識を「いっさいの事物の終焉」から理解し、概念化している。つまり、そもそもヘーゲルは、歴史におけるキリストの登場は絶対的意義をもつという意識に即して思考している。それゆえにこそ彼は、「時間の全体」を包括することが可能となったのだ。彼は「千年王国」の中に生きており、この千年王国には、「われわれのさまざまな時代のすべてが再会しているのだ」。ということは、彼は「現実の中に生きているのだ。――なぜなら思想においては私はすでにとうにずっとこの千年王国の現実のうちに暮らしているからだ」[243]。それゆえヘーゲルから見れば、どんな現代でも「最高」の時代というわけではない。最高なのは、彼の時代のように、過去に存在したいっさいのもの、思考が今やその総体において獲得したいっさいの過去につながる「聖なる鎖」の最後の輪となる自分の時代なのである。すべての現代が、ヘーゲルの言うように「はじめにして同時に最後」、「まさにそれゆえに絶対的」なのではなく、ターレスからプロクロス、そしてこのプロクロスからヘーゲルにいたる時代のみが、「これまで」という意味でのこの今ののちに、ピリオドを打つことが可能なのである。たしかにヘーゲルは、〔歴史上のさまざまな〕精神的所産の系列は、「この今に」自分の仕事とともに終結したと述べている。しかし、この発言が意味するところは、「ただ単に」「彼の哲学は、これまでで最高の所産に達している」ということではないのだ。それだけなら、「自分の仕事を信じている哲学者ならば誰もが」自分の体系について言い張るにちがいない[244]。そうではなく、ここで言われている時代とは、ヘーゲルが数千年単位で見ている「ひとつの時代から次の時代へ」という意味での時代なのだ[245]。それはちょうど、さまざまな体系の真理性を、その包括性〔全体性〕の程度によってはかったのと同じである[246]。すべての聖なる時代のみに、これまであったいっさいを根本的に変革するような精神的な「激震」が起きるのだ。すべての時代にそうしたことが起きるわけではない。それゆえ、ヘーゲルの歴史的思考は、体系的思考に移行するべく中断したのではまったくない。むしろ、ヘーゲルのあとに、時代の精神に、そしてそれゆえに体系的思考にも断絶が起きたというのが正しい見方であろう。精神のこれまでの歴史に関するヘーゲルのさまざまな命題は、ただ単に「そのつどの現代はそれ自体としては歴史的観察の対象にはならないし、成り得ない」という月並みな事態を意味するのではない[247]。むしろ、ヘーゲルの命題の「ただ単純な真理」は、精神の歴史を、ヘーゲルがこれで歴史が終わるという知に依拠して完成させ、終結させたことにあるのだ。そうである以上、ヘーゲルが自分の時代を歴史の終焉として捉えたとする非難があるが、この非難に対して彼を守る必要はなくなるはずであろう。経験的な歴史がいつまでもだらだらと続くであろうことは、ヘーゲルにとってあたりまえのことだった。逆に、概念の歴史は実際問題として彼とともに終結したのだ。それゆえヘーゲルは、歴史的あきらめにもかかわらず、自分の体系は絶対的な妥当性をもつと主張しただけではない。それ以上に、歴史についての知のゆえに、彼以前の誰よりも、そして彼以後の誰よりも、卓越した意味できわめて体系的であることができたのだ。これまでの歴史のすべてを総括するヘーゲルの基調は、クローナーが強調する「これまでは……」ではなく、つまり、未来についてなにも言わずこれまでのことしか語っていない、ということではなく、強調されているのは、「いまやここまで……」のすべて、つまり「こうして終わりまで」世界精神が来たという意味合いなのだ。そしてこれまでのすべてというのは、目標に達した結果のことなのである。今後いかなることになるのか、という問題をヘーゲルはオープンなままにしておいた。しかし、それは、そもそも現代というのは歴史的に見ることができない、という理由によってではない。むしろ、今三つの時代が終結したからこそ、ヘーゲルは、歴史を概念として終結させたのである。ヘーゲルは、すでに自分の現代に対して、内面的に想起された過去から現代を見るという意味で歴史的関係を抱いていた。この点でヘーゲルにかなうものはいなかった。それゆえ彼の直接の後継者たちが、未来を予感し先取りして、そうした未来に向けて哲学をしたのは、そしてこの未来から自分たちの時代を、逆の意味で「歴史的に」振り返ってみるような思考をしたのは、偶然ではなかった。これまであったこと、これまでに成就したことをヘーゲルが現在に思い起こしたとすれば、青年ヘーゲル派による現在の現実の批判は、反対方向に、つまり未来に向けて、当面の課題がなんであるかを思い起こさせようとしたのだ。それに対して、新ヘーゲル主義は、過去も未来も、言葉に表現することはできなかった。

なぜなら、彼らは、ヘーゲルとの断絶がもつ歴史的意義を見誤ったからである。そして、われわれの〈精神史〉は、ヘーゲルの精神の解体から始まっていることを認めようとしなかったからである。

ヘーゲルの体系における絶対的な意味と時代的な意義とのあいだに矛盾があるとし、この矛盾なるものをなんとか説明しようとした点では、*ショルツも同じだった。(248) ショルツに言わせれば、この矛盾はなるほど形式的に見れば、たしかに筋がとおっていない。完全に消去することはできない。しかし、絶対者が現実の中で有効に作用しているそのさまを捉える、つまり、絶対者は「自己自身をたえず相対化することで」有効に作用しているのだ、とこのように捉えるのが筋である。ヘーゲルこそは、絶対者をこのように把握すべきだという意識で生きていた最初の存在である。このように見ることで、ヘーゲルの絶対性要求は説明できるのではなかろうか、とショルツは論じている。こうするとヘーゲルの体系の絶対性は、絶対的相対主義に依拠することになる。なぜならヘーゲルは、この点ではカントと反対に、絶対者を現実に内在する精神、そしてそのつど眼前に現存する精神として叙述しえたからである、というのだ。(249)

ショルツに言わせれば、自然哲学の分野ではヘーゲルのこの試みは完璧に失敗している。しかし、歴史的精神の分野では部分的には成功している、というのだ。歴史の意味への信仰に――ヘーゲルの意識の中ですら――逆らうさまざまな困難を処理するために、いっさいのできごとに意味があるとする証明を仮説的な手続きと見ることで、それなりに成功している、というのだ。いずれにせよ、現代にとってヘーゲルがもつ原則的な意義を尊重しようとするならば、そのための出発点は、哲学はヘーゲルを通じてはじめて、みずからを時代の精神として自覚するようになったことであり、このテーゼは、われわれの生の歴史的現実に対する哲学の関係のいっさいにあてはまる、とショルツは述べる。哲学の時代拘束的な時間的性格とその実体的内実とのこうした結合こそは、ヘーゲルの永続的な重要性だ、ということだ。もちろん、どんな哲学も当該の時代の自己意識であるといっても、それはなにも、――とショルツは述べる――哲学がその時代の単なる鏡にすぎない、ということではない。むしろ、どの世代も哲学の課題を新たな力で、自分たち固有のやり方でこなして行かねばならないのだ。なぜなら、永遠という言葉の単純な外面的な意味での「永遠の哲学 philosophia perennis」など存在しないのだから、ということになる。哲学の時間的性格を受けた積極的な面は、哲学がたえず若返るということである。こうした考えがどれほどの射程をもっているかは、ショルツの言うところにしたがえば、それ以前どうであったかを思えば、よくわかる。「ヘーゲル以前の偉大な思想家で、哲学をこれほど一生懸命に生の流れの中に引き込むことを敢行した者はいない。彼らは皆生の流れの岸に立ったまま、この流れを越えて永遠にいたる橋を造るのが自分たちの課題だと思っていた。違う考え方の者たちも少数いるにはいたが、彼らはだれも決して偉大な思想家ではなかった。ただの懐疑主義者や相対主義者でしかなかった。ヘーゲルの本当に偉いところは、彼がエレア学派的な〔変転する生命の流れの背後に存在の永遠の統一性を見る〕考え方と決別したところにある。しかも、その際に、言葉の決定的な意味での懐疑主義や相対主義にほんのすこしでも食指をのばさなかったことである。運命は彼にとってきわめて幸運だった。それゆえに、こうした懐疑主義や相対主義のわずかな気配にすら遭遇しないで済んだ。彼の精神は残りなく絶対者のうちに碇をおろしていたので、彼独自の相対主義といえども、絶対者に関する大いなる自覚から生まれたものなのだ(250)」。さらにショルツは述べる。それゆえに哲学とは、永遠の生きた活動となり、過ぎ去ったさまざまな体系の若返りなどということは不可能となる。哲学者は、哲学のこうした一時的性格に適った存在になろうとするならば、時代の最も忍耐力のある、そして最も豊かな精神とならねばならない。彼はまた最も確かな判断能力を備えて、実質と空疎を、将来性とただの流行を区別できねばならない。ヘーゲルは最も広い俯瞰を最も深い批判と結びつけたがゆえに、アリストテレスおよびライプニッツ以後で、歴史に対する位置を哲学にとって外面的でないかたちでとることができた最初の存在となった。過ぎ去った過去を今も作用し働いているものとして概念的に把握することによって、哲学は時代の意識となり、歴史的連続性は、歴史の進展の原理となるのだ。だが、ヘーゲルにあっては、この歴史の進展が過度なまでに誇張されてしまった。この誇張にわれわれは同意できない。なぜなら、絶対的連続性なるものは、哲学のもつ時間的性格に反するからである。とはいえ、精神そのものの歴史性の把握は決定的に重要である。この精神の概念にヘーゲルは、独特のドイツ的相貌を与えることになった。こうショルツは論じる。

　ヘーゲルの歴史哲学は、*ヴィコやヘルダーと異なって、一瞬たりとも未来のことを考察していないが、ショルツに言わせれば、ヘーゲルは、この点でロマンチックな思弁を放棄しただけであり、彼の「現実感覚」であると解釈すべきだとされる。元来のヘーゲル主義者たちは、ヘーゲルによる歴史の終結という考え方を、ヘーゲルの体系の閉鎖性の理由として問題視していた。しかしそれに対してショルツは、ヘーゲル哲学における時間性の契機のうちにこそ、今後予想のできない哲学的若返りのモチーフがあるというように読み込んだ。だが、そうしたモチーフをヘーゲルから証明することはできない。というのも彼自身、精神の「老齢」において思考するのだと述べているではないか。この老齢期こそは、自己自身に立ち返った精神の成熟を示すものだというのだから。だが、ヘーゲルの意義をはかる決定的な問いは、〔歴史が終わったとする〕彼の歴史的感覚には限界があることが、彼以降のドイツ精神の歴史によって十分に示されているのではないだろうか、というものである。もしそうなら、ヘーゲルによる歴史的精神の形而上学が現代にとってもつ本当の意義は、「キリスト教的」哲学としての「ゲルマン的」哲学の時代がこの形而上学とともに終わったことにある。

ヨハン・プレンゲ*は、ヘーゲルと我々のあいだには境界があって、時代が異なっているという鋭い意識を持っていた。それゆえに彼は世界史に対するヘーゲルの立場を新たに問題とし、自らのヘーゲル研究にマルクスを取り込んだ(251)。プレンゲの論稿によって、青年ヘーゲル派、特にバウアーがすでに一世紀前に提示した問いの地平がふたたび開かれた。プレンゲは、ヘーゲル自身がすでにずっとうまく表現していることを哲学的知識を駆使して要約し、繰り返すだけでは、ヘーゲルに対する最もふさわしくないやり方にしかならない、という確認を議論の冒頭におく。こうしたやり方こそは、ヘーゲルの目から見れば、精神の死に他ならない。精神の生命力はまさに新たな分裂の克服にあるからである、とプレンゲは論じる。「ヘーゲルが生きていたらわれわれにこう言うだろう。わたしのあとで、外からも内からも、新しい対立が生じているはずではないか？　形式的には、個別専門分野に分解し科学主義に依拠した経験科学があるではないか。内実としては、わたし自身の学派から生まれ、わたしの弁証法によって培われ、社会的体験の押しとどめようのない運命にまでなったカール・マルクスの社会主義があるではないか。君たちは、こうした現代の対立を越えてわたしのところまで来れなければならないはずなのに、普遍的な肯定の思想が勝ち得た勝利の担い手であるわたしに戻るには、あまりにも弱くてそれができないのか？　逆に、この君たちの時代の対立の前で立ち止まってしまっているのか？　あたかも、わたしの時代が当時わたしがそれなりにひねり出そうとしたよりもさらに古く、できあがってしまっていたかのように［252］」。ヘーゲルとマルクスのふたりは、人間の生活のいっさいのものもつ根本的な歴史性という性格を認識したのだ。それゆえにわれわれの課題は、彼らのこうした見解を取り入れること、しかしその際に、二人のどちらにであれ無批判にくっついたままにならないようにすること、この点にあるのだ、とプレンゲは論じる［253］。

プレンゲから見れば、ヘーゲルにおいて、そしてマルクスにおいても、彼らがわれわれの世界のシステムを見る見方というのは、まだ限られた狭いものだった。なぜなら、彼らのあとの十九世紀にいたってはじめて、世界大戦とそれに続く革命的変動をもたらすことになる、あの「エネルギーの爆発」が生じたのだから。ヘーゲルはこうした革命的変革をまったく予想できなかったし、マルクスですら、資本主義にのみ問題を限定して見通せた程度だった。十九世紀のさまざまな発明、それによる経済、社会、軍事の組織化を通じて、実際問題として地上のすべての歴史的諸民族を包み込んだひとつの「世界」なるものがはじめて開かれてきた。プレンゲはこの新しく成立した世界という観点から、ヨーロッパのこれまでの歴史に新たな時代区分を試みる。そして、現在という立脚点からヘーゲルの歴史的位置を規定する試みをする。プレンゲから見れば、キリスト教的中世も、いわゆる近代 Neuzeit も、またこの二つと同じに新時代を画した十九世紀も、ひとつの歴史的な時間幅のなかの三つの下位区分にすぎなくなる。そしてこの時間幅のあとに世界大戦とともにはじまる、新たな〈世界システム〉が来るのだ。この〈世界システム〉から見れば、ヘーゲルがキリスト教的＝ゲルマン的世界によって世界史を終結せしめた事態は、アメリカおよびロシアの世界史的意義も、また東洋との対決もまだ知らないヨーロッパというものを前提していたというのだ。「われわれとヘーゲルとのあいだにはひとつの歴史的時代が存在している。だが、この時代を表わす一般的に認められ、ぴったりした名称はまだ存在していない。〈資本主義の時代〉という言い方は、先へ先へと進んで行く経済改革を……指しているだけである。……〈市民社会〉という表現も、〈市民〉という言葉と現実に反して結びついている副次的意味を抜きにするならば、これほど巨大な爆発的現象を言い表すには、あまりにのんびりしている。しかもこの表現は未来にとっても危険なものとなりかねない。なぜなら、社会主義的な労働軍隊も、少なくとも市民階層と同程度の秩序は必要だからである。さらには、*ゴルトベルガーが世紀末にアメリカについて使った有名な表現を本来的な意味での十九世紀に拡大して、〈無限の可能性をもった世紀〉という言い方で逃げる手も……あるにはある。[13] この表現は、人類が技術的可能性をますます高めている事態、こうした上昇状況のなかで、チャンスをつかんだ幸福な勝利者が個人的成功に酩酊している事態をよく言い表しているにはちがいない。しかし、これまで歴史上存在したいっさいのものを越えて拡大していくプロセスがもつ悪魔的な力を最もよく言い表すのは、〈エネルギーの爆発〉であろう。地球のいっさいの力が開発され、この開発の帰結は人類を圧倒している。そしてわれわれの社会を、予測のつかない変化へと、いかなる認識や意志によっても押さえることのできない変化へと引きずり込んでいく。この変化は最後には、もしも罪深い責任という言い方ができるなら、共同の責任の結果として、世界大戦と世界革命に帰着したのだ。しかも、科学研究の成果を通じて、現実のイメージが拡大した。はかりしれないほどだが、やはり計算しうる宇宙の遥かなはてにまで拡大した。結果として、さまざまな不変の法則からなる永遠の均衡なるものは、いたるところで失なわれてしまった。〈発展〉なるものも、鎖を解き放たれたエネルギーとなって、われわれの頭の上で進んでいく。人間の社会は、諸関係のこれまでの秩序だった規則体系、秩序として受け止められてきた秩序体系のいっさいから解き放たれてしまった。それとともに、現実の全体を見通せる完結した展望も失われてしまった。もう世界観などというものは持っていない。あるのは、科学だ！　個別科学だ。全体のシステムに組み入れられた秩序を失った個別科学だ。……これらの背後にあるのは、ただ方法としてのサイエンスへの信仰だけだ。こうした方法としてのサイエンスは、その確実性に依拠して最終的な問題〔かつての形而上学の問題〕にまで手を伸ばす。そしてこの最終的なるものを、いっさいの前提のない力として理解する傾向となる。この最終的な力を、人間は自分たちの社会におけるエネルギー利用に使うのだが、彼ら自身がこの力の産物でもあるのだ。質量は……エネルギーなのだ。すでにフリードリヒ・リストとカール・マルクスはともに力を信奉していた。これこそ本当の十九世紀の世界なのだ。この世界をヘーゲルは、いかなる意味でも感じてさえいなかった。本当はすでに彼の目の届くところで、この世界が成立しつつあったのだが[254]」。

世界に技術の網の目をはりめぐらし——この網の目は人種、民族、国民、階級の違いを越えてはりめぐらされている――時間と空間を克服し、やがては、いっさいの分野において自覚的に組織化された世界システムへとまとめあげられる。「世界の組織化の歴史」である。このバベルの塔、ばらばらの言語を生み出したこのバベルの塔の建設がはたして長もちする所産を生み出すかはわからない。とはいえ、この動きは押しとどめがたい。それに対してヘーゲルは、当時の世界のありようのただ中で、絶対者を完璧に解明しようとした。彼の視野は広くまた安定していたとはいえ、その世界の見方はいまなおキリスト教的＝人文主義的な歴史に限定されていた。もちろん本当のところ歴史記述は、すでに彼が生きていた時代に、そのなじみの歴史像の修正を始め、新たに見いだされた東洋の歴史資料によって伝統的な見方を吹き飛ばす作業を開始していたはずなのだが、とプレンゲは述べている(255)。だが、ヨーロッパ内部の世界しかも中央部に絞ったヘーゲルのこの狭さには、プレンゲから見ればさらに深い理由がある。それはヘーゲルの哲学的な立脚の仕方、つまり、国家と宗教についての彼の思想のうちにある。ヘーゲルにとってはフランス革命こそが、まさに大事件の中の大事件だったのだが、にもかかわらず、この革命から生じたさまざまな可能性をなんとか見ないように努めていたのだ。本当はすでに彼が生きていた時期にも、もろもろの革命の時代がそろそろはじまったことは感じ取れたはずなのだが。「世界中からヨーロッパに迫ってくる多種多様な混乱した作用を彼はまったく感じ取っていなかった。そうなったのは、彼自身の方法のせいである。というのも、弁証法というのは、一つの段階を乗り越えて進むものであり、その乗り越えられたものは止揚された契機となる。そして止揚された契機はそれとしてはたしかに、表面下で作用し続けているには違いないが、それ自身のあり方によって基本的に新たな力を発揮することはなくなってしまうからである」。彼の体系がこのように閉じて終結している最終的な理由は、キリスト教に対するヘーゲルの立場にある。「ヘーゲルにとってキリストとは、総合 synthese のありかたに革命をもたらした存在である。対立項が極限的緊張をもって対峙しあっている世界を、総合としてとらえるために最終的にまとめあわせた存在である。キリストを見るヘーゲルの見方にはいかなる畏敬の念も、いかなる感動もない。……ヘーゲルは、学問的な緊張に深く身を沈めて、キリストを問題のなかの問題として見ているのだ。なぜならキリストにおいてこそ、無限が有限となり、キリストは〈この彼として〉その生きた〔人から神への、地上から天上への〕移り行きのうちに宇宙のいっさいを自己のうちに包括し、人間と神との本質的な結びつきを最終的に示した存在だからである」[256]。同時に、こうした概念の論理的発展において、キリストの十字架は、根源的な人間的力をいかなる意味でも失うことになる。なぜなら、すでにプロテスタント的な国家だけで、ヘーゲル的世界史の目標は十分に達せられているからだ。キリスト教における彼岸の超世界は、このように完璧に精神化され、同時にまた世俗化される。それとともにヘーゲルにおいては、近代における本来的なキリスト教の時代である自分の時代からさらに未来の時代への移行は、その決定的な意味を失ってしまい、同時にこの近代は、歴史的にさらに先に進むための思想的重みを喪失する。しかし、実際にはこの先の動きは、嵐のような十九世紀を経て最後には第一次世界大戦へと駆り立てられて行ったのだ――プレンゲはこのように論じる。ヘーゲルにあって近代は単にキリスト教が自己自身を自覚し、自己を実現させるだけのものとなってしまった。「現実の姿がまったく異なった次元へと変貌して行く事態をヘーゲルは見逃してしまった。また、地上のいっさいの文化がまとまってたったひとつの場へと統一され始めたことを見逃してしまった。たしかに、近代という時代は、西欧の興隆という全体的な流れのなかのひとつの下位区分にちがいないが、こうした諸文化の統一によって近代はこれまでの人類のいっさいの過去と異なった時代として区別されるようになったのであり、また〈キリスト教世界〉の時代としての世界的西欧時代の始まりとも、運命的に区別されるものとなったのだ。もちろん、世界に対する近代盛期の優越意識は、神に服従するキリスト教の優越意識に由来している。そしてこれこそが、自分自身の成果の奴隷になってしまった十九世紀が世界に対する優越感にひたる事態へと高まった」(257)。ヘーゲルによる歴史の構想は、彼自身の方法に反してしまった。対立に耐え、それを生き抜き、対立する諸項目の最高の宥和と組織化にいたるといっても、結局は見かけだけのものにすぎなかった。現実で見ると、この宥和は政治的には、国民国家が相互に闘争しあう激しい分裂に終わっている。また、宗教的には、プロテスタントが諸派に分裂し、それゆえカトリックと宥和しがたい敵対関係にいたっているだけである。

こうした限界があるとはいえ、プレンゲから見れば、世界史の理解にとってヘーゲルの仕事はもちろんすばらしいものである。そして彼から見れば、十九世紀においてこれを修正し得たのは、マルクスとフリードリヒ・リストだけであった。このふたりともブルジョア的歴史家と異なって、技術の、そして経済社会の発展のもつ世界的な意義を見通し、素早くそれを把握し、新たに作り上げようとしたとされる。「リストは、ヘーゲルをそれほど頼りとせずに、国民国家をこれからの歴史の担い手として認識した。そしてこの国民国家に経済という武器を与えた。別の国民国家との関係で同権を確保するためである。この国民国家相互の同権のうえにこそ今後の世界システムが育つべきである、とリストは考えた。マルクスはヘーゲルの精神的後継者であり、まさにリストと同じように、経済と技術こそは人類の本当の仕事の課題であり、生活の基礎であると考えた。しかしまた、まさにそれゆえにこの経済と技術こそ、階級対立の緊張と階級闘争の下部構造としての枠組みを作るものと見ていた。階級の緊張も闘争も彼にとっては、最終的な労働の世界システムが生じるまでにいくどもいくども通り抜けねばならない対立なのである。この二人とも、時代の事実がヘーゲルによる歴史の構築を葬ったことを、そして、時代は、より単純な行方を示していることを明らかにしてくれる。同時にこの二人とも、ヘーゲルが間違って答えたか、あるいはまったく答えていない、いや見てさえいない問題への解答を試みたのだ。もちろん二人の答えは、不完全な答えであった。この答えはそれぞれ一面的で、ヘーゲルが求めた広がりというものが欠けていた」[258]。そしてプレンゲから見れば、残る問題は、ヘーゲルの歴史哲学におけるいくつかの基礎概念は、これから始まるグローバルな時代をどう作って行くかを考えるにあたって、はたして応用可能なのだろうか、という問いである。つまり、さまざまな文化の対立抗争を考えるのに、そしてそうした対立抗争を越えて進んで行く画一化の過程を考えるのに使えるだろうか、という問いである[259]。逆にたしかなことは、マルクスによるヘーゲルの訂正を通じてのみ、十九世紀の歴史を真に認識できるということである。「マルクスが発見した基本的真理を正しくとらえるならば、また、この地上のいっさいの力を利用し、また服従させるならば、そしてこうした目的にあわせて作られた工作手段、つまり道具を社会全体に応用するならば、とりあえずは次の仕事までは先見的な、われわれ人間精神の創造力の強烈な作用を見ることができるだろう。だが、これらのどの道も、ヘーゲルが辿った道とは異なるであろう(260)」。

ヘーゲルをこのように社会学的に継承した独特の言葉使いに驚くのは、浅薄な読者だけである。こうしたヘーゲルの読まれ方と比べるなら、二十世紀のアカデミックな新ヘーゲル主義は、派生的な教養主義的産物にすぎず、マルクスおよびソレル*の歴史的知見に目を閉じ、十九世紀の哲学的問題を見誤っていた。ドイツ知識層がいわゆるマルクス主義を知ったのは、ナチスの政治的プロパガンダと、その攻撃的な粉飾を通じてであった。

ドイツでは以上のように、元々のヘーゲル主義は忘れ去られ、ヘーゲルの革新は新カント派を通じてなされることになった。それに対してロシアでは、一八四〇年代のヘーゲル主義は、ニヒリズム、マルクシズム、そしてレーニズムを通じて決して途絶えることなく現代まで影響をおよぼし続け、歴史を作ってきた。一九三一年、ヘーゲル死後百年を記念して行われた会議のひとつはモスクワで、他はローマとベルリンでひとつずつ開催された。これらの会議はおたがいに拒否しあっていたが、それでもやはり共通するものがあった。その点では、ちょうど百年前のヘーゲル左派と右派と同じであった。当時と同じく、洗練された教養を持っていたのは、エピゴーネンたちだった。歴史的な力を持っていたのは、進歩を欲した側、そしてヘーゲルをマルクスによって解釈した側である。だが、両派それぞれが代弁する観念論的弁証法と唯物弁証法は、ひとつの点では共通していた。それは、活動する精神を論じるヘーゲル哲学における「生けるもの」と「死せるもの」を単純な思考操作で分けることができる、しかも精神的「内実」と弁証法的「方法」のどちらかだけを切り離して適用することで分けることができる、という見解を両者が共有していた点である。(261) だが、ヘーゲルの媒介に対する本来の区別と決断は、すでにマルクスとキルケゴールによってなされていた。しかもそれぞれ正反対の方向にである。このふたりのヘーゲル批判は徹底的でまた相互に対立しあうものだったが、ともにヘーゲルの概念の呪縛圏で動いていた。まさにこのことこそ、このような極端を生み出した精神の力を示している。

# 第三章　マルクスとキルケゴールの決断
## ——ヘーゲル的媒介の解体

### 第一節　ヘーゲルの現実概念に対する全般的な批判

マルクスとキルケゴールによる攻撃は、ヘーゲルが結びつけたものをふたたび切り離すことになった。ヘーゲルが果たした現実との宥和を二人が逆転させたのだ。マルクスはヘーゲルの政治哲学を批判の対象とした。それに対してキルケゴールの攻撃は、ヘーゲルにおける哲学的キリスト教に向けられていた。この批判と攻撃によって、ヘーゲルの体系の全体が解体しただけではない。それ以上に、市民的＝キリスト教的世界のシステム全体が解体したことになる。現存の体制 das Bestehende に対するこのラディカルな批判の哲学的基盤は、「現実 *Wirklichkeit*」を「本質と現実存在の統一 *Einheit von Wesen und Existenz*」ととらえるヘーゲルの現実概念との対決である。(1) この論争の核心は、『法哲学』の序文にある「理性的なものは、現実的である。そして現実的なものは、理性的である」というあのたったひとつの命題の解釈につきる。

この論争がどれほど真剣に行われたか、そのことは今日のわれわれには、もう実感として分からなくなっていて、この命題がすでにヘーゲルの存命中に引き起こした深刻な動揺は、もはや本当には理解しがたいほどである。なぜなら、十九世紀の子孫であるわれわれが「現実」という言葉で理解するのは、既成の「事実」であり、レアリズムでいう「現実 Realitäten」でしかないからである。だが、こうした現実主義は、ヘーゲルの実在観念論 Realidealismus が解体してから生じたものなのである。[2] 現実という概念におけるこうした意味変化のきっかけを与えたのは、ほかならぬヘーゲルその人だった。彼は彼以前の誰にもまして、目の前の現実の世界を哲学の内容へと高めたのであり、それを通じてこの言葉の意味に変化を引き起こしたのだ。つまり、彼に言わせれば、なるほど、意識の内容を、思考の形式の中に入れ込むこと、すなわち、現実について「あとから熟慮する」ことこそ哲学それ自身にとって本質的であるには違いない。とはいえ、おなじように本質的なのは、この哲学の内容なるものが、世界の内実、あるいは経験可能なこの現実の内実にほかならないことをはっきりさせることでもあるのだ。それどころか、哲学が現実と一致しているかどうかということこそ、その哲学が真理であるかどうかの外的な試金石とも見なしうると、ヘーゲルは述べているほどである。とはいえ、およそただ現実に存在しているからといって、それらすべてが同じ意味で、そして同じ程度で「現実」というわけではない。したがって、ただ「一時的な」「意味のない」、あるいは「偶然的な」「過ぎ去り行く」、そして「ほころびている」現実存在とは区別しなければならない。ただ偶然的に存在する現実、場合によったら存在しないということも同じようにありうるような現実は、真の現実という「強力な」名称にはふさわしくない[3]。このように偶然的な存在を〔真の〕現実から分けることによってヘーゲルは、『法哲学』の序文のあの定式できわめて「簡潔な」命題を表現することができたのだ。ところが、ヘーゲル以降の者たちにとっては、この命題はきわめて二義的なものとなった。つまり、前半の文を強調するか、後半のそれを強調するかによって、すなわち、いまだ理性的でしかないものの現実性を言うか、それとも、現実でしかないものを理性的ととらえて、それを解釈の出発点とするかによって、変わってくる。だが、『法哲学』の第二版の編者であるE・ガンスでも、まだヘーゲルのこの文章になにか問題があるとは思っておらず、この文章に向けられた攻撃に対して、この文章を明白な真理として擁護していた。なぜなら、ガンスの言葉を使えば、「ざっくり腑分けしてみるなら」、「真に理性的なものは、その本性にしたがって存在するためには、絶えず自らを世界のうちに組み込み、それによって眼前に存在するものとなり、逆に、世界のうちに真に存在するものは、その真に存在するというまさにそのことにおいて、そのうちに理性的なあり方が内在しているという正当化を含んでいることになるからだ」[4]。ヘーゲルが言いたかったのは、これ以下でもこれ以上でもない、とガンスは述べている。とはいえ、このヘーゲルの文章は決して自明のこととして理解できるものではない。そのことは、ヘーゲル自身がそもそもこの文章を正当化すべく弁明しなければならなかったことを思い起こすだけでわかるというものだ。さらには、彼の弁明の仕方にも、その事態は現れている。つまり彼は、現実に理性が宿るという考え方に違和感を抱いた神学者と哲学者の双方に対して、神と世界の両方に依拠して弁護しているのだ。ヘーゲルに言わせれば、神学者にはこの命題は、なんの問題もなく、納得のいくはずだ。それというのも、神が世界を統べているる die göttliche Weltregierung という教えは、まさにこの命題を言い表しているはずだからである。また哲学者ならば、「神が現実に存在するということだけでなく」、神は「最も現実的なものであり、神のみが真に現実的な存在である」ことをわかるだけの知力はもっているはずではないか。ようするに、理性と現実の同一化を――「理念」の作用と同じに――根拠づける哲学は、同時に神学でもあるということなのだ。そしてこの哲学の最終目的は、神的なものと世俗的なものが一致しあうという認識によって、「自己意識に到達した理性」と「存在する理性」としての現実との宥和を最終的に生み出すところにあるのだ。ヘーゲルによる理性と現実の宥和が真理であるとする考えは、ルーゲとフォイエルバッハが、マルクスとキルケゴールが論難したが、その批判の仕方にはすでにハイムからディルタイまでの議論が先取りされていた。

ルーゲは、ヘーゲルの現実概念を基本的には継承している。つまり現実は、本質と現実存在の統一であるとする現実概念である。だがまさにそれゆえに彼は、国家哲学においてこの概念を論じるヘーゲルのやり方に反対しえたのだ。つまり、それ自身としては一時的なものでしかないような特定の歴史的な現実存在を、ヘーゲルが普遍的本質存在ととらえて絶対化しているのは間違いであると、批判した。ルーゲに言わせれば、このような論じ方をすることによって、理性は、精神の現在という生のあり方から、つまり現実の〔社会・政治〕生活から、自らをきりはなしてしまうことになる。そして政治的なさまざまな現実存在〔もろもろのできごと〕そのものへの、つまり歴史の動きについての「利害関心」を失ってしまった(5)。ヘーゲルは、あるところでは個別的な現実存在を普遍的な本質であると言い抜けるかと思うと、別のところでは、普遍的な本質こそが歴史的な現実存在になったのだとごまかした物言いをする。こうすることでヘーゲルは、読者をふたつの別々の地盤に立たせ戸惑わせているだけだ、とこうルーゲは言う。[6]

フォイエルバッハの批判は、歴史的な現実存在に向き合うと、論理学の種々の定義が破綻をきたすとする議論は取らない。逆に彼は、感覚的な現実存在 *sinnliche* Existenz に対してこうした論理学的定義が不適切であるとする。[7] この肉体的な現実存在 *sinnliche* Existenz こそは、フォイエルバッハにとっては、現実的なものの基準なのだった。現実とは肉体的な現実存在のことであり、まさにそのとおりのままのものとして現われる。こうした直接性は、フォイエルバッハにとっては、ヘーゲルの言う、いまなお媒介されていない存在にすぎないといったものではない。たしかにヘーゲルは、〔ただあるだけの〕存在のことを、媒介という精神活動を待つものとして、媒介なき直接性 das Un-*mittelbare* というように定義していた。ヘーゲルの思弁的思考は、その思考内部で、存在を媒介なき直接性として自己に向き合うかたちで措定する。それを通じて、現実的な存在と思考とのあいだの対立を、見た目にはいかなる困難もなく止揚しているかにみせる。[8] ヘーゲルはこのように、存在と思考を一致させ、虚構の直接性を思考によって獲得するのだが、そういうやり方に反対したフォイエルバッハは、直接的で感覚的な現実こそが第一義的かつ積極的な性格を持つのだと主張する。こうした直接的で感覚的な現実はそれであるからといって、決して思考の欠如したも的直観よりももっと自明なのは、単に主観的なだけの表象、つまり、イメージされた感覚的直観よりももっと自明なのは、単に主観的なだけの表象、つまり、イメージされただけのものでしかない主観の想念だからである。それに対して対象的現実の感覚的直観にいたるためには、自らの外に出なければならない。つまり、感覚的直観が存在者をその現実性において示しうるためには、かつて行われたオリエントの夢の世界からギリシアの感覚重視の世界へといたる転換と似たような転換が必要なのだ。この感覚の世界こそが存在者をあるがままの偽りなき姿で見えるようにさせてくれるものなのだ[9]。それに対して、ヘーゲルの思弁における知的直観なるものは、自己自身との同一性を構築するだけの思考であって、そうした知的直観は、この現実の世界には届かない。できるのはせいぜいが、神学的な影の世界を此岸化することだけである。キリスト教神学はまた、現実的なものが理性的であるとするヘーゲルのテーゼの基盤となっている。「思考と存在の同一性は、……理性が神的な本性をもっていることの表現でしかない。つまり、理性こそは絶対的本質であり、いっさいの真理と現実の総体であり、この理性の反対物は存在せず、むしろ、厳密な神学では神がいっさいであるのと同じく、理性こそはいっさい、すなわちいっさいの本質的なもの、真に存在するものなのである。思考と存在の同一性はそのことの表現なのだ[10]」。フォイエルバッハから見れば、ただ考えられただけの思考とは区別される感覚的存在だけが、その存在者がそれ自身として存在する自立した現実であることを証言しうる揺るぎがたき証人なのだ。思考するだけの思想家[11]にとってはしかし、現実の存在などは存在しない。現実の現実存在も、いっさいの定在も、それ自身としての存在も存在しない。しかし、感覚的に思考する人間にとっては、これらいっさいが存在するのだ[12]。

感覚的に現実に存在するこの現実は、そのつど特定の内実を持っている。こうした現実に着目することでフォイエルバッハは、いっさいの区別のない〔抽象的な〕存在を問うような存在論的問いを意識的に放棄している。いっさいの存在について、その特性に関わりなく同じような陳述が可能な存在の問いを放棄している[13]。純粋に存在論的な思考にとっては、感覚的な特定の性質をもった「このもの」は、それ以外のあれやこれやと本質的な差はない。なぜなら、「このもの」の論理的形式は、いっさいの感覚的確実性に関わりなく、同一だからである[14]。感覚的確実性に関するヘーゲルの弁証法〔たとえば『精神現象学』冒頭〕はこのようにして、現実に存在する個別的な「このもの」を普遍的論理的なもののうちに止揚してしまう。普遍的論理的といっても、それはただの言葉にすぎず、「このもの」こそが事柄なのに。言葉はそのままでは事柄ではない。同じく、考えただけの、あるいは表明されただけの事柄は、それだけでは、感覚的＝現実的な存在ではない。こうした存在ならば、それが現実に存在することが私にとってそのつどの「実践上の」問題であるはずなのだ。なぜならば、存在の秘密は普遍的なものについての思考に対して解き明かされるのではなく、感覚的直観にこそ、すなわち感覚と情熱にこそ解き明かされてくるのだ。彼はキルケゴールと同じ見解を次のように述べている。「情熱だけが、現実存在〔実存〕の標識なのだ」。なぜなら、そのあるものがあるのかないのか、ということは、情熱にとってのみ問題なのだから。それに対して、単なる理論的思考にとっては、あるかないかというこの実際上の違いは、関心を引かないどうでもいいことだからである。[15] すでに単純な感覚にしてからが、存在の認識にとって単に経験的である以上の、根本的な意味を持っているのだ。食べものを求める飢えは、その空腹感によって、現実の存在の充実に関しての身体的な理解をたっぷり与えてくれるではないか。空腹は、愛や情熱と同じに、実際に自己が「存在すること」が重要な生きた存在 Dasein がいることの「存在論的な証明」ではないか。私の情動に変化をもたらすもの、喜ばしいこと、つらいこと、こうしたもののみがまた、そうした変化や情動を通じて、そういうものがまさにそこに「ある」ことを、あるいは場合によってはないことを示してくれるのだ。そして、直観や感情や情熱によって中断されるような思考のみが、「現実」とはなんであるかを理論的にも把握することができるのであって、自分の枠にこもったままの思考にはそうしたことは無理なのだ(16)。

マルクスとキルケゴールのヘーゲル批判も、本当の現実存在という概念をめぐるものだった。ルーゲは政治的共同体としての国家の倫理的＝政治的ありよう ethisch-politische Existenz に主として目を向けていた。そして、フォイエルバッハは、肉体を備えた人間の感覚的実存 sinnliche Existenz に、マルクスは大衆の経済的生活 wirtschaftliche Existenz に、そしてキルケゴールは、単独者の倫理的＝宗教的実存 ethisch-religiöse Existenz に、それぞれ目を向けることになった。ルーゲにあっては、歴史上の存在 geschichtliche Existenz は、政治的な意味での「利害関心」によって解き明かされてくる。フォイエルバッハにあっては、現実の存在一般は、感覚と情熱によって、マルクスにあっては、社会的現実存在は、社会的実践としての感覚的活動によって、キルケゴールにあっては、倫理的現実は、内的行為の情熱によって、それぞれ解き明かされるとされた。

一八四〇年代におけるロシアおよびポーランドのヘーゲル主義者たちにとっても、なにが〈現実〉とされるかは重要な問題だった。彼らは、自分たちがヘーゲルを論じる実存的な動機を、スラブ人独特の率直で明けひろげな態度で語っている。ロシアのインテリゲンチャが西欧主義者とスラブ主義者に分かれるのは、哲学的にはヘーゲルとその弟子たちの側につくか、ヘーゲルに闘争を挑むシェリングの側につくかによって決められた。とはいえ、現実についての積極哲学というシェリングの要求自体が、現実こそ哲学の唯一の内実であると概念化したと自負するヘーゲルによって規定されていた。そうである以上、ドイツ哲学を論じるロシア人たちは、どちらの側につくにしても、ヘーゲルの影響を受けていたことになる。そのことは、当時ドイツに留学していたロシア人たちの手紙が示している。彼らにとっては、「ドイツ」と「ヘーゲル」はほとんど同じ意味だった。

イワン・ワシリエヴィッチ・キレーエフスキー*（一八〇六―一八五六年）[17]は、西欧志向からスラブ主義への転換にあたって、西欧の思考にはすべて、現実に対する精神的人格の、総体的でまったき関係が欠如しているとするテーゼを展開した。そうなった決定的理由としてキレーエフスキーが挙げるのは、ローマとビザンチンの分裂以来生じた、西欧的な、教会と国家の関係であり、また信仰と知の関係である。こうして生まれた西欧の思考における過度の合理性と分裂の結末は、キリスト教に対してあやまった位置をとった十八世紀の破壊的な理念である。理念と現実を組織化しうると考える、こうした普遍的＝ヨーロッパ的な信仰は、ヘーゲルの哲学において、その完成にいたっている、とキレーエフスキーは論じる。そしてヘーゲルこそは、人間の自己意識から精神的世界を構築するそうした仕方を、凌駕不能なまでに先鋭化した存在である。それゆえこのヘーゲルは同時に、シェリングによって、生きた現実から疎隔された思考様式であるとして「否定性」のレッテルを貼られる根拠を作ったことになる。「それゆえ今日の西欧哲学の状況は以下のごとくである。つまり、いっさいの合理的抽象にはその妥当する範囲に限界があるということを自覚し、もはやこの合理的抽象の道を進むこともできなければ、また、それ以外の新たな道も見いだせなくなった事態である。なぜならば、この西欧哲学は、そのいっさいの力を、昔ながらの抽象的合理主義の構築で消耗しつくしてしまったからである」[18]。それに対してロシアは、その修道院において、またギリシアの教父たちの教えによって、原始キリスト教以来の伝統を保ち続け、それを通じて、分裂を知らない全体的人間に向けていっさいの精神的活動を今なお集中させている、と彼は論じる。「西欧の人間は、精神的能力の生きた連関を――どの部分も他の部分を欠いては活動し得ないそうした連関を――把握する能力を欠いている。正教会の伝統で育てられた人間は外面的な仕草や態度にいたるまで魂の独特の均衡をもっているのが特徴であるが、西欧の人間はそうした均衡への理解力が欠如している。正教会の伝統に育てられた人間の態度は、……運命の嵐に襲われた日々にあってすらなおも、……究極的な深い静けさを、一定の落ち着きを、気品と恭順を示している。それらは、魂の均衡を、そして生の感情の深い内的な調和を示すものである。それに対してヨーロッパ人は常にエクスタシーにあるように見える。ビジネス的で、ほとんど芝居がかった様相である。内面的な態度も外面的なそれも永遠の動揺に溢れたままである。こうした動揺をヨーロッパ人は、痙攣にも似た力業で人工的な均衡に閉じ込めようと努力しつづけるのだ」(19)。だがもしもヨーロッパが、その偽りのキリスト教の諸原則を捨て去り、キリスト教以前の段階に立ち戻るならば、ひょっとすると真の教えを受け入れる力を得るかもしれない。すなわち、理性に奉仕するだけでもなければ、理性に対立するのでもない真の教えである。このようにキレーエフスキーは述べている。

ミハイル・バクーニン(一八一四―一八七六年)は、ヘーゲルの哲学を当初は「新しい宗教」として解釈していた。「絶対者の生」へのまったき献身によって自分がかかえているいっさいの個人的問題も解決できると期待してのことである。自分の兄妹たちの人生の道も彼は、ヘーゲル哲学の立場から決めようと望むほどだった。「いっさいのものは生きている。いっさいは、精神によって生命を得ている。死んだ目から見てのみ、現実は死んでいるのだ。現実は神の永遠の生命なのだ。……人間は生命に溢れている度合いに応じて、自己意識の溢れる精神の充溢した存在となるのだ。それに応じて現実は彼にとって生き生きとした存在となる。……現実的であるものは、理性的である。精神こそは絶対の力であり、いっさいの力の源泉なのだ。現実は精神の生である。それゆえにこそ現実は全能なのだ[20]……」。バクーニンは、ギムナジウム〔九年制の中高一貫校〕校長時のヘーゲルの演説を自ら訳して、その前書きで、現実との和解の必然性を宣言しながら、ヘーゲルの文章を自分に都合のいいようにラディカルに理解している。なぜなら、現実に対する革命を挑むということは、自己のうちなる生きた生命の泉を破壊することと同じなのだから、というのだ。「現実との和解こそは、……生のいっさいの分野においてわれわれの時代の最高の課題なのだ。ヘーゲルとゲーテは、この和解の、つまり死から生への還帰の中心的代表者である[31]」。

啓蒙主義者のヴィッサリオン・グリゴーリエヴィッチ・ベリンスキー*〔一八一一―一八四八年〕は、この点に関してさらに進んだ結論を引き出して、バクーニン宛に次のように書いている。「私の精神の溶融炉のうちでは、〈現実〉という偉大な言葉の独自の意味がかたちづくられて来ました。私は以前はこの現実を軽蔑してきましたが、今ではこの現実を見つめて、そしてうち震えています。……なぜなら、この現実からわれわれはなにものも取り去ってはならないこと、この現実のなにものも非難してはならないことを、わたしは見て取ったからです……」「現実よ！　と私は床から起きるときも床に就くときも言っています。昼となく、夜となくです。そしてこの現実は私を取り巻いているのです。私はいたるところに、そしていっさいのうちに、さらには私のうちにすらも、日ごとにはっきりしてくるこの新たな変化にもこの現実を感じています」。「私は今では毎日のように実業の人々と会っています。彼らのあいだで息をすることは今ではもう難しくなくなりました」。「私は人を判断するときには、事前に作られたなんらかの理論によって行うことはしません。そうではなく、その人自身から発する材料によって判断します。今では人と正しい関係を結ぶことができます。それゆえに、すべての人々が私に満足しております。そして私もすべての人々に満足しております。以前なら、共通の関心などあるとは思いもしなかった人々と話すなかで共通の関心を見いだせるようになりました。私は誰に対しても、その人に要求してもいいことだけを要求するようになりました。それゆえそうした人々からいいことだけをもらい、悪いことは受けなくなりました……」。「最近私は、(今までは)大きな秘密であった偉大な真理を経験しました。……つまり、自分の職業を裏切るような堕落した人間はいないという真理です。私は結婚によって没落した人を誰も軽蔑しなくなりました。また、仕事の中で分別を失い、才能を消してしまったような人でも軽蔑しなくなりました。なぜなら、そうした人自身がいかなる意味でも科《とが》ではないからです。現実とは鋼鉄の牙をもった怪獣です。この現実に進んで身を捧げない者は、この現実によって暴力的に捕まえられ、呑み尽くされてしまうでしょう」(22)。ヘーゲルの強い意味での現実をこのようにロシア風に解釈する路線にベリンスキーもいた。彼の独特のパトスは、無限の「青い空」の代わりに、「台所の現実」を理性の街道と和解させると称していた(23)。彼はロマン主義をやめ、ロシアの現実に仕えることをめざした。それは、ロシア絶対主義を性急に承認するにまでいたるものだった。結果として彼は、友人たちすべてと不和になり、最後には危機に陥った。危機はやがて彼を、バクーニンとゲ*ルツェンの影響下にヘーゲル左派の側に押しやり、ロシアの現実と対立させることになった。先に引いたバクーニンへの手紙からわずか二年後には、惨めな現実との和解をいやしくも求めたことを、自らに対して罵倒している。人間の人格は、世界史の全体よりも重要であり、ハイネは、現実をあるがままに擁護しようとする「職業思想家」のすべて以上の存在なのだ、と書くようになった(24)。「私はもう長いことそうだと推測していましたが、ヘーゲルの哲学は、そのほかのさまざまな契機のなかのただひとつの契機にすぎません。ひょっとして重要な契機かもしれません。でも、この哲学の帰結がもつ絶対的性格はとんでもないものです。こんな哲学を喜んで受け入れるぐらいなら死んだ方がましです。……ヘーゲルにあって主体はそれ自身が目的ではありません。そうではなくて、普遍的なものの一時的な表現の手段でしかありません。そして普遍的なものは彼にあってはモロク〔子供を生け贄《いにえ》に食べる古代セムの神。旧約聖書のバールにあたる〕であって、この普遍者は主体の中で威張っていて、最後はくずのように主体など投げ捨ててしまうのです。私は特別な理由があってヘーゲルに怒っているのです。なぜなら、私がロシアの現実と和解しようとしていた頃には、（基調においては）ヘーゲルに忠実であったような気がしているからです。……道徳倫理についてのヘーゲルの駄弁のいっさいは、まったくのナンセンスです。なぜなら、思想の客観的王国には、客観的宗教においてと同じく、道徳倫理など存在しないからです。主体の運命、つまりは個人の運命、そして人格の運命は世界全体の運命よりも、そして中国の皇帝の（すなわちヘーゲル的普遍性の）健康よりも重要なのです」(25)。今やベリンスキーにとって現実との真の和解となるのは、ルーゲが理論から実践への転化として宣言したかたちの和解である(26)。ベリンスキーにとってヘーゲル哲学は、依然としてわれわれの文化の最高段階にはちがいないが、それは同時にまたこの文化の自己解体であり、世界の新たな形態への移行過程をも意味した。そしてヘーゲルからの離反は哲学一般からの離脱をも意味していた。

スラブ的という点では基本的に変わらないが、概念的訓練や問いの立て方という点でドイツのヘーゲル主義とほとんど区別できないのが、ポーランドの伯爵アウグスト・*チェシュコフスキー（一八一四―一八九四年）の哲学である。[27] 彼は一八三二年にベルリン大学で学び、ミシュレ、ホートー、*ヴェルダー、ガンス、ヘニング、エールトマンの講義を聴いている。ドイツ人から彼が受けた印象は、ドイツ人こそは最も「総合的な」、そして同時に「抽象的な」国民である、というものであった。「彼らには具体的な生活についての感覚はまったくない。ドイツでは誰もが健全にそして強力な賛同を受ける。しかし、こうした要素には、いかなる意味でも有機的で調和のとれたひびきあいというものが抜けている。すべては局部的なものへと解体してしまい、そうしたものを集めた全体のイメージはそれ自身が抽象的なままであり、脳髄の幻想であり、死せる頭脳 caput mortuum である。学問と生活、理念と現実、これらは相互に切り離された別々の存在になっている。常に、これはこれ、あれはあれなのだ」[28]。チェシユコフスキーは、理論と実践、学問と生活が相互に「疎外」されている事態をスラブ精神に即した「行為の哲学」のうちに止揚しようとした。彼はこの「行為の哲学」なるものを「キリスト主義 Christianismus」と称するものによって基礎づけようとした。この「キリスト主義」こそは、ヘーゲルの理性の論理主義をキリストの言葉のもつ根源的なロゴスへと立ち戻らせるのだ、とした[29]。チェシュコフスキーによれば、ヘーゲル哲学はひとつの終局状況であり、これを乗り越えるには、思考のエレメントから意志のエレメントへと移行しなければならない。なぜなら、意志だけが新しい未来を切り開くのだから、とされる[30]。また他方で、ヘーゲルによる完成は、チェシュコフスキーにとって、ギリシア哲学における哲学の始まりのあり方へと立ち戻る動機ともなる[31]。このギリシアにおける哲学の始源こそは、マルクスも、キルケゴールも、そしてラサールも、ヘーゲル的終結に対抗して重視し、それに立ち戻ろうとしていたものだ。チェシュコフスキーがヘーゲルに同意しないのは、何よりも「普遍性」というヘーゲルの概念だった。チェシュコフスキーから見れば、真の精神とは、普遍的な思考でもなければ、非人格的なそれでもない。真の精神とは、「まったき自我」の精神的行為のことなのだ[32]。ヘーゲルはたいていの場合、普遍的なものを特殊なものと対立させて考えている。そして普遍と特殊のこの両者を、現実の個別性のうちへと止揚させている。とはいいながら、時にはこの特殊および個別をまとめて普遍と対立させている。チェシュコフスキーに言わせれば、こうした用語上の齟齬は、ヘーゲルにあってはどんな場合でも、普遍が上位の包括的概念であることに変わりはなく、具体的な個別者に届くのだと彼がいかに請け合っても、個別は普遍に、そして主体は実体にゆだねられ、捨て去られてしまっている、ということの点から説明できることになる。チェシュコフスキーから見て、個別と普遍がそのうちで相互に止揚されうる第三の契機は、神的な位格Personという、精神が完璧に個体化Individuationした存在においてである。この完璧な個体化をつうじてはじめて、実体は本当に主体へと生成する、というのだ[33]。つまり、チェシュコフスキーは、ドイツの精神哲学の枠内でキリスト教の立場に到達しようと努めていることになるが、この立場とはとりもなおさず、逆説的にもキルケゴールが普遍の思考に対抗して展開したものである。チェシュコフスキーの目標は、活動する生の哲学である。彼のこの哲学にとって、神は、自らのうちから自由に創造する、それ自体において完璧な自我ということになる[34]。

こうした立場に立ってチェシュコフスキーは、ヘーゲルの歴史哲学に決定的な修正を加えて、それを自著『歴史哲学Historiosophieへのプロレゴメーナ[35]』で展開することになる。ヘーゲルは、歴史をオリエント世界、ギリシア＝ローマ世界、キリスト教的ゲルマン的世界と分けていたが、チェシュコフスキーはもうひとつ別の三分法をたてる。つまり、第一にキリストまでの古代、そしてヘーゲルまでのキリスト教的＝ゲルマン的世界、さらに未来という三分法である。そしてこの未来は、予言者とともにはじまるのではなく、そもそも歴史にとって不可欠な要因とされている。なぜなら、彼の考える歴史は決してなんらかの必然的な経過をいうのではなく、自由な、そして責任に満たされた行動そのものだからである。われわれが今そのはじまりに立っている未来の歴史は、キリスト教以前の世界およびキリスト教的な世界のありようの総合Synthese であらねばならない。未来の世界の具体的な問題としてこのチェシュコフスキーは、その著作のなかで、キリスト教と政治社会の改革を論じている。(36)

## 第二節　マルクスとキルケゴールによる批判的区別(37)

### a　マルクス

マルクスはその『ヘーゲル法哲学批判』において、ヘーゲルの原則を批判したわけではない。そうではなく、彼が批判したのは、理性と現実の統一および、普遍的本質存在と個別的な現実存在の統一というヘーゲル自身が主張する原則の具体的な展開の仕方であった。マルクスに言わせれば、政治的な現実存在の本質なるものは、政治的共同体〈国家〉におけるポリス的性格のことなのである。つまり〈政治的なものとしての普遍性〉のことなのだ。ヘーゲルが批判されるべきは、「彼が近代国家の本質を描いているからなのではなく、彼が、存在するもの、その現状を国家の本質であると称したからなのである(38)」。ヘーゲルは経験的現実を誤魔化して主流であるかのように描いてしまった。そのことによって、彼の観念論的な論述の内容は結果として、「露骨極まりない唯物論」となり、事実として目の前にある社会や制度を哲学的に正当化するものとなってしまった。彼は市民社会と国家を媒介したとしているが、それは、私的でエゴイスティックな生活と公共的な共同の生活との矛盾を、現実に止揚するものとなってはいない。むしろ、こうした媒介なるものは、まさにこの両者が相互に止揚されていないものであることを示している。「ヘーゲルがそれなりに深いことは、彼が市民社会と政治社会との分離を矛盾と感じたところにある。だが、彼の偽りのところは、この矛盾の解消という見かけで満足してしまったところにある」[39]。だが現実には市民社会の「実際の人間」は、現在の国家体制のなかでの私人なのである。なぜなら彼ら国家それ自身も、私的生活それ自身も単なる抽象にすぎないため、ともに現存しながらの対立項をなしている[40]。「それゆえ本当の国家公民としての態度をとるためには、つまり、政治的重要性と効果を得るためには、彼は、自らの市民的な現実の外に出なければならない。そうした現実を無視しなければならない。こうした市民社会の全組織から自らの個人性のうちへと立ち戻らねばならない。なぜなら、みずからが国家公民であるために彼が見いだしうる唯一の現実存在とは、彼の純粋でむきだしのままの個人性でしかないからである。なぜならまた、政府としての国家の存在は、彼なしに成立しているし、市民社会における彼の実際の生活は、国家なしに、成立しているからである。この唯一存在する共同体である国家との矛盾した関係においてのみ、そして個体としてのみ彼は国家公民たりうるからである。国家公民としての彼の生活は、共同の〔国家的〕生活の外にある現実存在なのである。つまり、純粋に個人的なものだということである」(41)。

ブルジョア市民は国家公民としてはどうしても自分自身とは異なるもの、外的で異質な存在となる。ちょうど、国家にとってブルジョア市民の生活は、異質で外的なものなのと同じである。国家はこの場合〈抽象的な〉国家のままである。なぜなら、それは官僚的な政府機構として、市民たちの現実の、つまりは私的な生活を無視・捨象しているからである。逆に市民たちも個人的な人間として国家を無視・捨象しているのとおなじである。国家のメンバーであるとする人間の定義は、現実の生活状況のゆえに、私的と公的の分裂が生じている以上は、必然的に抽象的な定義のままであらざるをえない(42)。生活の公的な普遍性〔国家のこと〕から切り離された私的人間としてこうしたブルジョア市民は、その定義からして欠如態 privativ ということになる。だが、コミュニズム的政治共同体においてはまさに逆の存在となる。こうしたコミュニズム的政治共同体において個人は個人のまま、彼らの公共の *ihre* res publica 事柄としての共和制国家に参画することになる。ヘーゲル主義者としてのマルクスが理解するコミュニズムこそは、本質を欠いた空虚な生活状況の真の解消となるのだ。この解消こそ、政治的共同体として実際に生活する人間たちの現実存在と真の理性との社会的一致なのだ。ヘーゲルはこの両者をただ思考のなかで和解させたにすぎない。私的ではばらばらの生活と、公共的で共同の生活との歴史的に条件づけられた矛盾を、現実には自分の叙述の内容としてしまったのだ。こうマルクスは論じている。

こうした近代的な矛盾は、古代にも中世にも存在しなかった。というのも、古代においてはほんとうの私的人間とは奴隷のことだったからである。奴隷は政治的共同体にはまったく参加せず、それゆえに、十全な意味では〈人間〉ではなかったのだ、とマルクスは論じる。(43) 中世においては、私的な分野はどんな分野であれ、そのまま〈ギルドなど〉公共の団体の分野に包摂されていた。庶民の生活はそのまま国家の組織であった。とはいえ、人間の解放はなされていなかった。フランス革命によってはじめて私的生活という抽象的存在が、ただ政治にしか関わらない国家という抽象的存在と並んで生み出された。そしてブルジョアの自由は、国家からの自由という否定的な自由として捉えられることになった。とはいえ、真の自由とは、〈自由な人々の共同体〉における最高の共同体の自由でなければならないはずである。だが、自由を求める感性は、ギリシア人とともにこの世から消えてしまった。また平等を求める感性も、キリスト教とともに青い空の靄《もや》となって消え失せてしまった。ただひとえに、現状の生活状況のラディカルな革命のみが、ポリスをコスモポリスへと拡大しうるのだ。つまり、階級なき社会の〈真のデモクラシー〉を作りうるのだ。そして近代社会の基本原則の枠に即してヘーゲルの国家哲学を実現しうるのだ。こうした未来のポリスにおいてはじめて世界は、ほんとうにわれわれの世界となり、あり方は違ってもわれわれにとって疎ましくないわれわれと同質の存在となるのだ。それに対して、現状のブルジョア的な私人は、彼が属している公共の世界のなかでは、どうしても自分自身に異質な、疎外された存在とならざるをえないのだ、とこうマルクスは論じる。

こうした哲学的コミュニズムとまったく逆にキルケゴールは、私的人間を急進化して〈単独者〉へと仕立て、大衆状況の外面性に対して、自分自身であることという内面性を対峙させた。こうした単独の実存にとっては、キルケゴールから見るならば、ただふたつの無比の模範が存在する。それは、アテナイのポリスにおけるソクラテスと、ユダヤ人および異教徒から成る世界全体に対抗したキリストである。

## b　キルケゴール

イロニーの概念を論じた論文〔一八四一年の修士学位論文「イロニーの概念について――ソクラテスをたえず思いながら」〕の最後の頁でキルケゴールは、「現下の時代の課題は」「学問の成果」を――学問の成果とは、ヘーゲル哲学のことである――「個人的生活へと翻訳すること」、個人のうちに「吸収しつくすこと」であると、示唆している。なぜなら、〈現実〉こそが絶対的な意味を持つと一生のあいだ教え続けて、そのまま死んでしまい、絶対的意味を持つというこの知恵を告げ知らせたという意味以外に、この現実が他になんの妥当性ももたないとするならば、まったくのお笑い草という以外にないだろうからである。現実が正しいということを示すための道としてイロニーの否定性が使えるはずである、と彼は論じる。つまり、「現実を現実にする」ものとしてのイロニーである。現実なるものにそれにふさわしい重点を置くことによって、この「現実を現実にする」のがイロニーなのである。(44) キルケゴールがこの学位論文を書き終えてからベルリンに行ったのは、シェリングの講義を聴くためだったが、そのときに彼は、シェリングの積極哲学から、ヘーゲルには見いだすことができなかった現実の解明を期待していた。日記の当該箇所にはこうある。「シェリングの二回目の講義が聴けて、とてもうれしい。なんともいいようのないすばらしさだ。私は長いあいだため息をつきつづけ、私のなかでは思想がため息をつきつづけた。哲学と現実の関係を論じるにあたってシェリングは〈現実〉という単語を使った。そのときわたしのなかでは、エリーザベトのうちにおけるのとおなじに思想の芽が喜びのあまりおどった[1]。私はシェリングがこの瞬間以降述べたほとんどすべての言葉を思い出している。なにか本当に明らかになりそうな感じだ。わたしのいっさいの哲学的苦悩と沈鬱を思い起こさせる、このただひとつの言葉に関してである」[45]。こうした期待のあとに失望が訪れた。「いちどに呑み込むのにもほとんど口を開けないですむようなことを、ひとしずくずつ口にしなければならない。そんな時間は私にはない。私は講義を聴くには年を取りすぎている。同じくシェリングも講義をするには年を取りすぎている。彼のポテンツ論は最高のインポテンツであることがあきらかだ」[46]。ヘーゲルとシェリングに失望した思いは、のちに『あれかこれか』にある警句にも読み取れる。「哲学者が現実について語るのを聞くと、古物屋のショーウインドウに〈洗濯物仕上げます〉と書いてある札を見たときとおなじように、まどわされてしまう。洗濯物をもってその店に行くと、一杯喰わされたことになる。その札自身が売り物として並べられていたのだ」[47]。これ以降キルケゴールの著作には、現実を理性によって捉えるとする哲学の自負に対する明白な論争的態度が程度の差はあってもずっと尾を引くことになる。

現実をヘーゲルが捉え損なった理由をマルクスは、ヘーゲルが自分の原則を徹底的に用いなかったことに見たが、キルケゴールはマルクスとはちがって、そもそもへーゲルが本質を現実存在と同一化したことに見ていた。まさにそれゆえにへーゲルは〈現実の〉実存を記述するまでにはいたらず、理念的な〈概念上の実存〉しか描けなかった、というのだ。なぜなら、あるなにものかの本質 essentia、つまり、それがなに *was* であるかは、そのものの普遍的な本質にしか関わっていない。だが、実存 existentia、そのものがあるということ *daß* は、そのつどの個別的現存在、つまり私の、そしてあなたの、それぞれ自分自身の実存にかかっている。そうした実存にとっては、自らが存在しているかいないかこそが決定的なのだ[48]。このキルケゴールのへーゲル批判はさらに神の存在論的証明に対するカントの批判にまでさかのぼっている。この証明においては、本質 Essenz と存在 Existenz が区別されている。そしてこの区別を「実存 Existenz に関する唯一誠実な思考」であるとして弁護する[49]。実存は、存在を思惟から〈切り離す〉のだ。だが、そのことをへーゲルは理解できなかった。なぜなら彼は、人間として思考せず、特別な才能を持った普通とは違った職業思想家として考えたからだめだったのだ。存在ということで彼が理解したことは、彼なりの概念を理解したにすぎなかった。それは彼自身の現実を理解したことにはならなかった。彼自身の現実、つまり、ひとりひとりの個別存在としての現実は理解していないのだ[50]。だが個別性というカテゴリーは、キルケゴールから見れば、他にもたくさんあるカテゴリーのひとつといったものではない。それは、現実一般の特別な規定なのだ。なぜなら、すでにアリストテレスにおいても、現実に存在するものは、常に〈この特定のなにものか〉でしかないからだ。つまり、このここと今に存在する個別者でしかないからだ。[51]ヘーゲルの概念論のなかでも、個別性 Einzelheit はたしかに唯一現実的なものであると提示されている。しかし、それはあくまで特殊 das Besondere と普遍 das Allgemeine との媒介、個別性には無関係で冷淡な媒介でしかない。[52]ヘーゲルにとっては個別的な現実は、普遍的な者の特定の規定、自己自身のうちで反省された規定でしかない。つまり、一人一人の個別的な人間は、普遍的な人間存在の、その本質が精神である人間存在の特定の規定ということになる。人間存在のこの普遍性、言ってみれば普遍的＝人間的なるものをキルケゴールは否定したわけではない。しかし、そうしたものの実現は、個別的な一人一人の側からのみ可能であると考えた。逆に、精神の普遍性〔ヘーゲル〕あるいは人類の普遍性〔マルクス〕は、実存的には本質を欠いた空疎なものと見ていた。

ヘーゲルの現実概念に対するキルケゴールの攻撃は、結局のところたったひとつの中心的な考えを変奏し続けるものだった。その考えとは、〔ヘーゲルの用語で言う〕定在

Daseinの〈体系〉〔実際の国家・社会のシステム〕は、現実を決してなかに入れこむことはできないというものである。それどころか、この体系のなかで現実を論じた「条項」は、こうした体系への絶対的プロテストにしかならない、というものである[53]。「『論理学』の最後の節に〈現実〉というタイトルがつけられているが〔2〕、それによって論理学において最高の頂点に、いや見方によっては最底辺に到達したという幻想を引き起こす利点があろう。とはいえ、目立つのはこうしたやり方の長所ではなく、欠陥である。つまり、そんなことをしても、論理学にも現実にもなんの役にも立たないということである。現実に役立たないということで言えば、本質的に現実に内属する偶然性を受け入れる余地を論理学はもっていないからである。論理学に役立たないということで言えば、もしも論理学が現実を思考したとするならば、論理学として吸収同化することのできないなにものかを内部に入れこんでしまったことになるからである。現実を用意するものとならなければならないのに、その現実を先に取りこんでしまったことになるからである。その罰は、現実とはなんであるかについてのいっさいの論究が難しくなったことである。いや、ひょっとすると、とりあえず不可能になったことである。なぜなら、現実というこの単語そのものがまずはいわば気を取り直し、自分について考え直し、誤りを忘れるための時間がとりあえずは必要だからである[54]」。

だが、キルケゴールから見れば、本来的で「偶然的なもの」、あるいは「奇跡的なこと」を、[55] ヘーゲルは、真の現実の概念から排除してしまった。だがそれは、そもそもなにものかが存在するというそのこと daß、つまり、私がそもそも存在しているということそのことなのだ。[56] まさにこの単にそこにあるというそのこと Daß-Sein こそが、現実に対する絶対的な〈関心〉をもたらす、つまり現実に関わった存在となることなのだ。それに対してヘーゲルの抽象は、そうした現実には実際になんの関心も抱かないことを要求するのだ。[57] 存在と無が純粋な思考、単に思考だけの思考のどうでもいい可能性でしかないような内的に閉ざされた体系[58]は、形而上学的な関心に遭遇すると座礁するだけだ。だが自ら実存している者にとっては、現実に存在しているというまさにそのこと、つまり実存こそは、最高の関心を引くことなのだ。そして「実存に関心を抱いていることこそが現実なのだ」。「なにが現実であるかは、抽象の言語では表現できない。現実とは、思惟と存在の仮説的な抽象的統一性のあいだに割って入って存在すること、つまり関心を抱くこと inter-esse なのだ[59]」。

このように実存するという動かし難い事実 factum brutum を重大な現実へと高めることによって、キルケゴールにあっては、存在とはなにかという一般論の問題が、人間の現存在への問いへと変わって行ったのである。またそれとともに、現存在の本来的な問題は、現存在とはなんであるかではなく、そもそも現存在があるということだとされる。同じく、キルケゴールに由来する実存哲学も実存 existentia と区別される本質 essentia を問うのではもはやなくなる。そうした実存哲学にとっては実存それ自身が、唯一の本質的なことと思えるようになった。

現実を「利害関心」のうちに基礎づけるという点で、キルケゴールは、フォイエルバッハやルーゲやマルクスと共通するものがある。もちろん、利害関心のあり方はそれぞれ異なり、フォイエルバッハにあっては感性的に、ルーゲにあっては倫理的＝政治的に、マルクスにあっては実践的社会的に定義されている。キルケゴールはこの利害関心を「情熱・苦悩」、もしくは「パトス」と呼び、それを思弁的理性に対峙させる(60)。情熱は、ヘーゲルの〈終結〉とは異なり、〈決断 *Ent-schluß*〉へと駆り立てる(61)。その点にこそ情熱の本質がある。決断は、「これか」あるいは「あれか」とそのつど異なる決定を下す *entscheiden* のだ。すぐれた意味での決断とは跳躍である。跳躍とは、「弁証法的反省という逆向きの方法に対する断固たる抵抗」のことである(62)。跳躍の決断へと駆り立てるこの断固たる情熱によって媒介なき直接的な〔哲学の〕発端が設定される。それと比べれば、ヘーゲル論理学のはじまりは、キルケゴールから見ると、「直接的なもの」によって開始されていない。ヘーゲル論理学は、極度の反省の所産からはじまっている。つまり、純粋な存在から開始されている。すなわち現実に実存する現存在を抽象によって捨て去ることからはじまっている、とキルケゴールは論じる(63)。実存についてのこうした規定をつうじてキルケゴールは、理性的現実の王国、この自己を隅々まで自覚した領野を切り捨てて、「唯一の現実」なるものだけが重要であるとする。つまり、この王国を、それについて「実存する人間はただ自覚的に知っている」というだけでは済まない現実、つまり「彼がそこにある」という現実へと縮小するのだ(64)。ヘーゲルの世界史的な思考から見れば、こうした考え方は「無世界論」に見えるかもしれない。だが、これのみが、『エンツィクロペディ』によって散漫にされた時代についての知を、その根源に引き戻し、実存についての第一義的な印象を獲得する唯一の道であるとされる(65)。だがこうした考え方から、実存者はおよそ思惟することをせず、知を「ナポリの下層階級のギャングのように〔3〕」攻撃するだけだと考えるならば、それはまた誤解である。むしろこうした実存者は、いっさいを自己自身に関係づけて考えるのだ。自己自身を理解する現存在のあり方への関心からいっさいを考えようとするのだ。こうした現存在は、たしかにイデーに参与してはいるが、自らはイデーとして存在してはいないのだ(66)。ギリシアにおいては存在の抽象性にいたることが哲学の課題だった。しかし今では困難は逆のところにある。つまり、ヘーゲルの抽象の高みにあって再び実存を獲得することが困難な課題となっている、とキルケゴールは論じる。自分自身をその現実存在において理解するのは、すでにギリシアの原則だった。キリスト教はその度合いがいっそう大きかった。だが「〔ヘーゲルの〕体系」が勝利をおさめてからというもの、人はもはやみずから愛しもせず、信じもせず、行為することもしなくなってしまった。ヘーゲルの体系では、こうしたことがすべてなんであるかをただ知ろうとしているだけなのだ、と論じられている。

現実の実存 wirkliche Existenz というキルケゴールの論争的な概念は、ヘーゲルに対抗しているだけではない。それは同時にまた、時代の要求に修正を迫るものでもあった。自分自身へと投げ返されたばらばらで単独の実存は、まず第一に、体系に対抗する特別で唯一の現実なのだ。体系はいっさいを同じように包摂し、(存在と無の、思考と存在の、普遍性と単一性の)相違を、あってもなくてもどちらでもいいような存在の次元へと平板化してしまう。第二に実存は、一人一人の単独者の現実であって、そうしたものとして、歴史的普遍性なるものと対峙している(この普遍性とは、世界史であり、世代であり、群衆であり、公衆であり、また時代という一般的なものごとである)。こうした普遍性の前では、それ自身としての個人は無でしかない。第三に、こうした実存は、周囲の状況という外面的なものに対峙した単独者の内的な実存である。第四に、キリスト教世界が世界史のなかで広がってくるとともにキリスト教は外面化してしまったが、そうしたキリスト教に対抗して神の前に立つキリスト者の実存である。さらに第五には、こうしたもろもろの性格づけとならんでなによりも、自己自身で決断する実存なのだ。このようにも、あのようにも決断しうる存在として、「なにごとにもさといい」時代の正反対である。すなわち、「あれかこれか」を知らないヘーゲル的な概念把握に正面から対立するものである(67)。

一八四八年の革命の直前にマルクスとキルケゴールは、決断を迫る彼らの意志に言語表現を与えた。その言葉は今なお彼らの要求するところを主張し続けている。マルクスは『共産党宣言』(一八四七年)においてであり、キルケゴールは、『文学的告知』(一八四六年)においてである。前者の『共産党宣言』の最後の文章は「万国の労働者よ、団結せよ」と謳っている。それに対して『文学的告知』の最後には、誰でも一人一人が自分自身の救いに尽くさねばならない、それに比べるなら、世界の今後の成り行きについての予言などはせいぜい冗談としてならがまんできるぐらいだ、と記されている。しかし、この両者の対立は、歴史的に見るならば、市民的＝キリスト教的世界の破壊という共通した事態の二つの側面にすぎない。市民的＝資本主義的世界の革命的転覆のためにマルクスは膨大な数のプロレタリアートに賭けた。それに対してキルケゴールは、市民的＝キリスト教的世界に対する彼の闘争において、いっさいを単独者に賭けることになった。同じく、マルクスにとって市民社会は、「ばらばらなひとりひとり vereinzelte Einzelne」からなる社会にすぎず、そうした社会にあって人間は〈類としての本質的あり方 Gattungswesen〉から疎外されてしまっている。同じく、キルケゴールにとってキリスト教世界は、大衆次元に拡大したキリスト教なるものにすぎず、そうしたキリスト教のなかでは、誰もキリストを受け継ぐ存在ではなくなってしまった。だがヘーゲルはこの矛盾を媒介してひとつの本質的存在にしてしまった。つまり、市民社会を国家と、そしてその国家をキリスト教と媒介してしまった。それゆえに、マルクスおよびキルケゴールの決断は、まさにこのふたつの媒介のうちに潜む相違と矛盾を浮き立たせようとしたのだ。マルクスが敵対するのは、人間の自己疎外である。自己疎外こそは資本主義が人間にもたらすあり方なのだ。キルケゴールが敵対する人間の自己疎外は、キリスト者にとってのキリスト教世界のあり方である。

## 第三節　資本主義世界の批判、世俗化したキリスト教世界の批判

### a　マルクス

マルクスは人間の自己疎外を、国家、社会、経済の領域において分析した。自己疎外の政治的表現は、市民社会と国家のあいだの矛盾である。疎外の直接的な社会的表現は、プロレタリアートであり、その経済的表現は、われわれの使用する事物の商品としての性格である。資本主義は私的所有に依拠した私的経済であり、そうしたものとしてコミュニズム、つまり、共同所有に依拠した共同経済に対する対立項である。だが〈政治経済学〉に対する批判といえども、歴史的世界の全体に、およびそれに内属する人間のあり方に定位している。[68] 資本主義的世界の人間は、自己自身から疎外されている。なぜなら、資本、商品、賃労働こそは、生産し消費する人間が（ヘーゲルの意味で）〈自分である bei sich〉ことそのもの、つまり〈自由〉であることが不可能な生活状況の客観的な表現だからである。

ヘーゲルの〈欲求の体系〉とマルクスの〈政治経済学批判〉の違いはどこにあるかといえば、それは、ヘーゲルにおいてはまだ、自己外化 *Entäußerung*〔譲渡、放棄〕は、い

っさいの人間的活動の積極的契機とされていたのに対して、マルクスが、この自己外化こそ人間の自己疎外 Selbst*entfremdung* なのだと主張して戦いを挑んだ点にある。ヘーゲルに言わせれば精神とは、つまり、人間のこの普遍的本質とは、世界において自己自身の解釈を外部に提示することで存在する。そしてそういうものとして同時に「自己想起」でもある。自己想起とは、外化 Entäußerung から自己自身への回帰のことである。自己自身を外化し、やがて自己自身へと立ち返るというこの精神の運動の帰結は、その運動のすべての段階において、自己自身の存在と異質な存在との媒介を果たすことになる。すなわち「自己自身とは異なった存在〔他在〕において自己自身とひとつになる」ということである。こうして精神は世界に対して自己を積極的に外化する、あるいは別の言葉で言えば「脱自的に存在して行く ex-istierend」[69]のであるが、ヘーゲルは、〈事物〉に対する人間の特定の関係も、こうした精神の一般的な構造に依拠して理解する。つまり、〈事物〉に対する人間の特定の関係を所有として理解するのである。この所有を彼はまた〈所有物とする〉〈使用する〉〈売却する〉などといった用語でより詳しく説明することになる[70]。ひとつの事物が、その定めを果たすのは、他の人によって利用され、使用されることによってである。この使用は、当該の事物にとって決して外面的なことでも異質なことでもない。なぜなら、事物は使用のためにそこにあるのだから。事物の存在全体は、なにかのために現存するということなのだ。事物が完全に利用されることこそがその事物自身の本来のあり方なのだ。ちょうど、畑はその収穫によって畑に固有の本来のあり方を現実に至らしめるのと同じである。ようするに事物の実体 Substanz der Sache とはその〈外面性〉なのだ。そして外面性が実現するということは、その事物が使用されているということなのだ。当該事物の完全な使用が私に許されているならば、私はその事物を私の所有物としているということである。——事物との関係と同じで、私の人格的な外面表現〔外化〕の全体も、また人間的な諸力のまったき使用も、人格自身の外部に表現される生と同一なのだ[71]。ヘーゲルにあっては、こうした考え方から人間の活動の売却 *Veräußerung* について次のような見解が生じてくる。「私の特別な、身体的な、そして精神的なさまざまな技能、そして行為の可能性のなかから私は、個々の所産を、また時間的に限定されたその使用を、他の人に譲渡売却することができる。そうした限定を受けることによって、こうした能力や所産は、私自身の全体性や普遍性に対して外面的な関係を持つことになるからである。労働を通じて具体的な時間のすべてを、また私の所産の全体を譲渡売却することによって私は、そうした私の活動や所産の実体を、そして私の普遍的な活動を、そして現実を、また私の人格を他の人の所有物とすることになろう[72]」。部分的な譲渡売却と全体的なそれとのこのような相違をヘーゲルは、古代の奴隷と近代の召使いのちがいを例にとって説明しようとする。「古代アテナイの奴隷は、現代の召使いよりも大体において簡単な仕事をしていたかもしれない。または、より精神的な労働をしていたかもしれない。それにもかかわらず彼が奴隷なのは、彼の活動のすべてが彼のご主人に譲与されていたからである」。それに対してマルクスは、目の前にある現実の生産関係から、たとえ「特定の」活動といえども、まさにその活動が人間の全体を外化つまり疎外しうると結論づけている。たとえ、その人が法的には自分自身をどう扱おうと自由であり、労働力を売れとは誰も彼に強制していないとしてもである。マルクスから見れば、「自由な」賃金労働者は、実際の生活 Existenz においては、古代の奴隷よりも自由が少ないのだ。たしかに彼は自分の労働力の所有者であるかもしれない。そして、生産手段の所有者に対して対等な関係にあるかもしれない。特定の労働を限定された時間だけ売っているのかもしれない。にもかかわらず、徹頭徹尾、彼は労働市場の奴隷でしかないのだ。なぜなら彼にとっては、売ることの可能な彼の労働力は、彼が所有するもののなかで、およそ生きるために existieren 譲渡売却しうるただひとつのものでしかないからである[73]。なんといっても、この賃金労働者こそはマルクスにとって、市民社会の普遍的問題を体現する存在だった。この市民社会の経済的性格は商品という物象化された versachlicht 世界のうちにあるからである。われわれが使用する物品のいっさいが商品としての性格を持っていること、またそれに相応して人間を利用するのは、経済という特殊な側面に限定されることではなく、むしろ、それによって人間の生活表現の全体的性格が、すなわち人間の生産様式そのものが外化 Veräußerlichung〔売却〕として規定されることになる。精神的所産ですら商品となる。本は書籍市場の商品と化する。(74)「どんな立場に立とうと否定できない、十九世紀を特徴づける巨大な事実がある。つまり、一方では、それ以前のどんな時代も予感だにできなかったほどの産業の力、そして科学の力が目覚めた。他方では、よく言われるローマ帝国末期の恐怖ですらかすむほどの退廃の徴候が見えてきている。われわれの時代にはどんなものごとも、その正反対の事物を胚胎しているように思える。たしかに機械には、人間の仕事を短くし、生産的にするすばらしい力が備わっている。しかし同時に、機械がいかに飢えと超過労働に駆り立てるものであるかも、われわれは見てきている。富を生み出す力の解放はまた同時に、運命の奇妙な戯れによって貧窮の源泉ともなる。芸術の勝利の代償は性格の喪失でもある。人類は自然の支配者となった。だが人間は人間の奴隷となり、自らの卑劣さの奴隷となった……。どうやら、いっさいのわれわれの発明や進歩の結果、物質的な諸力に精神的生命が付与され、逆に、人間の生活Existenzは、物質的力へと愚鈍化しているようだ。現代の工業や経済を一方の極とし、現代の悲惨と退廃を他方の極とするこの激烈な対立、われわれの時代における生産力と社会的状況のこの相違、これこそは、われわれを襲う、あまりにも自明で、否定しがたい事実である。多くの立場は、この事実を嘆くであろう。また別の多くの立場からすれば人々は、こうした近代の能力をできたら放棄することで、近代の葛藤を捨て去りたいと望むかもしれない。あるいは、経済における完成に向けてのこれほどはっきりした進歩は、政治におけるおなじくはっきりした退化を必要とするのだと妄想するかもしれない。だがわれわれとしては、こうしたいっさいの対立を力強く生み出す狡猾《こうかつ》な精神があることを無視してはならない。社会の新しい勢力は、いい成果をあげるためには、新しい人間を必要とする。このことをわれわれは知っているのだ[75]……」。

こうした一般的問題の現象学的分析を行っている『資本論』の最初のいくつかの章でマルクスは、われわれの生産物が商品としての性格をもつことを証示している。マルクスから見れば、われわれの対象世界全体の存在論的基本構造は、商品において開示されてくる。おなじくこの存在論的基本構造は、人間が自己自身から、そして事物から疎外されている事態を特徴とする[76]。だが、こうした経済的分析の社会批判的な、それゆえ人間的な意味は『資本論』では、つなぎの叙述や注に現れているだけである。それに対して「木材窃盗法に関する論争」についての報告（一八四二年）〔4〕では、こうした社会批判的および人間的意味が明確に言い表されている[77]。この論文は、〈手段〉と〈目的〉の、あるいは〈事物〉と〈人間〉の関係の基本的倒錯関係を典型的な例で暴露した最初のものである。この倒錯関係こそは、人間の自己疎外を含むのだ。自己自身に対して、あたかも自分がなにか異質な他者であるかのように振る舞うという自己関係性のあり方、これをマルクスはすでに学位論文で〈唯物主義〉と名づけ、それに対して自らを、こうした疎外の止揚をめざす〈観念論者〔理想主義者〕〉と称している。自己疎外 *Selbst*entfremdung とは、事物への自己譲渡 Entäußerung〔自己外化〕を意味する。なぜなら、本来は人間が事物のために存在するのではなく、人間のために事物が存在するはずだからである。マルクスがこの議論で言おうとしているのは、次のようなことである。材木は所有者のものであるがゆえに、盗まれることがありうる。そういうものとして材木は、ただの木ではなく、経済的および社会的、それゆえに人間的な意味を帯びた事物である。こうした連関のうちに存在する existieren ものとしての材木は、私的所有者としての材木の所有者にとっては、それを盗む非所有者にとってとおなじものではない。それゆえ片方が自らをただ単に材木の所有者であると考え、人間としての自分についてこうした「偏狭な」自己意識を抱き続けるかぎり、また他方は人間としては扱われず、おなじく単なる材木泥棒としてしか扱われないかぎり、法律的に公正なだけでなく、人間的に公平な刑罰は成立し得ない。こうマルクスは論じる。こうした二重の視点で見るならば、人間が社会的な労働による生産物を自ら所持しえないかぎり、人間を規定し、自らのうちに〈包摂〉してしまうのは、死んだ事物であり、〈事物に由来する暴力〉であり、非人間的なものである。だが、材木は「政治的」関係を材木という対象を通じて表現したものである。それゆえに人間はこの単なる材木によってのみ規定されうる存在となっている。それゆえ「木造の偶像が勝ち誇り、人身御供が起きるのだ」。「それゆえ、材木と材木所有者がそういう存在として法律を定めるならば、この法律はその地理的な位置、そして法が与えられている言語によって区別されているにすぎない。このいまわしい唯物主義、諸民族と人類の聖なる精神に対するこの罪悪こそは、『プロイセン国家新聞』〔『アルゲマイネ・プロイセン国家新聞』のこと〕が材木法の制定にあたって材木と森のことだけを考えるように、そして個々の物質的問題を政治的にではなく、つまり、国家理性や国家倫理との関連は考えずに処理するようにと説き回る説教の直接の帰結なのだ[78]」。ある特定の社会的関係のゆえに材木などが人間のあり方と態度を決める基準となるならば、人間の自己意識そのものが物象化され、事物自身が人間の基準となってしまう、とマルクスは論じる。

この木材窃盗法論争におけるのと同じ問いをマルクスは『ドイツ・イデオロギー』においても立てている。つまり、人間が自らの生産物に対する関係に生じる〈疎遠さ〉はなにに由来するのか、という問いである。この〈疎遠さ〉の結果として、人間たちは「自分たちが相互に取る態度のあり方」をもはや自分で決めることは出来なくなってしまい、「人間たち同士の関係が人間たちに対抗する形で自立して」しまい、さらには、「この関係自身が生命を得てその力が人間を上回ることになる」のはどうしてか、ということである。「個人的利害が階級的利害に対立するものとして」不可避的に「自立して行くなかで、個人の人格的対応が事象として独立し、自らに疎遠なものとならざるをえず、同時にみずからとは別の力として本人に対抗するものとなる」[79]が、どうしてそういうことになるのだろうか？　答えは、分業によるというものである。労働のこれまでのいっさいのあり方は、止揚され、一個の全体としての〈自立性〉を得なければならないというのだ。労働のこの変容は、精神的労働と身体的労働への分離が止揚されることを意味するだけではない。それ以上に、都市と農村の対立の止揚でもある。都市と農村のこの対立こそは、「個人が分業に包摂されていることの激烈な表現」なのだから[80]。だが、この分業を本当に止揚するのは、所有を変革するとともに人間のあり方をも変革するような政治的共同体による以外にあり得ないとされる。

おなじく『資本論』は、単に政治経済学の批判に尽きるものではない。それ以上に、市民社会の人間のあり方に対する、資本主義経済を手がかりにしての批判なのである。そしてこの資本主義経済の〈経済的細胞〉は、労働が生み出した製品が商品としての形式をもつことにある、とされている。その元来の目的から見れば、使用のために製造されたモノがすべて、直接に使用物として必要に応じて交換されるのでなく、自立した商品価値として商品市場に渡され、売り手という迂回路を経てそれを使う人の手に、つまり商品購入者の手に届く、そして売り手にとっては、こうしたモノは単なる交換価値しかない。これこそ商品形式だというのである。使用のためのモノが〈商品〉へと自立してしまうこの事態はまた、市民的＝資本主義的世界においては産物が人間の上に君臨するという一般的関係を具体的に示しているわけである。この倒錯がなにに由来するかを暴露するべくマルクスは、近代の社会的労働関係のもつ〈対象的仮象〉の分析を、商品の〈フェティシュ的性格〉に求めた。彼に言わせれば、ごく普通の机は、〈感覚的かつ超感覚的な〉モノである。感覚で捉えられるかぎりでの机は、商品としての机ではなく、使用物としての机にすぎない。ところがそれに対して、商品としての机は、つまり、その値段は、――つまり、商品自身が労働および労働時間の代価なのだから——とりあえずは隠れた社会的関係なのだ。こうして机は「足を地につけて立っているだけでなく、それ以外のすべての商品に対して逆立ちした立ち方をしていて、そのアホな頭から妄想を引き起こすのだ。妄想 Grillen はそのまたの名のコオロギ Grillen が自然に踊りだすよりも、もっと不思議なものなのだ」。「人間たち自身の労働の社会的性格が労働の産物自身の対象的性格となっているのだが、それが彼らには、こうしたモノの社会的な自然的性格であるかに映じる。ここに商品という形式の神秘性が潜んでいる。同じくそれゆえに、全労働に対する生産者の社会的関係も、さまざまな対象間の、人間たちの外部に存在する社会的関係と映るのだ。あるものをべつのものと取り違える quid pro quo ことで労働の産物は商品となる。……つまり、感覚的にして超感覚的な、すなわち社会的モノとなるのだ。モノ同士の関係であるかのような蜃気楼《しんきろう》となるのは、人間たち自身の特定の社会的関係にすぎないのだ。それゆえにこうした関係のアナロジーを見いだしたいと思えば、われわれは、宗教という靄《もや》の世界に逃げ込まねばならないであろう。宗教の世界では、人間の頭脳の産物が、独自の生命を得て、もろもろの妖怪の姿となり、そうした妖怪同士が、また彼らと人間たちとが関係を結んでいるではないか。こうして見ると〔宗教が頭の産物であるのに対して〕、商品世界では人間の手の産物が、相互に関係を結んでいることになる。これを私はフェティシズムと呼びたい。労働の所産が商品として生み出されると、このフェティシズムは製品にかならずつきまとうのだ。そして、このフェティシズムは商品生産とはきってもきれない関係になるのだ[81]」。

商品の生産者、つまり商品形式をとったありとあらゆる種類の対象物を生産する人々は、とりあえずは、彼らの商品を商品として交換することを通じて相互に交流しあうにすぎない。それゆえ生産者たちにとっては、商品の奥に潜んでいる諸関係は、〔本来そうであるはずの〕人間同士の労働の諸関係というようには映じなくなる。むしろ、こうした労働の諸関係という意味での社会的関係は、生産者たちには、商品生産者としての自分たちのあいだの純粋に〈即物的な〉関係として映じることになる。逆に、さまざまな商品のあいだの物質的な関係は、それ自身の法則に服する商品市場で自立的に動く商品単位のあいだの疑似人格的な関係という性格を帯びるようになる[82]。この転倒した関係について人間たちはとりあえずいかなる自覚も抱いていない。なぜなら彼らの自己意識そのものも、商品と同じ程度に物象化されているからである。

この転倒状況は実は歴史的な条件の下に成立しているのだが、その事実は商品に付着して動かしようのない価値形式、つまり貨幣という形式によって隠蔽されている[83]。それゆえ、変えられるのは、商品の値段だけであって、使用対象の商品性格そのものは変えることができないかのように映じてしまうのだ。労働の所産が商品として生産者から離れて自立してしまうという、こうした経済秩序は、まったくの倒錯した秩序である。そのことを理解するためには、現代とは異なる歴史的な社会形式や経済形式と比較してみるのがよい。なぜなら、例えば〈暗黒の中世〉とその時代における人格的従属関係をどのように批判しようと勝手だが、少なくとも当時にあっては労働における人格相互の社会的関係は、彼ら自身の人格的な関係として現れていて、「モノ同士の社会的関係を装う」ことはなかった[84]。つまり、中世においては「人格的な従属関係こそが、所与の社会的基盤であった。それゆえに、労働とその所産は、現実とは別の、幻想の形態を取る必要はなかった。労働の現物的形式、その特殊性こそが中世にあってはその直接の社会的形式であって、それは、商品生産を基盤とした場合のような労働の〈抽象的〉一般性ではなかった[85]」。こうした歴史的展望に引き続いてマルクスは、未来の共産主義的な社会秩序の可能性を論じる。そして、その社会では労働の産物と労働者自身との関係が〈透明性〉を獲得するのだ、と述べて、そうした社会を現代の倒錯した商品世界に対峙させるのだ。およそ商品世界を止揚させるには、社会的に生活している existieren 人間たちの具体的な生活環境全体を根本的に変革するしかない、と彼は論じる[86]。商品としての性格を撤廃し使用物としての性格に立ち戻ることは、物象化した人間を撤回し〈自然な〉人間に立ち戻ることでもある。この〈自然な〉人間の本性は、根本から社会的な共同存在としての人間 Mitmensch ということにあるのだ。「人間はその本性からして社会的である。そうであるならば、その真の本性をまずは社会の中で発展させるはずである。そしてその本性の力は、バラバラな個人の力を基準にして測るのでなく、社会の力を基準にして測らねばならないのだ(87)」。こうした基礎的前提に依拠してマルクスのプロレタリア的社会主義が生まれたが、それは、ヘーゲルが模範としたアリストテレス的理想に依拠したものだった。その理想とは、政治的人間からなるポリスであり、そうした政治的人間の自由とは、他者の存在においてのみ人間は自分本来のあり方が可能になるという意味での自由だった。

## b　キルケゴール

共同の社会的生活というこうした理念に激烈に抵抗したのがキルケゴールである。「われわれの時代」においては——〈システム〉〈人類〉〈キリスト教世界〉のどれであれ——いかなる形の結合形態も、水平化の力にすぎないと彼には思えたからである。「社会主義や共同体の理念が時代を救うなどというのは、話にもならない。……われわれの時代には結社原理は（そうしたものはせいぜいのところ、物質的利害に関してのみ通用しうるものだ）肯定的なものではなく、否定的なものとなり、逃避であり、……感覚の欺瞞であり、その弁証法は、個人を強化しながら、それによって彼らを無気力にするのだ。まとまって集まる数を通じてひとりひとりの個人を強化してくれるが、それは倫理的には弱化なのだ」[88]。社会主義の大きな間違いは、差異を本質とするこの世俗界の手段を使って、平等の問題を解決しうると考えたところにある。

キルケゴールの関心事は人間同士の平等ではなく、〈大衆〉に対するキリスト者の単独性であった。「社会についてのご立派な理論」が必要なのではないとするキルケゴールは、それと反対に「個人としての人間的な実存状況の」色あせた「原初の文書」を解読することを欲した。なぜなら時代の混乱に対応するには、人間の実存に必要な「重し」を与え、それによって永遠性に根を下ろして時代の流れに対抗するしかない、というのだった。キルケゴールにとっても重大な問題は、人間の疎外だったが、それはこの世における疎外のことではなかった。彼にとっての問題は、この世および国家とつながってしまった当時のキリスト教における疎外だった。

彼はあるパンフレットに『瞬間』という表題をつけた。それは、キリスト者のあり方をとるのか、世俗につくのかの決断がこの瞬間になされねばならないという考えのゆえだった。このパンフレットで彼は、変革を引き起こそうという気持ちの最終的結論を述べている。(89) そのなかでキルケゴールは、皮肉をとめどもなく駆使しながら、「プロテスタントの凡庸さ」に抗議の声を発している。彼は、世俗の世界とキリストとのあいだを媒介しようというプロテスタントの国家教会におけるキリスト教徒の愚鈍さを批判する。同時に、国家とキリスト教を媒介したヘーゲルにも批判の声を上げている。パンフレット第一号の最初の文章は、国家においては哲学者が支配者となるべきとするプラトンのテーゼの皮肉な解釈からはじまっている。「周知のようにプラトンは、その『国家』のどこかで、統治する気のない者が権力についてはじめて正義が期待される、と述べている。……この彼の発言は、いつか別のこと(ここではキリスト教のこと)を本気で考えなければならない場合にも、当てはまろう」。真の政治家と真のキリスト教徒は、権力につく気があるわけがない。なぜなら、政治家の場合には国家とはなんであるか、キリスト教徒の場合にはキリスト教とはなんであるかをよく知っているはずだからである。ところがいわゆるキリスト教的国家においては、人間が神を「守る」などとされるのだ。「国家のように理性的な存在が、このような背理に思いいたるなどということがどうしてありうるのだろう」とキルケゴールは、ヘーゲルをあてこすりながら述べる。つまり、神を守ろうなどという背理のことである。「ところで、この話には長い歴史がある。キリスト教はこの世の時間の経過の中でその真の性格、つまり神的な性格にそぐわない扱いを受けてきて、しかもその度合いが増大している。由来はそこにある。キリスト教がこの世に登場した頃の政治家に誰でもいいから想像のなかで尋ねてみるがよかろう。〈あなたはどう思われますか。この宗教は国家のための宗教となるでしょうか?〉と。こう聞かれたらその政治家は、あなたのことを気でも狂ったのかと思うだろう。そして、答えるにもあたいしないと考えるはずだ。――だがキリスト教のお相手をするのが、恐がりの意気地なしだったり、凡庸な連中だったり、時代の利害だったりすると、事態は違って見えてくるのだろう。実際にそうなると、キリスト教は(お相手してくれる連中のやり方のせいで、みじめな生き物に落ち込んでしまっているキリスト教は)国家が守ってくれると感謝するにちがいないと思えてくるのだろう。なぜならそれによって名誉ある存在となるからだ[90]」。だが人間は神を守ることなどできないはずである。真のキリスト教とは、「キリストのまねび」以上のものでも、以下のものでもないからである。キリストのまねびということは、いっさいの世俗的なものを断固として放棄することだからである。だが、人間にとってこの世俗とはまさにまずは国家として存在する。それゆえに、キリスト教と国家のこのうわべの合意という広く受け入れられている嘘に「瞬間」は激しくあらがうのだ。「国家が千人の役人を雇い入れて、彼らが家族とともにキリスト教の邪魔をすることを生業とするようにしたとしよう。……するとこれはおそらく、キリスト教を存在不能にしようとする試みということになるだろう。だが、このキリスト教妨害の試みがあったとしてもそれは、現実に起きていることに比べたらずっと危険度が低いであろう。現実には、国家が〈キリスト教を告げ知らせる〉役目をもった役人を千人雇い入れているのだ。この千人の役人たちの金銭的利害は、第一に人々がみずからをキリスト教徒と称することにあり……、第二に、彼らがキリスト教徒と称するだけであること、つまり、キリスト教が真になんであるかを彼らが知るにいたらないことである。……こうした役人階層の効用は、キリスト教が邪魔されることに、そしてそのために千人の役人が家族もろとも俸禄を得ていることにあるのではない。いやそれどころか、彼はキリスト教を〈告げ知らせ〉、〈広めているのだ〉。彼らは〈キリスト教のために働いているのだ！〉。これこそキリスト教を存在不能にするためのおよそ考えうる最も危険なことであると言えないだろうか？」[91]〔5〕*。こうした国家教会もしくは国民教会というキリスト教のあり方は、デンマークではグルントヴィがその主唱者であるが[92]、これこそ新約聖書が真のキリスト教として説いたものの正反対である。近代キリスト教世界においてキリスト教はその普及によって撤廃されてしまったことになる。教会と国家のヘーゲル的な宥和は、キルケゴールの宗教的憤激とマルクスの社会的憤激へと逆転することになった。

マルクスはブルジョア革命の時代を『ルイ・ボナパルトのブリュメール十八日』で論じ、(93)この時代を、その情熱には真理がなく、その真理には情熱がないと形容した。完璧に醒めて散文的になったこの世界は、借り物によって維持されるだけだ。この世界の発展なるものは、同じ一つの緊張と弛緩であり、この世界における対立は、先鋭化されるとまた緩み、対立そのものが崩壊するといったものである。またこの世界の歴史は事件なき歴史であり、この世界の英雄は英雄的行動なき英雄でしかない。この世界の最高原則は、〈決断の欠如〉である。キルケゴールも彼の現代批判のなかで、ほとんど同じ言葉使いで、この情熱と決断なき世界を〈水平化の兆候〉として捉え、(94)重要な差異がひとしなみにされることに対抗して、差異を強調した。水平化の具体的なあり方としてキルケゴールは、語ることと沈黙することのあいだには情熱的な区別があるのに、その区別が平均化され、無責任なおしゃべりに堕する事態を分析した。また、私的側面と公的側面のあいだにも情熱的な区別がなされねばならないのに、その区別が平均化され、半ば私的、半ば公的な駄文出版になっているさま、そして、形式と内容とのあいだの同じく情熱的な区別が、実質も形式もないもやもやしたものに落ち込んでいるさま、さらには、秘密と自ずとわかることのあいだにもあるこの区別がただの顕示に堕している事態、本質的な恋愛と放蕩《ほうとう》のあいだの情熱的区別も情熱なき情事に落ち込んでいるさま、客観的な知識と主観的な信念のあいだにあるはずの区別もなくなって、いい加減な思いつきになりさがっているさま、こうしたいっさいを彼は分析している。マルクスはこの破産した「老化した世界」に対抗してプロレタリアートを持ち出し、キルケゴールは、神の前に単独者として立つ実存を持ち出す。キルケゴールにとっては経済的な動揺は、単なる兆候という意味しか持たないようだ。「こうした経済的動揺は、ヨーロッパの基本的あり方が……全面的に変わったことを示している。やがてわれわれは、内面の動揺を経験することになるだろう〈聖なる山への脱出 secessio in montem sacrum〉」。(95)〔6〕彼に言わせれば、ヨーロッパは経済的、社会的、政治的に破産に向かって突き進んでいる。だが、それ以上に重要なのは、その精神的堕落である。特に、〈新聞雑誌〉の拙速な仕事による〈言語の混乱〉である。一番いい対処法は、時代の鐘が鳴るのをしばらくやめさせることだ。しかし、それはおそらくうまくいかないだろうから、金融界の人々とともに同時代人に向かって、こう叫びたいと彼は述べる。「倹約！　徹底的な断固たる倹約だ！」(96)。つまりは、他の問題に関わるのを減らし、倹約して人間の実存の基本に関わる問題、裸の実存の問題それ自身にのみ集中するべしというのだ。これこそはキルケゴールから見れば、マルクスが「生に関わる重大なこの世の問題」と呼んだものの裏側にある問題なのだ。こうしてふたりは現存の体制と同じように決別した。そして市民的＝資本主義的な世界に対してマルクスは世俗内での批判を行い、それに相応してキルケゴールは、市民的＝キリスト教的世界に対してマルクスに勝るとも劣らぬラディカルな批判を行った。彼から見れば、この市民的＝キリスト教的世界は、元来のキリスト教とはかけ離れたものとなっていた。同じくマルクスから見れば、ブルジョア国家は、ポリスとかけ離れたものとなっていた。マルクスが大衆の外面的な生活状況 Existenzverhältnisse に決断を迫らせたのに対して、キルケゴールは、単独者の自分自身に対する内面的な実存的関係 Existenzverhältnis を迫った。(97) マルクスは神抜きに哲学をしたのに対して、キルケゴールは神の前で哲学した。このように両者のあいだには明らかな対立関係があるが、共通の前提があるのだ。それは、神との乖離《かいり》であり、世界からの乖離である。二人にとっていわゆる実存とはもはやヘーゲルにおけるのとは異なっていた。ヘーゲルにおいて実存する ex-istere とは「外部に立ち現われる」、すなわち内面の本質的ありようが外面に現れて、それにふさわしい外的な存在のありよう、すなわち現実存在へと出現することであった。(98) それに対してキルケゴールにおいて実存とは、単独者が良心において決断する実存へと引きこもることであり、マルクスにおいては、大衆状況の政治的決断へと進出することであった。ヘーゲルが一体化したものを二人は、再び切り裂くことになる。ヘーゲルの理性的世界との同じような乖離が理由である。マルクスは、人道的に助け合う「人間的」世界を求めようと決断し、キルケゴールは、世俗を没したキリスト教、「人間的に見れば」「非人間的な」キリスト教を求めようと決断した。

ヘーゲルとニーチェとのあいだの知的できごとを、このようにその体系的かつ歴史的な帰結において理解するならば、マルクスの経済的分析とキルケゴールの実験的な心理学が構想の面でも歴史的な面でも相互に内属しあうものであることが、そして両者あいまってヘーゲルに対する一個のアンチテーゼであったことがわかろうというものである。彼らは「存在する」この世界を商品と貨幣によって規定されたものとして捉え、またイロニーと退屈の「輪作」によって規定された実存として捉えた。ヘーゲル哲学の「お化けじみた精神の王国」は、労働と絶望からなる世界にあっては妖怪と化した。マルクスにあっては、『ドイツ・イデオロギー』が、ヘーゲルの即自的かつ対自的に存在する「理念」を転覆させ、キルケゴールにあっては、『死に至る病』が、ヘーゲルの絶対精神の「自己享受」を転倒させることになる。[7] ヘーゲルにおける歴史の完成は、ふたりにとってはそれぞれ、広汎な extensiv 革命の前史であり、また、強力な intensiv 宗教改革の前史なのだ。ヘーゲルにおける具体的な媒介は、転倒されて、抽象的な決断となる。つまり、古きキリスト教の神への帰依という決断であり、新たな現世の世界の建設という決断である。ヘーゲルにおける活動する精神なるものの位置に取って代わるのが、マルクスにあっては、社会的実践の理論であった。キルケゴールにあっては、内的行為に関する反省であった。このように考えることで二人とも、理論を人間の最高の活動とする考え方から、はっきりと自覚しつつ自ら望んで離れ去ったのだ。彼らは確かにおたがいに相当に遠い。だがいかに遠くとも、二人は近く、親戚関係にあるといってもいい。特に現存の体制への共通した攻撃において、(99)そしてヘーゲルからの離脱においてそうなのである。なにが二人を分けていようとも、この世と神の世界との全面的な乖離に両者とも目を据えているという共通性はまさにその違いによってあきらかとなる。もともとこの乖離は、十八世紀から十九世紀への転換にあたって若きヘーゲルが出発点としたものである。分裂した両者を最高の精神的次元で統一する絶対者の再建を目指したヘーゲルの出発がこの乖離だったのだ。

## 第四節　ヘーゲル的宥和の起源としての分裂

ヘーゲルが〈現にあるもの〉〔現存の社会や文化〕と果たした宥和の以前にあったのは、この宥和からその後に発生したものとおなじであった。つまり、現存の体制との根本的な分裂・対立である。この危機をヘーゲルはヘルダーリン*とともに心底から体験したのだが、やがてこの青春時代の友人と沈黙のうちに別れた頃が、ヘーゲルにおける世界との宥和のはじまりであった。彼はこのあるがままの世界と宥和したのである。彼から見れば、「若者」の本質は単独性にあり、単なる理想主義で普遍性を追いかけるだけである。そうした若者的なあり方からヘーゲルは袂を分かち、一八〇〇年九月十四日と記された彼の体系草稿の最後の文章で大人らしく「時代と一体となる」という決断を表明している。そうするのは、自分自身および世界との分裂のなかで空疎にふんばるだけに終わらないようにするためだというのだ。このように時代と合流することが「不見識で下劣」だという向きもあろう――とヘーゲルは、彼の人生におけるこの決定的な転換点にあって、はっきりとこう表明する――。だが、もしもそうならば、ばらばらに切り離されて、なにかひとつのことにのみ固執する〈絶対的唯一者〉だけが残ることになってしまう。その点では、固執の対象が、内面的生活という空疎な主観性であろうと、あるいは、外面的世界という外面的客観性のどちらであろうとも、同じことである。もしもそうなると、唯一で全体的な生が自己分裂して、「絶対的な無限存在に対抗する絶対的な有限存在」となる事態のみが、最終的かつ絶対的な段階となってしまう。そうなると人間はみずからを絶対的に自立した存在と考えるか、あるいは、はるか遠くの神に絶対的に依存した存在と見るようになるかであろう。さらには、自らをばらばらな単独者と考えるか、あるいは大衆の中の生活者と見なすかであろう。または、みずからをまったく外面だけの存在と見るか、まったく内面化したあり方を重視するかであろう。しかしそうした二項のどれであっても、分裂そのものにとっては同じことである。なぜなら片方の極があれば、それとともにおのずからもう片方の極も生じているからである。「内面が自立し切り離されるにつれて、外面もその分だけ自立し、また切り離されることになる」。

この最初の体系草稿を書き終えた直後にヘーゲルは、シェリング宛の書簡で[100]、「若者の理想」は自分にあっては、「体系」へと変じた、そして自分は教授資格を取って、再び人々の生活のなかに分け入っていくつもりだ、と書いている。こうして市民社会の職業に就くことによってヘーゲルは、現存する世界のシステムへと自分を重ねあわせて行く。とはいえ、フランクフルト時代の初期には彼はまだ、迷っていた。分裂の苦痛を楽しむか、宥和の力に賭けるかで揺れ動いていた。そして「世界との紐帯」を結ぶのをやめようとしただけでなく、そうした紐帯を「計略で阻止しよう」とさえしていた[101]。しかも四十歳にもなっているのに、「時に現実に賛同したり、時に反対したりとあまりに変動しやすい自分の生き方と自分の本来の本質的内面とのあいだに真に宥和を生み出す役割を」自らの婚約者に期待していたほどである。[102] だが基本的にはヘーゲルは、すでに十九世紀への変わり目において、世界の現実の側についていた。世界の現実こそは彼にとって、「事柄の基礎」であった。[103] それ以後の彼は、いっさいのロマンチックで分裂した魂、「精神のめまい」に襲われた魂、自分自身および世界と分裂した、悩める美しき魂なるものに大反対の立場を取ることになる。この大反対は、憤懣《ふんまん》とあざけりがこもった、いっさいの宥和を許さないものだった。彼はヘルダーリンの運命を見て、またさらにはロマン主義者たちの運命を見て、人間がこの世でいかなる形でも自分のいどころを「見出せず」、「とけ込む」ことが出来ない場合、それは、当該の人物の個人的な不運によるというよりは、むしろ「真理ならざるあり方」によるのであり、「定められた運命を知らないという運命」でしかないのだという確信を抱くにいたった。

とはいいながら、分裂そのものは、哲学のひとつの「前提」としてはたらき続けている。[104] もうひとつの前提は、哲学のあらかじめ設定された目標としての統一である。分裂と統一という絶対者のこの二重の前提をヘーゲルはベルン時代およびフランクフルト時代に、根源的な「哲学的欲求の源泉」として自ら体験した。そしてさらにはフランクフルト時代の先に触れた転換点にあたって、世界の全般的な状況との関連で詳しく解き明かし、イエナ時代の最初のいくつかの論文でこの二重の前提を「同一性と非同一性の同一性」という表現にいたるまでに徹底した思考を貫いたのだ[105]。

ヘーゲルの危機 Krisis はしかし、自己自身についての反省というかたちで文章となったのではなく、移行の時代である彼の時代における「世界的危機」の分析というかたちで記されている[106]。時代と一体となるという方向に彼はすでに決断していたが、この決断はまずは、現状の社会や文化に対する批判 Kritik として表現された。なぜなら、現に存在するものと一体となる可能性があるとすれば、その前提はこの批判にこそあるからである。現存の世界的危機を叙述したこの文章は当時は発表されなかったが、この中でヘーゲルは、実はマルクスがのちに新たに行った批判の決定的な特徴のいくつかを先取りしている。他方で、マルクスがヘーゲルの媒介のうちに発見することになる矛盾は、まさにヘーゲルがその両極を宥和させようとした矛盾そのものなのだった。現存の文化や社会の矛盾をまずは発見する批判から、法哲学における媒介を目指した分析が生じてきたわけだが、まさにそのゆえにマルクスは、ヘーゲルにおける現存の社会や文化の正当化を、批判的に継承することができたのだ。一八四一年の若きマルクスは、このヘーゲルの批判は知るよしもないままに[107]、一八二一年のヘーゲルと対決しつつ、実際には、一七九八年の若きヘーゲルにさかのぼってその時点でのヘーゲルに依拠しようとしたのだ。同じく、フォイエルバッハの愛の宗教も、そしてバウアーによるキリスト教批判も、テーマとしてはヘーゲルのいわゆる『初期神学論文集』[8]に立ち返っていたことになる。青年ヘーゲル派による批判 Kritik は、実はヘーゲル自身が経験した危機 Krisis を、つまりヘーゲルが体系において克服する以前に深く味わった危機をくり返したことになる。それゆえマルクスが市民社会の危機を、すでにヘーゲルが描いたのと同じような描き方で論じたのも決して偶然ではない。もちろんその後のヘーゲルは、「人倫がばらばらになって両極端になっている事態」を、プラトンとルソーによって設定された国家において――実際にはその国家とはプロイセン国家だったのだが――「まとめきろう」とすることになるが。

ヘーゲル描くところの世界的危機にあっては、時代の現象が示しているとおり、誰もがもはや昔の生活には満足できない状態になっていることは、明らかである。しかし「この現存する世界状況の否定的側面を止揚し、そのなかに自分の場を見いだし、生きていけるようにするためには」〈理念〉から〈生〉への、理性から現実への移行が必要だった。特にドイツ国家〔Deutsches Reich、神聖ローマ帝国のこと〕にあっては、いっさいの法の法源となる「権力を備えた普遍性」が消滅してしまったと彼は述べている。なぜならこの国家を支える普遍性〔貴族のこと。このあたりは若きヘーゲルの『政治論文集』所収の「ドイツ憲法論」に詳しい〕は、孤立し、個別的な特殊性に堕してしまったからである。またひとりひとりの人間も、ヘーゲルに言わせれば、もはやまとまったひとりの人間ではなくなってしまった。ひとりひとりの人間は、教会と国家のあいだの現在の困った関係と同じに、二つの「断片」に「分解」してしまっている。「特定の国家人間と教会人間に」「分解」してしまい、まとまった全的人間ではなくなっている。[108]生の普遍性なるものは、もはやただの「思想」としてのみ存在している、とヘーゲルは論じる。公共の議論 öffentliche Meinung[109]は、どの方向に向かうべきかについて、信頼の喪失を通じて、すでに決めている。そうしたすでに決まっていることを一般の意識にもたらすのには、たいした労を要しないであろう、とヘーゲルは言うのだが、この明確な〈意識〉を階級としてのプロレタリアートに付与するのが、やがて、マルクスの関心となったのだ。さらにヘーゲルが論じるところでは、この全体なるものの失われた〈普遍性〉こそ再建しなければならないものなのだ。そして、『法哲学』においてヘーゲルは、この普遍性の思想がいまや現実として現に存在しているのだということを見せようとすることになる。とはいえ、まだこの初期の時点ではとりあえず矛盾を矛盾として発見するにとどまる。このような矛盾としてヘーゲルが挙げるのは、所有権の世界、ただの〈事物〉が絶対者となるような、このちっぽけで権威に弱い世界、つまり――〈俗物〉と〈商品〉の世界――そしてそれに相応して、マルクスの言い草を借りるなら、「天国を思って」そうした世界を越えているつもりになっているような世界〔宗教と教会の世界〕、すなわち「没精神的状態という精神」に即して所有世界の「厳かな補い」になっている世界のあり方である。さらには、貧困と贅沢《ぜいたく》という相互に関連しあう対立関係である。[111] これはマルクスにとってたえざる問題となるものだった。ヘーゲルに言わせれば、よりよき人間は、ただ「商品の提供を受け」その可能な範囲でそれを「使用することができるだけの」こうしたいかなる面でも狭い生活のあり方を斥ける。とはいえまた、真のありかたをひとりで「思い描き」、そうして描いたものを、ヘルダーリンが『ヒュペーリオン』でしたように自らの同伴者にするだけでは足りない。人間は、「叙述されたものを、生きたものとして」経験できなければならない。そのためには、現在の矛盾を真に解決することが必要だというのだ。こうした解決はしかし、「現存の状態がその権力と品格のすべてを喪失する」という危機の頂点においてのみ可能となるのだ。現存の世界はヘーゲルから見てもマルクスから見ても、自己自身やその世界に対する内的かつ外的な暴力によって攻撃しても、倒すことはできない。そうではなくただ「それ自身の真理」を通じてのみ攻撃し、倒しうるものなのだ。現存の状態のなかに隠れているとともに、その状態を掘り崩して行くこの真理なるものは、法の、追求されている普遍的基盤である。つまり、この法的普遍性は、あの狭隘な生活ですら、たとえ現在のところでは、抽象的特殊性に分解してしまっていようとも、自らが存続するために、自ら依拠していると認めねばならないものなのである。やがて、この狭隘な生活には自らの普遍性要求に見合った生きた法は存在しないと、よりよき生によって否定されることになる。もうすでに時代には、このよりよき生の息吹きがそよぎはじめているではないか。「時代の流れは、偉大な性格をもったひとりひとりの人間の行動によって、あらゆる民族の動きによって、詩人の描く自然と運命によって豊かになって行く。そして形而上学が境界を、また全体との連関における必然性を定めるのだ(112)」。

そしてヘーゲルはヴュルテンベルクの状況についての文章〔「議会は市民によって選ばれねばならない――ヴュルテンベルクの内政状況について」という一七九八年の文章〕で正義を求める革命的パトスに溢れながら、こうした変革の必然性を説いている。分裂が分裂として意識されるということはすでに、〈現状〉にたいして、別の時代、よりよき時代を想念することができ、描き出し、望むことができ、そうした時代をもたらすことができるということの帰結なのだ、と。「あるもの」、つまり現状は、分裂の時代にあっては、「永遠に存在するもの」ではなく、いずれは過ぎ去る存在、真の現実でないままにただ現存するだけのものだ、というのだ。「概念によって把握する *begreifen*」ということは、マルクスにおいてもそうだが、単に理解するということではなく、批判と変革という意味なのだ。「目下のところまだ存在している国家という構築物は、このままではとうてい維持できない、という感情が広がっている。国家が崩壊し、その崩壊の際に誰もが傷つくのではないかという不安も広がっている。この国家は崩壊するという信念を心に抱きつつ、この不安が大きくなり、なにを壊し、なにを維持すべきか、なにがそのまま存続すべきなのか、なにが倒れるべきなのか、そういったことは運まかせにしてもいいのだろうか？　維持できないものからは、出て行くべきではなかろうか？　なにが維持できないものなのか、静かなまなざしで、調べるべきではなかろうか？　この判断にあたっての唯一の基準は正義である。正義を実行する勇気だけが、すでにぼろぼろになっているものを恭しく取り去り、安全かつ安定した状態を生み出す唯一の力である。どんな制度も、国政も、そして法律も、もはや人々の文化や欲求や見解とあわなくなって、精神の抜け殻になってしまっている場合には、それが今後も存続するなどと考える人々は、なんとも盲目である。頭でも感覚でももはや興味を抱けないような〔政治〕形態が、今後も国民の紐帯となりうる強さを持っているなどと信じるのも、盲目そのものである。精神が抜けてしまった社会関係や国政に再び信頼を取り戻させ、墓掘り人を美しい言葉で形容しようなどとするいっさいのくわだては、そうした言葉の賢い起草者たちの屈辱となるだけではない。さらには、もっと恐ろしい爆発を引き起こすだろう。改革の要求に復讐心が加わり、常に欺かれ、抑圧されている大衆が、あまりの不正直さに対して罰を加える、そういった爆発を引き起こすだろう。……だが、変革が必要というなら、実際になにかが変わらねばならない。これは、味もそっけもない真理である。だが、言わねばならない。なぜなら、変革を望む勇気と変革せざるをえないという不安とは異なるからである。不安に駆られている人々は、変革の必要性を感じ、また認めはするが、実際に変革がはじまるとなると、とても弱くて、これまで持っていたものをすべてそのまま持ち続けたくなるものなのだ。その点では、浪費癖のある者が、支出を減らさねばならないのに、これまで欲求を満たしてくれた品物を、削れといわれても、やはりどうしても必要だと考え、なにもやめる気にならないでいるうちに、ついには、必要なものも不必要なものも取り上げられてしまうのとおなじだ。こういう軟弱な光景はひとつの民族が、例えばドイツ人が見せていいわけはない。変革こそ必要だという冷たい信念に依拠して、ドイツ人は、個々の細部を調べることを恐れてはならない。不正義と思うものがあれば、不正義に苦しむ者は、それを排除すべきことを要求すべきであるし、不当な財産を所有している者は、そうした所有を自らすすんで犠牲にすべきである」[113]。

内面の生活と外部の生活がばらばらの状態、私的生活と公的生活が切り離されている状態、こうした状況のゆえに、全体は〈没精神〉であり、マルクスがフォイエルバッハの立場から言うとおり〈非人間的〉となる。それゆえヘーゲルにとってもマルクスにとっても、現存の状態への批判がもつ積極的な動きは、精神に満たされた、言い方を変えれば人間的な統一性、現実の生の全体における統一性の再建をめざすことになる。

変革を求めるこのような呼びかけをするにはするが、ヘーゲルの批判はやはりマルクス主義的な宣言とは異なる。政治評論家としても彼は、基本的には現状を、つまり存在するものを概念によって把握する *begreifen* ことをめざすのだ。このような概念的把握こそは、彼が次に書いたドイツ憲法論をめぐる批判的論文の明白な目的である。だが、この論文は、陰鬱なあきらめの思いに溢れている。激しい批判もあるにはあるが、最終的には、現状をよりよく理解しようというのが目的である。それどころか、「穏健に耐え忍ぶ」ことすら奨励されている。批判から理解へというこの移行は、両義的である。そしてこの両義的で曖昧なところをヘーゲルは、理想 Ideal と現実の相違を理念 Idee という概念を使って消すことで隠蔽しようとする。あるいは、あるべき状態と今の状態の相違を、「運命」的にこうであらねばならなかったという考え方で止揚するかたちで覆い隠すのだ。[114] 理解という命題を彼は以下のように詳述している。「本論文の思想は、それが公的に発言されたら、存在するもの、つまり現状を理解し、それによって、より穏やかな見解を抱き、現実と接触しつつ言葉においてより穏健に耐え忍ぶこと、これ以外の目的と効果以外のなにものもめざしたものではない。というのも、現状がわれわれを怒り狂わせ、苦しませるのではなく、われわれを怒らせ、苦しませるのは、現状があるべき状態でないということなのである。だが、今あるのは、こうであらざるをえない müssen からあるのだ、と認識するならば、つまり恣意や偶然のゆえにこうなっているのではない、ということを認識するならば、われわれは、やはり今のようであるべきなのだ sollen という認識に達するのだ」。[115] だが、こうであらざるをえない müssen そのさまをどのようにして認識し、またそれゆえにこうであるべき sollen だからこうなっている sein のだ、と認識すること、これをどうやってヘーゲルは果たしうるのだろうか？ それは、「世界精神」とはなんであるかを彼は、知っていると思い込むことによってできたのだ。[116]

今のようであらざるをえない müssen という洞察を、ヘーゲルは歴史の中で自己自身を自覚して行く精神によって根拠づけた。これは強引で大胆なやり方だったかもしれないが、それは、ドイツ人を彼がどう見ているかという見解を知れば、割り引きして見る必要がある。先に引いた箇所に続けてヘーゲルが彼なりに見る政治の必然性について語っているところがある。そこではドイツ人について次のように言われている。ドイツ人は「その概念のゆえに」つまり、彼らはきわめて哲学的であるがゆえに、眼前にある事態を認めるにはあまりに不正直なようだ。「ドイツ人は自分たちの要求することと、要求どおりにならず実際に起きることとが永遠に矛盾するので、ただひたすら非難の病気にかかっているだけでなく、自分たちの概念について語りはじめるとただそれだけで、真理に遠く、不正直に見える。なぜなら、彼らは権利と義務について語るときに、そこに必然性を設定するが、そうした必然性に則してものごとはいっさい動いておらず、またそのことに彼ら自身がきわめて馴れっこになってしまっているからである。時には彼らの発言は行動と矛盾するし、事件が起きても、それの意味づけにあたって、現実とはまったく無縁のものをでっち上げ、そうした事件の説明をある種の概念に即してずらすからである。とはいえ、通常ドイツで起きていることを、起きねばならないことの概念に即して、つまり、国家の法に即して知ろうとする者がいれば、そういう人は、最高にまちがうことだろう。というのも、国家が解体していることは、いっさいが法律に即さないで動いていることでわかるからだ。またこうした法律が取る形式が、真実のところ、この法律の基盤であり根拠であるように思うならば、そういう風に考える人も、まちがっていることになろう。なぜならその概念のゆえにドイツ人は、実際の事態をあるがままに認めないという不正直なことになっているようだからである。事柄の力のなかにあるもの以上も以下も見ないことができないのだ。彼らは自分たちの概念に忠義を尽くしているが……、実際に起きていることは彼らの概念と対応しないのが普通なのだ。概念の側であれ、事実の側であれ、どちらが得かに応じて、言葉を通じて概念の力で、概念と事実を相互に妥協させようと努めるのだ」。

ヘーゲルがドイツ人は注文ばかりしてすぐに非難する病気にかかっていると批判したこの不正直さはしかし、ヘーゲルの宥和のうちにも含まれている。彼のこの批判の最後に問題をはらんだ順応が見えるのは、偶然ではない。現存する事態への挑戦も、あるいはそれへの妥協も、「あるもの」の概念的把握なるものにひそむ両義性によって覆い隠されている。なぜなら「あるもの」といっても、それはもうあるだけになりさがっているものでもありうるし、真に現実的なるものでもありうるからである。「あるもの」としての現実[117]という概念におけるこの根源的な両義性の橋をヘーゲルは渡って行ったのである。つまり、分裂から統一へ、青春時代から熟年へ、フランス革命からナポレオンの支配を経て、プロイセンの興隆への橋を渡ったのである。

国家への関係が変化したのとおなじ道を、キリスト教との関係においてもヘーゲルは、通っていくことになった。彼は後にはキリスト教のドグマを哲学的に正当化することになったが、それ以前には、神学とキリスト教の批判がなされていた。この批判は彼の弟子たちがふたたび行うことになる。シェリング宛の一七九五年の手紙は、「教義学の情熱」を冷ましうると自称するプロテスタント神学が陥っている困惑状態をいい気味だといわんばかりの調子に溢れている。「テューービンゲンにおける哲学が神学的＝カント的道を〈神々にとって喜びでしょうが〉歩んでいることについて君が述べていることは、そのとおりでいぶかしいことでもなんでもありません。正統派神学は、その職業が世俗の利害と国家全体に織り込まれているかぎり、どういう批判をしても無駄です。この利害はすぐに放棄するにはあまりに強固なのです。……この連中は、自分たちの信念〈彼らのばかばかしい言葉の羅列を〈信念〉と呼ぶ栄誉に浴させるとしての話ですが〉に反するものを読んだとしても、しかも、その方が正しいと感じたとしても、この方が多分正しいだろうと言ったきり、おやすみになるだけなのです。そして、翌朝には平気な顔をしてコーヒーを飲むでしょう。なにも起きなかったごとく、コーヒーをつぎあうでしょう。どのみち彼らは、自分たちに与えられるものすべて、いい加減な体系のなかで受け取れるものすべてに満足しているのですから。神学者どもは彼らのゴシックの寺院を強化するために批判的礎石なるものを集めていますが、そういう彼らの邪魔をするのはおもしろいことでしょう。ようするに、彼らの蟻のような勤勉をできるだけ邪魔することです。なんでもやりにくくしてやることです。彼らが逃げ込む穴のすべてから鞭《むち》で外に追い出すことです。ついには、逃げ込むところがなくなり、みっともない姿をありのままに白日の下にさらけ出さねばならなくなるでしょう」(118)。

その数年後になるとヘーゲルは、ユダヤ教およびキリスト教の精神を、ギリシア、ローマおよびゲルマン民族のそれから区別して、両者のあいだの弁証法的媒介などまったく無理となるようにしてしまった。キリスト教は聖なる社の森を破壊し、ゲルマンの民の宗教的なファンタジーを、恥ずべき迷信と宣言した。その代わりに別の民族のファンタジーをわれわれに与えたのだ、と述べてから、さらに次のように言っている。「その民族の暮らしていた気候も、またその民族の律法も、さらには、文化も利害もわれわれにはなじみのないものであったし、その歴史もわれわれとはいかなる点でもつながりのないものだった」。「わが民族の想像力のうちには、ダビデやソロモンが生きているようになった。逆にわが祖国の英雄たちは学者先生の書く歴史書の中でまどろんでいるだけではないか。そしてこういう学者先生が興味を抱くという点では、アレクサンダー大王もシーザーそのほかも、*カール大帝や*フリードリヒ赤髭王も変わるところはないのだ。われわれはもともと一個のネーションではなかったのだから、プロテスタント教徒にとってのルターを除けば、われわれの英雄になりうる者はいないはずではなかろうか[119]」。だが、ヘーゲルに言わせれば、宗教改革といえども、つまり、国民的かつ宗教的意義を持ったこの唯一のドイツ的事件といえども、もはや民族の記憶のうちには生きていない。毎年の記念日でのアウクスブルク信仰告白〔一五三〇年にメランヒトンを中心に作成された、ルター派教会の最初の信仰告白書〕の朗読のうちに生きているぐらいだ。誰もが退屈するこの朗読のうちに[120]。「こうして、われわれの大地に根ざし、われわれの歴史と結びついたいかなる宗教的ファンタジーもないままに、つまりは、いかなる政治的ファンタジーもないままに、われわれの庶民のあいだでは、迷信という名の、自分たちのファンタジーの名残りがそこかしこに時たま徘徊しているだけなのだ。ここは、かつて騎士の誰それが悪行のかぎりをつくしたところとか、あるいは僧侶と尼僧たちが耽《ふけ》ったご乱行のために幽霊が出るという丘の思い出であったりという程度なのだ。……どれもこれも、自立と自己所有の試みの寂しくかつ悲しい痕跡でしかない。そしてこうした痕跡を完璧に抹消することこそが、この〔ドイツ人という〕ネーションの啓蒙された階層の義務とされているのだ[121]」。それと異なるのが、アテナイにおける祝祭である。この祝祭は、宗教であると同時に政治でもあり、教養のある者もない者も参加できたのだ。一年だけアテナイの城壁の中で暮らせば、宗教礼拝、演劇、そして祝祭を通じて、このポリスの歴史と文化を知ることができたからだ。反対に、聖書の物語は、そのドグマや歴史に関する内容からして、地域に依存した自由な想像力にはそぐわないものでしかない。〈ユダヤ〉を現在のドイツ人に身近にするのが難しいのとおなじに、〈アカイア〉を〈トゥイスコ人〔ゲルマン民族の始祖〕〉の祖国にするのもうまく行くわけがない。ギリシア人やローマ人の神々や祭壇、犠牲の儀式や祝祭は、〔制度化された〕〈実定的な〉意味は持っていなかった。つまり、外面的に定められ、個々の教訓を読み取れる意味はなかった。にもかかわらず日常生活の全体を聖なるものとしてくれていた。ところがわれわれは、聖書の物語のうちに道徳的な意味を読み込まざるをえなくなっている。われわれが現実に実行している原則には逆らうような意味なのに。ギリシア人を「救いの光を知らない」異教徒と決めつけて、彼らのことを気の毒に思う理由などないはずではないか？「たしかに、キリスト教徒の最も心地よい感情のひとつは、自分たちの幸福と知を、異教徒であるギリシア人の不幸と暗黒と比べることだ。そして、司牧者たちが自分たちの子羊である信者を自己満足と高慢な謙譲へと導くときに最も好む決まり文句は、救いの光を知らない異教徒であった。子羊たちに彼らがいかに幸福であるかを味わってもらい、救いの光を知らない異教徒には、たいていの場合、損な役割を引き受けてもらうのだ。……だが、われわれはじきに、この異教徒には同情など不必要なことに気がつくだろう。ギリシア人には、われわれの実践理性が抱いているような欲求などないことに逢着するからだ。大体からして、この実践理性なるものにわれわれは、過大な重荷を担わせすぎているのだ」[122]。

だがそれならば、ポリスの民衆生活に根をおろしていた想像力豊かなこの宗教が制度化されたキリスト教的教訓宗教に追い払われてしまった事態は、どうやって説明したらいいのだろうか？「なぜ、この神々への宗教はなくなってしまったのだろうか？　まさにこの神々こそ多くの都市や国々が自らの成り立ちの源泉と考えていたのに。そして諸民族がこの神々につねに生け贄をささげ、いっさいの仕事のはじめに神々の祝福を求めていたのに。この神々の旗印のもとでのみ、軍隊は勝ち進み、その勝利を神々に感謝したのに。楽しみのときにはこの神々に歌を、つらいときには祈りを捧げていたのに。この神々の寺院、祭壇、宝物、立像は民衆の誇りであり、芸術の誉れであったのに。この神々の崇拝と祝祭こそは、万人の喜びのもとであったのに。人間の生活の織物のなかに無数の糸で織り込まれていたこの神々への信仰が、こうしたコンテクストから切り離されるなどということが、どうして可能だったのだろうか？……あの神々の力を押さえ込んだ相手〔キリスト教〕の力は、いかほどに強力だったのだろうか？[123]」。この問いへの若きヘーゲルの答えは、のちのバウアーやニーチェの答えとおなじで、キリスト教の侵入は、ローマ世界のデカダンスによってのみ説明できるというものだった[124]。公的生活における自由と美徳が廃れ、ローマ人たちはただの私人になってしまった[125]。そういう事態になったからこそ、このキリスト教という宗教が入ってくる余地ができたのだ。キリスト教自身が「最大に堕落した」民族に発しており、それゆえに、政治的自立や自由はこの宗教にとってなんの意味ももっていなかったからである。「この堕落した人間たちは、道徳的な面では自分たちのことを軽蔑せざるをえなかった。だが、他の点では神に愛でられた存在として自負するところ大だった。それゆえ、こうした民族の奥底でこそ、人間は本性から堕落しているという教えが生まれ、かつすんなり受け入れられることになったのだ。たしかに一方ではこの本性的堕落の教えはかれらの経験と一致していたが、他方では、責任は自分たちにはないとする誇りにも適っていた。そして悲惨を見る気持ちにこそ誇りの理由を見ることができた。恥辱を栄誉に変え、そして、力によってなにかができると思うことを罪と見ることで、無能力を聖なるものとして、永遠の存在に変えることができた[126]」。

堕落したローマ人たちは、すでに逃亡や賄賂や自傷行為を通じて死の危険を免れようとし、それゆえいかなる意味でも自己への敬意を抱かなくなっていた。こうしたローマ人たちに、まさに無力と恥辱を苦悩における神への従順と称して、名誉と最高の美徳に変質させるような〔キリスト教の〕宗教的気分が最高に歓迎されたにちがいない、とヘーゲルは論じる。「こうした思考操作を通じて人々は、他者への軽蔑が、そして自分は汚辱にまみれた存在であるという気持ちが、栄誉と誇らしさに変貌するのを、喜ばしい驚きを抱きながら経験したのだ」。「こうしていまやわれわれは、聖アンブロジウス*や聖アントニウスが、自分たちの町に蛮人が近づくと、民衆とともに町を守るために急遽城壁にあがる代わりに、教会堂や往来でひざまずいて、襲いかかる不幸をとめて欲しいと神に懇願するのを見ることになった。戦いによる討ち死にを望むなどということがどうして彼らにできただろうか(127)」。このようなヘーゲルの論調は、奴隷道徳のルサンチマンにキリスト教の起源を見るバウアーとニーチェのテーゼと一致している。

〈自然のこの転倒〉を通じて神的存在は制度化された〈実定性〉ないし〈客観性〉を帯びることになった。つまり、神との生きた関係と宥和しがたいまでに反対の教会としての〈実定性〉ないし〈客観性〉を獲得することになった。「こういうやり方で、つまり、客観的となった神を通じて精神が啓示されることになった。そのとき人々は神について驚くばかりに多くの知識をもちはじめたのだ。神の本性の秘密は、それまでのように奥義として耳から耳へと言い伝えられるのではなく、たくさんの定式を通じておおっぴらに大声で言い広められ、子供たちがそうした表現を暗記するものとなったようだ。時代の精神は、神のこの客観性のうちに啓示されるものとなった。そのときに精神はその規模にしたがって無限へとではなく、われわれには疎遠の世界のうちに措定されることになった。そしてこの疎遠なる世界の領野にわれわれはなんのかかわりももたなければ、われわれが自分たちで動いてなにかを作り上げることもないのだ。われわれはせいぜいのところこの世界のうちに物乞いをしながら歩み入るか、あるいはおまじないを唱えて入って行くしかないのだ。なぜなら、人間は自らが非・自我であり、その神は、別の非・自我だからなのだ。神が最も明瞭に自らを啓示するのは、自ら作り出す大量の奇跡によってだった。奇跡は、決断と説得力という点で自己の理性に代わって登場するのだ。とはいえ、なんともすさまじいかたちで神が自らを啓示したのは、まさにこの神のために剣が交わされ、人が殺され、裏切りと火つけがなされ、盗みと嘘とだましが横行したときである。このような時代には、神性は主観的なものであることを完全に放棄し、徹底して客観的な存在とならざるをえなかった。そして道徳的基準をひっくり返す事態そのものが、いとも簡単に理論づけを通じて正当化されることになった」[128]。精神をこのように客観的なものにする能力は、自由と自己決定の喪失を前提とする。このような喪失の極端な形態としてヘーゲルは、ユダヤ人の生活における律法重視の精神を見ている[129]。イエスはまさにこの律法の精神を彼の愛の宗教によって克服することをめざした、というのだ。たしかに、この愛による生きた関係を通じて、〈精神〉と〈現実〉の分離、神と人間の乖離が減ったには違いない。だが、いかに乖離が減少したとしても、制度という〈実定性〉に対するイエスのこの闘争といえども、完璧な「全体の感情」にいたるにはほど遠かった。神性と人間性との〈和合〉を獲得し、そうした和合へのあこがれを満足させ、宗教を完璧な生命にするには、さらなる発展が必要だった。というのも、こうした対立という根本的な性格は、キリスト教のその後のいっさいの歴史的形態のうちにも保たれていたからである。神秘主義の夢想家による神との合一といえども、またカトリック教会およびプロテスタント教会における世俗世界の運命との結びつきといえども、神への尊崇と現実の生を一体化することはできなかった。「神と世界、神的なものと生という対立の枠内でのこうした極端な形態〔主観的感情による合一感と徹底した実定性の対立〕のあいだを、キリスト教会は前に行ったり後ろに行ったりと、堂々めぐりをしてきたのだ。だが、人格を離れた生きた美のうちに安らぎを見いだすというのは、このキリスト教会の本質的性格に反することなのだ。教会と国家、礼拝と生、敬虔の思いと徳〔政治的共同体への奉仕〕、宗教的行動と世俗での行動をひとつに融合させることは決してできないということ、これこそキリスト教の運命なのだ」[130]。ところが、まさにこの一体化をヘーゲルは後に彼の精神の哲学によって完遂したと見なすことになった。みずからの真理はまさに〈全体〉であるとする精神の哲学によってである[131]。

ヘーゲルは、宗教生活と政治生活の美しき一致というギリシア的状態に憧れるヘルダーリンの憧憬と袂をわかった後に、哲学を通じて「神の御国」[132]を目の前の現実のうちに建設し、ドグマ化したキリスト教を哲学的存在へと高めることを企てた。それを通じて、歴史的世界における人間の精神に、ギリシア精神の独自の本質と彼が見たあの家郷のやすらぎを可能にするのが目的だった。天に向かって放擲された財宝を人間の所有として――「少なくとも理論において」――返還せしめること、このことはすでに初期の論文で「われわれの時代のためにとっておかれた」課題であると見ていたが、それでも若い頃はまだ、いったいどの時代がこの所有権を行使し、この財宝を所有する力を持つであろうか、という疑念を抱いていた[133]。この疑念はきわめて当然の疑念だったが、やがて、ヘーゲルが時代と合流する決意をしたときから消え始める。そして厳しい現実の前に「〜であるべき」とする当為はその言い分を失ってしまった。自らは「自分の場を見つけ、なじむことはできない場合でも」この現存する世界と折り合いをつける、というこのことによってヘーゲルは、青春時代の革命的批判から脱却することができた。これ以降というもの、彼の批判の基準となるのは、思弁的媒介である。それゆえ、彼はラディカルな変革を求めるマルクスの革命への意志に与《くみ》することは決してあり得なかったであろうし、「実存する思索家」であるキルケゴールの要求も不機嫌に拒んだにちがいない。というのも、この要求は、問題とならなかったからである。あるときヘーゲルは、実存的思考を、いとも旧弊な表現で「生活と意見」を持つことだと表現して、生活と意見の関わりを三つの種類に分けたことがある。「人々の幾人かは生活を持っていて、意見は持っていない。次の幾人かは意見だけ持っていて、生活は持っていない。そして最後に、生活と意見の両方を持っている人々がいる。最後の、両方を持っている人々はめったにいない。次に少ないのは最初に挙げた人々である。最も普通なのは、いつもそんなものだが、二つ目に挙げた人々である」[134]。生活と意見をともに釣り合わせて持っていると自負することで、自分は極端な連中にも並みの人々にも優っているとヘーゲルは考えていた。それに対してマルクスとキルケゴールは、現存の社会と完全に乖離することで、極端に走ってしまったことになる。

だがヘーゲルの言うところにしたがえば、自己存在と他者存在のこのような分裂は、分裂であり続けたいと望むことはありえない。なぜならこのような分裂はそれ自身が、かつてひとつであったもの、そしてまたひとつになろうとしているものからの分裂だからである。人間というものは、この目の前の世界が自分と違っているからといって、そのなかで異質で疎外された存在にならないためには、まさに他者のうちに、つまりこの異質なもののうちになじんで安らぐことができなければならない。このような「現実に存在する家郷というあり方」の偉大な模範としてヘーゲルは、ギリシア的な生活のあり方を理解していた。やがて、ヘーゲルは、現存の社会と文化のあり方を男らしく承認することによって、過去の過ぎ去った状態へのあこがれを自らに禁止するようになるが、その時点でも、ギリシア的生活へのこうした理解に変わることはなかった。[135] 教養あるヨーロッパ人がギリシア人にかかわると家郷にあるがごとき気持ちになるのは、このギリシア人たち自身が自分たちの世界を家郷にしたからである。つまり彼らは「外に出て行きたい」とも、「どこか別のところに行きたい」とも思わなかったからである。ギリシア人たちにとって、自分たちの宗教的かつ社会的教養の実体的起源はやはり異質なものだったのだが、それを彼らは、自ら消化吸収し、変形し、また逆向きに変えた結果として、本質的に自分たちの教養と化すことができたのだ。そしてそれこそ哲学のあり方なのだ。つまり、「人間が自分の精神のうちでやすらぐこと、自己のもとにあって異質な存在ではなく家郷のうちにあること」なのだ。

ヘーゲルが「住みついて落ち着いた」この世界は、マルクスとキルケゴールにとってはまたしても異質でなじめない世界となってしまった。彼らは「外に出て行って」しまい、「どこか別のところに行って」しまった。あるいは、ゲーテが十九世紀の来るべき精神についてコメントした言葉を使えば、「不条理」で「外部脱出」的であった。ましてやニーチェになるともう安住の場はどこにもなかった。彼自身は「移行」であり、「没落」(『ツァラトゥストラはこう言った』の序説の表現)でしかなかった。それゆえ、彼はギリシア的生活のうちに「現実に存在する家郷」を見ることはできず、文化を創造する意味を認め得なかった。そうではなく、悲劇のパトスと、ヴァグナーのモダニティへの心酔を通じた音楽の精神だけを、今となってはギリシアに認めることになってしまった。

# 歴史的時間の哲学から永遠性の希求へ

## 第四章　われわれの時代および永遠性の哲学者ニーチェ

どこへ行くかもはやわからないならば、それ以上は前に進まないものだ。　ゲーテ（箴言九〇二）

ヘーゲルからニーチェにいたる道は、青年ドイツ派および青年ヘーゲル主義者の名前をつけられている。彼らは、ヘーゲルの体系をそれ自体としては解体したが、そのことによって逆にこのヘーゲルの体系が歴史に影響を及ぼすことになった。それと別にニーチェの歴史的影響は、彼の見かけ上思いつきだらけのアフォリズム群に一個の体系的なプランを認め、それにしたがってアフォリズムを組み替える作業がようやくはじめられているという、この事実に見てとれる。(1)ヘーゲルの場合もニーチェの場合も彼らの影響は、哲学それ自体に限定されたものではなかった。むしろ知的生活および政治的意識の全体に染みわたっていた。当時〈ヘーゲル〉というのは、今日〈ニーチェ〉というのと同じで、いわばひとつの決まり文句だった。こうした切り札的言葉使いというのは、必ずしも二人の思想を本気に受け止めているわけではなかったということでもある。

これまでは、ニーチェの歴史的位置をさぐるにあたってたいていの場合、彼とショーペンハウアーおよびヴァグナーとの関係を見定めようとしてきたが、実際にはこの両者の歴史上の立場の違いを考慮にいれてこなかった。ところが、ショーペンハウアーの道徳的判断や非歴史的な世界観はまだ「旧体制《アンシャン・レジーム》」に根を下ろしたものだった。それと反対にヴァグナーの文学的パトスは一八四〇年代の革命的ヘーゲル主義に発していたのだ。したがってニーチェに対する両者の影響も異なったものとして見なければならない。ショーペンハウアーの思想の中でポジティヴなかたちでニーチェに吸収されたのは、永遠回帰という自然哲学的な見方である。つまり、歴史的世界における見かけ上のさまざまな変遷にかかわらず本質的には同じものが永遠に回帰するという思想である。それに対して、ヴァグナーの改革計画は、ニーチェにおける時間的な未来への意志に影響を与えた。だがニーチェは、単にヴァグナーがフォイエルバッハとつながっているがゆえにヘーゲル左派の革命的批判と関係があるだけではない。それどころか、著作家としての彼の影響は〔『反時代的考察』第一論文における〕ダーフィット・フリードリヒ・シュトラウスへの攻撃〔啓蒙的キリスト教への攻撃〕とともにはじまった。その攻撃が最終的に『アンチクリスト』に至ったのは、まことに筋が通っているのだ。キリスト教批判においてニーチェは、ヘーゲルの宗教批判に由来するブルーノ・バウアーの宗教批判と通じるところがある。こうして見ると、ニーチェの生まれた年〔一八四四年〕にシュティルナーの本〔『唯一者とその所有』〕が出版されたというたまたまの偶然も、ニーチェによる新たな出発の試みがシュティルナーの到達した無とつながっているのと同じに、歴史的に見ると必然的だったと、思えてくる。キルケゴールのことをニーチェはブランデス*を通じて知ったが、本当に知るにはもう遅すぎた。マルクスのものは、ニーチェはいちども読んではいないようだ。とはいえ、ニーチェと彼ら二人をそれぞれ対照させて論じねばならない理由がある。というのも、マルクスとキルケゴールのあとでニーチェこそは、市民的＝キリスト教的世界の没落を彼らと同じ根本的分析のテーマにした唯一の存在だからである。それゆえ、キルケゴールにおけるキリスト教の〈繰り返し〉に対してニーチェの回帰の思想がアンチテーゼになっていることは、それ自体としてよくわかるというものである。逆に、ニーチェの文化批判とマルクスの資本主義批判の歴史的関連は、それほど簡単には見えてこない。ニーチェ自身が市民的出自であるために、また彼が社会的経済的問題にほとんど関心を見せていないために、本来ならある関連が覆い隠されているためである。広い意味での青年ヘーゲル派にはハイネも属している。ニーチェはこのハイネを非常に高く評価しており、彼をヘーゲルおよび自分自身と並ぶ存在として挙げるほどだった。ニーチェの反キリストの哲学とヘーゲルの哲学的神学のあいだには、深淵がある。またニーチェの〈ハンマー〉〔ニーチェは自らを「ハンマーで打ち砕く哲学者」と称した〕とヘーゲルの〈思弁〉とのあいだにも、深淵がある。その深淵がいかなるものであろうとも、実際にはそこには橋が架けられている。橋を架けたのはキリスト教の伝統と市民文化に徹底して反抗したヘーゲルの弟子たちである。この橋の始まりにはヘーゲルが、そして終わるところにはニーチェが立っていた。問題は、このニーチェを越えて、そもそもさらに先に行ける道が通じているのか、ということである。

## 第一節　ニーチェによるゲーテとヘーゲルの評価

ニーチェは、古代とキリスト教のどちらをとるかを決断しようという自らの意図に応じて、ヘーゲルは陰険な神学者であり、ゲーテは、正直な異教徒であると見た。だが同時にニーチェは、ゲーテとヘーゲルの二人が精神と心情において親縁であることを理解していた。「ヘーゲルのものの考え方は、ゲーテのそれとそれほど遠くない。ゲーテがスピノザについて言っていることを聞けばわかるというものだ。宇宙と生命のいっさいを神化する意志。宇宙と生命を直観の中で捉え、探求することに安らぎと幸福を見ようというのだ。ヘーゲルはいたるところに理性を見る。理性には謙虚に服してよい、というわけだ。ゲーテには喜ばしい信頼に溢れた運命への順応がある。この運命主義は、反抗とは無縁であり、倦怠《けんたい》とも無縁である。自らを全体へと形成する。全体の中ですべては救済され、よきものとなり、正当なものとなるという信頼がある」(5)。ニーチェにとってゲーテとヘーゲルは、ナポレオンと並んで全ヨーロッパ的事件であり、十八世紀の克服の試みだった(6)。

ニーチェがイメージするゲーテ像は、最初の頃は批判的留保がないわけではなかった。だが、こうした留保はときとともにしだいに薄れて行った。『反時代的考察』第三論文においてニーチェは、十九世紀の性格描写を行ったのちに、このような崩壊と爆発の時代にいまなお「人間の姿《ビルト》」を保ち続けているのは誰だろうか、と問うている。彼に言わせれば三人の姿が近代における人間性のあり方を規定している。それは、人間ルソーであり、人間ゲーテであり、人間ショーペンハウアーである。ニーチェ自身は、最後のショーペンハウアーの「英雄的な人生」に自分を重ねあわせて理解している。ニーチェに言わせれば、ルソーからは民衆の力が発している。それは革命へと突き進む力だった。ゲーテはそれほど恐るべき力ではなく、むしろ、静観し、有機的な建設をめざしており、革命的転覆を志すものではない。「ゲーテは暴力的なものいっさいを憎む。いかなる跳躍も、つまりいかなる行為も憎む。それゆえ世界の解放者となるはずだったファウストは、いわば世界を旅する者となった。生と自然のいっさいの領野、いっさいの過去も芸術も神話も、いっさいの学問も、この飽くことなき観察者はその傍らを飛びすぎて行くにすぎない。最高に深い欲望に火がつけられ、そして鎮められる。ヘレナですら彼を長く引き止めておくことはできない。そしてやがて、彼の冷ややかな同行者〔メフィストフェレス〕が待ち構える瞬間が訪れる、というわけだ。地球上のどこか適当なところでファウストの飛翔は終わる。翼が取れる。そしてメフィストフェレスの出番だ。ドイツ人がファウストであることをやめたとき、これ以上にない危険は、俗物になって悪魔の手に落ちることだ。こうしたことからドイツ人を救ってくれるのは天界の力だけなのだ。ゲーテにおける人間は、……最高の様式における観る人なのだ。彼がこの地上でやせ細ってつぶれていかないのは、いっさいの偉大なもの、考えるにあたいするものを、……自分の栄養のために集め、仮に欲望から欲望へと渡り歩く人生であろうと、ともかく自己の栄養を求めて生き抜いているからなのだ。彼ファウストは行動の人ではない。それどころか、彼がどこかで既存の秩序のなかで活動する人々に順応し馴染んで行くと、まともなことはなにも起きないことは確実である。……特に、いかなる〈秩序〉の転覆もなされないことも確実である。ゲーテ的人間は、維持し、折り合う力の保持者である。……それに対してルソーの人間は、カティリナ的人間にいとも簡単になりうる」(7)〔カティリナは、古代ローマの軍人、借金の帳消しを目的にポピュリズム的反乱を企てるが、失敗して、配下の兵士とともに玉砕した〕。ヴァグナーを論じる文章でもゲーテについては似たようなことが言われている。つまり、ゲーテは確かに偉大な勉強家であり、知識豊かな存在であったが、彼の精力の流れはあまりに細かく分化していたため、力を合流させて海まで達することはできなかった。むしろ、途中の蛇行で多くが失われてしまったようだ。確かにゲーテの本性にはなにか高貴で無駄を惜しまないところがある。逆にヴァグナーの(つまり、ニーチェ本人の、ということだが)流れの力は、ひょっとして人を驚かし、あとずさりさせるところがある、とニーチェは述べている。(8)だが後にニーチェが『ツァラトゥストラ』によってある種の完成に到達すると、ゲーテに対する若い時の留保は消え、それだけいっそうゲーテの生活のあり方を賞賛するようになった。というのも、ニーチェから見れば、ドイツの教養と文化が、シラーとゲーテに依拠しながら、いわば死の床に休らいだようになってしまったのは、ゲーテの責任ではないからだ、と彼は述べている。[9]「職業として作家になろう、ドイツ人になろうといちどとして考えたこともない」ゲーテがなぜシラーのように通俗的になることが決してできなかったのか、その理由が円熟してからのニーチェにはようやく理解することができたのだ。それどころかなぜゲーテは、名声豊かにもかかわらず孤独で、自分を崇拝する人々に対して自らを隠し、仮面をつけねばならなかったのかが理解できるようになった。[10]「彼は、〈国民文学〉などというものより高い文学的ジャンルに属している。それゆえ、自分の国民に対しては、生きた関係にもなければ、革新とか時代遅れとかいった関係にもなり得ない。ほんの少数の人々のために彼は生きたし、今も生きているのだ。ほとんどの人々にとってゲーテは、ときおりドイツの国境を超えて外にまで吹き鳴らす虚栄のファンファーレでしかない。ゲーテは良き偉大な人間であっただけではない。一個の文化だった。ドイツ人の歴史においてゲーテとは、いかなる結果ももたらすことのない一回きりの事件だったのだ。最近の七十年のドイツの政治の中でゲーテの一部にでも匹敵し得た者がいるだろうか（シラー並み、あるいはそれどころか部分的にレッシングめいた者はいたかもしれないが）[11]」。また別のところではこう言われている。ゲーテはドイツ人を超えて詩作した。なぜなら彼はいかなる意味でもドイツ人たちのはるか高みに立っていたからである。「ある民族がゲーテのような良き存在の仕方、良き意欲のあり方にふさわしくなるなどということが、いかにしたらあり得ようか？」[12]。そして、このゲーテに続いてほんの少しの「最高の教養を備えた人々、古代と人生と旅によって教育を受けた人々、ドイツ的な本性を超えて伸びて行った人々がいるだけだ。ゲーテ本人もそれ以外のことをめざしていたわけではなかった」とニーチェは述べている。ニーチェに言わせれば、ゲーテは「観念論」から遠く離れて、こうしたドイツ的教養の動きを彼なりのやり方で傍観していたのだ。「脇により、穏やかに抵抗しながら、黙ったまま、自分がもっと上等な道を歩んでいることを確かめて、自ら安んじながら」。ところがそのあいだに外国の人々は、ドイツ人は「密やかに天空の一隅を発見した」と信じたのだ。だが、それはまさに、このドイツ人が実は、自分たちの観念論的な教養を、工業化や政治や軍事における企てと取り替え始めた頃だったのだ、とニーチェは述べている[13]。

　ゲーテがいっさいのスケールの小さな精神たちをはるかに超えていた理由は、彼がたんに自由を望んだだけではないことだった。理由はそれ以上に、つまりゲーテが自由を完璧に身につけていたことにある。このように自由に到達していたために、ゲーテは、自分の嫌いなことをしている人も励まし手助けし、生のいっさいの擁護者となることを果たせたのだ。生のいっさい、つまり、その見かけ上の真理も、さらにその真なる仮象も含めたいっさいの擁護者ということである。「ゲーテは、非現実的な考え方の時代のまったただなかにあって、心の底からのレアリストだった。彼は、この点で自らと親縁なもののいっさいを肯定していた。あの最高に現実的な存在、ナポレオンという存在以上にゲーテにとって偉大な体験はなかった。ゲーテは、強い人間、高い教養を備えた人間、身体のいっさいの動きにおいて社交的に見事で、自らを抑えられる人間、自らに対して畏敬の念を抱く人間を体現していた。彼は、自然がもつその豊かさと大きさを自らにあえて許すことのできた人間であり、これだけの自由に耐えられるだけの強さをもった人間だった。寛容な人間だったが、それは弱さのゆえの寛容ではなく、強さにもとづく寛容だった。なぜなら彼は、普通の人間だったらだめになってしまうようなことも、自分の利益へと転換して役立たせることを心得ていたからである。この人間には、弱さ以外には、いかなることも禁止されてはいなかった。悪徳であれ、美徳であれ、弱さだけは禁じられていた。このように自由になった精神は、喜びと信頼に溢れた宿命論に身を委ねて、森羅万象のうちに立つことになる。そして、非難されるのは、個別的存在だけであって、全体のなかではいっさいが救済され、固定されるという信仰に生きていた。もはや〈否〉を言うことはないのだ」。[14] この文章はまた同時に、ニーチェの言う「人生に対するディオニュソス的態度」をあらわしたものでもある。実際に『力への意志』の最後のアフォリズム〔1〕は自然についてのゲーテの断片と同じ精神から書かれているかに見える。

とはいいながら、ニーチェの〈力への意志〉はゲーテの自然とはやはり大きく異なる。極端と中庸が違うほどに違う。あるいは、沸き立つような力と秩序あるコスモスの違いであり、また意欲 Wollen と能力 Können の違いであり、すべてをなぎ倒す激烈な攻撃性と好意的なイロニーの相違である。[15] この違いはキリスト教に対する二人の態度にもおなじくはっきりと現れている。たしかにニーチェはあるところで、〈十字架〉に対してはゲーテとおなじような感慨をいだかねばならない、と述べてはいるが、[16] 実際には十字架に対して彼はまったく違った受け止め方をしており、人間に苦悩を教える代わりに、笑うことを教えようとした。そしてみずからの哄笑を聖なる笑いと呼んだ。ツァラトゥストラは、キリストの荊《いばら》の冠をあざ笑い、薔薇で編んだ冠をみずから戴いた。[17] この薔薇の冠は、十字架とは人間的な関係も、理性的な関係も持たないものだ。ツァラトゥストラの〈薔薇の冠〉は、純粋に十字架上のキリストに対する挑発である。ルターに由来する薔薇と十字架の象徴は、これほどの逆転にまでいたることになった！　ゲーテはアンチクリストではなかった。だが、まさにそれゆえにニーチェより真の異教徒となりえた。彼の〈神〉は他の神に対抗する必要はなかった。なぜなら彼自身がそのポジティヴな本性からして、いかなる否定も好まなかったからである。だが、ゲーテにおける完全に熟した自由がドイツ文化にいかなる影響もおよぼさなかったのは、ニーチェから見ると、運命的な災危であったが、そのことはそれなりに理解可能でもあった。「ドイツ人は、……逆説的なときにのみ、つまり不当なときにのみ精神をもっていると思い込む(18)」。彼らはなるほど理念のことは信じるかもしれないが、現象をみることはないのだ(19)。それゆえに彼らの〈世界観〉なるものは、イデオロギー上の拵《こしら》えものとなる。世界を見ることがこのように欠如しているゆえに、十九世紀においてヘーゲルの弟子たちが――ゲーテを無視して――支配的となったのであり、「この世紀の本当の教育者(20)」へと自分たちを持ち上げてしまうことになった。

ヘーゲル哲学に発するこうした理念のひとつは〈発展〉ないし〈生成〉という理念である。「われわれドイツ人は、かりにヘーゲルのような人物が存在しなかったとしても結局のところヘーゲリアンなのだ。なぜならわれわれは（いっさいのラテン系民族と正反対に）、現実に〈ある〉ものよりも、〈なる〉〔生成〕とか発展とかいったものにより深い意味を本能的に付与してしまうからだ(21)」。さらにニーチェに言わせれば、ドイツ人は、現象の直接性に満足しないで、「目に見えるものをひっくり返し」、〈存在〉という概念の正当性をほとんど信じようとしないのだから、生まれつきのヘーゲリアンなのだ。この点では、ライプニッツもカントもヘーゲリアンだった、とニーチェは述べている。ドイツ哲学は、論理学の規則よりもむしろ、「不条理なるがゆえにわれ信ず credo quia absurdum」を信頼する。すでにこの「不条理なるがゆえにわれ信ず」によってドイツ的論理が、キリスト教のドグマの歴史に登場したのだ。[2]「千年後の今日でもわれわれドイツ人は、……ヘーゲルのおかげでドイツ精神がヨーロッパに勝利したことになったあのラディカルな弁証法的命題、つまり、〈世界は矛盾によって運動している。いっさいの事物はみずからに反対し矛盾する存在なのだ〉という命題の背後になんらかの真理を、あるいは真理の可能性を嗅ぎつけてしまうのだ。われわれは、論理学にいたるまでペシミストなのだ[22]」。だがニーチェ自身がニヒリズムの自己止揚をめざして、永遠回帰という独自の逆説を構想したのだ。それによって彼は、矛盾の論理を意識的にさらに一歩押し進め、またしても「不条理なるがゆえにわれ信ず」へと発展させたのである[23]。

だがこのニーチェのペシミズムの論理学は、キリスト教の道徳とその神学に対する彼のラディカルな批判という点でそれまでと異なる。このキリスト教道徳と神学の支配は、ニーチェによれば、ヘーゲルの歴史哲学にもあった。[24] ニーチェに言わせれば、ヘーゲルは、否定的なものをも——つまり誤りと悪をも——存在の全体的性格のうちに統合することを始めていたのに、この狡猾なキリスト教神学を使って、みずからの偉大な試みをつぶしてしまったのだ。「最後にはわれわれの第六感、つまり〈歴史感覚〉を使って生存の神的性格を信じ込ませるという壮大な試みによって」ヘーゲルは、キリスト教道徳とその道徳からの解放を遅らせたのだ。[25] だがニーチェから見れば、この哲学的歴史主義こそは、ドイツ的教養に最も危険な悪影響を与えた。なぜなら、もしも歴史の意味へのこうした信仰が事実的なものへの偶像崇拝を誘うならば、なんとも「恐ろしくまた破壊的」なことにならざるをえないからである。「およそ成功なるものがすべてそれ自身のうちに理性に依拠した必然性を宿しているとするなら、つまり、すべてのできごとが〈理念〉の……勝利であるならば、ともかくそそくさとひざまずいて、次から次へと続く〈成功〉のひとつひとつに跪拝《きはい》し続けるしかないことになる」[26]。ヘーゲルはそれ以降、歴史の意味への信仰としての歴史記述を宗教の代用品にしてしまった[27]。だがまさにこの歴史主義、つまり、ヘーゲルにおける精神の歴史の形而上学に発するこの歴史主義こそは、ゲーテの非歴史的な世界観よりも、つまり、人類の発展と生の諸形態を自然の観照から引き出したゲーテのそれよりも、未来に満ちたものとなったのだ。

## 第二節　一八四〇年代のヘーゲル主義とニーチェの関係

ニーチェは歴史的＝文献学的な学問から出発していた。それゆえ歴史に対する対応は、自然科学を勉強したことがその哲学的な世界の見方にとって決定的となったショーペンハウアーとははじめから異なっていた。ニーチェがヘーゲルを激しく批判しながらも、それなりに評価していたのは、ショーペンハウアーの教養がこのように非歴史的であったためである。ショーペンハウアーは、「あまり賢くないかたちでヘーゲルに怒りをぶつけたために」ドイツ人の最近の世代全体を、ドイツ文化とのつながりから切り離してしまった。「このドイツ文化は歴史感覚という、気高さと神的予感の繊細さをもった文化だったのに」。だがまさにショーペンハウアーはこの点で、ほとんど天才と言えるまでに貧しく、感受性に乏しく、非ドイツ的だった、とニーチェは述べている(28)。

ショーペンハウアーが活動し始めた時代に、ドイツ哲学のなかで歴史感覚を唱えて最も影響力のあったのはクーノー・フィッシャーであった。クーノー・フィッシャーの近代哲学史についてショーペンハウアーは次のように述べている。「クーノー・フィッシャーはヘーゲル症という不治の病にかかっており、その哲学史をおきまりの型に入れてでっちあげている。フィッシャー的に議論するなら、ペシミストの私は、オプティミストのライプニッツとは当然のことながら反対の位置にいることになる。理由は、ライプニッツが生きていた時代は希望に満ちていたが、私が生きている時代は、絶望的で最悪の時代だということにある。したがって、もしも私が一七〇〇年頃に生きていたとしたら、完璧なオプティミストのライプニッツとなっていたろうし、もしもライプニッツが今生きていたら、私になっていただろう、というわけだ」[29]。ヘーゲル症、つまり、弁証法的に表現された歴史感覚というのは、こんなずれた発言を可能にするのだ、と彼は続けて述べている。さらに彼は、自分のペシミズムは、一八一四年から一八一八年のあいだに生い育ち、この年――つまり、『意志と表象としての世界』の第一巻が出版された年――にはすでに「完成して出版されていた」。しかし、一八一四年から一八一八年という年はドイツでは最も希望に溢れた歳月だったはずであり、その点では、フィッシャーの説明はナンセンスだと付け加えている。このような議論でショーペンハウアーは歴史的感覚を斥けている。とはいえ、ショーペンハウアーの歴史的影響が始まったのは、じっさいのところ、革命の失敗のあとのドイツで知識人たちが彼を受け入れる素地ができたためなのだ。このことは歴史的感覚に対するショーペンハウアーの拒絶と矛盾するわけではない。フォイエルバッハの手紙、アレクサンドル・ゲルツェンの回想録、そしてリヒャルト・ヴァグナーの自伝を読むと、当時広がったあきらめが相当なものであることがわかる。まさにこのあきらめが、ショーペンハウアーの大成功を引き起こしたのだ。すでに一八四三年、この遅れてきた成功が時代精神と絡んでいることをショーペンハウアーは、巧みに利用していた。彼は自分の本を刊行している出版社の社長に手紙を書いて、自分の本に第二部を加えたかたちで新たに出版するように決断いただきたい、と要求している。著書の成果にふさわしい世間の関心を引きつけたい、というのだ。「今こそ読者公衆の関心を引きつける希望があります。講壇の有名人たちの英雄気取りの論争が八百長であることがますます明らかになりつつありますし、そうしたものがいかに空疎であるかも広く認識されつつあります。同時に現在では宗教への信仰が低下しつつあり、それにともないこれまで以上に哲学的欲求が高まり、それゆえ哲学への関心が活性化し広がってきています。それなのに、この哲学的欲求を満たしてくれるものはなんら存在していません」[30]。まさにこれこそ、自分の著作の再版に最も適した時期の到来であり、主著の完成の時期はまさに幸運な運命としかいいようがない、と彼はつけ加えている。さらにその上で、ローゼンクランツのようなヘーゲル主義者も、『ハレ年報』の著者たちも、もはや自分を認めないわけにはいかなくなっている、とある種の満足感を込めて述べている。[31] 逆に、自分の哲学とヴァグナーの音楽のあいだに関係があるという考えは彼には理解できなかった。むしろ、ヴァグナー批判を大歓迎していた。「リントナー博士が私に、『音楽の反響』を二号分送ってくれました。とても面白いものです。そのなかで美術評論家のエルンスト・コッサクは、リヒャルト・ヴァグナーをやっつけるために、私の発言をきわめて適切かつ正しく使ってくれています。万々歳です[32]」。そしてチューリヒのヴァグナー・サークルから「奇妙きてれつな崇拝の手紙」を受け取ったときは、拒否の返事をしていた。しかし、「巨匠」本人から「立派な厚手の紙」で『ニーベルングの指輪』の台本を献辞つきで送られると、それについては、明確に次のように書いている。「彼がいずれ作曲するつもりの四つのオペラのひとつ。おそらくは本当の意味で未来の芸術作品だろう。すばらしいものらしい。すでに前奏曲は読んでみた。その先も読んでみようと思っている[33]」。

その十七年後、ニーチェは、ヴァグナーの名前を挙げながら、みずからショーペンハウアー主義者であると信仰告白をすることになる。ヴァグナーのことを「高貴な先兵」と呼んで、『悲劇の誕生』を捧げている。この本は、文字どおりヴァグナーの音楽の精神から生まれたものである。『悲劇の誕生』は、ヴァグナーの論文「芸術と革命」(一八四九年)におけるギリシアへの思いと、当時の最先端の革命的傾向を吸収したものである。ニーチェは、みずから「反ヴァグナー」を宣言してからも、基本的には、自分の敵の考えにとらわれたままであった。ヴァグナーにおける巨匠としての手腕は、なによりも彼が「指揮し」、人々に影響を与えるところにあった。ヴァグナーの最初の音楽体験にしてからが、本当の意味で音楽的なものではなかった。ヴァグナーがまだ少年のときにヴェーバーの『魔弾の射手』の演奏を聴いた印象は、次のとおりである。「皇帝でもなく、王様でもなく、ああやって立って指揮することだ!」(34)。オーケストラをあやつり、大量の人々を酔わせ、そして彼らをまいらせること、これこそがヴァグナーの劇場人生の野心だった。この点は一貫していた。民主主義の時代における命令者としての芸術家――ニーチェは、この「俳優」と訣別し、崇拝のあとの幻滅に伴う鋭い感覚で「魔術師」を見破ったあと、このようにヴァグナーを形容している。

論文「芸術と革命」の導入部でヴァグナーは、フランス革命を世界史における第三幕と形容した*カーライルの次の箇所を引用している。「第二部が一八〇〇年以前に始まっているとするなら、今回は第三部ということになろう。……天国と地獄を合わせた事件となろう。つまり、およそこの何千年来の最も奇妙な事件となろう。なぜならこれこそ全人類がアナーキーへと飛び出すことだからである。無政府状態の……実践へ、つまり、嘘つきの支配者、嘘つきの教師へのおさえようのない怒りへと突入することになる。これは人道的観点から解釈すれば、……真の支配者、真の教師を求めることだともいえよう。自分自身を火あぶりにかけるようなこの爆発的大事件は、およそかつて起きたことのなかでも最も奇妙な事件であり、……すべての人間はこの事件に注目し、よく考えなければならない。古きものが完全に焼き尽され、新しいものの姿が見えるようになるにはまだ何百年とかかるだろう。悲哀に満ちた、不潔な興奮にまみれた幾世紀もが必要となることだろう」(35)。老カーライルのこの呼びかけと、芸術革命をめざすヴァグナーの呼びかけは完全に気持ちの上で一致するものだった。さらには、青年ヘーゲル派の危機意識とも一致するものだった。この青年ヘーゲル派の危機意識は、またニヒリズムの歴史における新しい時代が始まったとするニーチェの危機意識につながるものだった。この引用に引き続いてヴァグナーは、自分がいかにフォイエルバッハの書物に魅了されたか、そして自分の芸術哲学におけるもろもろの概念がいかにフォイエルバッハに規定されているかを述べている。まさに当時のヴァグナーは、人間的本質についてのフォイエルバッハの見解こそ、自分が想念している「芸術的人間」を先取りするものだと考えていたのだ。「それゆえ情熱にとらわれすぎたための、ある種の混乱が議論に生まれている。哲学的概念の使い方が性急で曖昧なことでそれがわかる」。このような「誤解」に自分が気づいたのは、あとになってからのことだ、とヴァグナーは述べている。ニーチェものちに、〈ディオニュソス的なものについての予感〉を自分は、ショーペンハウアーの表現と、本当はもうなんの希望もないのにヴァグナーの希望に頼ったあまりの〈最モダンの議論〉によってだめにしてしまった、と述べている。おなじようにヴァグナーも、自分の最初の論文はフォイエルバッハ的表現で混乱している、と嘆くことになった。この両方のケースとも、思想的立場についてのあとからの訂正は、実は最初にいかに依存していたか、すなわちヴァグナーの場合には一八四〇年代の革命的パトスに、ニーチェの場合にはヴァグナーのそれにいかによりかかっていたかを示している。『悲劇の誕生』が一八八六年に再版されるにあたって書いた序文でニーチェはみずから、この著作は見かけ上はギリシア文化の解釈だが、実は相当程度に反ギリシア的であることに読者の注意を促している。ヴァグナーの音楽とおなじで、陶酔に誘い、霧に迷った調子が支配的であり、その点では、「一八五〇年のペシミズムの仮面をかぶった一八三〇年のロマン主義者の信仰告白」であると述べている。この自己批判は、序文の最後に出てくる踊りかつ笑うツァラトゥストラの話よりも多くの真実を含んでいる。しかし、精神革命といっても、ニーチェはそうした革命への意欲を、具体的な政治的現実で試してみることは、いちどとしてなかった。それに対してヴァグナーは、全人格をあげて革命の舞台の陶酔に参画した。まずは、一八三〇年のライプチヒであった。彼自身の語るところでは、ライプチヒでは狂ったように破壊活動に加わったというのである。同じように彼は一八四九年にレッケル*とバクーニンとともに、ドレスデンの革命騒ぎに飛び込んだ。このドレスデンの事件をヴァグナーはフォイエルバッハ＝マルクス調の美辞麗句で次のように歓迎している。「わたしは人の人に対する支配を破壊したい。生けるものに対する死者の支配を、精神に対する物質の支配を破壊したい。強者の暴力、法の暴力、所有の暴力を打ち砕きたい。自分の意志こそが、人間の主人公とならんことを。自分の快楽こそが唯一の掟とならんことを。自分の力こそが所有のすべてとならんことを。なぜなら聖なるものは、自由な人間だけだからだ。自由な人間以上に聖なる存在はないのだから。……見るがよい。丘の上の群衆を。彼らは声もなくひざまずいている。……彼らの高貴な貌《かんばせ》は歓喜に輝いている。彼らのまなざしは光り輝いている。〈われは人間なり〉という天にもどよもす叫び声とともに、彼ら何百万の人々、まさにこの生ける革命、すなわち、人間となった神は、丘から谷へと、そして平野へと駆け下りてくる。そして、新たな幸福の福音を全世界に告げ知らせるのだ(36)」。この時代のヴァグナーは政治的にも精神的にも〈自由思想〉という点では、ハイネ並みだった。フォイエルバッハの〈未来の哲学〉と同じにヴァグナーも〈未来の芸術作品〉を構想していた。[37] そしてニーチェも「われわれの教養施設の未来」を論じた一連の講演で、青年ドイツ派の「絶望的学生生活」がいまなお悪影響を及ぼしていると看破したのだ。[38]

現実感覚は、ニーチェよりヴァグナーの方がはっきりとすぐれていた。彼は、芸術の問題は、公共の生活の問題だと理解していた。そしてギリシア悲劇が衰退した理由を、ギリシアのポリスが解体したことに見ていた。おなじく、われわれの大都会における起業家精神は、現代の芸術産業の精神でもあると見ていた。ヴァグナーが芸術と公的生活との元来の関係が衰退していったことを描く個々の表現は、一字一句ヘーゲル学派のそれを借用したものである——ヘーゲルおよびマルクスに由来する概念をひとつひとつ取り出してみせることが可能なほどだ。例えば、こう言われている。芸術は元来、「自己意識を持った普遍的共同体」の生活から生い育ったのだ。そして「五パーセントの人たちの神」こそは今日ではいっさいの芸術活動の命令者であり、整理官なのだ。「株式市場の英雄たち」こそが今日では現代芸術のマーケットを支配している。だが、かつては、ギリシア悲劇は、「自由な普遍的共同体の自由な表現」だった。アイスキュロスとソフォクレスの悲劇作品は、「アテナイの産物」だった。ところが現代の劇場は、「現代ブルジョアジーの沼地に咲く花」でしかない。彼に言わせれば、現代における真の芸術は、必然的に革命的芸術でなければならない。なぜならば、芸術は、現存の秩序に対立するものとしてのみ存在しうるのだから、というのだ。「この文明化された野蛮という状況から真の芸術は、大いなる社会運動の肩の上に乗ることによってのみ、その尊厳に値する位置にまであがることができるのだ。芸術はこうした大いなる社会運動と共通の目標を持っている。芸術と社会運動はこの目標を、共通の認識によってのみ、達成しうるのだ」。文末でカーライルの標語を引きながらヴァグナーは、芸術の革命は、かつてキリスト教によって異教世界が滅ぼされたことと並ぶほどラディカルなものとならねばならないと強い口調で述べている。「イエスは、われわれ人間はすべて平等で兄弟であることを示してくれた。アポロは、この兄弟たちの大いなる盟約に強さと美の御璽《ぎょじ》を与えてくれた。彼は人間を自分たちの価値への疑いから解放し、自分たちは最高の神的な力を持っているのだという意識へと導いてくれた。それゆえにこそ、この二人の偉大な人類の教師に未来の祭壇を、実人生においても芸術においても建立しようではないか。人類のために受難を受けたイエスに、そして、人類を歓喜に溢れた威厳へと高めたアポロに！」。ところがヴァグナーはこのギリシアの神をじきに似非《えせ》ゲルマン的な神へと翻訳してしまった。それに対してニーチェは、すでに『悲劇の誕生』においてキリストの代わりにディオニュソスの名をあげている。そして最後には、キリスト教的＝ゲルマン的なヴァグナーの英雄たちを、ドイツ的いんちきの典型的な例であると暴露的に述べている。とはいえ元来のニーチェは、バイロイトの宣伝担当責任者のような存在になってヴァグナーに仕えることをもくろんでいたのだ。したがって、ヴァグナーに対する後期のニーチェの攻撃は、初期のヴァグナー崇拝からのみ理解できるものだ。

D・F・シュトラウスを批判した最初の『反時代的考察』もバイロイトから受けた刺激に応じて書かれたものである。ニーチェがここで行っている「教養俗物」の批判はすでにヴァグナーの「未来の芸術作品」にその根があった。このシュトラウス攻撃は、「新たな信仰」というシュトラウスの考えに向けられていたが、同時にそれは、シュトラウスがやりとげた解放をさらに前に押し進める一歩でもあった。シュトラウス自身は、初期の論考で、時代の全般的な意識をふまえて古き信仰に対抗してこの解放を果たしていたのだ。若きシュトラウスが「基本的に強力で深い才能を持った学者および批評家としての素養」を備えていることにニーチェは、敬意を拒んではいない(39)。『この人を見よ』にいたってもニーチェは、「ドイツ最初の自由精神」へのみずからの批判を通じて、同時に自己自身の解放を表現したのだと、自画自賛しているほどだ。ある書評子もこのニーチェのシュトラウス批判をおなじように理解して、「無神論の問題における一種の危機と最高の決断」を招き寄せることとこそこの批判の課題だと形容していた。それゆえにこそニーチェは、こうした「自由思想家《リーブル・パンスール》」たちが世界変革を唱えながらも、解放の決定的な意味をまったく感じていないとして、彼らを嫌い、それに比べれば解放思想の敵たちの方がまだましだと思ったのだ。シュトラウスの宗教的無神論とニーチェの反キリスト教との相違は基本的には、ニーチェがヴァグナーの〈官能〉の概念に指摘した矛盾とおなじである。ニーチェに言わせれば、ヴァグナーはこの概念をフォイエルバッハ経由で官能の意味で表現していたが、途中で「宗旨替え」をして、憑き物に憑かれたような「純潔」の説教へと行きついてしまったというのだ。(40) ニーチェの無神論も宗旨替えをして、やがて最後には、新しき〔ディオニュソス〕信仰を吹聴することになった。それでも、二人の変化には相違がある。それは、ニーチェの場合、決していちども軟弱な妥協はしなかったことである。〈ドイツ帝国〉とキリスト教との関係でヴァグナーが軟弱であったことを、ニーチェはしきりと非難することになったが、そのようなかたちでの妥協をニーチェはしなかった。(41) ヴァグナーは明白な意味を示すことはできなかった。彼は自分の音楽になにか「意味を持たせ」ようとしたが、音楽はそれ自身として意味を持ったものでない以上、明白な意味を表すことはできなかった。「エルザ〔『ローエングリーン』の主人公の女性〕とはどういう意味だろう? まったく明らかではないか。エルザとは〈はっきりしない民族の精神〉なのだ」。このようにヴァグナーは、一生涯にわたって〈理念〉の解説者であった。しかも論理的な明晰さを欠いた解説者であった。しかし、明晰であることはドイツ人のあいだでは〈深遠〉でないという証明である。ニーチェに言わせれば、そうした事態はヘーゲルと関連している。「思い出してみようではないか。ヴァグナーは、ヘーゲルとシェリングが人々を誘惑していた時代に若かった。ドイツ人がどういうものだけをまじめに受けとめるかということを、ヴァグナーはわかったのだ、いわば身近に見て取ったのだ。それは〈理念〉なるものなのだ。すなわち暗くて、不確かで、予感に満ちているものだけが、まじめに受けとられるのだ」。このドイツ人の趣味をヴァグナーは見て取ったというのだ。そして〈無限〉を意味するスタイルを発明したのだ。彼は音楽を〈理念〉として捉え、それとともにヘーゲルの遺産継承者となった、というのだ。「かつてヘーゲルに耽溺《たんでき》したのと同じ種類の人間が今日ではヴァグナーに溺れている。ヴァグナー一派はそれどころか、ヘーゲル語で書いているほどだ。特にドイツの青年が彼ヴァグナーを理解してしまった。〈無限〉と〈意味〉という二つの単語で十分なのだ。それだけでドイツの青年は不可解なまでに陶然としてくるのだ。……それは、雲を漂わせるヴァグナーの天才なのだ。虚空をつかみ、宙に流れ漂いさまようような、そしてどこにもいてどこにもいないなにがなんだかわからないような天才、まさにその昔ヘーゲルが……人々を誘惑し、かどわかしたのとおなじ才能なのだ」[42]。

ニーチェは、B・バウアーとの関係を通じてヘーゲル学派と直接の関係を持つことになった。バウアーは、自分のシュトラウス攻撃の注意深い読者だった、とニーチェは書いている。テーヌ、ブランデス、そしてガスト*への手紙でニーチェは、バウアーを自分の唯一の読者、それどころか自分の「全読者」だと言って、ヴァグナー、ブルクハルト、ゴットフリート・ケラーと並べて褒め称えている[43]。ニーチェがバウアーの『ビスマルク時代の理解のために』[44](一八八〇年)以外に、四〇年代に書かれた神学に関する著作を知っていたかどうかは、今のところ確認されていないが、その可能性はむげに斥けることはできない。特にオーファーベックが宗教批判に関するバウアーの著作をフォローしていたし、またその一部の書評も書いているからである[45]。実際にどうであったにせよ、ニーチェの『アンチクリスト』とバウアーの『キリスト教の発見』とはあまりにもはっきりと似ている。少なくとも十九世紀の地下水脈を示しており、バウアーのキリスト教批判とヘーゲル青年期の神学論文の一致点に勝るとも劣らずに多くを示唆してくれる[46]。

シュティルナーの名はニーチェの書いたもののどこにも出てこないが、ニーチェは彼のことを知っていたはずだ。それもランゲの『唯物論の歴史』を通じてだけでないことは、オーファーベックの証言で明らかだ(47)。これまでもシュティルナーとニーチェはしばしば比べられ、ニーチェにとってシュティルナーは武器庫のようなもので、ニーチェは攻撃の武器をこの武器庫から取り出していた、といった無理な主張までなされてきた(48)。逆に人によっては、シュティルナーは決まり文句を重ねるだけで、小市民的凡庸に尽きる、とてもニーチェの貴族的品格とは比べものにならないときめつけてきた。しかし、こうした評価は、歴史の問題には無関係である。たしかに二人の世界は大きく分かれる、と見ることもできようが、やはり二人ははっきりとひとつの枠に属している。つまり、キリスト教的なヒューマニティに対する彼らのラディカルな批判という内在的帰結の点で一致しているのだ。そういう風に見ると、ニーチェは、シュティルナーに引かれると同時に、嫌な感じももっていて、それゆえシュティルナーと混同されるのを好まなかった。だからこそニーチェはシュティルナーのことを知っていても論じないという、オーファーベックの言葉を借りるなら「けちな」態度をとっていたのだ、という推測が成り立つ。

彼らになによりも共通しているのは、キリスト教に関してひとつの大きな時代が終わるという意識であり、そうした意識に根拠を持つ〈人間の克服〉という理念である。

哲学的な意味での〈超人〉という概念がまずはシュティルナーの周辺で登場したのは、決して偶然ではない[49]。超人というのは、もともとは、人となった神、人としてのキリストという意味だった[50]。ところがフォイエルバッハの人間学的転回以降、その意味を変えて、普遍的＝人間的なものとの関連では一方では非人間的という意味になり、他方では単に人間的というより以上を意味するようになった。この意味でモーゼス・ヘ*スは、超人および非人間という言葉を使っている[51]。超人はバウアーを、そして非人間は、シュティルナーのことを指していた。バウアーは、キリスト教において人間は〈非人間性〉を自己の本質として敬っている、とするテーゼを立てたが[52]、このテーゼに相応するのが、キリストが超人であるかぎりは、人間もまだ自我ではありえないとするシュティルナーのテーゼである。それゆえキリスト教の克服は人間の克服とおなじことになる。神人〔人となった神〕としてのキリスト、キリスト教的な意味での人間、そして、キリストおよび人間との関係で見れば〈非人間〉となり、自分自身の所有者となった自我、シュティルナーにおけるこの三者の関連に相応するのが、ニーチェにおいては、神の死と、神と無を克服する超人に向けた人間の克服という関係である。神は死んだ、という「大いなる事件」に関してニーチェは、それが人間のあり方にとってもつ意味を十全に捉えていた。そのことによって彼はまた同時に、神の死は、自己自身を意欲する人間にとって「死への自由」でもあるということも悟ったのだ。[53]

十九世紀においてドイツ人を本当に教育した人々は、ヘーゲルの弟子たちだったといったことをニーチェはおりにふれて述べているが、この発言の意味は、ニーチェが意識していたよりも遥かに射程の長いものとなった。[54]ヘーゲルから青年ヘーゲル派を経てニーチェにいたる道は、神の死という思想を手がかりに描くのがいちばんいいだろう。十字架の上でのキリストの死というキリスト教の信仰の起源、つまり〈神の喪失〉[55]の〈真理〉に由来する信仰の起源に依拠して、ヘーゲルは、キリスト教的哲学の彼なりの完成を根拠づけた。ニーチェは、キリスト教の終焉にもとづいて、〈何千年来の欺瞞〉を克服してギリシア哲学の起源を取り返し、再来させる試みを根拠づけた。ヘーゲルにとっては、神が人となった受肉こそは、人間の本性と神の本性とのあいだの、ひとたび達成された以上は最終的な宥和を意味していた。ニーチェとバウアーにとっては、受肉は人間の真の本性が損壊されたことを意味した。ヘーゲルは、神が〈精神〉であるとするキリスト教の教えを哲学的なありようにと高めた。ニーチェは、神が精神であると言ったりする者は、不信仰への最大の歩みを果たすものだと言い放った。[56]不信仰へのこの歩みをただすには、ただひとつ肉体を持った神〔ディオニュソス〕の再生によるしかない、と彼は述べるのだ。

## 第三節　ニーチェにおけるニヒリズム克服の試み

「私が学んだ新しき静寂とは、まわりで彼らの立てる雑音が、私の思想が漏れないためのマントになっていることだ」

ニーチェは〈われわれの時代〉の哲学者である、とはよく言われることである。だがそう主張するときには、まずは、彼自身にとって時代〔時間〕とはなんであったのか、を問わねばならない。彼と時代〔時間〕との関係を考えるならば、次の三点をあげることができる。まず第一に、ニーチェはヨーロッパの運命であり、その点でまさにわれわれの大きな時代*Zeitalter*〔二千年続いた形而上学とキリスト教の時代〕の最初の哲学者だということである。第二に、ニーチェはわれわれの時代の哲学者であり、その点で時代に見合っているとともに反時代的でもあるということである。第三に、彼は〈知恵〉を愛する最後の人として、永遠を愛する人でもあったということである。

第一点について。彼の最後の著作〔『この人を見よ』のこと〕でニーチェは世界に対して、なぜ自分は〈運命〉であり、〈不吉な運命の人間〉であるかを説明している。「私は私の宿命を知っている。いつの日か私の名前に記憶が、かつてこの地上に存在したことのないような危機の記憶が結びつけられることであろう。良心の最内奥での深い衝突への記憶が、そしてある決断への記憶が結びつけられるだろう。これまで信じられ、求められ、聖なるものとされてきたいっさいのものに反抗する決断への記憶が結びつけられるだろう。私は人間ではなく、ダイナマイトなのだ。……私は、かつてなされなかったようなやりかたで反対する。とはいえ、わたしはなんでもノーという否定屋の正反対なのだ。……こうしたいっさいによって私は必然的に不吉な運命の人間なのだ。なぜなら、何千年の嘘に対抗する戦いを真理がはじめるならば、われわれは激震を、大地の震えを、……かつて夢にすら見られなかったほどの震えを経験することだろう。政治という概念は精神の戦争へと完全に変化してしまった。古い社会のいっさいの権力制度は爆砕された。そうしたいっさいは欺瞞の上に成り立っていたのだ。かつていちどもこの地上になかったようないくつもの戦争が起きるだろう。私を通じてのみこの地上に大いなる政治が存在することになるだろう」。

　ニーチェがそのなかでヨーロッパの運命という烙印をみずからに押している『この人を見よ』は、精神を病む者の誇大妄想のように思えるかもしれない。しかしまたこれは、予言的な知であり、そういうものとして狂気であるとともに、深遠な意味を宿していることでもある。狂気に取りつかれた深遠さのゆえに、古典文献学の退職教授であるニーチェは、みずから十字架にかけられた神ディオニュソスとなった。この神は、みずからヨーロッパの運命を精神的に規定するという犠牲を払わねばならないのだ。同時に彼はまた、結局のところ自分は〈道化〉にすぎないのではなかろうか――たとえそれが〈永遠性の道化〉であるとしても――という感慨もいだいていた。

大きな時代の最初の哲学者であり、「二つの千年紀のあいだにあって」「なにか決定的な、不吉で運命的な存在である」という意識をニーチェは抱いていて、自分の著作にはそれが認められる時期がある、とも言っていた。一八八四年にニーチェはヴェニスから次のように書いている。「わたしの著作〔が受け入れられる〕には時間がかかります。そして、この現代が自分たちの解決すべき課題と思っているいっさいのことどもとわたしは取り違えられたくないのです。ひょっとして五十年後には何人かの人々が……わたしを通じてなされたことがなんであったかに目を開くことでしょう。しかし目下のところでは、際限もなく真理にたち遅れることなしに、わたしについて公的な場で語るのは、困難であるばかりか、まずは不可能でしょう」。つまり、ニーチェの哲学的仕事にとっての真の時期は、彼自身の時代ではないということである。ヴァグナーとビスマルクによって規定された彼の時代ではないというのだ。そうではなく、ニーチェが〈モダニティ〉の腕のいい発見者として、同時にまた、最古の教えを告げ知らせる者として見ていたものは、もっと長い射程で見て取られていたのだ。

ニーチェは過去を振り返ることによって、〈ヨーロッパのニヒリズム〉の到来を予知した。〈ヨーロッパのニヒリズム〉とは、神へのキリスト教的信仰が、それとともに道徳が崩壊してしまった以上、「もはやなにものも真ではなく」「いっさいが許されている」ということである。『力への意志』の前書きには次のように記されている。「わたしが語るのは、これからの二百年の歴史である。わたしは起こることを、それ以外には起こりようのないことを描くのだ。つまり、ニヒリズムの到来を描くのだ。この歴史はもう今から語ることができるのだ。なぜなら、ここでは必然性そのものが作用しているからだ。この未来はすでに何百という徴候のうちに語りだされているし、この運命はいたるところで告げられている。この未来の音楽を聞くべく、すべての耳がそばだてられている。われわれのヨーロッパ文化の全体は、十年ごとに高まる緊張の重みに呻吟しながら、破局に向かって動いているようだ。落ち着かず、激烈な勢いで、突き進んで行く。ちょうど、行くところまで行く流れのように。この流れは、思いとどまって考えるのを恐れていて、もはや熟考しようとしないのだ。ところがここで語っている本人はこの逆で、熟考する以外のことはこれまでなにもしてこなかった。彼は、哲学者であり、本能からの隠者であり、横に離れていること、外に出ていること、忍ぶこと、そして遅延することに……長所を見ていた。彼は敢行する精神、誘惑者の精神であり、すでに未来のありとあらゆる迷宮にいちどは迷い込んだことがあるのだ。……彼がこれから起きるであろうことを語るときには、実は回顧しているのだ。彼はヨーロッパの最初の完全なニヒリストであるが、すでにこのニヒリズムをみずからのうちで終わりまで生き抜いてしまったのだ。そしてニヒリズムを自分の背後に押しやり、自分の下に、そして外に持っているのだ」。このヨーロッパのニヒリズムなるものを、ニーチェはその歴史的起源に関しても、また学問、芸術、哲学、そして政治の分野でのその現象形態に関しても、心理的な綾《あや》に即して見事に描き出した。十五年にわたる熟考の結論は、〈力への意志〉であった。永遠回帰の教えと一体になった〈力への意志〉であった。

ニヒリズムはそれ自身としては二つのことを意味しうる。それは最終的な没落の、そして、人生に対する嫌悪の徴候でもありうる。だが同時にまた、強くなる徴候、人生への新たな意志の最初の徴候でもありうる。つまり、弱さのニヒリズムと強さのニヒリズムである。ニヒリズムのこの両義性、つまり近代性の起源としての両義性は、もともとニーチェ自身に備わっていたものである。「わたしの存在の幸福は、ひょっとしてこう言ってよければ、その独自性は、次のような宿命にある。謎めいた言い方になるが、わたしは自分の父としてはすでに死んでいるが、自分の母としてはまだ生きていて、高齢に達するのだ。いわば人生のはしご段のいちばん上の段といちばん下の段の両方に発しているというこの二重の由来、デカダンであると同時に始まりでもあるという二重の経歴、このことが生の総体的問題との関係におけるあの中立性、あの党派からの自由、ひょっとして私の特徴であるあの中立性と自由の理由を、他になにか理由がないとすればだが、説明してくれるのだ。わたしは始まりと没落にたいして、およそこれまで人間が持っていた以上の繊細な嗅覚をもっているのだ。わたしはこの点での比類なき教師である。わたしは両方とも知っている。わたしは両者である」。それゆえニーチェは『ツァラトゥストラ』において、二つのどちらであるかの問いに答えを与えないままにしている。つまり、約束する者なのか、あるいは、約束を果たすものなのか、征服者なのか、あるいは継承する者なのか、収穫の秋なのか、あるいは種まきの鋤《すき》なのか、病める者なのか、あるいは快癒する者なのか、詩人なのか、あるいは誠実な人間なのか、解放者なのか、あるいは抑制を要求する者なのか、その点は明らかにしなかった。なぜなら、自らがそのどちらでもないことを、そしてそのどちらでもあることをよく知っていたからだ。自らの哲学的生活におけるこの両義性は、時間に対する彼の関係の特徴でもある。彼自身が言う通り、彼は「今日と過去」の両方である。だがまた、「明日および明後日、そしてかつて」のすべてである。こうした「過去およびかつて」についての知を持っているがゆえにニーチェは、自分の時代を哲学的に解釈できたのだ。「あとの時代の（キリスト教的な）世界の断片」であるがゆえに、同時にまた前の時代の（ギリシアの）世界の痕跡でもあるというのだ。それゆえにニーチェは、最近の時代の哲学者であるばかりでなく、最古の時代の哲学者、そうした意味においては、太古から続くひとつの老いた時代の哲学者でもあるのだ。

　第二点について。ニーチェは時代との関係において、そして同時代の哲学との関係において〈反時代的な〉存在であったし、またそうした存在であり続けた。だがまさにそれゆえに〈時代に適った〉タイムリーな存在、つまり時代の哲学的基準であった。少なくとも彼自身は、自分が反時代的であることで、かえって時代に適合していることをこのように理解していた。『反時代的考察』第二論文の前書きの末尾には、彼自身は「古き時代に学ぶ者」、つまり、西欧の哲学が始まったギリシアの時代に学ぶ者である、そのような者であるがゆえに「今の時代の子」として、このような「反時代的な経験」に至ったのだ、と記されている。さらには、古典文献学者として自分は、ギリシア古代についての知識というものは、時代に対抗すること、それを通じて時代に対して、ひょっとしたら来るべき時代のために影響を与えること以外にはどのような意味も持たないことを知っているのだ、と書いている。

一八八八年に書かれた最後の反時代的考察ともいうべき『ヴァグナーの場合』においてニーチェは、時代に対する自らの関係をもっとはっきりしたかたちで、時代の〈自己克服〉と定義して、つぎのように解説している。「哲学者は自分自身に対して、まず第一に、そして最終的になにを望むのだろうか？　それは、自己の内部において自分の時代を克服すること、没時代的になることである。最も厳しい戦いをこの哲学者はどのようにして切り抜けたらいいのだろうか？　まさに彼が自分の時代の子であるがゆえのものをもって戦ったらいいのだ。よかろう。わたしはヴァグナーとおなじにこの時代の子どもだ。ということはデカダンだということだ。違いは、わたしがそのことをわかったことであり、そのことに抗《あらが》ったところにある。わたしのうちなる哲学者がそれに逆らったのだ」。哲学者であることにおいてニーチェは、自分の時代の単なる同時代者であることを克服し、それによってまさに時代の哲学者となったのだ。つまり、試練に打ち勝った哲学者となったのだ。試練とは、「ドイツの大きな政治的運動であり、ヴァグナーの芸術運動であり、そしてまたショーペンハウアーの哲学的運動である」が、そのどれによっても、自分の「重要事」から脱線させられることはなかったというのだ。[57] ニーチェは、ヨーロッパ的人間の形成のはじまりと退落を、アイスキュロスからヴァグナーまで、エンペドクレスから自分にいたるまで、つまり歴史的時代の総体において見通していた。だからこそ自分自身の時代をも見抜くことができたのだ。

　反時代的であるがゆえのこうした時代適合性と異なるのが、世間で言うアクチュアリティなるものである。つまり、ニーチェが自分の属するひとつの大きな時代の哲学者として備えていた、時代とのこの反時代的なかかわりかたとは異なるのが、文壇における彼の後継者たちが入れ替わり立ち代わりそれぞれ異なったかたちでニーチェに見てきたアクチュアリティである。この四十年間にニーチェはさまざまなかたちでアクチュアルとされてきた。彼のアクチュアリティを論じたペーター・ガスト、ガブリエレ・ダヌンツィオ、アンドレ・ジイド、ルドルフ・フォン・*パンヴィッツ、オスヴァルト・*シュペングラー、トーマス・マン、ローベルト・*ムージル、ゴットフリート・*ベン、そしてルドルフ・*ティールなどを見ると、[58] ニーチェに続く時代の精神的問題をきわめてよく見ることができる。この変化はリールからジンメルまで、*ベルトラムからヤスパースまでのニーチェを論じた哲学的文章にもよく反映されている。だが、もしも〈時代に適っている〉というのが、自分の時代の傾向こそが哲学上の意図の理解にあてはめるべき基準だという意味ならば、かれらももはや〈時代に適っている〉とは言えなくなっている。そういう意味で〈時代に適っている〉のは、そのつど速やかに飛び去る時代のおしとどめがたい〈進歩〉に即して、最近の、このところの時代のニーチェということになろう。このところのニーチェの解釈はなによりも*クラーゲスと*ボイムラーということになっている。ところがこのクラーゲスは、意志と精神に対抗する彼の思いつきに溢れた攻撃においてニーチェの半分しか見ていない〔3〕。そして、力への意志のニーチェ、無への意志のニーチェを無視して、ディオニュソス的哲学のニーチェを、〈肉体〉と〈魂〉の〈オルギアスムス〉〔淫乱・放埒《ほうらつ》〕の哲学者だと宣言している。逆にボイムラーは、永遠回帰というディオニュソス的哲学を無視して、力への意志および無への意志を論じるニーチェを、自らの〔ナチス的な〕闘争意欲に駆られるがままに、〈英雄的レアリスト〉もしくは政治的哲学者として解釈している。二つの解釈は、精神に反するこの時代の、おなじように偏狭な精神のふたつの変形にしかすぎないのだ。ふたりとも、無への意志および永遠への意志というニーチェの哲学全体とはおなじように無縁なのだ。

　自身の時代およびいっさいの「時代」なるものに抗したニーチェの戦いから遠いという点で、このふたりに勝るとも劣らないのが、ニーチェを力への意志の哲学者とも永遠回帰の哲学者とも見ず、それどころか、時代の心に響くような文章をいい加減に選んで集めたような解釈である。ニーチェは、自分の思想を何千というアフォリズムによって繰り広げ、体系として述べなかったために、ニーチェの書いたもののうちから読む人に合ったものを個々に見つけるのはなんでもない。驚くほど時代に合ったものもあれば、また驚くほど反時代的なものも多い。一二の例をあげてみよう。『この人を見よ』の最後でニーチェは、自分とともに精神の戦いがはじめて〈大いなる政治〉と一体化したと述べている。ところが、『この人を見よ』の冒頭部では、自分は最後の「反政治的なドイツ人」であり、目下の「帝国ドイツ人」よりもずっとドイツ的だと述べている。このふたつは矛盾しあっているように見えるが、実は、同じひとつの思想を言い表わしているのだ。なぜなら、まさにニーチェは大いなるヨーロッパ政治という思想を語っているがために、自分の時代のドイツ帝国の政治との関係では自分のことを最後の反政治的ドイツ人と形容しえたのだ。そして「政治に関しての、そして自主独立を希求する諸民族に関しての、どうにも低劣な現代のおしゃべり」をそもそも理解できるためには、そうしたものを自分の遥か下方に見くだせるところにいなければならない、と語りえたのだ。また彼は、戦争と勇気こそは、隣人愛よりもより多くの偉大なことをこの世で成し遂げてきた、と語っている。ところが他方で、「最も偉大な事件は、われわれの最高に騒々しいそれではなく、われわれの〈最も静かな時間〉のことだ」とも書いている。彼は、リベラリズムの〈言論の自由〉の精神に対抗した。だがそれに劣らず〈党派的良心〉にも反対した。なんらかの党派に属すると考えただけで、「たとえその党派が自分のそれであったとしても」虫酸《むしず》が走る、と彼は述べている。彼は市民社会のデモクラシーの精神を批判した。だが他方で、「新しき偶像」(『ツァラトゥストラ』第一部)という標題で、国家とは最も冷たい怪物で、彼の口からは嘘が飛び出す、と述べている、「われ、国家とは民族なり」という嘘が。ニーチェは、野蛮への回帰が不可避であると信じ、ヨーロッパの「男性化」を信奉し、それを言い表すために〈金髪の野獣〉という表現を作った。だが彼はまたヴァグナーの主人公たちを、官能にとろけた怪獣どもと呼び、ヴァグナーの〈ゲルマン人〉たちを「足が長いだけで服従しやすい」と形容している。ニーチェはまた、人種の育成や鍛錬を支持する発言をしているが、他方でそれに劣らず、反ユダヤ主義の人種的妄想に潜む偽りの自画自賛に反対している。(59) 彼は「教養の国」と「汚れなき認識」を(『ツァラトゥストラ』のなかで)揶揄し、「教養ある人間」を見捨てている。ところが他方で、みずからも教養豊かな者として、「趣味の全般的な賤民化」と野蛮の到来を見ていた。彼は「命令する者」と「服従する者」とのあいだに序列をつけることを要求したが、同時に他方で、「羊飼いであることと、羊群の牧犬」となることを拒否した。また、絶対的服従という軍人の徳目のうちには「ドイツ人の召使い根性」が理想化されているだけだと主張しているが、他方で、「支配カースト」が必要であるとも言っている。彼はまた、人間の「訓練可能性」が恐ろしいほどに極大化していることを知っていた。なぜなら、人間たちは自らに語るべきことどもを持たなくなってしまったからだ、と語っている。そして最後に彼は〈力への意志〉としての〈真理への意志〉という考え方を展開した。とはいえ他方で、真理が役立つか、あるいは恐ろしい運命となるか、そういうことは問うてはならない、とも述べている。そして『力への意志』は、いまなお思惟することに楽しみを見いだす人々のためにのみ書かれた本だとも述べている。ところが今日のドイツ人たちは、もはや考える人々ではなくなってしまった。考えることとは違うことがかれらを楽しませ、かれらにすごいと思わせるのだ、としている。(60)「われわれの時代」の哲学のためにニーチェを支えにしようとする者は、ツァラトゥストラに次のように言われるのを覚悟しなければならない。「わたしは奔流のほとりの欄干だ。わたしをつかむことのできる者は、わたしをつかむがいい！　だが、わたしはあなたがたの松葉杖ではない」(『ツァラトゥストラ』第一部「蒼白の犯罪者」氷上英広訳)。だが、一人の哲学者をつかむ fassen ためには、彼の哲学をまとめる erfassen こ

とができなければならない。ニーチェがそのために望んだ読者は、いまなお考える時間を持っている人々であった。(61)

第三点について。ニーチェの本来の思想は一個の思想＝体系であり、その冒頭には神の死が、その中心にはこの神の死に発するニヒリズムが、そしてその最後には、永遠回帰に向けたニヒリズムの自己克服が位置している。この三段階に相応するのが、ツァラトゥストラの最初の説教における精神の三段の変化である。キリスト教信仰における〈汝なすべし〉が〈我欲す〉という精神の解放へと変容する。そして無に向かう〈自由の砂漠〉において最後の、そして最も重い変容が、つまり〈我欲す〉から、破壊と創造の小児の戯れとしての永遠に回帰する実在への変容が起きる。つまり〈我欲す〉から〈我あり〉への、しかも存在の全体における〈我あり〉への変容が起きるのだ。無への自由がこのように、自ら自由に意欲したおなじきものの永遠回帰の必然性へと変容する、この最後の変容とともに、ニーチェにとっては自らの「時間的な」運命が「永遠の運命」として満たされるのだ。彼の自我 *Ego* は彼にとって運命 *Fatum* となった。そして「この人を見よ」という生存のこの偶然こそは、人はすでにみずからが「それである」ところのものに「なる」だけなのだ、ということを示すのだ。なぜならば、存在の最高の星座は、必然性、そのなかで偶然と自己の本来の存在であることとが一致するような必然性なのだから。

必然性の紋章！
存在の最高の星座！
――いかなる望みによっても到達できない星座
いかなる〈ノー〉の汚れも知らない星座
存在の永遠の〈イエス〉
永遠にわたしはお前の〈イエス〉
なぜならばわたしはあなたを愛するのだ。おお、永遠よ！
いいいいいいいいいいいいいいいいいいい、

〔「ディオニュソス＝ディテュランボス」と題した一連の詩の中の「栄誉と永遠」の一節〕

「必然性の紋章」の下で、つまり、古代的な運命 Fatum の下で、生存の偶然性は、そのままふたたび存在の全体に組み込まれるのだ。

ニーチェの哲学においては永遠性に大きな意味が与えられている。そしてそれとともに、決定的な〈瞬間〉、つまり、永遠性が最終的に顕現するその〈瞬間〉にも大きな意味が与えられている。それがどれほど大きな意味であるかは、『ツァラトゥストラ』

の第三部と第四部が永遠に捧げる歌で終わっていること、さらには、『この人を見よ』も「栄誉と永遠」と題した詩で終わるはずだったことからだけでも、見てとれる。永遠とは永遠回帰のことであるが、この永遠という問題は、ニーチェが〈人間〉とともに〈時間〉を越えて行くその道の途上において見いだされるようになっている。この道とはキリスト教の歴史からの脱出の道である。この脱出はニーチェによって、〈ニヒリズムの自己克服〉と名づけられる。このニヒリズムそのものは、神の死に由来している。ツァラトゥストラとは、〈神と無に勝利する者〉である。永遠回帰の〈予言〉とニヒリズムの〈予言〉[62]が本質的に関連しあっているがゆえに、ニーチェの教説の全体は二つの顔を持つことになる。この哲学は、ニヒリズムの自己克服、つまり、「克服する側と克服される側」とが同一であるという点で自己克服なのだ[63]。この両者はひとつなのだ。ちょうどツァラトゥストラの〈二重の意志〉、世界へのディオニュソス的な〈二重のまなざし〉、そしてディオニュソス的な〈二重の世界〉自身が、ひとつの意志、ひとつのまなざし、ひとつの世界であるのと同じなのだ[64]。ニヒリズムと永遠回帰がひとつのものであることは、永遠へのニーチェの意志が、彼の無への意志の転倒であることから明らかとなる。

だが、キリスト教的生活に由来する意志の自由と、これこれしかじかであって、ほかのようではありえないあり方を望むという古代的必然性とをいかにしたら同時に意欲しうるのだろうか？　それは「なければならない」を「そうありたい」とする、この両者を統一する意欲以外にはありえない。こうした超人的な意志は、時間との関連で見るなら二重の意志である。つまり、この意志は、そうであらねばならないことをその後も意志し続けるからである。未来への意志を過去への意志と逆説な仕方で力まかせに合体させるからである。自己自身に抗して意欲するというこの二重の意志のうちにこそ、ニーチェの「最後の」意志の全問題が、体系的に、そしてまた歴史的にも組み込まれているのだ。この問題の解決を扱っているのが、『ツァラトゥストラ』のなかの「救済」の章である。つまり「過去の救済」を扱った章である。

ツァラトゥストラは、いっさいの過去は失われたと見る。それも二重の点で失われたと見る。つまり、ある人々は過去を、今日の堕落を準備する前兆の位置に強制的におとしめてしまう。それに対して別の人々にとって過去の時間は、「祖父」の代で終わってしまう。[65] ともに過去からの救済はない。「過ぎ去った人間たちを救済し、すべての〈そうあった〉を、〈わたしがそのように欲した〉につくりかえること——これこそわたしが救済と呼びたいものだ。意志——これが自由にし、よろこびをもたらすものの名だ。そうわたしは前に、あなたがたに教えた！　いまはさらにこのことを学ぶがいい！　意志そのものはまだひとりの囚人なのだ。意志することは、自由にすることだ。しかし、この解放者をもなお鎖につないでいるものがある。それは何か？〈そうあった〉――これこそ意志が歯ぎしりして、このうえなくさびしい悲哀を嚙みしめるところである。すでになされたことに対しては無力である、――意志はすべての過ぎ去ったものに対しては怒《いか》れる傍観者なのだ。意志は、さかのぼって意志することができない。意志は時間を打ち破ることができない。時間の勝手な欲求をくじくことができない。――これが意志のこのうえなくさびしい悲哀である。……時間が逆もどりしないということ、これが意志の深い忿懣《ふんまん》である。〈すでにそうあったもの〉――意志がころがすことのできない石の名はこれである」（『ツァラトゥストラ』第二部「救済」）。未来を望むことをその本性とする意志は、すでにあるもの、すでに意欲され、かつなされたことに復讐することができない。それゆえに、意欲するこの人生は、――そして人間がなにを〈するべきか〉をもはや神が言わなくなった今では、人間というのは意志である――自己自身にとって〈罪〉となり、〈罰〉となる。人生は自己自身にとって「また永遠に行為と罪」となる。なぜならば、この人生として現実に存在するという、この偶然に人間はなんの責任もないからだ。この現存在は、自分で存在することを望む以前に、つねに偶然に生じたものである。だがまた、存在する意志としてその責任を取ろうと欲しながらも、またそれをすることができないのだ。それゆえに意志は、彼に偶然に割り当てられたこの現存在の重みに耐え、抗する意志として「石の上に石を」積んでゆく。挙げ句の果てに狂気にとらわれた説教がはじまる。「いっさいは過ぎ去る。それゆえにいっさいは過ぎ去るにあたいする」と。すでになされてしまった行動の過ぎ去った時間への不快感に生きるこの意志は、過ぎ去った時間の価値を〈無常〉へと切り下げる。ショーペンハウアーの形而上学におけるように「意志がついには自分自身を救済する」場合、そして「意欲が意欲しないことに変じる」場合は別であるが。それに対して、ツァラトゥストラの創造する意志は、つねに未来へと空しく投企する現存在という重荷の石に向かってこう語るのだ。「だが、わたしがそのように望んだのだ」と。そして、また永遠にいたるまでこのようであることを望むのだ！と。だが、彼はいったいいつそのように語ったのだろうか？　未来へと創造する意志が過去を擁護するのは、いつになったら起きるのだろうか？　そしてなにも意志しないということを越えて、過去に向かって意志することを彼に教えたのはだれなのだろうか？　そして痛みを与えるかわりに喜びをもたらすことを教えたのはだれなのだろうか？　ツァラトゥストラはこうした問いに永遠の存在の教師として答えるのだ。なぜならば、時間と存在が永遠に回帰する循環を意欲することを通じて、意志も、際限なく無限な彼方へ向かう直線的な運動であることをやめ、前方へと同時に過去に向かっても意欲する円環へと変じるのだ。どのみちそうならねばならなかったことを、いまなお意欲するというこの二重の意志をニーチェは〈運命愛 amor fati〉という言葉で言い表そうとした。この運命愛において、時間と存在の全体が、これから生成する存在が、すでにかつて存在し未来へと凝縮されるのだ[66]。こうしてツァラトゥストラの魂は、「快楽を求めて偶然へと身を投じる」「最も必然的な魂」となる。だが、この魂がそうできるのは、「いっさいの存在の最高のあり方として[67]」のこの魂において「いっさいのものごとがその流れと反流を、その引き潮とその満潮」をもっているからだ。そしてこれこそが「ディオニュソス的なもの自体の概念」なのだ。ディオニュソス的という定式は、〔諦念めいた〕運命への意志などというよりは、ファートゥム〔ギリシア的な宿命のこと〕としての運命への意志なのだ。「運命の上に運命として立つ」ファートゥムへの意志なのだ[68]。

　こうした考え方にしたがう以上、ニーチェからすれば、自分の救済の教えは、神々や人間をも支配するという古代の運命への信仰とは異なるものとなる。また、意志の自由への近代の信仰とも違うものとなる。「かつて人びとは予言者と星占い師を信じた。そのため人びとは、〈一切は運命である。あなたはそうなすべきである。どうしてもそういうことになるのだから！〉と言われて、これを信じた。やがて、ひとびとはすべての予言者と星占い師を疑うようになった。そのため人びとは、〈一切は自由である。あなたはなすことができる。あなたには意志があるのだから！〉と言われて、これを信じるようになった」〔『ツァラトゥストラ』第三部「古い石の板と新しい石の板」第九節〕[69]。こうした〔古代と近代の〕考え方に対立するニーチェは、自己自身の意志を宇宙的な必然と結合しようと試みたのだ。

だが、自ら意欲しうるという近代の自由のなかにあって、あの太古の考え方、つまり、そうあるのが必然で、他のようではあり得ないという太古になじみだった考え方を取り返すことはどのようにして可能なのだろうか？　そして、かつては星のめぐりあわせに書き込まれていた必然への意欲をみずからのファートゥムへと変じさせ、最終的には「わたし自身がファートゥムなのだ。そして永遠の昔からこの現存在を生み出す条件なのだ」「わたし自身が永遠回帰の原因に属しているのだ」と言いうるためには、どうしたらいいのだろうか？　そのためには〔ツァラトゥストラの〕新たな予言は、ひとつの統一とならねばならないのではなかろうか。つまり、天空の星に書き込まれている必然性に由来する予言と、自分の可能性の自由という砂漠における最後の真理である無に由来する必然性、このふたつの必然性の統一とならねばならないのではなかろうか？　この統一がいう全体性こそは、「天界の無」ということなのだろうか？　そしてこの二つの統一の絡み合いに相応しているのは、二重の意志が二重の真理に到達するふたつの道、つまり、決断 *Entschluß* と霊感 *Inspiration* という二つの道なのではなかろうか？　そしてこのふたつの方途がそれぞれに真理なのではなかろうか。一方に意志の決断がある。つまり、自由の極限にあって、「なにも望まないよりはむしろ無を望む」決断である。他方には、霊感がある。つまり、このように決断した者にとって存在がみずからを明かす霊感である。この決断と霊感がともにニーチェの二重の真理への問題的な通路をなしているのだ。この二重の真理とは、ニヒリズムの自己克服の教えとして「不条理なるがゆえにわれ信ず credo quia absurdum」ということなのである。[70]　これだけがニーチェの真に〈反時間的な〉――時間と存在について真に時間を越えているからこそ〈反時間的な〉――教えである。時間の転換についてのこれほどの極点に到達した者は、ニーチェ以後誰もいない。それでも永遠の問題を問うたごく少数の人々は、例えばカトリック教会の「永遠の」真理に帰依したり〔フーゴー・*バル、テオドール・*ヘッカー〕、あるいは、「人間のうちなる永遠なるもの」を論じたり〔マックス・*シェーラー〕、さらには宇宙的生命の失われた「イメージ」に陶酔したり〔ルートヴィヒ・クラーゲス〕、さらには、存在の〈暗号〉を「呪文で呼び起こそう」としたり〔カール・ヤスパース〕した[71]。また多くの者たちは、政治的動物学という人種論的な保存食が永遠性の代償として提示する、彼らの時代の要求に盲従することになった。

ニーチェは「人間と時間の彼方」にあって時間とともに「人間という事実」全体を乗り越える高みに達しようとした。それは、人間が存在に投げ出されている近代的な状況の外へと自ら身を投げ出す投企のためだった。そのときに、まさに彼が「苦悩する者」について自ら語っていたことが起きたのだ。「苦悩する者」は「わたし〔苦悩する者〕の灰を山上に運んだ」、そして「ひとっ跳びに……究極のものに到達しようとする」。「身体《からだ》に絶望したのは身体であったのだ、――その身体が、こうして錯乱した精神の指でもって最後の壁を手探りしたのだ[72]」（『ツァラトゥストラ』第一部「世界の背後を説く者」）。

「ひとっ跳びに」究極のものに到達しようなどと考えなかったゲーテのような人もいた。〈過程〉を賞賛したこのゲーテは、永遠を生の〈可能性〉として企てたりはしなかった[73]。むしろこの地上の肉体的な生活のすべての瞬間のうちに永遠が現存していると見た。それゆえゲーテは〈ねばならない müssen〉という必然性に関する問いと〈したい wollen〉という意欲に関する問いをニーチェとはちがったかたちで立てた。ゲーテは真に存在者の全体のうちに生きていた。それゆえ自己自身を乗り越えて上昇することなどは考えなかった。したがって、かれは、認識の圏域の全体は、意欲と必然の統一のうちに含まれていると見抜いていた。「いろいろな限界をいやいやながら感じなければならなかったレッシングは、彼の登場人物の一人に次のように言わせている。〈だれもがしなければならないということはない〉。それに対して、陽気で機智に富んだ人物はこう言った。〈しようと望むやつは、しなければならない〉。三人目の、当然のことながら教養ある人物はそれに対してこう言った。〈わかったやつは、しようと望むものだ〉[74]」。つまり、しなければならないことをしようと望むものだ、ということである。沈思黙考によって得られたこうした洞察に相応するのが、人生の経験である。ゲーテはひとり息子の死の知らせに接したとき、老齢のつらさと重ねて二重の辛苦を味わわねばならなかった。そのときかれは、ツェルターに次のように書いている。「わたしは、バランスをとって体を動かすこと以外には、気にかけることはありません。それ以外のことはすべて、おのずからなるようになるでしょう。身体は必然にしたがわねばなりません müssen が、精神は意欲します wollen。自らの意欲に必然的な軌道がすでに定まっていることを知っている者は、あまり多くを考える必要はないのです[75]」。

キリスト教と古代に関する考えをゲーテは、あるとき根本的な言い方で述べている。

宗教改革記念祭にあたって彼はツェルターに宛てて、ルター主義の基礎は、決定的に対立関係にある律法と福音という両極の媒介を遂げることにあります、ところで、この両極の代わりに、必然と自由を置き、その相互の距離と接近を見るなら、この円環のうちに「人間の興味を引くいっさいが含まれていることが」はっきり見えてくるでしょう、と書いている。そして続けて、ルターは旧約聖書および新約聖書のうちに、たえず繰り返される世界の大いなる本質の象徴を見ました、「旧約聖書にあるのは、律法です。愛を求める律法です。新約聖書にあるのは愛です。律法に逆らう愛です。そして律法を成就する愛です。しかし、この成就は、自分の力と権能では満たされません。そうではなく、信仰によって満たされるのです。万人に告げ知らせ、いっさいを実現するメシアへの、それ以外のすべてを排除する信仰によってなのです(76)」、このようにちょっと考えるだけで、ルター主義は理性に逆らうものでないこと、もしも理性が、聖書を世界の鏡として見る決意をするならば、理性に逆らうものでないことがわかるのです、と書いている。それゆえ、ゲーテが計画していた宗教改革についての詩は、シナイ山上の雷鳴とともに轟《とどろ》く「汝なすべし」とともに始まり、キリストの復活とともに、そして「汝は成る」で終わることになっていた。

「ねばならない müssen」と「したい wollen」の統一というこの同じ問題をゲーテ

は、聖書のドグマ的真理への信仰は「他のいっさいを排除する」、といった考え方にはおかまいなく、「シェークスピアはいつまでも」と題した論文で、こんどは古代と関連させて論じている[77]。この論文でゲーテは、旧と新、つまり古代と近代、異教とキリスト教、必然と自由、当為と不可避といった対立を列挙している。あとの二つの二項対立、つまり必然と自由、当為と不可避の両極のあいだの関係が不釣り合いであることから、人間が味わう最大の苦悩、そしてこうした苦悩の大多数が説明できる、と彼は論じる。この不釣り合いから生じる「困惑」が小さく、かつまた解決可能である場合には、滑稽な状況のきっかけとなりうる。この不釣り合いが最高度のもので、それゆえ解決不可能な場合には、悲劇的な状況が生み出される。古代の文学作品においては、当為 *Sollen* と成就の関係の不釣り合いが中心であり、近代の文学作品においては、意欲 *Wollen* と成就の関係の不釣り合いが支配的である、とされる。当為は人間に課され、意欲は人間が自分自身に対して課しているのだ。前者ではいっさいが運命となり、後者ではいっさいが自由となるようだ、とゲーテは論じる。当為は避けることができず、それに抗しようとする意志によってもっぱらその実現が加速され、すごみをますだけである。こうした当為は古代の都市と共同体の法のうちに、またコスモスの法則のうちに体現されている。それは全体の善をめざしたものとなる。それに対して、意欲は自由であり、ひとりひとりにとって好都合なものとなる。「意欲は近代の神である」。そして、われわれの芸術や感性のあり方が古代のそれと永遠に切り離されている理由は、この違いにある。ところが、シェークスピアのすごいところは、彼がこの古代的なものと近代的なものを「豊潤なまでに」結びつけたことである。そのやりかたは、個人の性格のうちで当為と意欲を釣り合わせることだ、とゲーテは書いている。シェークスピアの戯曲の登場人物は「当為に生きねばならない」。しかし、人間としては、この人物は「意志に生きたい」。シェークスピアは、当為と意志というこの両者の統一を成し遂げている。それは、止まることを知らない意志を内面から生じさせるのでなく、外面的なきっかけによって発動させているからである。「これによって意志は一種の当為と化し、古典古代に近いものとなる」。シェークスピアは、彼の登場人物たちにおいて、古代世界と近代世界を結びつけ、われわれにとって喜ばしい驚きを生み出している。そしてここにこそ、われわれがシェークスピアに学ばねばならないポイントがあるのだ、とゲーテは論じている。つまり、われわれは自分たちの〈ロマン主義〉、つまり、この近代性なるものを必要以上に買いかぶるのをやめるべきである。古代と近代という、一見すると統合しがたく対立しているものを、シェークスピアというこの偉大な、そして唯一の巨匠が奇跡のように実際に統一してみせた以上は、われわれのなかでもいっそうのことそれをめざすべきであろう、というのだ。

シェークスピアについてのゲーテのこうした見方はゲーテ自身にもあてはめることが可能だ。いかにあてはまるかは、ロマン主義者の*シュレーゲルですら「本質的に近代的なもの」を「本質的に古代的なもの」と結びつけたことこそゲーテの偉大なところだと褒めていることにも見て取れる(78)。シュレーゲルの評価がまちがっていたとすれば、それはただ一点、つまり、ゲーテこそ「まったく新しい芸術時代」の最初の人、つまり、こうした古代と近代の統一という目標に近づく先鞭《せんべん》をつけた人であるという見解である。むしろ十九世紀の歴史においてゲーテは、古代と近代、さらには異教とキリスト教の相違を〈決断〉によって解決すべき問題と感じないで済んだ最後の人であった。ニーチェになると、この決断をしたわけである。それゆえにニーチェは、「もうにっちもさっちも行かなくなった」近代性の頂点にあって、ギリシア世界という閉じた世界の見方を再来させようとして、自身の自我をファートゥムと無理矢理に一体化させせようとした。だが、ゲーテの本性はまだ、近代の圏域のなかに古代を現在化させることが可能だった。この古代と近代の対立をゲーテは、壮大なギリシア悲劇によって見せるだけでなく、日常生活を通じても感じさせてくれる議論を展開している。

「トランプ・ゲームを一種の文学として見てみるがいい。こうしたゲームも〔自由と必然という〕ふたつの要素から成り立っているではないか。遊戯の形式は偶然と結びついて、ここでは、当為を表している。まさに古代人が運命という形式で理解した当為である。ゲーム参加者の能力と結びついた意志は、こうした運命に逆らおうとする。この意味でわたしはホイスト〔ブリッジの前身のトランプ・ゲーム〕を古代的と呼びたい。このゲームの形式は、偶然を制限する。いやそれ以上に、意志自身も限定する。当面の味方と敵がいるときに、わたしに配られたカードによって一連の偶然を、この偶然を避けることができないままに、うまくあやつらねばならない。それに対してオンブル〔三人で行うトランプ。コールを伴う〕その他のトランプ・ゲームの場合には、ちょうど逆である。こうしたゲームでは、わたしの意志や冒険に多くの扉が開かれている。わたしは自分に配られたカードを否認することもできれば、いろいろな方向に使うこともできる。半分または全部を投げ捨てることも可能だし、幸運の助けを呼び出すこともできる。いや、それどころか、反対のやり方を使って、最悪の組み合わせから最高の利益を引き出すこともできる。その意味でこうした類のゲームは、近代の思考方法や文学の方法に似ている」。ニーチェではこうした「気楽な」見方は考えられない。彼の戦いにあたっての魔術は、彼自身よく知っていたように、「極端という魔術だった。つまり、どんなに行き過ぎのことでもめざしてみようではないか、との誘惑だった」[79]。これは、目立たない釣り合いという、より穏やかな魔術ではなかった。ラディカルな者にとってはゲーテとは一個の妥協であった。なぜならラディカルということは——語源的な意味とは反対に——根なしということだからである。

ニーチェに学んだ世代から見れば、われわれがこれまでヘーゲルからニーチェまでその動きを辿ってきた「ドイツ精神」は、ニーチェが否定したこと、そして望んだことを基準として測られることになった。第三帝国がニーチェの考えたことの「実現」だと見る冊子や書籍や演説は無数にある。しかし、ニーチェの著作をただ都合良く「解き明かしてみせる」だけでなく、彼の書いたものに真剣に対処しようとするならば、ニーチェは〔国家社会主義の〕〈国家〉にも〈社会〉にも縁遠かったし、「バイロイト」の精神は、ビスマルク帝国の本能に近いだけではないこと〔それどころか、ナチスとも親縁であること〕を見逃すことはないであろう。ヴァグナーを批判したニーチェの著作を読めば、またユダヤ人問題についてのニーチェの発言を読めば、そして〈ドイツ的〉とはなんであるかという彼の反対質問をいかなる間引きも都合のいい選別もせずに読むならば〔ニーチェにはドイツ人を批判した文章が多い〕、ニーチェ自身と、最近彼を吹聴する連中とのあいだにどれほどの深淵が開いているかを知るに十分だろう。しかし、このように見ることと、実際問題としてニーチェが〈運動〉〔〈運動〉とは当時ナチスの運動を表す言葉〕の酵素であったこと、そしてこの運動のイデオロギーに決定的な影響を与えていたという公的な事実とは矛盾するものではない。この知的な〈責任〉はニーチェにはないとして、責任免除しようとする試みもある。また、彼が影響を与えた流れに対抗するものとしてニーチェを持ち出す試みもある。しかし、こうした試みには意味がない。それは、ニーチェを彼が裁いているテーマの弁護人にしようとする〔運動側の〕、逆の動きにも根拠がないのとおなじである。「道を切り開く開拓者」は昔から、自分自身は歩まない道を他の人に切り開いてしまうものだ。こうした歴史的事態を洞察するなら、今述べた二つの試みは無駄に終わることがわかる。時代への一時的なニーチェの影響は、彼を擁護するものなのか、彼の批判に向いているものなのか、こうした問題はそれほど重要でない。もっと重要なのは、時代・時間との関係に関しての知的な別れ目である。つまり、確かにニーチェは時間というものを永遠化しようとした。その試みがいかに強烈であったとしても、彼自身は——シュトラウスからヴァグナーにいたる論難の書を見ればわかるとおり——時代に適ったタイムリーな存在であった。まさに、反時代的存在としてこの時代に対して論争を挑んだがために時代に見合っていたのだ。ビスマルクとヴァグナーに反対する存在であるがゆえにニーチェは、かれら、二人の「力への意志」の枠内でうごいていたのだ。第三帝国において彼が時代にあったタイムリーな存在であるのは、この第三帝国が第二帝政の継承者である事情にもとづいている。

時代・時間に内在する永遠をニーチェは〔ゲーテのように〕捉えることはできなかった。彼が一瞬こうした永遠性を見たときには、――「人間と時間の彼方六千フィート」[80]にあって――自らを失った狂気の状態にあったからである。ゲーテの場合、たしかに『若きウェルテルの悩み』は、タイムリーで、時代にぴったりだった。しかし、すでに『イフィゲーニエ』と『タッソー』は、そうとはいえなかった。そして彼の生活圏が濃密かつ広くなるにしたがって、時代とのいっさいの関連は、彼の精神的まなざしの具体的な普遍性へと変貌して行ったのだ。ゲーテにあっては時代に適っているとか反時代的であるとかいう問題は意味がない。なぜなら彼はどんな場合でも、人間が自己自身にたいして抱く関係、また世界に対して抱く関係にひそむ、真理の純粋な源泉であったからである。

# 第五章　時代の精神と永遠性への問い

## 第一節　はるかな時代の精神から時代精神への変化

〈時代の精神 Geist der Zeit〉という定型句は、一八四〇年代に進歩の標語となった。しかし、この言葉にはもともとは自分の時代を言い表す意味もなかったし、歴史のなかでの自らの位置の主張とも無関係だった。ゲーテの『ファウスト』にあっては、「遥かなもろもろの時代の精神 Geist der Zeiten」というときには、もっぱら昔の時代という意味だった。過去のさまざまな時代が現在に写し取られているといっても、その写し方は皆さん（つまり歴史家）自身の精神でしかないのではないか、という疑念が添えられた表現だった（『ファウスト』第一部五七五行―五七九行）。ゲーテが『ファウスト』の構想を書いたのと同じ時代にヘルダーはシェークスピア論を書いているが、その最後に、ゲーテこそは、その世界がすでに過去のものとなったシェークスピアの天才をわれわれの言語と現代の精神に翻訳することを課題とした友人であると、記されている。偉大な人間は誰もが、「自分の時代の大いなる意味」にかなったかたちで哲学するが、それとおなじように――とヘルダーは論じる――どんな民族も自分の演劇を自分たちの歴史に即して新たに作らねばならない、「時代精神 Zeitgeist に即して、また風習や世論や言語に即して」作らねばならない、過去をただ模倣するのではだめだ、というのだ。ようするにヘルダーは死せる伝統に対抗して、時代の、あるいは言語の、そして民族のそれぞれ固有の精神を重視しようというのだ。というのも、ヘルダーに言わせれば、「時代の土壌」はいつもおなじものを生み出すわけではないからだ。だが偉大な人間は、「幸福の方向であれ、不幸の方向であれ、変わってしまった時代」において、それなりのやり方でソフォクレスやシェークスピアの作品に負けないほど偉大で根源的な演劇作品を生み出した。とするなら、そういう人は、たとえ時代は変わったとしても〔ソフォクレスやシェークスピアと〕おなじことを達成したことになる。つまり、世界事象という大きな本のなかの叙述ないし、「歴史叙述 Historia」が達成されたことになる。

時代の精神という言葉はこうして、自分の時代との関連で使われるようになる。もはや有効でない伝統に対抗して、現代固有の権利を意味することになったからである。だがまた、この時代の精神なるものは、民族や言語の精神との類比で考えられており、それ自身として時間的な精神というものではない。そうではなく、〈人類の圏域〉〔ヘルダーの用語、「動物の圏域」などと区別される〕という同じひとつの精神であって、それがそれぞれ異なった時代に、そしてそれぞれ異なった民族にそれぞれ独自のあり方で現出するだけなのだ。

フランス革命によってはじめて伝統が破壊され、ものごとを歴史化して見る態度が同時代者の意識にもたらされた。つまりこれ以降はじめて人々は、いっさいの「これまでの」時代に抗して、現代という時代を自ら明白に同時代史的 *zeit-geschichtlich* なものとして、そして未来を見据えつつ理解するようになったのだ。他方で、時代の精神が問題をはらんだものとして自覚されるようになった。そのことに関してもヘルダーの文章はいい資料である。『人間性の促進についての書簡』（一七九三年）の第一集および第二集において時代の精神は、反省的意識の対象となる。時代の精神についてのこうした反省は、自分の時代に対する批判によってはじまる。つまり、先行する以前の時代すべてと自分の時代を批判的に区別することからはじまる。「昔の時代のポエジーと較べて、われわれの時代のポエジーが公共の事態に参与する度合いがこれほど少ないのはどうしてだろうか？　この詩神はみまかってしまったのだろうか？　あるいは、この詩神は、時代の精神によって目覚めさせられることもなく、ほかのことをするべく、周囲の騒音を耳にしないで済んでいるのだろうか」(1)。それゆえにヘルダーは、「時間という神の使者」が恵んでくれるものをたいせつにしようとする。そして、われわれよりももっと危機的な時代に生きていたと彼の言うホラチウスを模範として「時代の花」を手折《たお》ろうではないか、と述べている。彼に言わせれば、たしかにポエジーは「時代のいとなみ」にあまりにも近い立場で参加するべきではない。というのも、いくらもたたないうちにそのつどの「時代状況」は終わってしまうからである。とはいいながら、ポエジーはやはり「時代の声」として、その時代の精神にしたがっているはずである(2)。しかも時として時代のうちには、「大昔の時代の予言者的精神」が息吹いていることすらあるかもしれない、と彼は述べる。ところで、われわれの時代の本や雑誌のタイトルには「時代の精神的状況」〔ヤスパースの有名な本のタイトル〕「時代の声」〔十九世紀後半から現代まで続いているカトリック系の雑誌〕「時代の転換」「時代のあいだで」などといったものが多いが、そうした標題は、フランス革命が生み出した特定の時代意識のうちに歴史的由来がある。まさにその時代以降というもの、人々は最終審級として時代に訴えるようになったのだ。

だが、このようによく引き合いに出され、かつ論じられる時代の精神とはなんのことだろうか？　ヘルダーは問う。「これは一個の精霊 Genius なのだろうか？　それともデーモンなのだろうか？……あるいはまた流行という、空気のそよぎなのだろうか、アイオロス〔ギリシア神話の風の神。この風で竪琴の絃が揺れ、妙なる楽の音が立ち上るとされた〕の竪琴の奏でる響きなのだろうか？　人々は、このなかのどれかと見ているようだ。この時代精神はどこからやってくるのだろうか？　そしてどこへ行こうとしているのだろうか？　この精神を動かす者はどこにいるのだろうか？　その権能や権力はどこにあるのだろうか？　この時代精神は支配しなければならないのだろうか？　あるいは逆になにかに仕えねばならないのだろうか？　そもそも操ることが可能なのだろうか？　これについての本などあるのだろうか？　経験によってどうやってこの時代精神を知ることができるのだろうか？　人間性の精霊そのもののことなのだろうか？　あるいは、この精霊の友人、告げ知らせる先触れの使者なのだろうか、あるいは召使いなのだろうか？[3]」。この時代精神はいっさいの知的存在 Geister を貫いている。誰もが自ら行為するなかで能動的にも受動的にもこの時代精神に服している。時代精神はなんでもできるし、すべてを見ている。まさに聖書の「知恵の書」〔外典〕の知恵のように[1]。だが、宗教改革こそが、そしてもろもろの学問と芸術こそがこの時代精神を解放したのだ。そして、印刷術がこの精神に翼をつけてやったのだ。この時代精神の母は「みずから考える哲学」であり、父は手間のかかる「実験」である。「この時代精神はそれ以前の時代からさまざまなものを収集し、現代からも収集し、そうやって次に続く時代へと突き進んで行く。その力は偉大であるが、誰にも見ることはできない。よくわかっている者たちはその力に気づき、利用するが、賢くない者たちが気づいたときはもう遅く、彼らは、その結果が現れてはじめて信じるのだ」[4]。歴史の精神である以上、この時代精神は、人間たちを支配すると同時に、かれらに仕えてもいる。だが、この精神を本当に操るのは、多数の人々ではなく、少数の人たちだ、とヘルダーは言う。つまり、多くの冒険を行い、多くの苦悩を引き受ける人々である。その時代ごとのはかない流行は、この精神の不当なる妹である。ときとしてこの妹とつきあい、多くを学ばねばならないのだが。この時代精神を学ぶ最もいいやり方は、自分自身の経験と歴史を通じてである。その時代の精神によって書かれた歴史を通じてである。そしてこの精神は、まずは、われわれの時代の精神として、人間性の先触れの役も果たしている。そして、そもそもが『人間性の促進についての書簡』こそは、時代についてヘルダーが省察を重ねる契機となったものである。時代の精神とはわれわれの時代精神であり、そうしたものとして、「啓蒙された、あるいは自らを啓蒙しつつある」ヨーロッパの「共通精神」、つまり、現代の、そして未来をはらんだ「ヨーロッパの世界精神」なのだ。精神としてこの時代精神は、前へと突き進む運動であり、力であり、作用であり、生命を目覚めさせる。時代の精神として、歴史的状況の一連の系列のなかに組み込まれており、われわれの時代の精神としてキリスト教的ヨーロッパの全体精神とつながっている、とヘルダーは考えていた。

時代の精神を規定するものとしてのこうした人間性という考えは、一八四〇年代でもまだなお生きていた。とはいえ、そこには本質的な変化がすでに生じていた。青年ドイツ派や青年ヘーゲル派が口にしていた時代の精神なるものは、もはやヘルダー的な人間性といった精神的輪郭を備えたものではなかった。それどころか、いっさいの特定の内容を越えて、進歩という時間的な運動そのものを意味するようになっていた。それまでは、過ぎ去った時代と現在の時代を合わせたものとしての精神 der Zeiten *Geist* だったのだが、哲学を時代の思考と同一化させたヘーゲル哲学の影響下に、言葉の本当の意味での時代精神 *Zeitgeist* へと変じたのだ。この意味の変化は、時間と精神というその基本的要素に即して考えねばならない。

ヘーゲルの青年期の神学論文では――つまり、まだ一八〇〇年以前のことだが――キリスト教による異教世界の克服という、「精神の王国」における革命は、「時代の精神」から生まれたものと解されていた。(5) そして時代の精神におけるかつてのこの大いなる変革は、十九世紀の時代意識にとっての歴史的なパターンでもあった。だがヘーゲルにあっては、時代の精神という言い方がなされていたにせよ、それはこの時点ではまだ、精神それ自身の時間化を意味するものではなかった。こうした精神の時間化がはじまったのは、フィヒテの――いかにアプリオリな拵《こしら》えものの概念が多くとも――『現代の時代の基本的特性』と題した講義(一八〇四/一八〇五年)による。やがて*アールントの『時代の精神』(一八〇五年)によって精神の時間化が世間に広がるようになった。アールントのこの著作においては、「現代への嫌悪」のゆえに「過去の精神」と「未来の予言」への逃避がなされている。アールントのこの本およびフィヒテの講義とともに、一連の時代批判がはじまったのだ。つまり、とりあえずはマルクスとキルケゴールまで続く、そしてその後はヴァグナーおよびニーチェにまでいたる時代批判の系列である。とはいえ、フィヒテにとっても「時代の精神 Geist der Zeit」なるものは、まだ基本的には「永遠の精神」であって、時間のなかの精神ではなかった。だがフィヒテから見ると、自分の時代 Zeitalter は罪業に落ち込んだ状態が完成した時代であり、彼自身こうした観点からの批判を企てていた。それゆえに彼は、時間系列上の同じ時代のうちで〔空疎な時間と真の現実的な時間との〕区別をする必要があった。つまり、同じひとつの時間 Zeit のうちに、さまざまな時代 Zeitalter が交差し、ある特定の時間枠の中の同時代者がすべておなじように、当該の時代 Zeit の本来的な性格によって生み出された「所産」であるとはかぎらないことになる。[6] 現代という時期についての自分自身の観察に関しては、それは時代の単なる所産ではないとフィヒテは自負していた。そうではなく、さまざまな時代を越えてその上に位置し、いっさいの時間を越えたものであると唱えていた。でももしもそうしたものだとしたら、それは空疎な夢ではないだろうか。「真の、そして現実の」時間のなかでは意味のないもの、空疎な時間に飛び込んできた夢ではないだろうか？　とフィヒテは問う。だが、空疎な気晴らしの時間と異なるとされる現実の時間とはなんのことだろうか？　「真の現実的な時間には、原則となるなにものかが含まれる。つまり、かつていちどとして存在しなかった時代の新しい現象の必然的な根拠および原因となるものが含まれる。こうしてはじめて、生きた生が生まれるのだ。自らのうちから別の生命を生み出す生が」[7]。現代という時代に対するフィヒテの批判の基準は、こうして見ると、現代の生に未来が満ち満ちているということである。そして一連の講義の終わりで彼は、現代において真に未来をはらんだ傾向として、宗教的生活の革新を確認しうるという信念を述べることになる。

　時代の精神 Geist der Zeit というこの言葉は、フィヒテからやがてロマン主義者たちの時代批判 Zeitkritik へと移行する。そしてついには、一八三〇年代および四〇年代の物書きたちの誰にも広く使われるキャッチフレーズとなった。時代の大きな変動のうちで、いっさいのできごとがますますもって自覚的に〈時代 Epoche〉の精神と関連させて論じられるようになった。また、人々は複数の時代のあいだのエポックメーキングな転換点にいると感じるようになった。それとともに有限な時間それ自体が精神の運命となったのだ[8]。このように有限な時間が運命となることによってはじめて、時代の精神という言い方が、今日でもこの表現に備わる、時代の特性を訴える響きを得ることになった。「われわれがいつも時代について、つまりわれわれの時代について語るのは特徴的である。いったいぜんたいこの時代なるものはどこではじまるのだろうか、そしてその特別なところというのはなんなのだろうか？」と『エピゴーネン』〔カール・インマーマン（一七九六―一八四〇年）の一八三六年の小説のタイトル〕の作家は述べている[9]。おなじ作家インマーマンの作品『ミュンヒハウゼン』〔一八三八―三九年〕では、嘘つきのミュンヒハウゼンの言うところの、主なる神が「時代のいっさいの風」を捕まえて取り込むことになっているが、このミュンヒハウゼンこそは、インマーマンの時代の一般的精神を体現した存在なのだ。この精神の裏側には、新たな時代への期待が潜んでいた。とはいえ、このインマーマンにおいてすらまだヘーゲル的な意識が生きていた。つまり、時代のいろとりどりの表面の下にこそ永遠の世界精神が脈打っていて、やがては表皮を食い破って現実の存在となって現れ出るのだという〔ヘーゲル的な〕意識が生きていた。ミュンヒハウゼンに体現されている時代精神はすでに「静かな谷の奥に潜んで秘密の仕事をしている」永遠の精神ではもうない。そうではなく、「ずるがしこいじじい」つまりヘーゲルの「理性の狡智《こうち》」が「いつも騒ぎ立てる大衆のなかに送り込んだ」「ぎらぎらの衣装を纏《まと》った道化」ということになる。(10)このように現代を時代的で浅薄な表層と永遠の深さとにわけるという両義的な時間意識は、インマーマンの革命的時代批判に今なお存在する保守的性格と見合っていたが、そうした両義性は、青年ヘーゲル派にあっては失われて行く。いまや青年ヘーゲル派にあっては時代への態度は、現存の体制へのラディカルな批判と未来の用意という両端に結びあわされたものとなった。そして、この未来は、たんに希望と期待の的《まと》であるだけでなく、積極的な行動を通じて要請されるものとなった。現在という時代の精神はこうして、未来へ向けての進歩に即した解釈を受けることになる。時代の、という事は精神の、真の運動が向かうべき未来の解釈である。理論的批判と実践的変革こそは、インマーマンがいまなお時代の性格と見ていた、たえざる「計画」を、理論的に根拠づけられた行動へと変貌させるのだ。歴史は時代の運動における進歩となり、さらには精神の最高の法廷となった。こうしてヘーゲル形而上学の精神が徹底的に時間化されることになった。

　こうした意識的な時間化と同時に永遠性の代替物が生まれてくる。これらいくつかの代替物こそは有限化された精神という十九世紀の特徴となった。例えば、インマーマンは、千年王国へのキリスト教的な期待を思い起こしながら、「千年王国」に捧げたソネットを作っているが、その言語には、ゲオルゲの詩句を先取りしたかのような響きがある。内容的にも、あたらしい「帝国」を告知するゲオルゲと近いものがある。時代の軛《くびき》を担うのに疲れきり、時代を軽蔑することにもあきあきして、インマーマンは、未来の王に呼びかける。この王の玉座には、かつて偉大な人々がそれぞればらばらに望んだものごとが、軽やかなアラベスク模様の花輪となって飾られている。

われは夜の闇に見入り、未来が舵を向ける
星を見上げる。
星の美しき輝きに照らされてもろもろの義務は
正しい主君を思うだろう。

いつの日か、この星は昇る。だが今は遠くにある。

われらの今の日々のできごとがまずは消え去り
おとぎ話とならねばならない。
そのあかつきには、あらたな時代の核が植えつけられるのだ

時満ちて来たるこの未来の支配者は、戦争の気配を漂わせた英雄でもなければ、みずからの言葉の力によって人間を奴隷的に支配する予言者でもない。彼は説教もせず、新たな祈りを教えることもない。「彼は目になにものも見せず、耳になにものも聞かせない」。彼は肉化した神であり、美しき人間である。

F・エンゲルスはインマーマンの死後、彼に捧げる言葉を書いているが[11]、それを見ると、いかにインマーマンが急進主義者たちからも、自分たちの時代の代弁者と見られていたかがわかる。『メモラビリア』（一八四〇―一八四三年）および『エピゴーネン』を評しながらエンゲルスは結論として、インマーマンはたしかに時代の歴史的要請を認識したには違いない、それゆえ彼自身が〈モダニズムの文学者〉die Modernen に属していることもたしかであるが、やはりプロイセンにシンパシーを抱き続けたがゆえに、時代の動きに対して、いささかかたくなな態度のままだったと述べている。そしてエンゲルスは、「新しい」時代が青年によって動かされている面を指摘し、この新

しい時代の試金石こそが「新しい哲学」なのだ、という言葉で、彼のインマーマン論を締めくくっている。エンゲルスに言わせれば、今日の青年は、インマーマンが描いている「二十五年前の」青年とは異なり、いわばヘーゲルの学校を卒業している。そして、この体系の実の入ったカプセルからいくつかの種はすでに芽生え始めた。それゆえに今後とも自由の実現のためにわれわれは戦わねばならない、ということになる。こうした『エピゴーネン』および青年ヘーゲル派の自由のパトスに潜む千年王国主義Chiliasmusは、マルクスにあっては、『共産党宣言』の政治的終末論へと変容している。資本主義の弁証法の最後には、社会化された人間たちの総体が生産を自らの管理下におく事態が出現するというのである。だがこの状態もマルクスから見れば、いまなお生活の困窮と必然性にとらわれた領野であり、こうした領野を越えたところにはじめて「自由の王国」[12]が生まれるとされる。つまり、地上における「神の国」、若きヘーゲルが自らの行動の目標と呼んだ「神の国」である[13]。

キルケゴールのキリスト教的な反応も、自分は時代を画す時期にいるというおなじ意識から生じている。キルケゴールに言わせれば、この時代の不幸はその時間性にある。こうした時代はなにか絶対的に確固たるものを必要とする。「人は、永遠なるものなどなくても大丈夫と思い込めば思い込むほど、……結局のところはこうした永遠をいっそう必要とするのだ」[14]。時間にとらわれながらの、永遠性の「不自然な猿真似」を拒否するキルケゴールは、自らの宗教的説教で「永遠の至福の期待」、あるいは「神の不変性」を説いた[15]。たえざる変転に曝《さら》されている人間がこの永遠の思想を完璧な真剣さで受け止めるならば、不安と絶望に陥ることになる。だが同時にこうした思想は平安と至福ももたらしてくれるのだ、とキルケゴールは論じる。なぜならば、永遠の不変性である神にさからって自己自身であろうとする人間の努力は、空しいもので成功するわけがないからだ。だが、人間にとって基準となる時間は永遠そのものではなく、〈瞬間〉なのだ。時間と永遠がそのなかで触れ合う瞬間なのだ、と論じられる[16]。〈瞬間〉こそは本来的に〈決断の〉時間なのだ。なぜならいかなる区別もなく駆け抜けて行く時間というものは、まさにこの〈瞬間〉があるからこそ未来、過去、そして現在へと区分されることになるからだ。だが時間をこのように区分しうるためには、瞬間は時間の単なるアトムであってはならず、永遠性の契機でなければならない、とされる。時間はそれとしてはいかなる現実の現在性もない。瞬間においてのみ時間は、その要諦として存在するのだ。このように単に消滅して行くものでない瞬間がこうした意味をもつことについては、古代ギリシア人はまだなんの想念も抱いていなかった[17]。なぜなら、キリスト教における罪の意識とともにはじめて時間性の意識、そして永遠性の意識が生み出されたからである。キルケゴールに言わせると、キリスト教的に理解するならば、瞬間は時間における永遠の反映である。「時間をいわば静止させる最初の試み」ということになる。これとともに精神的な自己存在の歴史がはじまる。キルケゴールにとっては、彼が教会攻撃をはじめ、自分の時代に向かって、永遠を認める気があるかどうかの問いを投げかけたときが、厳密な意味での瞬間なのだった。しかし、歴史的に見るならば、現実のキリスト教のあり方への彼の攻撃は、神の前で時間を静止させようという試みよりも、ずっと深く時代の精神に根をもったものだった。そして、未来にとってもより大きな帰結を持ったものだった。

こうして見ると、のちにハイデガーがキルケゴールのプロテスタント的なキリスト者のあり方を、純粋に世俗的な次元で徹底化し、その先鋭なパラドックスを骨抜きにしたのは[18]、決して偶然ではなく、むしろ、事柄に根ざしたものだったことがわかる。ハイデガーはキルケゴールの〈死に至る病〉から死だけを残し、絶望を排除してしまう。そうすることで、世界内存在への絶望は[19]、現存在の自己主張となり、死こそは、自己自身に拠って立つあり方の最高の権威へと変じてしまった[20]。しかも、現存在が時間的なものとしてこのように有限化されるとともに、時間そのものが死によって停止させられることになる。死は、唯一確実な、そして来ることがあらかじめ確実に見て取れる時点であり、そうしたものとして死は有限な現存在の本来的な「今のあり方」となる。結果として、死の方から定義された時間は、いまやみずから永遠性と恒常性の見かけを帯びることになる。[21] 人がみずからそれであるところの「ある」ということの確実な未来は、無になることである。こうした来るべき無を予期するなかで、キリスト教的な終末論はその正反対のものへと逆転する。存在についてのもはやキリスト教的でないが、とはいえ、やはり依然としてキリスト教的なこの〔『存在と時間』の〕教えにおいて死は、世界内に現実に存在する現存在にとっての最後の審判となってしまった。なんのためにあるかはみずから知らないままに——ただそのまま「そこにある」以上、「存在しなければ」ならない現存在にとっての最後の審判となってしまう。どんな場合でもかならず前提されていたゴールとしての死は、いっさいのことへと、そして無へと決断した現存在における永遠性の役割を引き受けることになる。[22]

ゲーテが「あまりにうつろいやすきもの」と呼び、ヘーゲルが「時間性という動きやすい砂州」と形容した時間性なるものは、ハイデガーの有限性の形而上学にあっては、永遠性が打ち上げられる岸の岩となってしまった。時間性というこの哲学はしかし、神学を「背景の根拠」にしているだけではなく、その実質からして、神なき神学である。つまり、キリスト教から言葉の二重の意味で飛び出した、つまり、キリスト教に発し、キリスト教の外へ飛び出した神学である。それゆえ、この哲学はまた時間に対する存在の古代的な関わり、つまり、たえざる現在・現前 *beständige Gegenwart* oder »Anwesenheit« という関り方もきわめて明確に認識し得ている。[23] だが、たえざる現在・現前としての永遠性という考え方は、天空にギリシア人が見て取った時間についての基本概念であるが、それにとどまらず、ヘーゲルとゲーテのそれでもあった。

## 第二節　ヘーゲルとゲーテにおける時間と歴史

### a　永遠としての現在

「さいわいなことにあなたの才能は、音に中心を持っています。つまり瞬間にです。ところが、一連の瞬間の流れは、常に一種の永遠なわけです。それゆえあなたには、〔音楽によって〕流れゆく時間のなかで永遠であるという能力が与えられています。それによって、私にとってもヘーゲルの精神にとっても満足すべき存在となるのです。もっとも、私が理解するかぎりのヘーゲルですが」
ゲーテ（ツェルターへの最後の手紙。一八三二年三月十一日）

ヘーゲル

時間についてのヘーゲルの最初の分析は、[24] アリストテレスの時間論の書き換えである。ギリシアの時間観に同意しながら、ヘーゲルも時間を「今 νῦν」と定義する。今というのは「ものすごい特権」を持っている。なぜなら、すでに過ぎ去ったものや、いまなお存在していないものと異なり、現在のみが、真に〈存在〉するものであるから、というのだ。だが、個別的で有限な、この今なるものは、時間のなかの一点にすぎない。永遠の〈循環〉である無限の時間の総体に対して「踏ん張っている」ひとつの点にすぎない、とヘーゲルは述べる。時間の弁証法的な運動のなかでは、未来が過去へと変じながら、同時に他方で、そのつど過去へと消え去る現代は、未来へと進んでゆく。こうした弁証法的運動のなかで〔過去・現在・未来という〕時間の差異は、過去も未来も自己のうちに含み込んだ恒常的な現在へと変じるというのだ。真の現在とは、時間に内在する永遠性のこととされる。「現在だけが存在する。前 das Vor も後 das Nach

も存在しない。具体的な現在こそは、過去の帰結であり、またそれは未来をはらんでいるのだ。こうして真の現在こそが永遠となるのだ」[25]。それゆえ重要なのは、「時間的なもの、あるいは過ぎ去り行くものという見かけの奥に、実体 Substanz を、つまりは、内在的である実体を、そして永遠を、つまりは現存している永遠を認識することである」[26]。――「ここがロドスだ、ここで飛べ！」[2]ということである。それと反対に、未来への心配は、絶対的に自由な意識の「エーテル」のなかに漂っているだけだ[27]。「いっさいを生み出し、自ら生み出したものをすべて破壊するクロノス」という真理こそは永遠の現在なのだ。ヘーゲルは、時間を有限性やうつろいやすさによってはかったりはしなかった。それゆえ〈概念〉こそが時間の力であり、時間が概念の力なのではない[28]。時間に伴う経過の全体それ自身は、時間のプロセスのうちにはない。なぜなら、時間のプロセスのうちに取り込まれうるのは、このプロセスの一契機だけであり、プロセスなき時間の全体は、取り込まれ得ないのだ。永遠という無限の継続のうちに、うつろいゆくものの時間性は止揚されているのだ。止揚、つまり、そのなかへと高められ、保存され、かつ消去されるのだ。

時間について言えることは、世界史の精神の特性でもあった。この世界史の精神はただまったく「現存」するだけで、それ以外のありようはないのだ。「この精神は過ぎ去ったものでもなければ、いまだ来ない未来のものでもない。まったくの今なのだ」。「精神は過去のいっさいの段階を自己において保持している。歴史における精神の生は、さまざまな段階の円環であるということだ。……われわれは精神の理念とかかわっている。そして、世界史においてはすべてをその精神の現象として見ている。そのように精神の理念とかかわり、そのように世界史を見ることによって、われわれは、たとえどれほど偉大な過去であっても、その過去を〔想起によって〕走り抜けるときには、現在とかかわっているのだ。哲学とは現在と、つまり現実的なものとかかわらねばならないのだ(29)」。時間に対する精神の関係はヘーゲルによれば、ただ一点、つまり、精神が時間と空間の中に自己を「解釈によって外に出して sich auslegen」いかねばならないことにのみある。精神は、それ自体において時間的なもの、つまり時間に発し、時間にとらわれている存在ではないのだ(30)。

ヘーゲルのこうした時間概念は、すでにヘーゲルの弟子たちが放棄してしまったものだ。自らの時代および目の前の現実との分裂を味わった彼らは、自分たちの現代を未来に向けて構想することになった。そしてヘーゲルの思弁のうちにもはや哲学的な直観を見ることはなくなった。今となっては、このヘーゲルの思弁は、歴史的実践からの脱落としか彼らには思えなくなっていた。永遠の問いは、どうでもいいものとして片づけられた神学にゆだねられ、哲学は時代意識に没頭することになった。時間に対する精神の関係は明白に時間〔時代〕を重視する方向に決まってしまった。ハイデガーも、青年ヘーゲル派とおなじようなモチーフから、ヘーゲルの時間分析に対する批判において、(31)永遠は無駄なものとして切り捨て、すべてを歴史的な実存、つまり、死によって絶対的な仕方で区切られる歴史的実存それ自体に賭けている。有限の現存在における死の反映こそが、「瞬間」なのだとされている。ハイデガーから見ると、ヘーゲルの〈いま〉などは、時間という領野 *Zeitraum* に「手前存在 vorhanden として存在している」〔「手前存在」はハイデガーの用語で、対象的なもの・客観的なものとして存在しているとの意味〕だけの一個の点でしかない。時間は時熟する sich zeitigen〔「時熟」もハイデガーの用語で、未来に向けての決断的行為の瞬間へと極まってくるとの意味〕という実存論的理解からまったく離れたものでしかない。ハイデガーは、彼が〈通俗的〉と決めつけるヘーゲルの時間理解を、古典古代の存在論の〈侵入〉から説明しようとしている。つまり、時間を空間と〈世界時間〉で測ろうとする存在論だというのだ。だがそこからわかることは、ハイデガーが「根源的」であると称する自らの時間概念も実は根源的には、「この世の時間 saeculum」もしくは〈世界時間〉についてのキリスト教的な評価にその故郷を持っていることである。もっともハイデガーは、自分の時間概念の由来については、注釈程度に軽く触れているだけであるし、[32] 実存論的存在論の歴史的内実をいささか奥の方において見えないようにしてしまっているが。こうした背景にもとづいてハイデガーは、瞬間という「脱自的《エクスタシー》」現象と未来の優位を、「水平化された」時間と「手前存在的に」理解された現在から説明しようというのは、空疎な試みでしかない、と決めつけることになる。だが問題は、キルケゴールの〈瞬間〉に即してなされた時間分析、つまり、現在とはただの「手前存在的な」時間でしかない水平化されたものと見下すような時間分析が、時間というものをヘーゲルより本来的に理解しているかどうか、ということである。というのも、ヘーゲルは時間の全体をいまなおアリストテレス的に理解し、哲学者として自己自身が「全体的に存在し得る」ようになりたいという憂慮から解放されていたからである。もしもヘーゲルが「彼自身の時代」[33]に対して〈瞬間的〉存在であろうとするようなことがあったとしたなら、その場合にのみ、彼は〈いま〉を水平化し、世界時間に順応させてしまったと非難しうるであろう。[34]

ヘーゲルの時間分析における本当に厄介なところは、彼が永遠を考えたことにあるのではない。むしろ、彼が、アリストテレスの『フィジカ〔自然学〕』を消化しているにもかかわらず、ギリシア的な根源性をもって直観することをもはやしなくなっていたことにある。つまり、天空を巡回する星座のうちに、そして、真の〈エーテル〉のうちに時間を見なかったことにある。彼はそうはせずに、ギリシアとキリスト教の伝統が解きほぐしがたいほどに絡み合った概念としての精神に時間を帰せしめたのだ。キリスト教的＝ゲルマン的世界の哲学者としてヘーゲルは、精神を意志および自由として把握した。それによってギリシア的にたえざる現在として、また循環として理解していたはずの時間に対する精神の関係が、実際のところ矛盾をはらんだものとなり、謎となってしまった。この謎は、彼の弟子たちになってようやく、未来を優先させる意欲の自由の方向で解消されることになった。ヘーゲルにとっても、キリスト教の侵入によって実現された精神の解放こそが、精神の歴史における絶対的な決定的ポイントであった。キリスト教的精神の生成過程におけるこの歴史的瞬間は、ヘーゲルの哲学において、世界についてのギリシア的な直観における永遠の現在なるものと、糾合するかたちで考えられているのだ。

### ゲーテ

ゲーテの時間観は、言葉の上ではヘーゲルの時間概念と同一である。だが、二人が、時間には永遠が内在しているという見解に到達した道筋は大いに違う。ゲーテの自然感覚がヘーゲルの思想的な思弁と異なるぐらいに違う。現在を讃えたゲーテの発言は無数にある。瞬間を讃えた発言も。だが、瞬間といっても、〔ハイデガーのような〕激しく〈決断〉する瞬間ではなく、永遠が自ら顕現するような瞬間のことである。あるとき、追憶を讃えての乾杯の言葉を誰かが言ったときに、ゲーテは、わたしは追憶を尊重するようなことはしない、なぜなら、われわれがいちど出会った重要なことは、そのはじめからわれわれの内部に浸透し、永遠にわれわれのなかで自己形成のために生き続けているからだ、と激しい口調で断言したことがある。人間は現在とこの瞬間の状態を高く評価することを学ばねばならない、なぜなら、どんな状態も、いや、どんな瞬間も無限の価値があるからだ、といったことをゲーテは述べている。「瞬間はいっさいの永遠を体現する代表者なのだ」と[35]。ゲーテにとっては、たえざる現在の原型《オリジナル》は、自然のありかたそのものであった。つまりその生成と消滅こそはゲーテにとって、同じきもののメタモルフォーゼとして解き明かされるのである。特に形態学《モルフォロギー》を通じて彼は、「過ぎ去り行くもののうちに永遠を」見ることを学んだ。ヘーゲルが精神について述べていることは、ゲーテの自然にもあてはまる。「自然のうちにはすべてが常に存在している。自然は過去も未来も知らない。現在こそは自然の永遠なのだ」[36]。「自然は常にエホヴァである。つまり今あるものであり、かつてあったものであり、いずれあるであろうものである」。おなじ考えは「神と世界」と題した三つの詩のうちで展開され、文学的な完成を見ている。「永遠はいっさいのうちに動いている。いっさいは存在にとどまろうとしても、無へと解体する」とは、「一にしてすべて」〔一八二一年〕という詩の最終行である。「存在するものは、無へと解体することはあり得ない。いっさいのものごとのうちで永遠は働き続ける。存在において汝は幸せにいられるようにするがいい」。これは「遺言」〔一八二九年〕の最初の一行だ。「そしてどんな時間も、どんな力も、生きつつ展開する整った形式を破壊することはない」。これは「根源の言葉」〔一八一七年〕の一節である。

時間の全体についてのゲーテのこうした考え方は[37]、神や世界についてだけではなく、人間の生についてもあてはまる。人間の生にあっても、現在がすべてとされるのだ。「すべての愛は現在・現存にかかわっている。それが眼の前にいることがわたしにとって気持ちのいいもの、それが眼の前に存在しないときでもわたしにつねに思い浮かぶもの、それとの再会の望みを惹き起こすもの、その望みが満たされると生き生きと魅惑されるもの、この幸福が続くと常におなじ快感に満たされるもの、そういうものをわれわれは本当に愛しているのだ。ここからわかることは、われわれは、常に目の前の現在に現存し得るいっさいを愛しているということである。最終的に言えば、神的なものへの愛は常に、最高のものを眼の前に出現させようと努めることなのだ[38]」。

ひとりの人間がこのように世界の全体の中で眼の前に現存する最高のあり方を歌ったのが、「現存」と題された詩〔一八一三年〕であり、この詩の最後の言葉は「永遠」である。(39)

　だが、無限の価値があるのは、永遠が宿る現在ばかりではない。うつろい行く瞬間といえども大きな価値があるのだ。(40)過去が生にとってもつ価値すらも、現在の瞬間を真剣に生きるかどうかに依拠している。現在の瞬間を真剣に生きることを通じて、過ぎ去ったものが未来に保存されるからというのだ。それゆえにゲーテは、日記を書くこと、ありとあらゆる記録保存を推薦している。「どのみちわれわれは、この現在というものをあまりに軽視しすぎている。……たいていのものを、それから早く離れたいために、苦役のように投げ捨てる。やり遂げたこと、体験したことを毎日見直すことではじめて、自分の行為を自覚し、満足できるのだ。それによって良心的になる。どんな状態においても、真に適切なこと以外に徳と言えるものがあるだろうか？　このように毎日記録をつけることで、あやまちや間違いがおのずからあきらかになり、過去を照らすことは未来に役立つ。われわれは瞬間をただちに歴史的瞬間にすることによって、その瞬間を評価することを学ぶのだ」(41)。人間というのは、消え去って行く数々の瞬間にひとつのつながりという「帰結」を見て、そのようにすることで、うつろいゆくもののなかで常に存在しうるならば、そのこと自身が一種の永遠性なのである。瀕死の病気から生き返ったのちにゲーテは、*シュトールベルク夫人に次のように書いているが、そこには、時間のなかに永遠性があるとする自分の見解が、最終的にはキリスト教の考え方と一致しうるのではないかという希望が働いている。「長く生きるということは、多くのものを後ろに残して生きるということです。愛する人々、嫌いな人々、どちらでもいい人々、もろもろの王国、もろもろの首都、それどころかさまざまな森や、若いときに種をまいたり、苗を植えた木々よりも長く生きることです。われわれはわれわれ自身よりも長く生きて、その際、たとえ、身体と精神にとってほんの少しの恵みのみが残るとしても、今なお十分に感謝の気持ちを持って自分を知るのです。こうしたいっさいのすぎゆくものはわれわれを楽しませてくれます。いっさいの瞬間がわれわれにとって永遠となるならば、過ぎ去った時間に苦しむことはありません」[42]。永遠が宿る「最高の瞬間」こそは、死にゆくファウストの最後の言葉でもある[3]。このような志操において、ツェルターに宛てた最後の手紙〔本節冒頭のモットー〕が示しているように、ゲーテはヘーゲルの精神と自分はおなじだと信じていた。

とはいえ、ヘーゲルは、「現にあるもの」の永遠なる現存は、根源的には世界史において顕現する、しかも、精神として顕現すると考えていた。こうした信仰は、ゲーテの自然感覚の拒否するところだった。歴史の世界に対してゲーテが反感を抱いたより深い理由は、自然的世界はキリスト教によって〈理念〉と切り離されてしまったという彼の洞察にある。ゲーテに言わせれば、「理念的なものは、単に宗教的、つまり、キリスト教的でしかなかった」[43]。相応して、歴史的世界についてのふたりの判断も異なってくる。ヘーゲルの世界史の理念は精神から出発する。そしてこの精神の絶対性は、キリスト教に根拠を持っている。それに対して、世界の事象についてのゲーテの直観は、自然から出発する。そしてこの自然自身がすでに理性なのである。両者は、見かけのうえでは時間についておなじ概念を抱いているが、実は歴史を手がかりに見ると、そこには違いがあることがあきらかになる。

## b　ヘーゲルの歴史の哲学と、世界の事象についてのゲーテの直観

歴史 Geschichte とは、この単語の歴史から言えば、できごと Geschehen という程度の意味である。また、ギリシア語でヒストレイン historein とは、「なにかを問い調べる」「なにかを探求する」、さらには、「調べてわかったこと」や「探求した結果」を報告や記述を通じて知らせるといった意味である。歴史 Geschichte と歴史学 Historie というこのふたつの基本的意味は、多くの二次的な意味に覆われながら、重なりあい、ひとつの意味となった[44]。歴史学 Historie の意味は、そのギリシアにおける

もともとの意味からとても遠いところに来てしまった。その結果として、現代の歴史家たちにあっては、「歴史主義」の歴史についての反省のゆえに、実際に起きたことの探求がほとんど外に押しやられてしまったかのごとくである。西欧における最初の歴史家たちは、「歴史主義の成立」(マイネッケ(一八六二―一九五四年)の著書のタイトルでもある)などは研究しなかった。彼らは、自分の目と耳を使って研究の旅をする人々であって、自分たち自身が見たもの、あるいは他の人々から聞いたことを、見事なかたちで語っている人々だ。「歴史記述 historia」のもともとの意味はこのようにきわめて具体的であきらかなものだった。それに対して、ヘーゲル以降「世界史 Weltgeschichte」という名で理解されているものは、こうした起源からきわめて遠くなり、また抽象的なものとなっている。ヘーゲル以降の世界史とは、歴史記述 historia と正反対のもの、まさに自ら見ていないもの、自分で経験していないもの、調査も探求もしていないものとなったようだ。とはいえ、まさに毎日のできごとにしてからが、つまり日常生活におけるできごとは、ようするに毎日の歴史は、大規模な世界史のなにごとかを小規模な次元でわれわれに告げ知らせてくれているではないか。日刊新聞は、いかなる普遍史にも先立って、世界の出来事 das Geschehen der Welt を毎日われわれに報道してくれる。とくにわれわれの時代は、世界史を最大規模で日ごとに体験できるのだという意識に満足しうる。しかし、われわれの手の及ばないところで動いて行く全体としての世界史と並んで、今ひとつ別の歴史も存在することを忘れてはならない。それは、世界史ほど目立たないが、現実性において世界史に勝るとも劣らない歴史だ。つまり、人々の日常の生活の経過という目立たない歴史のできごとであり、さらには、自然的世界の経過のなかで常に変化することのない同じ歴史なのだ。

このことは、きわめてあたりまえの事態を指摘するだけで、わかるだろう。どんな新聞も一面では、大きな世界史についての報道が大きくスペースを割いてなされている。数ページ先をめくると、日常生活により近い小規模のお話 Geschichten が報道されている。たとえば、その町の社会生活についてのニュースが出てくる。そして最後には、下の方のコーナーに毎日の天気予報が出ている。新聞を読む習慣のために神経が鈍ってしまっていない人ならば、大きな世界史、日常の小さな出来事、そして小さくもないし大げさでもない自然の変転という、この生の三つの圏域は相互にどう絡み合っているのだろうか、という問いを発してしかるべきだろう。人間は自然の中で生きている。また周囲の人々との世界に生きている。また世界史のなかで生きている。

この単純な事実は、世界の動きについての哲学的考察をも規定しているのだ。

ヘーゲルの講義「歴史の哲学」は、一八二二／二三年から一八三〇／三一年のあいだになされた。開講の辞で彼は、精神の段階的発展、すなわち自由の段階的発展を原理とする彼の見方を説明している。精神は、世界精神として世界史を支配する。そうした精神は、自然に対しては否定的存在となる。つまり、精神が自由に向かって発展するこの進歩は、自然にとらわれている状態からの解放という進歩なのだ。それゆえ、ヘーゲルの歴史の哲学にあっては、自然はそれ自身としては、自立的で積極的な意義は有していないことになる。自然は、世界の歴史の根拠ではなく、その単なる地理的な基盤にすぎない。陸と海という自然の与えてくれた関係、沿岸や高地や平野の形態、川の流れと山脈の形、また雨と乾燥、つまり、寒冷な気候と温暖な気候、——そうしたいっさいは、たしかに人間の歴史的生活に影響をあたえはするが、決して絶対的な規定力を持ったものではない。ある特定の〈場〉という「自然的範型」が、そこに生きるもろもろの民族の型や性格に相応していることはたしかである。なぜなら精神はそもそもが時間と空間のうちに自らを分節化し、実現して行くのだから。自然的世界と精神的世界とのこうした相応関係をヘーゲルはここで細かく叙述している。(45)とはいえ、彼から見れば、自然は原則としては世界における精神のできごとの自然的な〈舞台〉でしかない。それに対して、ゲーテにとって自然とは、精神のできごとを理解する鍵だった。

また人々の日常の生活は、世界史についてのヘーゲルの理念からすれば、いかなる本質的な意味も持たない。たしかにヘーゲルにとっても、一人一人の個人は、「世界史の大騒ぎ」とは別の価値を持っていることはまちがいない。さらには、「小さな周囲」の人間生活を支配している利害や情熱は、世界という大きな舞台を動かしているそれとおなじものである。だが、世界史は、日常生活の土台よりも高い基盤でうごいているのであって、日常生活の道徳的基準は、政治的できごとには妥当しないとされる。たしかに普遍的理念の世界史的進歩に抵抗するひとりひとりの個人は、世界史的な次元で犯す犯罪が結果として目的のための手段となっている人間よりも道徳的に気高いということはあるかもしれない。だが、このような戦いにおいては両者とも「おなじひとつの圏内」でうごいているのだ。つまり普遍的歴史のできごとという圏内にいるのだ。そして原則的には、世界史的なできごとに道徳的要求を課したり、政治に対抗する手段として道徳を持ち出すのは、理に反している、とヘーゲルは論じる。(46) 世界精神の絶対的な正しさは、個々の特殊な正義を越えており、こうした「大きな全体」にかかわる運動の内部では、ひとりひとりの個人は、この全体という目的のための手段にすぎない、ことになる。

それゆえヘーゲルにとって、本当に価値のある個人とは〈世界史的個人〉だけなのだ。

こうした世界史的個人こそは、支配へと召されている〈民族精神〉と〈理念〉を演じることで、世界史の普遍的で偉大な最終目標を完成させる存在なのだ。例えばナポレオンこそは、ヘーゲルにとってこうした個人であった。一八〇六年、ナポレオンのイエナ入城にあたってヘーゲルは、手紙にこう記している。「皇帝、この世界の魂が、探察のために町をとおって出かける馬上の姿を見ました。実際、こうした個人を見ると、すばらしい気持ちになります。この個人がこの一点の場に凝集して存在し、馬上で世界全体を見通し支配しているのですから」。ナポレオンの没落もヘーゲルにとっては、自らの世界史的見解の正しさを確認するだけのものだった。一八一六年に彼はニートハマー*にこう書いている。「世界の普遍的なできごとは、……わたしを普遍的な考察へと誘います。個別的なことや身近なことどもは、たとえいかに感情にとっては興味深くとも、思考のなかでは、そっぽに行ってしまうものです。世界精神はこの時代に〈前進!〉という命令を出していると見る見方にわたしは立っています。そしてこの命令が実行されているのです。そしてこの世界精神という存在は、重装備で堅固に固められた隊列のように、いかなる抵抗も押しのけて、しかも太陽とおなじにほとんど気がつかないほどのゆっくりした動きで前進して行くのです。どんなことも気にせずに通り抜けていくのです。そしてこの世界精神という存在の周囲には無数の軽装備の軍隊が、それに抵抗したり、あるいは与したりしながら群がっています。たいていの者たちは、いったいなにが起きているのかすらわかっていません。そして見えざる手によるかのように、頭に一撃を受けるのです。どんな御託を並べても、……これには適いません。そんな御託は、この巨人の靴のひもにまで届いて、靴ひもに多少の靴墨や泥を塗ることぐらいなら可能かもしれません。しかし、このひもをほどくことなどは不可能です。また、この世界精神が、柔軟に飛び上がれる靴底を持った神々の靴や、一歩で七マイルも飛べる靴〔4〕を履いていたら、脱がせることなどはそれ以上に不可能です。ここでいちばん確実な指し手は(内面的にも外面的にも)前進するこの巨人からしっかりと目を離さないようにしていることです。そうすれば、しっかりと立っていることもできるかもしれません。そして、忙しく立ち回る熱心な仲間たちの慰めになるように、巨人の足を止めるタールを靴底に塗り付けるお手伝いもできるかもしれません。そして、こうした厳かなる混乱が進むのを助けて結構楽しめるかもしれません」。

さらにヘーゲルは、ナポレオンに対する反動について、「人は真理を拒絶しているつもりでも、その真理を抱擁しているものだ」というジャコバン主義者たちの言葉がまさにあてはまる、と述べている。さらには、ナポレオンに反対する者は、反対が向けられている当の相手のナポレオンとおなじ圏内にいるのだ、そして基本的には、最も憎んでいるつもりの相手のナポレオンを自分たちが認めることになってしまうのだ、と言いながら、さらに、「アリやノミや南京ムシのような連中のこざかしい動きを見ていると」、かれらは、人々が楽しむために、また冷やかして喜ぶために、さらには、ひそかにほくそ笑むために「恵み深い主」がお作りくださった連中でしかなく、いい方向にも、悪い方向にもなんの作用も及ぼすことのできない連中なのです、と述べている。ヘーゲルは世界史をいささかパセティックに、さまざまな民族精神や国家や世界史的個人の歴史として理解している。そしてこうした民族精神、国家、そして世界史的個人こそは、そのつどの時代の〈概念〉を実行に移す存在なのだ、というわけだ。ゲーテにとってもナポレオンは、「世界の総覧」であるにはちがいなかった。とはいえ、ゲーテは理念による構築は好まず、目に見える直観のうちに生きていた。それゆえ彼にとってナポレオンは、たんに「世界精神の執行官」ではなく、想像を絶した〈現象〉であり、〈半神〉であった。〈深淵〉からたちあがってきた、まったく尋常ならざる人間であった。

世界の歴史の原則は、自然でも、人々の日常生活でもなく、〈理念〉であり〈精神〉であるとするなら、この〈理念〉の歴史としての世界史という彼の考え方をヘーゲルはいったいどのようにして根拠づけているのだろうか？　あるいは、こうした見方は、現実の生活で身近に見たり経験したりするものごととどのような関係にあるのだろうか？　こういった問いが出てこざるを得ない。

歴史の根本現象はまずは変化である。つまり、もろもろの民族、国家、そして個人のたえざる変転であり、台頭と滅亡、興隆と衰退、建設と破壊である。最も高貴な行為も最も卑劣な行為も、非道も英雄の業も、なにものも長続きはしない。そしてこうしたいっさいのうちにわれわれは、「自分たちがしているのとおなじこと」を認めるのだ。あるのは、人間の行動と苦しみなのだ。そしてどこでもひとりひとりの人間の、そして国家全体や帝国全体の「我欲」こそが「最も強力」な要因なのだ。大変な努力を傾けたものが無へと砕け散るかと思えば、些細なできごとから、最大の歴史的帰結が生まれることもある。力強い自由と花やかな豊かさの時代がたちまちのうちに、みじめな隷属とひどい貧困の時代にとってかわられるのだ。人間の情熱と苦悩のこうした光景を、没理性と暴力のこうした場面をいかなる偏見もなくながめるならば、世界の歴史にはいかなる理念も見て取ることはできないし、またいかなる最終的目標なども見ることはできないはずである。世界の歴史とはまさに、「荒れ果てた瓦礫《がれき》の原」であり、もろもろの民族や国家や個人の幸運が犠牲となる処刑台なのだ。しかし、歴史についてのこうした「きわめて手近な」見方こそがヘーゲルにあっては、それではいったいなんのために、なんの目的のためにこうしたいっさいの歴史が起きているのだろうか、という問いをひきおこすことになる。この問いにヘーゲルはキリスト教の哲学者として返答が可能だと考えた。そのために、キリスト教の摂理の思想を世俗化し、キリスト教の救済史を世俗の弁神論へと転倒するのである。世界には神のごとき精神が内在し、国家こそは地上の神であり、歴史はそもそも神のごときものだという弁神論である。

　歴史哲学の課題とは、ヘーゲルに言わせれば、経験的な歴史と正反対であり、また歴史についての「心情的」な思考とは別なのだ。こうしたいっさいの変動を貫徹する原理を発見することこそが課題なのだ。歴史哲学は「概念のまなざし」を持ち込む。そして理性によって世界の中へと視線を向ける。そうすることで歴史哲学は――いっさいの細かい「偶然的な」ものごとに関してまでは無理としても、「大きな全体」に関しては――世界史の理性的内実を認識しうるのだ。そして彼によれば、この世界史の理性とは、「自由の意識がたえず進歩する」ことであり、また世界史において自由が「一個の世界へと自己を産出する」ことなのだ。ヘーゲルの歴史哲学は、この世界史のプロセスを、オリエント世界からギリシア・ローマ世界を経て、キリスト教的・ゲルマン的世界にいたるまでの筋道をつけて展開したのだ。その最後にあるのは解放である。つまり、ヨーロッパにおいてフランス革命が成し遂げた解放なのである。

　こうしたヘーゲル的な概念構築は形而上学的な歴史主義であり、これは、キリスト教における摂理信仰が消えてしまったあと、その代わりをつとめることになったものである。今日においてすら、こうした歴史主義は、歴史の意味への信仰として「教養人」たちの宗教となっているほどだ。彼らは、いっさいの信仰なしで生きて行くには、懐疑心があまりに乏しいのだ。長い歴史の時間のあいだに起きたいっさいのこと、そしてさまざまな帰結をもたらしたいっさいのことがなんらかの意味と目的を持っているに違いない、と信じること以上に、当然のことがあるだろうか、というわけだ！今日でもヘーゲルのことなどなにも知らない人でも、歴史の力を賞賛し、毎日しなければならない瑣事《さじ》やみじめな日常を越えて「世界史的」に考えようとすることがあれば、それだけでもうヘーゲルの精神に即して考えているのだ。ブルクハルトのような正直な精神のみが、ヘーゲルの後継者たちがヘーゲルに感じた魅惑から自由であった。ヘーゲルの本来の弟子たちは、精神の歴史という形而上学をひとつの絶対的な歴史主義へと作りかえてしまった。つまり、彼らは、自ら歴史的に発展して行く精神の絶対性という考え方を変造して、ただ歴史という側面だけを残すことになったのだ。そして自分の時代のできごとを、哲学における、いやまた精神における最高の判定権力としてしまったのだ。ルーゲは、「ひとつの時代の歴史的な理念」なるものを、あるいは「真の時代精神」なるものを、どんな場合にでも正当な最上位の支配者にまで高めた。なぜなら〈精神〉はただ世界のプロセスにおいてのみ現実であり、そして、この世界のプロセスなるものは、活動する人間によってのみ押し進められるのだからだ——ルーゲは、このようにヘーゲルに依拠して結論を引き出す[47]。ヘーゲルの弟子たちにあっては、〈歴史的精神〉なるもの、あるいは〈時代の自己意識〉なるものこそが真理と虚偽を分ける基準とされることになった。なぜなら、成功こそが真理なのだから、歴史だけが、時代の真理を時とともに明らかにするからというのだ。ところで「いっさいが歴史となる」ならば、原則的に見て世界と精神の歴史は見込みのあるものとなる。なぜならば、この歴史の原則は、それこそが時間の本質であるはずの未来への進歩なのだから。ヘーゲルにあっては、うしろ向きの、想起の歴史主義だったものが、青年ヘーゲル派にあっては、歴史的な未来主義へと変貌したのだ。彼らは自らが歴史の帰結であることだけで満足しようとしない。それ以上に、自ら時代を作ろうとしたのだ。その意味で「歴史的」になろうとしたのだ。

　青年ヘーゲル派において活動的になったこうした歴史主義が、一八四〇年代の政治的反動の結果として退潮の一途をたどったことはまちがいない。そしてハイムからデイルタイにいたる歴史主義は、ヘーゲルにおける精神の歴史の形而上学を、形而上学なきただの〈精神史〉へと水増ししてしまった。ところが、第一次世界大戦のなかからイタリアとドイツで生まれたファシズム革命とともに、一八四〇年代の活動主義的な歴史主義が再び新たな生命を得ることになった。ファシズムは当初においては、歴史的教養に溢れた人々からは〈反歴史主義〉として否定的に受け止められただけだった。(48) だがこうした活動主義的歴史主義はすでにニーチェにあって、実は未来への意志であることが明らかになっている。それだからこそニーチェは、〈歴史的〉教養なるものに、あれほど批判的だったのだ。現在のファシズムは、百年前〔の青年ヘーゲル派〕とおなじに意識的に〈歴史的〉であろうとするのだ。〈骨董趣味的〉〔『反時代的考察』第二論文におけるニーチェの用語〕に古きものを尊ぶだけでは気がすまないのだ。目下のところ政治指導者たちがなにをなし、また告げ知らせようと、それらはすべてアプリオリに〈歴史的〉であろうという意志と意識に伴われている。彼らはすでに何世紀、あるいは何千年紀という単位で予測を立てているのだ。だれか指導的政治家が〈歴史的〉演説をしない週はないと言っていいほどだ。こうした演説は、〔過去を〕偲《しの》ぶことばと異なって、未来を偲んでいるのだ。なぜなら、われわれの時代の何世紀もあとになってはじめて、現在なされていることが評価されるのだと人々は考えているからである。未来こそが、現在の行動やできごとに歴史的権利と正当性を与えると予測しているのだ。そして、世界史は世界法廷であると、これまで以上に確信している。だが、〈歴史的〉という言葉の倒錯したこの使い方の中にも、ヘーゲルがこの語に与えたパトスの余韻が響いている。それゆえ、この言葉を〔ヘーゲルのように〕想起として使おうが、〔ファシズムのように〕期待を込めて用いようが、あるいは過去にあきあきしたという意味で使おうが、未来への欲情をこめて使おうが、世界史的な意味なるものに耽っている点では変わらない。

たしかに歴史を〈自由の意識の進歩〉とするヘーゲルの概念構築は相当におおげさなものだった。とくに、目の前の経験的な現実を見たときにその点はほんとうにおおげさだった。とはいえ、なぜこうした概念構築があれほどポピュラーになったかの理由は、その核心部分にある。この核心を覆っているキリスト教神学のカバーは取り外し可能なのだ。

ヘーゲルの歴史構築の基礎的見取り図というのは、そもそも歴史の歩みを時間的な進歩においてはかろうとすることにある。つまり、歴史の最後の一歩から、その前の諸段階を、この最後の一歩へ必然的につながる道程としてでっちあげるところにある。時間的なつながり *Folge* をこのように重視した見方が前提しているのは、世界史においては、結果をもたらす *folgenreich* ものだけが大切なのであり、連続して起きる世界のさまざまなできごとは、成功 *Erfolg* という理性に依拠して評価しなければならないということである。じっさいに成功は、ただヘーゲルの世界史に関する考え方の最高の審級であるだけでなく、日常生活においてこそ常に基準となるものだった。日常生活においては、なにかがうまくいくことは、うまくいかないことにくらべるとより正当性が高いことを証明するものだと想定されている。つまり、ヘーゲルの思弁がポピュラーなものとなった理由の核にあるのは、成功した者のみが正当な者であるとする、きわめて広く支持されている思い込みなのだ。こうした信仰は十九世紀にあっては、ダーウィンの進化論を通じて、〔歴史のみでなく〕自然にも支えられているように思われた。経済競争が与える印象を背景にしてダーウィンは、〈自然淘汰の法則〉を発見した。この法則によれば、〈生存競争〉において最も有能な者が、有能さで落ちる者たちに対して生き残り、それによって、そのつど、より高等な種類の動物が生まれてくることになった。ヘーゲルの歴史哲学とダーウィンの生物学理論の両者はあいまって、事実としての成功からさかのぼってその必然性を、そうした成功の生まれる内的な正当性を証明したのである。[49] そして歴史の力および生物学的な力への彼ら両者の賛嘆は、そのつどの勝者への偶像崇拝を生み出すことになった。[50] そして、滅ぼされたり、不成功に終わったりしたために歴史の記憶から消えてしまったものは、ヘーゲルの見立てによれば、「存在するだけの正当性のない存在」ということになる。[51]

ことわざでは「名人の栄冠は成功にこそある」と言われているが、ニーチェはそれに対抗して「成功は常に最大の嘘つきだった」と述べている。このニーチェの言葉は、さきのことわざとおなじに正しい。[52]たしかに成功は、人生における不可欠の尺度であることはまちがいない。とはいえ、成功はいっさいの証明でもあるが、他方でなんの証明でもないのだ。なるほど世界史においても日常生活においても、成功だけが通じるがゆえに、成功はいっさいの証明となる。だが、逆に成功はなんの証明ともならない。なぜならば、最大の大衆的成功〔ヒトラーのこと〕といえども、実際にうまく行ったことが真に内面的価値を持っているのか、あるいは、真の〈歴史的偉大さ〉を備えているのかについてはなんの証明もしてくれないからである。[53]あまりにもしばしば卑劣で愚鈍なことどもが、低劣と狂気が、強烈な成功をおさめてきたではないか。勝者の側が、自分たちの成功した力のみせかけばかりの正当性を讃えるだけでなく、敗者の栄誉と名誉を讃えるようになるだけでも、相当なものだ。いまだかつて暴力行為なしに、違法と犯罪なしに歴史的な国家が建設されたことはない。だが、傷ついた人類は、よかれあしかれそのつどの変化にあわせることになるのだ。他方でそのあいだも世界史は「われわれの犠牲において最大の宝物を集めているのだ[54]」。

世界史の一ページを実際に経験した者ならば、つまり世界史について噂話や演説だけから、また書籍や新聞だけから知る以上の経験をした者ならば、ヘーゲルの歴史哲学について、誰でも次のような結論に到達するだろう。すなわち、この歴史の哲学は[55]時間の最後における終末論的な充実にいたる進歩の理念を手がかりとした似非神学的な歴史構築にすぎず、目に見える実際の現実とはいかなるかたちでも相応しないものだ、という結論である。世界史の真の〈パトス〉は、それがかかわる響きのいい驚嘆すべき〈偉大さ〉にのみあるのではなく、世界史が人々にもたらす静かな苦悩にもあるのだ。もしも世界史になにか賞賛すべきものがあるとするなら、ありとあらゆる損失や破壊や痛手から人類がなんどもなんども立ち直ってくるその力、忍耐力、辛抱強さこそ賞賛すべきであろう。

ゲーテが歴史を見る見方はヘーゲル的な構築された歴史の見方とは大きく離れている。それは、ゲーテが〈詩人〉であって、ヘーゲルが〈思想家〉であるからということではない。むしろ、ゲーテの純粋に人間的な感覚は、自然に対しても、人々の日常生活に対しても、世界の大きな歴史的できごとに対してと同じく開かれていたからである。ゲーテは、ヴァイマールの宮廷にいたために、世界史をヘーゲルより遥かに近くから見聞していた。ゲーテが触れた世界史的事件は以下のとおりである。フランクフルトでのヨーゼフ二世の神聖ローマ帝国皇帝即位式（一七六四年）、七年戦争（一七五六―一七六三年）およびフリードリヒ大王の死去（一七八六年）、フランス革命の発生（一七八九年）、ドイツ諸侯連合軍のフランス遠征（一七九二年）、イエナ近郊の戦いと「ドイツ国民の神聖ローマ帝国」の滅亡（一八〇六年）、エルフルトにおける諸侯会議およびナポレオンとの会談（一八〇八年）、モスクワ炎上（一八一二年）、プロイセンの解放戦争（一八一三・一八一四年）とナポレオンの没落（一八一五年）、メッテルニヒの支配、そして最後に七月革命（一八三〇年）と続く。「きわめて大きな世界的事件が起きた時代に生まれ、長生きした人生のあいだずっとそうした事件が続いたことは、わたしに利するところでした。つまり、七年戦争、アメリカのイギリスからの独立、さらには、フランス革命、そしてナポレオンの全時代からこの英雄の没落およびそれにつづくさまざまな事件を実際に目にしてきたのです。したがってわたしは、今生まれた人々、それゆえに彼らが知らないあの大きな事件を本で学ばねばならない人々とはまったく異なる結論や見解に到達しているのです(56)」。

ゲーテがただ目に触れたという以上に、自分の全存在を賭けてそれに対抗せざるを得なかった世界史的事件は、フランス革命であった。革命がはじまったときは、ちょうどイタリアから戻ってきて、ヴァイマールに落ち着こうとしていた時期だっただけに、フランス革命の掲げる要求は彼にはいっそうこたえた。既存のいっさいの秩序を転覆させたこのまさに世界史的な事件が、人々の生活にはっきりと感じられる影響を与え、それを通じてゲーテの内面を激しく攪乱《かくらん》した。それがいかばかりのものであったかは、しかし、彼の文章や手紙のほんの数箇所が明かしてくれるだけである。「フランス革命はわたしにとってもひとつの革命でありました。そのことは、あなたにも想像がつくかと思います。ついでに言えば、わたしは古典古代の人々の書いたものを研究して、ここテューーリンゲン〔ゲーテのいたヴァイマールを含む地域〕で可能なかぎり、彼らの例に倣おうと思っています」とフリードリヒ・ハインリヒ・ヤコービ宛の手紙には記されている(57)。この解体の時代にあってゲーテは、「難破したときの丸太」にしがみつくように古代研究にすがり、「いっさいの事件のなかでも最も恐ろしいこの事件」を文学によってもなんとか把握しようとした。その努力は、彼自身のいうところによれば「いっさいの限界を知らない」ほどのものだった。「あの頃の何年もの歳月を振り返ると、〔フランス革命という〕このほとんど見通しのつかない対象にこれほどひっかかっていたことが長い期間にわたってわたしの詩的能力をいかに食いつぶしていたか、そのことが、今でははっきりわかります。でもやはりこの革命の印象はわたしのなかに非常に深く根をおろしているので、『庶出の娘』の先を書くことを今でも暖めているほどです。このすばらしい作品を頭の中で作り上げようとしています。とはいいながら、個々の部分の実現にむけて没頭する勇気はないのです(58)」。

それから四十年経ってからでもゲーテは、自分のなしとげた仕事を振り返る際に、このフランス革命の事件を基準として自分と若い世代のあいだに区別をつけている。人々の考え方や行動に与えた深刻な世界史的断絶をゲーテは、それほどまでに決定的なものと感じていたのだ(59)。とはいいながら、フランス革命を扱った彼の戯曲はどれひとつとして成功しているとはいえない。『対仏陣営記』における描写だけがうまく行っている。

戦争のエピソードを描いたこの古典的記述は大体においてたった一つの文章、それもきわめてヘーゲル的に聞こえる次の文章だけが引用されるのが通例である。「今日ここから世界史における新たな時代がはじまる。そして皆は、その場に居合わせたとのちに言えるだろう」。しかしこの文章の本当の意味は、これに続く文章、つまり、日常のまったく現実のそして月並みな生活にアクセントを移して、そこにこそ世界史的重要性を見る次の文章と関連させてはじめてあきらかになるのだ。「誰ももう食べ物がなくなってしまったこの時点にあって私は、今朝もらってきたパンをひときれわけてもらうことにした。また昨日たくさん支給されたワインがまだブランデーのビン程度の量だが残っていた」[60]。さらには、先に引いたあの言葉をゲーテがもう一度使っている別の箇所でも、今とおなじようにその次に以下のように書いている。「人間というものはどんな場合でもおなじあり方をしているもので、それは、戦争でも変わらなかった。つまり、どうしても仕方ないものは我慢し、危険と非常事態と不満のあいだの休憩時間は、楽しみやふざけで満たそうとするものである。今回もその点は変わらなかった。オーボエ奏者のフォン・タッデンが〈サ・イラ〉〔フランス革命の流行歌のひとつで「うまく行くさ」という程度の意味〕と〈マルセイエーズ〉を奏した。そしてシャンパンのビンが次々と空になって行った」[61]。

今引いたこのふたつの文章は、ゲーテの記述全体の雰囲気や調子や内実を示しているという点では、切り離されてよく引かれる世界史にかかわる文章よりも重要である。ゲーテの報告が読者を納得させる真実味を感じさせる理由は、彼が兵隊と民間人を、市民層の人々と貴族を、革命派と亡命者たちを、友人と敵を、運動の指導者たちと彼らのうしろについて行く人々を、興奮と無関心を、飢えと渇きを描く時の公平さにある。戦争の混乱のさなかにあって人々の現実の生活の動きの全体を、それにふさわしい、さまざまな要素の混じりあった状態で描いている点にある。そして歴史を壮大な記念碑の高みに持ち上げることもなく、また、批判的な調子になってたいした事件でもないように描くこともなく、一個の現象であるかのように偏見を取り払って見ている点にある。

世界史を全体として見たときには、われわれは偏見におちいりかねない。その偏見とは、人間的な現実を捨象して、そして自分との関連を無視して、あたかも歴史とはそれ自体で一個の独立した世界であるかのように、そして、そのなかで動き、また苦しんでいる人々との関連なしにまとめることにある。ゲーテは、このような哲学的抽象化の過ちを犯すことはなかった。彼は〈民族精神〉などというものを、絶対的〈原則〉を体現するものとしてでっちあげることはなかった。むしろ、ヴァルミの会戦の砲撃という世界史的瞬間にあって、おなかがすいてなにか食べたいという欲求が自分の中から出てくるさまを実に身近に語るのだ。さらにまたボヘミアへの旅から帰る途中で〈ドイツ国民の神聖ローマ帝国〉が崩壊したときにも、実はそのときには、こうした大きな歴史、しかし曖昧で遠いところでの事件よりも、召使いと馭者《ぎょしゃ》の争いの方に自分は熱くなったと告白している。

おなじように、ツェルター宛の手紙では、イエナ近郊の会戦でナポレオンが勝利したあとの世界で〈エレミア風の哀歌〉は、たとえ大変な災難のゆえにだとしても、「空疎な決まり文句」にしか映らないと書いている。「誰かが自分とその周辺での苦しみや、失ったもの、あるいは失いかねないものについて嘆いているのを聞くと、わたしは、同情の思いで耳を傾け、また一緒に話をし、その人を慰めます。でも誰か人が、いっさいが失われたと嘆くのを聞くと、つまりドイツで誰もこれまで見たことのないもの、誰も気にしたことのない大いなるものの喪失を嘆いていると、失礼にならないようにするために、あるいはエゴイストと思われないために、いらいらを隠さねばなりません[62]」。会戦の少し前のことだが、ゲーテの友人たちが戦意高揚して、軍歌以外のことは考えていなかった頃、*ヴィーラントがゲーテに、なんでそんなに黙っているのですかと尋ねたことがある。するとゲーテは、「自分も軍歌を作ったよ」、と言いながら、居合わせた他の人々が驚いて嫌な顔をしているなかで、「すべては空《くう》の空の、また空」という〔旧約聖書の〕一節を引用してみせた[63]。

ナポレオンのロシア遠征の最中にゲーテはカール・フリードリヒ・*ラインハルトに次のように書いている。「世界は人々が考えているより大きくもありますし、またそれより小さくもあります。……自ら動く人々は、それによって世界に触れることになります。動かないで静かにしている者は、世界の方から触れてくることになります。それゆえわれわれは、常にこちらから触れるか、向こうから触れられるかの用意ができていなければなりません。モスクワが炎上したことは、わたしにはまったく気にならないはなしです。世界史はいつの日かそのことを語るようになるでしょう。デリーは、征服されたあとではじめて崩壊しました。しかし、それは、征服者たちによる……征服を通じてです。モスクワは征服のあとで崩壊しました。しかし、それは、征服された者たちによる征服を通じてです。もしも私が演説するときには、こうした対立を細かく論じることには大変興味があります。しかし、自分たちの話にもどると、このような、全体が見通せないほどの大きな不幸のなかで貴下がご兄弟やご姉妹を失ってつらい思いをされ、私も心にかかる友人を失ってつらい思いをしているわけで、なんという時代にわたしたちは生きているのだろう、昔とおなじように陽気でいられるためには、どれほどわれわれは本気にまじめでなければならないのだろう、という感慨をいだくことになります」(64)。モスクワについての言葉はシニカルに聞こえるかもしれない。しかし、シニシズムはたいていの場合、真理のいささか荒っぽい表現形式なのだ。そしてここでの真理とは、世界史は、もしもわれわれがそれを自分たちに引きつけて最も近い人々や事柄とつなげることができなければ、いかなる真なる意義も失うというところにある。

ゲーテはこのように世界史を、人間を越えて進んで行く独自の力として見ているが、そういう世界史は彼には〈理性〉とは映らず、むしろ、自然の事件のように見えたのだ。一八〇二年、歴史と政治にかかわるある著作を読んだ際に、ゲーテはシラー宛に次のように書いている。「全体として見れば、激流と大河のものすごい光景です。こうした激流や大河は、自然の必然性にしたがって多くの山嶺と谷間から流れくだり、ぶつかりあい、最後には大きな川の増水と洪水を惹き起こすのです。洪水の中では、あらかじめそれを予想していた者も、なんの予感も抱かなかった者もおなじように滅びて行きます。このものすごい経験界のなかでは自然以外のなにものも見えません。われわれ哲学者たちが好んで語る自由などの片鱗《へんりん》もないのです。ボナパルトの人格が、今後ともこうしたすばらしい、そして圧倒的な現象でわれわれの目を喜ばしてくれるだろうと、期待したいですね[65]」。そして、ゲーテはナポレオンのことも、自由への進歩というようには見ていなかった。むしろ自然現象と見ていた。諸侯や諸民族と闘うのみでなく、自然のエレメントそのものと闘う存在、そして、自分の大きな計画に逆らういっさいのものを押しのけて進む自然現象として見ていた。「彼はどの場合でもひとつの目的を追求しています。邪魔するものはすべて、たとえ自分の息子であっても、打ち倒し、かたづけます。他の諸侯やお偉方は、自分の好き嫌いに身を任せて動いています。それにくらべるとナポレオンは、自分の目的に役立つものなら、たとえそれがいかに自分の個人的な心情に反するものであっても、なんでも愛します。ちょうど有能なコンサートマスターの場合、それぞれのメンバーが得意とする楽器を持って参集するなら、ひとりひとりへの愛憎に関係なく彼らすべてを自分のオーケストラのために利用することを心得ているのとおなじです。その際に重要なのはひとつのことであって、ナポレオンに愛されているか、嫌われているかは、個人にはなんの利益ももたらしません。ナポレオンはヴァイマール大公のことが好きでないことはたしかです。だからといって、大公がはっきりと目に見える不利益を蒙るわけではありません。またナポレオンの方が好きに思っている人々もそのことでなにか利益を得るわけでもありません。どんな場合でも彼は、ひとつの理念のうちに、あるいはひとつの目的、ひとつの計画のうちに生きているのです。まさにこの目的の観点から、彼の邪魔をしないように気をつけねばなりません。なぜならこの点に関してナポレオンはいかなる容赦もしてくれないからです。簡単に言えば、ナポレオンは、ゲーテが芝居の監督をするのとおなじような原則にしたがって世界を監督しようとしているのだ、とゲーテは言おうとしたのです(66)」。

ゲーテがナポレオンに感心したのは、彼が「世界の中での最も偉大な頭脳」であることだった。そして、常に明晰に、断固としていっさいを自分の政治的目的にしたがわせる、人間とは思えないほどの意志であることだった。ゲーテから見るとナポレオンは、世界のなかで継続的な成功をもたらすふたつの偉大な力、つまり、「暴力と徹底性」のふたつを体現した存在だった。ゲーテにあっては、徹底性、つまり、目的を筋道立てて迷わず追求することは、人間の恣意的意志の観点であって、ヘーゲルが普遍的「理性」と称するものの代わりとなるものだった[67]。「だが継続性は、つまり、たゆまぬ、きびしい継続性は、最も小さな人間でも用いることができる。そして、継続すれば、目的に達しないことはめったにないだろう。なぜなら、継続にともなう力は、時とともにやむことなく増大し続けるからだ。継続的に動けないならば、つまり連続的に影響力を及ぼすことができないならば、まったく動かない方がかしこいのだ。その場合には、それ自体として治癒の方途をみずから宿している自然な発展の流れを乱すだけで、よい方向に動く保証はできないのだから」。しかし、暴力は「すぐに憎しみを惹き起こし、対抗する力を呼び出すもので、そもそもがほんの少数の恵まれた人々にのみ与えられているものだ[68]」。どのような種類のものであれ「断固たる行動」は「破産」にいたらざるを得ないことを、ゲーテは知っていた。逆に「大いなる意志を備えての譲歩の気持ち」こそは、最終的に単なる暴力に勝つということも。

意志によっては平和はもたらされない
いっさいを得ようと意欲するものは、なによりも力強くあることを望む
彼は勝利によって、他の人々に争いを教えてしまうのだ。
よく考える者は、敵をも熟考に誘う。
こうして力と知略があらゆる方向に伸びるのだ。
世界は強烈な力を孕《はら》んで静かにやすらっている。
そして生まれにともなう無数の苦痛は
最後の審判の日とおなじに毎日迫ってくるのだ。(69)

世界史における人間の行為の積み重ねと最後の真理というものは、ゲーテから見れば戦争においても平和においてもおなじように現れてくるものなのだ。なぜなら、どんなに変転を重ねようと人間の状況はいつも変わることのないおなじものだから、というのである。ゲーテは歴史家のルーデン*といささか喧嘩腰の議論をしたときに、次のように述べている。「それでも、たとえあなたがいっさいの資料を解明し、研究し尽くし得たとしても、最後になにがわかるのでしょうか？　とっくに発見されている大いなる真理以外のなにも見つからないのではないでしょうか。そしてその真理を確

認するのには、そんなに広く探さないでもいいのではないでしょうか。つまり、どんな時代でも、どの国でも悲惨ばかりだったというのが、この大いなる真理なのです。人間たちはいつもおたがいをいらつかせ、いじめあい、苦しめあい、責めあってきました。自分にも他人にも、このわずかな人生をまずいものにしてきました。そして世界の美しさ、そしてこの美しい世界が与えてくれる人生の甘さを尊ぶことも、楽しむこともできなくしてきたのではないでしょうか。この人生はほんの少数の人々にだけ気持ちのいい、楽しいものだったのです。大多数の人々は、一定期間この人生に一緒につき合ったあとでは、新しくおなじことを始めるか、人生からおりたいかとなれば、おりたいはずです。彼らがそれでもまだ人生に執着していたのは、あるいはしているのは、死ぬのが怖いからです。そういうものなのです。そういうものだったのです。そしてこれからもそういうものであり続けるでしょう。なんのためにわれわれは歴史の史料など必要なのでしょうか？」[70]。それに対してルーデンが、ひとりひとりの人間の人生と諸民族の歴史的生とはなんといっても違うのだ、と反論すると、ゲーテは次のように答えた。「諸民族の場合も人間の場合もおなじことです。諸民族といったところで人間から成り立っているのではないでしょうか。諸民族も人間と同じく生へと登場し、生を生きます。人間より少し長いですが、人間とおなじに不思議な形で人生を生きて行きます。そしておなじように死んで行きます。暴力によって死ぬか、年を取って衰弱して死ぬかです。人間の全体的な苦悩や苦しみは、諸民族の苦悩や苦しみとおなじです(71)」。

ゲーテの特徴は、歴史への彼の視線、同情に溢れているというより醒めた厳しい、こうした視線に宿る並み外れた人間性 *Humanität* を精神の歴史の研究によって得たというより、自然の研究から得たことである。自然のいかなる現象もゲーテは「真であり」「しっかりした」「法則に則した」ものと感じていた。植物や骨、石や色彩と関わることによって彼が得た忍耐心と注意深さは、頭でっかちに概念を作り上げ、本質の認識なるものを無理やり得ようとはせずに、現象がおのずから自らを告げ知らせ、語りだすように仕向けるものだった。彼はフランス革命の最中に植物のメタモルフォーゼを研究し、対仏戦争中には色彩現象にかかわり、七月革命のときには形態学（モルフォロギー）を考えていた。そして、政治における体制転覆よりは、*キュヴィエとジョフロワ・*サンティレールとのあいだの科学論争の方を重視していた。だがこうしたことは、政治や世界のできごとからの単なる逃避ではなく、ゲーテの肯定的な性格の本質に深く根をおろしたものだった(72)。

ゲーテは自然のなかに、世界史の進行からは得ることのできない変化の法則を認識し、証明し得ると考えていた。それゆえに〈原現象〉は、歴史よりも自然のうちで認識可能なように彼には思われた。ヘーゲルはキリスト教神学から出発したために、歴史を「精神的に」概念によって把握し、自然は理念の単なる〈他在〉と見ていただけだった。それに対してゲーテは、自然そのもののうちに理性を、そして理念を直観し、そうした自然から、人間と歴史を理解する通路をも見いだしていた。「自然科学においても努力しなかったとしたら私は、……人間というものをあるがままに知ることには決してならなかったでしょう。自然以外のどのことがらにおいても、純粋な直観と思惟を、感覚と悟性の誤りを、性格の強さと弱さをこれほどまでに探求することはできないでしょう。自然以外のことがらはどれも、程度に差はあっても、柔軟で揺れ動いていて、多かれ少なかれこちらに合わせて譲歩してくれます。だが自然は、いかなる余裕も許してくれません。自然は常に真実で、常に真剣で、常に厳しいのです。そして常に正しいのです。あやまちやまちがいはいつも人間の側です。自然は、不十分な人間はあなどり、真に頼りにし得る者にのみ、真なる者、純粋なる者にのみ服して、自らの秘密を明かしてくれるのです(73)」。

ヘーゲルの弟子の一人が法律学から自然科学に変わったことがある。宰相ミュラーがそのことに不思議な感じがする旨を述べると、ゲーテは簡潔に次のように述べた。

「その弟子は、法律の勉強から、人間のどうにもならない悪辣《あくらつ》な事態を看破する以外のことは得られなかったのです。だから自然科学に方向転換したのです(74)」。あるときにはきわめて原則的な考えが次のように述べられている。「もうほとんど百年前からフマニオーラ〔古典による教養〕は、それに励む人々の心情にはもはやなんの影響も与えていません。自然があいだに入って、最内奥のものを引き受け、自然の側から人間性 Humanität への道を開いてくれたことは、なんといっても幸運でした(75)」。

自然を経由するこの道は、個人的であると同時に法則に則したものである。この道をとおって人間的恣意の王国に至るのだ。その道を歩みながらゲーテは、変化の法則についての彼の自然科学的な知見に固執する。つまり、いっさいの生きとし生けるもののうちには、たえざる形態の変遷がある、つまり、同じきもののメタモルフォーゼが進行している、という知見に固執する。「何千年も前からの人間たちの右往左往する行動を見ていると、すべての民族に、またすべての人々にその魔力を常に及ぼし続けてきたいくつかの普遍的なかたちが見えてきます。このかたちは、永遠に繰り返され、永遠に何千という種々さまざまな彩りをとりながらも、基本的にはおなじかたちなのですが、より大きな力が生に送り与えてくれた秘密の贈りものなのです。こうしたかたちは誰もが自分独自の言語へと翻訳していることはたしかです。また、それぞれ限定された個別的状況に多様な仕方で合わせていることもたしかです。それによって不純なものがたくさん混じってしまい、もともとの意味がほとんど見えなくなってしまうことも、そのとおりです。とはいいながら、もともとの意味もやはり無傷のまま、ときどき現れてくるものなのです。時にはある民族に、また時には別の民族にあらわれてくるのです。そして注意深い研究者なら、こうしたさまざまなかたちから世界精神のいわば一種のアルファベットとでもいうものをまとめあげるのです[76]」。

世界精神のこのアルファベットなるものをゲーテは精神世界のなんらかの「原則」として固定化することはせずに、自然的世界の原現象 Urphänomen として見ていた。また、可能なかぎり世界史に即して検証していた。可能なかぎり、というのは、世界史のもとになっている人間たちの活動と、それへの別の人々の反応は、法則と偶然が相互に交叉しているがゆえに概念にとっては「計測不可能」な面をもっていることを彼は知っていたからである。それに対してヘーゲルは、自らの哲学的＝神学的な概念構築を貫徹するために、偶然を排除しなければならなかった。このような調整は、いっさいの歴史に内在している不安定要因を歴史家が自分の都合のいいように利用することで可能となっているのだとゲーテは見ていた[77]。いっさいの歴史的行為や行動は見通しの利かない動きをしているには違いないが、それでもゲーテはそこにも普遍的な規則が見えてくると考えていた。つまり、世界史の動きは全体としては、螺旋《らせん》状に上昇する円環をなしていて、過ぎ去った事象はまた戻ってきて、状況は相互に類似してくる、というのだ。「人類が歩み抜けねばならぬ円環ははっきりと定まっている。野蛮によって歴史は大きく停止するかもしれないが、それにもかかわらず、人類はこの環状の通路をすでに何回となく、通り抜けてきたのだ。螺旋状の上昇の動きが人類にあると考えるのは可能だが、それでも人類はかつていた場所にまた戻ってくるのだ。こうしていっさいの真なる見解も、またいっさいのあやまりも回帰してくるのだ(78)」。

ブルクハルトも自らの世界史の考察を、世界の歴史の動きについてのゲーテの見方に倣って作り上げてきた。それゆえにブルクハルトは、近代の歴史家のなかで歴史をあるがままに見たただ一人の歴史家である。とはいいながら、ゲーテとくらべるならばブルクハルトですら、ヘーゲリアンだった。なぜならブルクハルトは自然を直接に見ることはせずに、芸術を媒介にして見たからである。ヘーゲル、ランケ、そしてドロイゼンによって〈自然〉を〈精神〉から、そして自然についての知を歴史についての知から切り離すのが常態と化したが、ブルクハルトもその切り離しを前提としていたのである。精神についてのいっさいの歴史的学問〔日本で通常人文科学と言われているものすべて〕は、デカルトに始まる、自然と精神のこの断絶に病んでいるのだ(79)。それゆえ、ゲーテでは、ニュートンの自然科学なるものに対する執拗な闘争に相応するものとして、公式の歴史学に対するほとんど揶揄に近い皮肉も出てくる。この皮肉な発言は、その場の単なる「不快感」に発するものではなく、[80]深い理由をもった信念、つまり、世界史は純粋に歴史的に観察するならば、およそ存在するもののなかで最も不条理なものであるという信念である。[81]すなわち「より高次の思想を抱く者にとっては、無意味の織物である」ということだ。[82]歴史家の仕事はゲーテに言わせれば、不確かで、労多くして得るところの少ないものであり、危険である。[83]それどころか、「あやまりと暴力の混ぜこぜ」であり、「ごみためであり、物置き部屋でしかない。せいぜいのところが主要な事件、国家の行動だけだ」。歴史学が伝えてくれるものといえば、新聞報道がすべてそうなのとおなじで、真理をゆがめたものだ。望みともくろみ、党派性と愚鈍、卑劣と虚偽からなるゆがみだ。最良の歴史書でも、ある民族の現実の生活のいかにほんの少々しか伝えてくれないことだろう。しかも、このほんの少々のいったいどれだけが真であり、その真のうちのどれだけが確実なのだろうか？[84]

　こうした歴史についての懐疑を克服するためにわれわれの時代はふたつの突破口を歩むことになった。両方とも効果としては一緒で、歴史認識の問題性がもつ重大さを知っているゲーテの認識を回避しようとするものである。一つの方向ははじめから歴史的真理の認識を放棄する。つまり、文学的に〈英雄〉たちに燃えあがり、現実の世界のできごとを〈神話〉へと、あるいは〈伝説〉へと詩的に凝縮するものだ[85]。もうひとつの方向は、自分の立場の主観性をドグマへと固定化し、客観的認識を求める気がないがゆえに、〈決断〉とか〈価値評価〉といった倒錯へのめり込んでいくものだ。つまりは、苦しまぎれに、欠点を長所と言いくるめるのだ。ゲーテの場合は、歴史認識の困難から逃避するこうした現代のやり方とは異なる。彼は、自然の現象も、文化の現象もできるだけ純粋に、つまり、そのあるがままに認識することに固執したのだ。それゆえ〈歴史の書きかえ *Umschreiben der Geschichte*〉という多くの人々が引くこのゲーテの言い方も、とかく人々が連想しがちなのとはまったく異なる意味を持っているのだ。

〈歴史の書きかえ〉という言い方は、ゲーテに発する表現である。しかしゲーテ自身は「どこかで言われている」と言い添えながら使っている。この点を論じた書簡の箇所では、イタリアにおける東ゴートの政治形態に関するザルトリウス*の歴史書が論じられている。それは、次のようなコンテクストでの文章である。「世界史はそのつど時に応じて書きかえられねばならないとは、どこかで言われていることです。そして、この書きかえの必要性という点で、現代以上の時代があったでしょうか？　どのようにこの書きかえをしたらいいかについて、貴兄のお仕事は見事な例となっておられます。温和なはずの勝者に対するローマ人の憎しみ、消滅したものをよかったとして懐かしむ思い込み、今よりいい状況を具体的に想定しないままに抱く他の状況への憧れ、根拠なき希望、なんでも思いつくままの活動、なんの救いも期待できないのに結ぶ同盟、その他こうした時代の帰結のもろもろ、こうしたいっさいを貴兄は見事に描いておられます。そして、あの時代には本当にそうした状況であったことを証明しておられます(86)」。

こうして見ると、ゲーテにあっては過去の書きかえは、現在よく使われているような、現代の自己主張という意味ではなく、むしろ、その正反対で、過去の正当化という意味を持っていたことがわかる。すなわち、あの昔の時代に「実際に」そのような具合であったありのままを描くことなのである。歴史的客観性へのこうした要求と、とっくに過ぎ去った時代を描いたザルトリウスの記述にゲーテが賛成している背景には自分が経験している現代との暗黙の関係が含まれていることとは矛盾しない。ゲーテは一八一一年の手紙で大昔の勝者と敗者に関して、ナポレオンの支配に対するドイツ人の無力な反応を念頭においているのだ。「現代の時代の経験」、つまり書きかえを必要にする時代の経験は、認識をゆがめるのではなく、こうした経験があってはじめて、かつて起きたことの認識も可能となるのだ。というのも、今起きていることこそが、かつてどうであったかを思い起こさせてくれるからである。歴史は、人間の運命の特定の基本形式に「何千という縁取りをつけた」繰り返しである。そして「時に応じて」新たに書き直されねばならない理由は、かつての時代の思い込み、欲求、希望、そしてもくろみなどは、現代の類似の状況の中で、それらが本当にそうであったとおりに見えてくるものだからである。歴史的現実の客観的認識が不可能であるから、主観による価値評価こそたいせつだとする攻撃的な議論は、対象を重視した考え方をするゲーテにはきわめて無縁だった。それゆえ彼は、歴史記述が主観的に刈り込まれているようなときには「不正直」に思えて、拒絶したのだ。『色彩論』(第三部の終わりの部分)のなかでは、ザルトリウスへの手紙におけるよりももっとはっきりと次のように述べている。「世界史がときどき書き直されねばならないということについては、われわれの時代には、おそらくなんの疑いもないだろう。しかし、このような必要性が生じるのは、多くのできごとがあとから発見されるからではなく、新しい見解が与えられるからである。進行する時間が同伴することで、これまでとは異なる立場に導かれ、過去を新たに見渡し、判断することができるからである。学問についてもおなじことである」。特に「わけ知り顔」と言っていい十八世紀は、この点では検討し直す必要がある、とゲーテは言う。なぜなら、この十八世紀は、それ以前の世紀に対して多くの不当な判断を下しているからである！　この十八世紀という時代は、「疑惑に溺れ、断定調で否定する」ことで、不当な判断と同じ結果をもたらした。「うぬぼれて他を顧みようとしない態度」、すぐさまきれいに見えてこないものいっさいを拒否する姿勢、「失敗してしまった大胆な努力」に対するおもいやりのなさがそれである。ゲーテが十八世紀の歴史記述を非難するのは、そこに、他の人間や時代を評価するにあたって「丁寧で公正な見方」が欠けているためである。それゆえ彼は、この十八世紀から引き継がれたものを書き換える必要があるとした。ゲーテの公正感覚が反抗したのは、啓蒙主義にある「悪魔払い」的側面である。この「悪魔払い」は、〈幽霊〉を追放しながら、同時に〈精神〉も追っ払ってしまったのだ。だがゲーテは、他の時代や人間に対する歴史的公正さそのものも——書き換えという悪魔払い（ナチスの御用歴史家たち）とはちがって——拒否したわけでは決してない。[87]

歴史の書きかえという命題はのちに、過去を自分の都合に合わせて適当に描くことを正当化するという安易な行動主義的意味を獲得するが、これは、真理の価値一般、また特に歴史的真理の効用を問うたニーチェの問いによってそうなったのだ。だが、「現在の最高の力からのみあなたがたは、過去を解釈することが許されるのだ。あなたがたの最も高貴な特性を強力に発揮することによってのみあなたがたは、過去の中でなにが知るにあたいし、守るにあたいするかを、そしてなにが偉大であるかを推し量ることができるのだ[88]」というニーチェの命題ですら、現代が得意になって自分だけが正しいとうそぶくことをすすめているのではないのだ。そうではなく、すべてをおなじように許容するがゆえに、問題となった〈客観性〉なるものの代わりに、より高い客観性、つまりは、裁きを知っている公正さを設定しようとしたものなのである[89]。だが、ニーチェの後継者たちは、こうした公正さへの感覚からきわめて遠いところに来てしまった。彼らは「未来の建築家」であると自ら感じているため、過去の言葉の謎を解くのに必要だとニーチェが言う、あの最も高貴な特性を所有しているのだと、なんとも無邪気に信じ込んだのだ。彼らは論争の余地なき〈価値評価〉を通じて、〈全力投入〉、〈大変革〉、〈発進〉、そして実存的な〈決断〉といったものを通じて、勤務型の学問 Wissenschaftsbetrieb という空洞化したあり方を押し進め[5]、魅力のなくなった教養にとって代わろうとするのだ。カール大帝からビスマルクまでのドイツ史、キリスト教の宗教史、哲学史、芸術史、文学史などいっさいが「書きかえられた」。その際のやり方は、そうであったようにではなく、「二十世紀の歴史的な自己意識に相応するように」書きかえられたのだ[90]。

ところで、歴史学の足りない点についてあれほど不機嫌に、かつたっぷり皮肉を込めて述べたはずのゲーテであるが、その彼は、この歴史の分野に関して、新たな、そして役に立つ道を指し示している。ゲーテはその『色彩論』のなかの歴史的部分で、〈精神史〉を扱う模範を見せてくれている。つまり、一連の科学的発見や隠蔽を描くにあたって当該の人々の性格やものの考え方を中心に論じ、たんなるアイデアや見解の抽象的な歴史として描かなかったのだ。というのも、科学の本当の歴史は、個人とその直接的な経験との、そして間接的な伝来の知識との戦いにあるとゲーテは見ていたからである。なぜなら、最終的には、「より広大な自然と、より広大な伝来の知識に立ち向かうのは個人でしかない」からだ(91)。彼はまた、ヴィンケルマン*を描いた文章で、芸術も人類史の一環として扱えることを実に見事に示してくれている。さらには、なによりも『詩と真実』においてある人間が、歴史的環境の影響を受け、また環境にはたらきかけながら、その人生が世界の内実を持った一人の人間にまで発展して行くさまを描き出してくれた。

あまりにも早く過ぎ去るものは放っておくがいい。
お前たちはそうしたものに相談して指示を求めるが、無駄なことだ。
過ぎ去ったもののうちにこそ、すぐれたものが生きているのだ。

麗しき行為のうちに永遠化されて。

こうして、生けるものは
結果の結果から新たな力を得るのだ。
なぜなら、変わることのない心ばえだけが、
人間を継続的な存在にするのだから。

われわれの第二の祖国に関する
あの大きな問いはこうして解決する。
なぜならこの地上の日々の継続的なものごとが
われわれに永遠の存続を保証するからだ。

この詩句のうちにこそ、ゲーテがもっていた「歴史感覚」が含まれている。ゲーテがだいぶ年を重ね、『ヴィルヘルム・マイスターの遍歴時代』を書き終え、フランス革命からちょうど四十年経った頃、自分が成し遂げた成果を振り返って、あの頃いっさいの社会政治体制が転覆したために、若い世代は、後に影響を与えるような長続き

のするライフワークを書くことができなくなっている、と思わざるを得なかった。彼はツェルターに宛てて次のように書いている。「わたしは日ごとに、そして時間ごとに、今後まだなにができるか、礎を置いたことをさらにきれいに立ち上げ、実際に確実にすることができるかを、考えようとしなければなりません。実際問題としてきわめてすぐれた若い人々がたくさんいることはたしかです。しかし、阿呆な連中は皆、はじめからやろうとします。そして自分だけで……勝手に、皆の中にはいらずに、まさにひとりだけで勝手に……活動し、それによってできもしないことをやろうとします。わたし自身は一七八九年以来、こうした動きを見続けています。それゆえ、もしも誰かが本当に皆の中に入ってきたとしたら、そして誰もが自分のところでひとりで財産を築き上げるようなことをしていなかったとしたら、どうなっていただろうかがわかるのです。今一八二九年ですが、この現状をはっきり自覚し、場合によってははっきりと発言することがわたしにあっていると思います。もっとも、うまく言えたとしても、なんの役にもたたないでしょう。なぜなら、真なるものは、単純であり、するべきことはいくらもありませんが、偽りのものは、時間と力を切り刻み、無駄に使うようにさせてしまうからです(92)」。

前世紀〔十九世紀〕にドイツ語においてことばとなったかぎりでの真なるものは、ゲーテにおいては直観可能であったが、最近の人々ではそうでなくなっている。このことは見誤りやすい。なぜなら、ありきたりのものからの例外は、規模を越えた存在や、あるいは欠落によって目立つもののことではなく、まったく通常のもの *das völlig Normale* であるからなのだ。

ゲーテのヴァイマールの家は、彼の存在した時間が、空間化され、可視化され、手で触れられるようになっている。そこからかなり離れたところにニーチェ文庫がある。このニーチェ文庫の建て増しの部分は華麗な広間で、ある意味ではツァラトゥストラのユーゲント様式に見合ったものである。〈ニーチェ運動〉の拡大に、そして〈ツァラトゥストラ的生活〉の育成に、それと「なんとなく」絡んだ、若きドイツの創造的パワーのための広間だというのだ。(93) 第三帝国によるこのニーチェ廟は、ニーチェの〈バイロイト〉となった。こうすることでニーチェに対してヴァグナーの仇が討たれているわけだ。年の上ではずっと古い、もうひとつのドイツは、ゲーテの市民的な家に見ることができる。(94)

## 《歴史・地理》〔青〕

- 新訂 魏志倭人伝・後漢書倭伝・宋書倭国伝・隋書倭国伝 —中国正史日本伝1 　石原道博編訳
- ヘロドトス 歴史 全三冊 　松平千秋訳
- ガリア戦記 　カエサル 近山金次訳
- タキトゥス ゲルマーニア 　泉井久之助訳註
- ランケ 世界史概観 —近世史の諸時代 　鈴木成高 相原信作訳
- ランケ自伝 　林健太郎訳
- 歴史とは何ぞや 　ベルンハイム 坂口昂 小野鉄二訳
- 歴史における個人の役割 　プレハーノフ 木原正雄訳
- 古代への情熱 —シュリーマン自伝 　シュリーマン 村田数之亮訳
- 大君の都 —幕末日本滞在記 全三冊 　オールコック 山口光朔訳
- アーネスト・サトウ 一外交官の見た明治維新 全二冊 　坂田精一訳
- ベルツの日記 全二冊 　トク・ベルツ編 菅沼竜太郎訳
- 武家の女性 　山川菊栄
- インディアスの破壊についての簡潔な報告 　ラス・カサス 染田秀藤訳
- ラス・カサス インディアス史 全七冊 　長南実訳 石原保徳編
- コロンブス 全航海の報告 　林屋永吉訳

- 洞窟絵画から連載漫画へ —人間コミュニケーションの万華鏡 　ホグベン 寿岳文章・林達夫・平田寛・南博訳
- 戊辰物語 　東京日日新聞社会部編
- 大森貝塚 —付 関連史料 　E・S・モース 近藤義郎 佐原真編訳
- 中世的世界の形成 　石母田正
- 日本の古代国家 　石母田正
- 日本における近代国家の成立 　E・H・ノーマン 大窪愿二訳
- 旧事諮問録 —江戸幕府役人の証言 全二冊 　旧事諮問会編 進士慶幹校注
- 朝鮮・琉球航海記 —一八一六年アマースト使節団とともに 　ベイジル・ホール 春名徹訳
- ローマ皇帝伝 全二冊 　スエトニウス 国原吉之助訳
- アリランの歌 —ある朝鮮人革命家の生涯 　ニム・ウェールズ キム・サン 松平いを子訳
- インカの反乱 —被征服者の声 　ティトゥ・クシ・ユパンギ述 染田秀藤訳
- ヒュースケン日本日記 —1855〜61 　青木枝朗訳
- さまよえる湖 全二冊 　ヘディン 福田宏年訳
- 老松堂日本行録 —朝鮮使節の見た中世日本 　宋希璟 村井章介校注
- 十八世紀パリ生活誌 —タブロー・ド・パリ 全二冊 　メルシエ 原宏編訳
- 北槎聞略 —大黒屋光太夫ロシア漂流記 　桂川甫周 亀井高孝校訂
- ヨーロッパ文化と日本文化 　ルイス・フロイス 岡田章雄訳注

- 西遊草 　清河八郎 小山松勝一郎校注
- オデュッセウスの世界 　フィンリー 下田立行訳
- 十八世紀ヨーロッパ監獄事情 　ジョン・ハワード 川北稔 森本真美訳
- 東京に暮す —一九二八〜一九三六 　キャサリン・サンソム 大久保美春訳
- ミカド —日本の内なる力 　W・E・グリフィス 亀井俊介訳
- 増補 幕末百話 　篠田鉱造
- 明治百話 全二冊 　篠田鉱造
- 幕末明治 女百話 全二冊 　篠田鉱造
- トゥバ紀行 　メンヒェン＝ヘルフェン 田中克彦訳
- 徳川時代の宗教 　R・N・ベラー 池田昭訳
- ある出稼石工の回想 　マルタン・ナド 喜安朗訳
- 植物巡礼 —プラント・ハンターの回想 　F・キングドン-ウォード 塚谷裕一訳
- モンゴルの歴史と文化 　ハイシッヒ 田中克彦訳
- アレクサンドロス大王東征記 付インド誌 全二冊 　アッリアノス 大牟田章訳
- インカ皇統記 全四冊 　インカ・ガルシラーソ・デ・ラ・ベーガ 牛島信明訳
- ローマ建国史 全三冊（既刊上巻） 　リーウィウス 鈴木一州訳
- 元治夢物語 —幕末同時代史 　馬場文英 徳田武校注

プラトン入門　R・S・ブラック　内山勝利訳
ハリネズミと狐 —『戦争と平和』の歴史哲学　バーリン　河合秀和訳
論理哲学論考　ウィトゲンシュタイン　野矢茂樹訳
自由と社会的抑圧　シモーヌ・ヴェイユ　冨原眞弓訳
根をもつこと 全二冊　シモーヌ・ヴェイユ　冨原眞弓訳
重力と恩寵　シモーヌ・ヴェイユ　冨原眞弓訳
全体性と無限 全二冊　レヴィナス　熊野純彦訳
啓蒙の弁証法 —哲学的断想　M・ホルクハイマー T・W・アドルノ　徳永恂訳
ヘーゲルからニーチェへ —十九世紀思想における革命的断絶 全二冊　レーヴィット　三島憲一訳
統辞構造論 付『言語理論の論理構造』序論　チョムスキー　福井直樹 辻子美保子訳
統辞理論の諸相 方法論序説　チョムスキー　辻子美保子 福井直樹訳
言語変化という問題 —共時態、通時態、歴史　E・コセリウ　田中克彦訳
快楽について　ロレンツォ・ヴァッラ　近藤恒一訳
古代懐疑主義入門 —判断保留の十の方式　J・アナス J・バーンズ　金山弥平訳
ヨーロッパの言語　アントワーヌ・メイエ　西山教行訳
ニーチェ みずからの時代と闘う者　ルドルフ・シュタイナー　高橋巖訳
人間精神進歩史 全二冊　コンドルセ　渡辺誠訳

人間の教育 全二冊　フレーベル　荒井武訳
フレーベル自伝　長田新訳
旧約聖書 創世記　関根正雄訳
旧約聖書 出エジプト記　関根正雄訳
旧約聖書 ヨブ記　関根正雄訳
旧約聖書 詩篇　関根正雄訳
新約聖書 福音書　塚本虎二訳
文語訳 新約聖書 詩篇付
文語訳 旧約聖書 全四冊
キリストにならいて　トマス・ア・ケンピス　大沢章 呉茂一訳
聖アウグスティヌス 告白 全二冊　服部英次郎訳
アウグスティヌス 神の国 全五冊　服部英次郎 藤本雄三訳
新訳 キリスト者の自由・聖書への序言　マルティン・ルター　石原謙訳
シュヴァイツェル イエスの生涯 —メシアと受難の秘密　シュヴァイツェル　波木居齊二訳
キリスト教と世界宗教　シュヴァイツェル　鈴木俊郎訳
水と原生林のはざまで　シュヴァイツェル　野村実訳
コーラン 全三冊　井筒俊彦訳

エックハルト説教集　田島照久編訳
霊操　イグナチオ・デ・ロヨラ　門脇佳吉訳・解説
ムハンマドのことば ハディース　小杉泰編訳
後期資本主義における正統化の問題　ハーバーマス　山田正行・金慧訳
シンボルの哲学 —理性、祭礼、芸術のシンボル試論　S・K・ランガー　塚本明子訳
ジャック・ラカン 精神分析の四基本概念 全二冊　ジャック＝アラン・ミレール編　小出浩之 新宮一成 鈴木國文 小川豊昭訳

啓蒙とは何か 他四篇　カント　篠田英雄訳
純粋理性批判 全三冊　カント　篠田英雄訳
カント 実践理性批判　波多野精一・宮本和吉・篠田英雄訳
判断力批判 全二冊　カント　篠田英雄訳
永遠平和のために　カント　宇都宮芳明訳
プロレゴメナ　カント　篠田英雄訳
学者の使命・学者の本質　フィヒテ　宮崎洋三訳
シュライエルマッハー 独白　木場深定訳
哲学史序論 —哲学と哲学史　ヘーゲル　武市健人訳
ヘーゲル 政治論文集 全二冊　金子武蔵訳
歴史哲学講義 全二冊　ヘーゲル　長谷川宏訳
法の哲学 —自然法と国家学の要綱　ヘーゲル　上妻精・佐藤康邦・山田忠彰訳
人間的自由の本質　シェリング　西谷啓治訳
自殺について 他四篇　ショウペンハウエル　斎藤信治訳
読書について 他二篇　ショウペンハウエル　斎藤忍随訳
知性について 他四篇　ショーペンハウエル　細谷貞雄訳
将来の哲学の根本命題 他二篇　フォイエルバッハ　松村一人・和田楽訳

反復　キルケゴール　桝田啓三郎訳
不安の概念　キェルケゴール　斎藤信治訳
死に至る病　キェルケゴール　斎藤信治訳
体験と創作 全二冊　ディルタイ　柴田治三郎・小牧健夫訳
眠られぬ夜のために 全二冊　ヒルティ　草間平作・大和邦太郎訳
幸福論 全三冊　ヒルティ　草間平作・大和邦太郎訳
悲劇の誕生　ニーチェ　秋山英夫訳
ツァラトゥストラはこう言った 全二冊　ニーチェ　氷上英廣訳
道徳の系譜　ニーチェ　木場深定訳
善悪の彼岸　ニーチェ　木場深定訳
この人を見よ　ニーチェ　手塚富雄訳
プラグマティズム　W・ジェイムズ　桝田啓三郎訳
宗教的経験の諸相 全二冊　W・ジェイムズ　桝田啓三郎訳
純粋現象学及現象学的哲学考案 全二冊　フッセル　池上鎌三訳
デカルト的省察　フッサール　浜渦辰二訳
愛の断想・日々の断想　ジンメル　清水幾太郎訳
笑い　ベルクソン　林達夫訳

物質と記憶　ベルクソン　熊野純彦訳
時間と自由　ベルクソン　中村文郎訳
ラッセル教育論　安藤貞雄訳
ラッセル幸福論　安藤貞雄訳
存在と時間 全四冊　ハイデガー　熊野純彦訳
学校と社会　デューイ　宮原誠一訳
民主主義と教育 全二冊　デューイ　松野安男訳
歴史と自然科学・道徳の原理に就て・聖「プレルーディエン」より　ヴィンデルバント　篠田英雄訳
我と汝・対話　マルティン・ブーバー　植田重雄訳
アラン 幸福論　神谷幹夫訳
アラン 定義集　神谷幹夫訳
英語発達小史　H・ブラッドリ　寺澤芳雄訳
日本の弓術　オイゲン・ヘリゲル述　柴田治三郎訳
饒舌について 他五篇　プルタルコス　柳沼重剛訳
ことばのロマンス —英語の語源　ウィークリー　寺澤芳雄・出淵博訳
天才・悪　ブレンターノ　篠田英雄訳
人間の頭脳活動の本質 他一篇　ディーツゲン　小松摂郎訳

## 《哲学・教育・宗教》〔青〕

- ソクラテスの弁明・クリトン　プラトン　久保勉訳
- ゴルギアス　プラトン　加来彰俊訳
- 饗宴　プラトン　久保勉訳
- テアイテトス　プラトン　田中美知太郎訳
- パイドロス　プラトン　藤沢令夫訳
- メノン　プラトン　藤沢令夫訳
- 国家　全二冊　プラトン　藤沢令夫訳
- プロタゴラス　—ソフィストたち　プラトン　藤沢令夫訳
- パイドン　—魂の不死について　プラトン　岩田靖夫訳
- アナバシス　—敵中横断六〇〇〇キロ　クセノポン　松平千秋訳
- アリストテレス　ニコマコス倫理学　全二冊　高田三郎訳
- アリストテレス　形而上学　全二冊　出隆訳
- アリストテレス　弁論術　戸塚七郎訳
- アリストテレース詩学・ホラーティウス詩論　松本仁助・岡道男訳
- 物の本質について　ルクレーティウス　樋口勝彦訳
- エピクロス　—教説と手紙　出隆・岩崎允胤訳

- 生の短さについて　他二篇　セネカ　大西英文訳
- 怒りについて　他二篇　セネカ　兼利琢也訳
- エピクテトス　人生談義　全二冊　國方栄二訳
- マルクス・アウレーリウス　自省録　神谷美恵子訳
- 老年について　キケロー　中務哲郎訳
- 友情について　キケロー　中務哲郎訳
- 弁論家について　全二冊　キケロー　大西英文訳
- キケロー書簡集　高橋宏幸編
- 方法序説　デカルト　谷川多佳子訳
- 哲学原理　デカルト　桂寿一訳
- 精神指導の規則　デカルト　野田又夫訳
- 情念論　デカルト　谷川多佳子訳
- パンセ　全三冊　パスカル　塩川徹也訳
- 知性改善論　スピノザ　畠中尚志訳
- スピノザ　エチカ（倫理学）　全二冊　畠中尚志訳
- モナドロジー　他二篇　ライプニッツ　谷川多佳子・岡部英男訳
- 学問の進歩　ベーコン　服部英次郎・多田英次訳

- ハイラスとフィロナスの三つの対話　バークリ　戸田剛文訳
- 市民の国について　全二冊　ヒューム　小松茂夫訳
- 自然宗教をめぐる対話　ヒューム　犬塚元訳
- 人間機械論　ド・ラ・メトリ　杉捷夫訳
- 聖トマス　形而上学叙説　—有と本質とに就いて　高桑純夫訳
- エミール　全三冊　ルソー　今野一雄訳
- ルソー　告白　全三冊　桑原武夫訳
- 孤独な散歩者の夢想　ルソー　今野一雄訳
- 人間不平等起原論　ルソー　本田喜代治・平岡昇訳
- ルソー　社会契約論　桑原武夫・前川貞次郎訳
- 政治経済論　ルソー　河野健二訳
- 学問芸術論　ルソー　前川貞次郎訳
- 演劇について　—ダランベールへの手紙　ルソー　今野一雄訳
- 言語起源論　—旋律と音楽的模倣について　ルソー　増田真訳
- ディドロ、ダランベール編　百科全書　—序論および代表項目　桑原武夫訳編
- ディドロ　絵画について　佐々木健一訳
- 道徳形而上学原論　カント　篠田英雄訳

# 読書子に寄す

——岩波文庫発刊に際して——

岩波茂雄

真理は万人によって求められることを自ら欲し、芸術は万人によって愛されることを自ら望む。かつては民を愚昧ならしめるために学芸が最も狭き堂宇に閉鎖されたことがあった。今や知識と美とを特権階級の独占より奪い返すことはつねに進取的なる民衆の切実なる要求である。岩波文庫はこの要求に応じそれに励まされて生まれた。それは生命ある不朽の書を少数者の書斎と研究室とより解放して街頭にくまなく立たしめ民衆に伍せしめるであろう。近時大量生産予約出版の流行を見る。その広告宣伝の狂態はしばらくおくも、後代にのこすと誇称する全集がその編集に万全の用意をなしたるか。千古の典籍の翻訳企図に敬虔の態度を欠かざりしか。さらに分売を許さず読者を繫縛して数十冊を強うるがごとき、はたしてその揚言する学芸解放のゆえんなりや。吾人は天下の名士の声に和してこれを推挙するに躊躇するものである。このときにあたって、岩波書店は自己の責務のいよいよ重大なるを思い、従来の方針の徹底を期するため、すでに十数年以前より志して来た計画を慎重審議この際断然実行することにした。吾人は範をかのレクラム文庫にとり、古今東西にわたって文芸・哲学・社会科学・自然科学等種類のいかんを問わず、いやしくも万人の必読すべき真に古典的価値ある書をきわめて簡易なる形式において逐次刊行し、あらゆる人間に須要なる生活向上の資料、生活批判の原理を提供せんと欲する。この文庫は予約出版の方法を排したるがゆえに、読者は自己の欲する時に自己の欲する書物を各個に自由に選択することができる。携帯に便にして価格の低きを最主とするがゆえに、外観を顧みざるも内容に至っては厳選最も力を尽くし、従来の岩波出版物の特色をますます発揮せしめようとする。この計画たるや世間の一時の投機的なるものと異なり、永遠の事業として吾人は微力を傾倒し、あらゆる犠牲を忍んで今後永久に継続発展せしめ、もって文庫の使命を遺憾なく果たさしめることを期する。芸術を愛し知識を求むる士の自ら進んでこの挙に参加し、希望と忠言とを寄せられることは吾人の熱望するところである。その性質上経済的には最も困難多きこの事業にあえて当たらんとする吾人の志を諒として、その達成のため世の読書子とのうるわしき共同を期待する。

昭和二年七月

ヘーゲルからニーチェへ（上）〔全2冊〕
——十九《じゅうきゅう》世紀《せいき》思想《しそう》における革命的断絶《かくめいてきだんぜつ》
レーヴィット著

2015年12月16日　第1刷発行
2021年9月6日　第3刷発行

訳　者　三島憲一《みしまけんいち》

発行者　坂本政謙

発行所　株式会社　岩波書店
〒101-8002 東京都千代田区一ツ橋 2-5-5

案内 03-5210-4000　営業部 03-5210-4111
文庫編集部 03-5210-4051
https://www.iwanami.co.jp/

印刷・三秀舎　カバー・精興社　製本・松岳社

ISBN 978-4-00-336932-6　Printed in Japan

# 引用書誌

**注記**　引用書誌と原注の中の略語等の意味は以下の通りである．a. a. O.＝前掲書，Abt.＝部，Anm.＝注，Annalen＝年鑑，年報，Aufl.＝刷，Ausgabe＝版，Bd.＝巻，desgl.＝同じく，Br.＝書簡集，Ebenda＝同前書，ed.＝編，f.＝ある頁と次の頁（例：S. 10 f.＝10 頁と 11 頁），ff.＝ある頁からその頁を含めて 3 頁以上にわたって続く（例：S. 10 ff.＝10 頁から 3 頁以上にわたって続く），Ges. Ausg.＝全集，Ges. Schr.＝全集，H.＝号，herausg.＝編，Jahrg.＝〜年〜号，S.＝頁．Tagebücher＝日記，Teile＝部，übers.＝訳，und＝および，vgl.＝参照，Zus.＝付論．ローマ数字の右肩の小さいアラビア数字は全集などの刷を示す．

本書には著者の以下の論稿が部分的に組み込まれている．

Feuerbach und der Ausgang der klassischen deutschen Philosophie〔「フォイエルバッハとドイツ古典哲学の終結」〕, *Logos*, 1928, H. 3

Max Weber und Karl Marx, *Archiv für Sozialwissenschaft und Sozialpolitik*, 1932, H. 1/2〔『ウェーバーとマルクス』柴田治三郎，脇圭平，安藤英治訳．未来社，1966 年〕

Kíerkegaard und Nietzsche, *Deutsche Vierteljahrsschr. f. Literaturwissenschaft und Geistesgeschichte*, 1933, H. 1〔『キェルケゴールとニーチェ』中川秀恭訳．未来社，2002 年〕

Die philosophische Kritik der christlichen Religion im 19. Jahrhundert〔「19 世紀におけるキリスト教への哲学的批判」〕, *Theolog. Rundschau*, 1933, H. 3/4

L'achèvement de la philosophie classique par Hegel et sa dissolu-

tion chez Marx et Kierkegaard, *Recherches Philosophique*, Paris 1934/5 und 1935/6〔『ヘーゲル・マルクス・キェルケゴール』柴田治三郎訳．未来社，1967年〕
Zur Problematik der Humanität in der Philosophie nach Hegel〔「ヘーゲル以後の哲学における人間性の問題」〕, *Festschrift für F. Toennies (Reine und angewandte Soziologie)*, Leipzig 1936〔前記『キェルケゴールとニーチェ』に収録〕

著者は時代状況の悪化のために亡命せざるを得なかった．そのために必要な文献を完全に渉猟することはできなかった．青年ヘーゲル学派の文献はそのほとんどが，初版以降新たに出版されてはいない．それゆえ著者は，マールブルク大学に居た頃に収集し，抜き書きを作っておいた1840年代の著作や雑誌に主として限定せざるを得なかった．重要な書籍の入手に関しては仙台の東北帝国大学の石原謙教授および高橋里美教授のご好意にお礼を申し上げたい．

引用は以下の文献から行っている．

全集

Hegel, *Original-Ausgabe*〔『ヘーゲル全集』原典版．以下特に注記のないかぎり Hegel XVII, 227 のように表示．『精神現象学』は *Phänomenologie*，『美学』は *Ästhetik*，『エンツィクロペディ』は *Enc.*『法哲学』は *Rechtsphilosophie* と注記〕
Goethe, *40bändige Cotta-Ausgabe*, 1840〔『ゲーテ・コッタ版全集』全40巻．以下 Goethe Bd. 39, S. 437 のように表示〕
*Goethes Gespräche* in 5 Bänden〔『ゲーテ対話集』全5巻〕, herausgegeben von Biedermann, 2. Aufl., Leipzig 1909〔以下 Goethe, *Gespräche* IV, 283 のように表示〕
Goethe, *Maximen und Reflexionen*〔『箴言と省察』〕, herausg. von

M. Hecker, Weimar 1907
Feuerbach, *Sämtliche Werke*〔『フォイエルバッハ全集』〕, Band 1-10, Leipzig 1846 ff.〔以下 Feuerbach II, 413 のように表示〕
Marx, *Marx-Engels Gesamtausgabe*〔『マルクス＝エンゲルス全集』〕, 1. Abt. Band 1-5, 1927-1932〔以下 Marx I/1, 437 のように表示〕
Kierkegaard, *Werke*〔『キルケゴール全集』〕, Band 1-12, Jena 1909 ff.〔以下 Kierkegaard II, 225 のように表示〕
Nietzsche, *Werke*〔『ニーチェ全集』〕, 16bändige Groß- und Kleinoktav-Ausgabe〔以下 Nietzsche VII, 207 のように表示〕

単行本に関しては以下から引用されている．

Hegel, *Theologische Jugendschriften*〔『初期神学論文集』〕, herausg. von H. Nohl, Tübingen 1907
—— *Briefe von und an Hegel*〔『ヘーゲル往復書簡集』〕, 2 Teile, herausg. von K. Hegel, Leipzig 1887〔Hegel, *Br.* II, 31 f. のように表示〕
Feuerbach, *Grundsätze der Philosophie der Zukunft*〔『将来の哲学の根本命題』〕, herausg. von H. Ehrenberg, Stuttgart 1922 (Frommanns Philos. Taschenbücher)
—— *Briefwechsel und Nachlaß*〔『書簡と遺稿』〕(=*Br.*), herausg. von K. Grün, 2 Teile, Heidelberg 1874
*Ausgewählte Briefe von und an L. Feuerbach*〔『フォイエルバッハ往復書簡選集』〕, herausg. von W. Bolin, 2 Teile, Leipzig 1904
*Briefwechsel zwischen L. Feuerbach und Ch. Kapp*〔『L・フォイエルバッハと Ch・カップとの往復書簡』〕*1832-1848*, herausg. von A. Kapp, Leipzig 1876
F. Engels, *Ludwig Feuerbach und der Ausgang der klassischen deutschen Philosophie*〔『ルートヴィヒ・フォイエルバッハとドイツ古典哲学の終結』(『フォイエルバッハ論』)〕, 5. Aufl., Stutt-

gart 1910
A. Ruge, *Briefwechsel und Tagebuchblätter*〔『往復書簡と日記』〕(=*Br.*), herausg. von P. Nerrlich, 2 Bände, Berlin 1886
------- *Aus früherer Zeit*〔『昔の日々』〕, Band IV, Berlin 1867
------- *Die Akademie, Philos. Taschenbuch*〔『アカデミー，哲学的ポケット・ブック』〕, Band I, Leipzig 1848
------- *Unser System*〔『われらの体系』〕, 3 Hefte, Leipzig 1850; neu herausg.〔新版〕von Clair I. Grece, Frankfurt 1903
M. Heß, *Sozialist. Aufsätze*〔『社会主義論文集』〕*1841-47*, herausg. von Th. Zlocisti, Berlin 1921
K. Marx, *Das Kapital*〔『資本論』〕, Band I-III, 6. Aufl., Hamburg 1909
------- *Zur Kritik der politischen Ökonomie*〔『政治経済学批判』(『経済学批判』)〕, herausg. von K. Kautsky, Berlin 1930
------- *Der 18. Brumaire des Louis Bonaparte*〔『ルイ・ボナパルトのブリュメール 18 日』〕, herausg. von Rjazanov, Berlin 1927
M. Stirner, *Der Einzige und sein Eigentum*〔『唯一者とその所有』〕, Leipzig, Reclam-Ausg.
------- *Kleinere Schriften*〔『小論集』〕, herausg. von H. Mackay, Treptow bei Berlin 1914
B. Bauer, *Die Posaune des jüngsten Gerichts über Hegel den Atheisten und Antichristen. Ein Ultimatum*〔『無神論者と反キリストであるヘーゲルへの最後の審判のラッパ――最後通牒』(『ヘーゲルを裁く最後の審判ラッパ』)〕(著者名表示なし), Leipzig 1841
------- und A. Ruge, *Hegels Lehre von der Religion und Kunst, vom Standpunkt des Glaubens aus beurteilt*〔『宗教と芸術についてのヘーゲルの理論――信仰の立場からの判決』〕(著者名表示なし), Leipzig 1842
------- *Das entdeckte Christentum, eine Erinnerung an das 18. Jahrhundert und ein Beitrag zur Krisis des 19.*〔『キリスト教の発見

──18 世紀の思い出と 19 世紀の危機への論考』〕, Zürich 1843; neu herausg. von E. Barnikol, Jena 1927
------- *Vollständige Geschichte der Parteikämpfe in Deutschland während der Jahre 1842–46*〔『1842–46 年におけるドイツの政党間抗争の完全な歴史』〕, Band I–III, Charlottenburg 1847
------- und *E. Bauer, Briefwechsel 1839–42*〔『1839–42 年の書簡集』〕, Charlottenburg 1844
S. Kierkegaard, *Angriff auf die Christenheit*〔『キリスト教への攻撃』〕, herausg. von Dorner und Schrempf, Stuttgart 1896
------- *Der Begriff des Auserwählten*〔『選ばれた者という概念』〕, übers. von Th. Haecker, Hellerau 1917
------- *Über den Begriff der Ironie*〔「イロニーの概念について」〕, übers. von H. Schaeder, München 1929
------- *Kritik der Gegenwart*〔『現代の批判』〕, übers. von Th. Haekker, Innsbruck 1914
------- *Das Eine was not tut*〔「必要なこの一事」〕, übers. von H. Ulrich, Zeitwende, H. 1, München 1927
------- *Die Tagebücher*〔『日記』〕, übers. von Th. Haecker, Band I und II, Innsbruck 1923
------- *Tagebücher* (1823–39)〔『日記』〕, herausg. von H. Ulrich, Berlin 1930
------- *Das Buch des Richters*〔『裁判官の書』〕, übers. von H. Gottsched, Jena 1905
D. Tischizewskij, *Hegel bei den Slaven*〔『スラブにおけるヘーゲル』〕, Reichenberg 1934
W. Kühne, *Cieszkowski, ein Schüler Hegels und des deutschen Geistes*〔『チェシュコフスキー──ヘーゲルおよびドイツ精神の弟子』〕, Leipzig 1938

19 世紀の歴史に関する一般的な書物

H. Treitschke, *Deutsche Geschichte im 19. Jahrhundert*〔『19 世紀ドイツ史』〕, 8. Aufl., Leipzig 1919

F. Schnabel, *Deutsche Geschichte im 19. Jahrhundert*〔『19 世紀ドイツ史』〕, Bd. I-IV, Freiburg 1937

B. Croce, *Storia d'Europa nel Secolo Decimonono*〔『19 世紀ヨーロッパ史』〕, Bari 1932（ドイツ語訳は，Zürich 1935）

E. Friedell, *Kulturgeschichte der Neuzeit*〔『近代文化史』〕, Band I-III, München 1931

19 世紀ドイツ精神の歴史に関する個別研究

K. Hecker, *Mensch und Masse, Situation und Handeln der Epigonen*〔『人間と大衆――エピゴーネンたちの状況と行動』〕, Berlin 1933

H. Pleßner, *Das Schicksal deutschen Geistes im Ausgang seiner bürgerlichen Epoche*〔『市民時代の最後におけるドイツ精神の運命』〕, Zürich 1935

D. Sternberger, *Panorama oder Ansichten vom 19. Jahrhundert*〔『19 世紀におけるパノラマもしくは風景』〕, Hamburg 1938

U. von Balthasar, *Apokalypse der deutschen Seele*〔『ドイツの魂の黙示録』〕, 3 Bände, München 1937 ff.

本書初版以降に出版された本書のテーマとかかわる文献

H. Marcuse, *Reason and Revolution*〔『理性と革命』〕, New York 1941

H. de Lubac, *Le drame de l'humanisme athée*〔『ヒューマニズムのドラマ』〕, Paris 1945

A. Kojève, *Introduction a la lecture de Hegel*〔『ヘーゲル読解入門』〕, Paris 1947

G. Lukacs, *Der junge Hegel*〔『若きヘーゲル』〕, Zürich 1948

M. Carrouges, *La mystique du surhomme*〔『超人の神話』〕, Paris 1948

Moses Hess, *Philosophische und sozialistische Schriften*〔『哲学・社会主義論文集』〕, herausg. und eingeleitet von A. Cornu und W. Mönke, Berlin 1961

K. Löwith, *Die Hegelsche Linke, Texte und Einleitung*〔『ヘーゲル左派——テクストと解説』〕, Stuttgart-Bad Cannstatt 1962

E. Rambaldi, *Le origini della sinistra Hegeliana*〔『ヘーゲル左派の起源』〕, Florenz 1966

K. Löwith, *Vorträge und Abhandlungen zur Kritik der christlichen Überlieferung*〔『キリスト教伝統の批判に関する講演集および論集』〕, insbes. Kap. X, Stuttgart 1966

L. Feuerbach, *Anthropologischer Materialismus*〔『人間学的唯物論』〕, Ausgewählte Schriften I und II, eingeleitet von A. Schmidt, Frankfurt 1967

Cahiers de Royaumont, *Nietzsche*, Paris 1967

Bruno Bauer, *Feldzüge der reinen Kritik*〔『純粋批判による討伐行』〕, Einleitung von H. M. Sass, Frankfurt 1968

# 原　注

## 第 1 部

### 序　章

(1) この序論は，19 世紀の精神史上の変化への導入部である．つまり，ヘーゲルとゲーテによって完成されたドイツにおける知のあり方が，19 世紀の進行とともにどのような問題を生み出してきたのか，それを明らかにする意図から書かれた．その点で，こうした精神史を論じたこれまでのさまざまな論考と本論は異なる．これまでの研究では，著者たちは，ドイツ観念論というものを，それがまだ存在するかのように自明のこととして前提していた．これについては，以下を参照．K. F. Goeschel, *Hegel und seine Zeit, mit Rücksicht auf Goethe*〔『ヘーゲルとその時代，ゲーテとの関連で』〕, Berlin 1832; R. Honegger, Goethe und Hegel〔「ゲーテとヘーゲル」〕, *Jahrbuch der Goethe-Ges.* XI, 1925; J. Hoffmeister, *Goethe und der deutsche Idealismus*〔『ゲーテとドイツ観念論』〕, Leipzig 1932; J. Schubert, *Goethe und Hegel*〔『ゲーテとヘーゲル』〕, Leipzig 1933; H. Falkenheim, *Goethe und Hegel*〔『ゲーテとヘーゲル』〕, Tübingen 1934.

(2) これに関しては，ゲーテを訪れたときの印象を妻に書いたヘーゲルの手紙(*Br.* II, 280)を参照のこと．

(3) *Heidelberger Enc.* § 221; *Enc.* § 317 ff.〔『色彩論の歴史 *Geschichte der Farbenlehre*』(『色彩論』)の「教育的部分」における白色をめぐる議論が引用されている〕.

(4) *Goethe-Jahrbuch* XVI(1895), 68 f.

(5) 1832 年 1 月 5 日のゲーテよりファルンハーゲン宛手紙.

(6) 1827年3月21日および28日のエッカーマンとの対話〔ゲーテはエッカーマンとの対話のこの箇所で，ヒンリクスのせっかくの素質がヘーゲル哲学による調教で伸びていないことを嘆き，その文体の悪さを批判しつつも，彼のギリシア悲劇の理解については好意的に述べている〕.

(7) Goethe, *Gespräche* III, 426 f.

(8) Goethe, *Br.* II, 31 f.〔1820年10月7日のゲーテのヘーゲル宛の手紙〕.

(9) 1825年6月7日および1832年1月27日のツェルター宛のゲーテの手紙．および，1828年3月12日のエッカーマンとの対話.

(10) Goethe, *Gespräche* III, 414.

(11) Goethe, *Br.* II, 249〔1827年8月17日のヘーゲル宛のゲーテの手紙〕.

(12) 1831年8月13日のツェルター宛のゲーテの手紙.

(13) 1832年3月11日のツェルター宛のゲーテの手紙.

(14) ヘーゲル哲学のこの原則の最初の表現は，『初期神学論文集』(a. a. O., S. 348)および，「フィヒテの体系とシェリングの体系の差異について」という論文($I^2$, 246)にある．また「中央 Mitte」の概念については『イエナ実在哲学 Jenenser Realphilosophie』(I, 203 ff.)を参照のこと.

(15) Goethe, *Gespräche* III, 428.〈中央 Mitte〉の概念については，『ヴィルヘルム・マイスターの遍歴時代』II, 1(40. Bd. *der Cotta-Ausgabe*, S. 189)および『色彩論』(Bd. 39, a. a. O., S. 437)，またこれについては G. Simmel, *Goethe*, 1923, S. 90 ff.

(16) ヘーゲルの *Ästhetik*〔『美学』〕, X/1, 2. Aufl., S. 83 ff. および1826年1月29日のエッカーマンとの対話.

(17) この点はジンメルがゲーテ論で最も明確に描き出している.

(18) 1794年8月23日および31日のゲーテのシラー宛の手紙．*Der Sammler und die Seinigen*〔『収集家とその品々』〕および Bd.

27, S. 215 参照.

(19) *Bedenken und Ergebung*〔『省察と恭順』〕(Bd. 40. a. a. O., S. 425 f.). カントについてのゲーテの評価に関しては以下を参照. Goethe, *Gespräche* II, 26, 1798年12月19日のフォイクト宛の手紙, および1793年6月7日のヘルダー宛の手紙〔前者の手紙では, 理性の立場からの手前勝手な議論が多いと評している.「理性の高みから見れば, 人生はすべて悪しき病気に, 世界は気違い病院に見えるようだ」. さらに有名な諸民族の性格描写なども, 長生きした人としてはあまりにも「浅薄」としている〕.

(20) これについては,『エンツィクロペディ』第70節の, 客観性に対する思考の三番目の位置についての考察を参照のこと〔例えば, 当該箇所の次のような文章が念頭にあると思われる.「理念は存在を媒介にしてのみ, 逆に存在は理念を媒介にしてのみ真なるものである」〕.

(21) *Einwirkung der neueren Philosophie*〔『最近の哲学の影響』〕(Bd. 40, a. a. O., S. 421).

(22) *Anschauende Urteilskraft*〔「直観的判断力」〕(Bd. 40, a. a. O., S. 424 f.). Hegel $I^2$〔『ヘーゲル全集』第2版第1巻〕, 39 ff. 参照.

(23) Goethe, *Gespräche* IV, 44 および 337.『色彩論』, a. a. O., Bd. 39, S. 187 参照.

(24) Goethe, *Br.* II, 47〔1821年4月13日のヘーゲル宛のこの手紙でゲーテは, ヘーゲルが〈原現象〉という考えを褒めてくれたので, 大いに元気づけられたと感謝し, お礼の手紙を添えて, 小さな薄いグラスを一つ贈った. そのグラスは黄色で中に絹の織物が入っており, 黄色いガラスが青く光るようになっていた. 添えたカードにはゲーテの筆で「絶対者に原現象からご笑納をおねがいします」と書かれていた〕. *Maximen und Reflexionen*, a. a. O., Nr. 261 und 809.

(25) Goethe, *Br.* II, 145〔1824年5月, ヘーゲル宛のゲーテの手

紙〕.

(26) Goethe, *Gespräche* II, 524; III, 327 ff.

(27) *Bedeutende Fördernis durch ein einziges geistreiches Wort*〔『ただひとつの気の利いた言葉による重要な進歩』〕(Bd. 40, a. a. O., S. 444 f.; *Br. von und an Hegel*, II, 248; *Gespräche* III, 85 und IV, 104; *Maximen und Reflexionen*, Nr. 657 参照).

(28) *Enc.* § 377, Zus.

(29) これに関する重要な書簡を時間順に並べれば，以下の通りとなる．1817年7月8日のヘーゲル宛のゲーテの手紙(*Br.* II, 7)，1817年7月20日のゲーテ宛のヘーゲルの手紙(*G.-Jahrbuch* 1891, S. 166 ff.)，1820年10月7日のヘーゲル宛のゲーテの手紙(*Br.* II, 31)，1821年2月24日のゲーテ宛のヘーゲルの手紙(*Br.* II, 33)，1821年4月13日のヘーゲル宛のゲーテの手紙(*Br.* II, 47)，1821年8月2日のゲーテ宛のヘーゲルの手紙(*G.-Jahrbuch* 1895, S. 61 f.).

(30) 1821年3月5日および29日のラインハルト伯爵宛のゲーテの手紙．および1821年3月10日のシュルツ宛のゲーテの手紙〔カール・フリードリヒ・ラインハルト伯爵は，ドイツ出身だが，フランス共和国の公使．『色彩論』を部分的にフランス語に訳している．シュルツはプロイセンの高級官僚〕.

(31) 1827年10月18日のエッカーマンとの対話.

(32) 1817年7月20日のゲーテ宛のヘーゲルの手紙.

(33) ここでの表現は，先に出て来た「聖変化」と同じに，ヘーゲルが生涯にわたって親しんでいたキリスト教の考え方の世界が背後にあることを示唆している．それに対してゲーテは，まさにこの生命の息吹きと変容という問題に関して，キリスト教的な考え方と明確に，自分を区別していた.

(34) Hegel, *Br.* II, 36.

(35) Hegel, *Br.* II, 37.

(36) Hegel, *Br.* I, 94.
(37) 1829年11月1日のエッカーマンとの対話.
(38) 1812年11月28日のゼーベック宛の手紙.
(39) これに関しては，第1部第5章参照.
(40) 1830年12月2日，1830年12月14日および1831年5月19日のゲーテ宛のツェルターの手紙.
(41) Kontignationというこの言葉は，ラテン語のcontignatioから来ていて，字義通りには二つの異なった事物をひとつの梁で結びつけること，つまり，梁を渡すことを意味している.
(42) 1831年6月1日のツェルター宛のゲーテの手紙.
(43) 1831年6月9日のツェルター宛のゲーテの手紙.
(44) Goethe, *Gespräche* IV, 283.
(45) Hegel XI, 201 (2. Aufl. S. 277) 参照.
(46) Hegel XVII, 227および403参照.
(47) ラッソンは，解釈にあたって，ヘーゲルのメダルも，十字架の真ん中に薔薇が描かれているという間違った前提から出発している．この間違いは，おそらく彼がこのメダルのオリジナルもコピーも見たことがないためであろう．その上彼は，ゲーテとツェルターの発言を批判するにあたって，十字架の神学的意味を否定している．彼は，宗教的意味を哲学的な意味のうちに解消させている．それは，ラッソンが，自ら牧師であり，かつヘーゲル主義者であるという二重の立場から，はじめからヘーゲルの哲学的キリスト教の地盤に立っているためであろう．それゆえラッソンからすれば，哲学と神学のあいだの関係を「より深く」把握した見解は，ヘーゲルの側にあることは，自明のこととされていた．というのも，ラッソンから見ると，仮に十字架が神学的な象徴であるとしても，まさに現代の十字架の中央に薔薇がある以上，この薔薇は，「哲学が神学と中心においてひとつであり，哲学こそが神学をいわば輝かしくして，完成させるものであることを意味し

ている．それに対して，ゲーテが触れているあのふたりの女性の姿は，永遠に〈おたがいに対立し合っている〉こと以外になんの関係も持っていないことを示している」ことになる．こうした対立関係は，ラッソンからすれば，彼がヘーゲルの媒介の理念を共有している以上，アプリオリにひとつの欠陥ということになる．同じく，ルターの紋章も，十字架の中央に薔薇の図を描いたものであるとラッソンは言うが，これも間違いである．この間違いは，おそらくヘーゲルのメダルに関しての同じ方向の間違いと関連があると思われる．両方のケースでラッソンは，『法哲学』の序文の文章を間違って，取り込んで理解している（G. Lasson, *Beiträge zur Hegelforschung*〔『ヘーゲル研究論集』〕1909, S. 43 ff. 所収の Kreuz und Rose, ein Interpretationsversuch〔「十字架と薔薇——解釈の試み」〕）．

（48） Hegel I², 153; XII, 235; XVII, 111 ff.; *Enc.* § 482.

（49） Hegel VIII², 19. IX, 416 ff. および 437, XV, 262 も参照．

（50） Hegel VIII, 89 および *Enc.* § 552 の終結部．これについては，XVII, 318 ff. にある宗教改革記念祭のヘーゲルのスピーチも参照．

（51） Goethe, *Gespräche* IV, 443, これについては，1817 年 10 月 31 日の宗教改革記念祭に際しての詩も参照のこと．

（52） Goethe, *Gespräche* IV, 283.

（53） Goethe, *Gespräche* IV, 261. これについては，ローゼンツヴァイクの機智に溢れた巧みな解釈がある．F. Rosenzweig, *Der Stern der Erlösung* (2. Aufl., Berlin 1930), III. Teil, S. 22 f. および 34〔ローゼンツヴァイク『救済の星』（邦訳書）429 ページにはゲーテの祈りについてこうある．「自分こそはおそらくその時代におけるかろうじてただひとりのキリスト教徒であり，キリストが望んだようなキリスト教徒であると，彼は考えたのである」．また，信仰，愛，希望についての議論との関連で同訳書 440 ページにはつぎのようにある．「希望においてはじめて，〈子どものようにな

れ〉という命令が全キリスト教徒のうちで実現されはじめる．ゲーテが〈いつでも子どものよう〉であるのは，そういうわけなのである．ゲーテはおのれの運命を信頼している．おのれ自身の未来に希望を抱いている．おのれの両手が手がけた作品を完成するという希望を〈神々〉が聞きいれてくれないなどということは，ゲーテには考えられない．アウグスティヌスが愛し，ルターが信仰するように，ゲーテは希望を抱く」〕．

(54) H. A. Korff, *Geist der Goethezeit*〔『ゲーテ時代の精神』〕, I (1923), S. 275 ff. および E. Seeberg, Goethes Stellung zur Religion〔「宗教に対するゲーテの立場」〕, *Zeitschr. f. Kirchengeschichte*〔『教会史のための雑誌』〕, 1932, S. 202 ff. 参照．

(55) 1775年5月のヘルダー宛のゲーテの手紙．1781年6月22日のラファーター宛のゲーテの手紙(1823年4月17日のシュトールベルク宛の手紙も参照)．1788年9月4日のヘルダー宛の手紙．『対話』第1巻202ページ．1824年4月28日のツェルター宛のゲーテの手紙．1828年8月16日のミュラー宛のゲーテの手紙．1829年1月18日のツェルター宛のゲーテの手紙．『対話』第2巻62ページ．

(56) Goethe, *Gespräche* IV, 441 f.

(57) Goethe, *Gespräche* IV, 334.

(58) Goethe, *Gespräche* IV, 435. ニーチェの『力への意志』のアフォリズム1052をも参照．

(59) ゲーテとキリスト教の関わりについては，以下を参照．F. Overbeck, *Christentum und Kultur*〔『キリスト教と文化』〕, Basel 1919, S. 142 ff.

(60) W. Nigg, *F. Overbeck*, München 1931, S. 58.

(61) Hegel XVII, 111 ff. これについては以下も参照のこと．K. Rosenkranz, *Hegels Leben*〔『ヘーゲル伝』〕, Berlin 1844, S. 400 f.

(62) これについては本書下巻第2部第5章を参照のこと．

(63) Goethe, *Gespräche* IV, 283.

(64) Goethe, *Gespräche* IV, 152. メッテルニヒはウィーン会議のあとに，ゲーテよりももっと明確に次のように述べている．「古いヨーロッパは，その終わりの始めにある――これが私の最も密かな考えです．私自身は，この古いヨーロッパとともに没落する決心で，自分の義務を果たして行くでしょう．とはいいながら，新しいヨーロッパはまだ生まれる途上にあります．終焉とはじまりのあいだには，カオスがあるでしょう」．

(65) Goethe, *Gespräche* IV, 317 および 353. 1831 年 1 月 10 日のアデーレ・ショーペンハウアー宛の手紙．1830 年についての記述としては他にも，Dilthey, *Ges. Schr.*〔『ディルタイ全集』〕XI, 219 を参照のこと．

(66) J. Burckhardt, *Ges. Schr.*〔『ブルクハルト全集』〕VII, 420 ff. および A. v. Tocqueville, *Autorität und Freiheit*〔『権威と自由』〕, Zürich 1935, S. 169 ff. を参照．

(67) Goethe, *Gespräche* IV, 291.

(68) 1830 年 10 月 5 日のツェルター宛のゲーテの手紙．

(69) *Maximen und Reflexionen* Nr. 961.

(70) 1830 年 7 月 2 日のエッカーマンおよびソレーとの対話．Goethe, *Gespräche* IV, 290; V, 175.

(71) 1831 年 6 月 18 日のツェルター宛のゲーテの手紙．

(72) 1825 年 6 月 7 日のツェルター宛のゲーテの手紙．Goethe, *Gespräche* III, 57 および 500 ff. 参照．

(73) マックス・コメレルの 1931 年の講演のタイトルにある「ゲーテなき青年たち」には，すでに百年の歴史がある．すでに 1830 年頃にゲーテは「青年たち」に戦いを挑まれていた．青年たちから見れば，ゲーテはいかがわしいものとして切り捨てられ，罵倒されていた．ゲーテの完璧な人間性《フマニテート》なるものを拒絶する点では，W・メンツェル〔1798-1873 年．初期はハイネやグツコウの友人

で，反体制だったが，やがて「青年ドイツ派」を徹底的にこきおろし，彼らが禁止されるのに大いに寄与した．晩年になるにつれて，さらに右傾化した〕とベルネ，シュレーゲルとノヴァーリス，ハイネとキルケゴールというそれぞれまったく異なったばらばらの人たちも，一致している．これについては，V・ヘーンのすばらしい論文 Goethe und das Publikum〔「ゲーテと読者公衆」〕を参照．さらには以下も参照のこと．H. Maync, *Geschichte der deutschen Goethebiographie*〔『ドイツにおけるゲーテ伝の歴史』〕, Leipzig 1914; P. Kluckhohn, *Goethe und die jungen Generationen*〔『ゲーテと若い世代』〕, Tübingen 1932.

(74) キルケゴールにとってヘーゲルとゲーテは，もう「称号だけの王」にすぎない．1836年8月25日の日記には次のような書き込みがある．「ゲーテは古代への通路を造ったけれども，時代は彼についていかなかった．ヘーゲルが同じく古代への通路を造っても，時代はなぜ彼についていかなかったのだろうか？　ふたりとも古代への通路を美的かつ思弁的な発展にのみ矮小化し，限ってしまったからである．だが，政治的発展も，そのロマン主義的な道を通り抜けねばならなかった．それゆえに，最近のロマン派もすべて政治家なのだ」．ゲーテについてのキルケゴールの対抗した発言を集めたものとしては，以下の論文がある．H. Opel, Kierkegaard und Goethe〔「キルケゴールとゲーテ」〕, *Deutsche Vierteljahrsschrift für Literaturwiss. und Geistesgesch.*, 1938, H. 1.

## 第1章

(1) これについては以下を参照．H. Marcuse, *Hegels Ontologie und die Grundlegung einer Theorie der Geschichtlichkeit*〔『ヘーゲル存在論と歴史性の理論』〕, Frankfurt a. M. 1932. またヘーゲルによる哲学と歴史の同一化については，なによりも以下を参照．*Philos. d. Geschichte*〔『歴史哲学』〕, ed. Hoffmeister, 1938, S

34 f.

(2) *Schriften zur Politik und Rechtsphilosophie*〔『政治および法哲学にかんする論集』(『政治論文集』)〕, ed. Lasson, Leipzig 1913, S. 74.

(3) Ebenda, S. 409.

(4) Hegel IX, 97 und 102.

(5) Ebenda, S. 234.

(6) Ebenda, S. 290.

(7) Ebenda, S. 248 und 263.

(8) *Die germanische Welt*〔『ゲルマン的世界』〕, ed. Lasson, Leipzig 1920, S. 762 f.

(9) Hegel IX, 331.

(10) Ebenda, S. 332, 346.

(11) Ebenda, S. 418.

(12) L. Michelet, *Entwicklungsgeschichte der neuesten deutschen Philosophie...*〔『最近のドイツ哲学発展史』〕, Berlin 1843, S. 304 f. 参照.「(ヘーゲルにおける)歴史の目標は，キリスト教の実現にある」.

(13) Hegel IX, 342.

(14) Hegel X/2, 2. Aufl., S. 231 f.; X/3, 579 f. これについては以下も参照のこと．B. Croce, *Ultimi Saggi*〔『最後の論集』〕, Bari 1935, S. 147 ff.

(15) 同書，S. 232. Goethe, *Gespräche* I, 409 参照.

(16) Hegel X/1, 2. Aufl., S. 132. X/2, 230. これについては以下も参照のこと．B. Bauer, *Hegels Lehre von der Religion und Kunst*〔『宗教と芸術についてのヘーゲルの理論』〕, a. a. O., S. 222 ff. 所収の Die Auflösung der Religion in der Kunst〔「芸術における宗教の解体」〕.

(17) Hegel X/2, 236.

（18） Hegel X/1, 13 ff., 132. *Phänomenologie*, ed. Lasson, Leipzig 1907, S. 483 f. 参照.
（19） Hegel X/2, 233 ff.
（20） Hegel X/2, 235, 239 f. Goethe, *Gespräche* II, 51, III, 106, 493 も参照.
（21） *Vorlesungen über die Philosophie der Religion*〔『宗教哲学講義』〕, ed. Lasson, Leipzig 1929, III, 229 ff. このペシミスティックな最後の発言の日付は，1821年8月25日になっている．時代が終わったと見る同じような意識がはっきりと述べられている，イクスキュルへの手紙とおよそ同じ時期ということになる（Rosenkranz, *Hegels Leben*〔『ヘーゲル伝』〕, S. 304）.
（22） Hegel X/1, 129 ff. Marx, a. a. O., III. 165 も参照.
（23） Hegel X/1, 134.
（24） Hegel XV, 253 ff.（neue Ausg. 1938, S. 251 f.）.
（25） Hegel XV, 294.
（26） Hegel XV, 690. F. Rosenzweig, a. a. O., I. Teil, S. 9 ff. も参照.
（27） Hegel XV, 34, 95 f.
（28） Hegel, *Br.* II, 52.
（29） Feuerbach, *Grundsätze*, § 29 および L. Michelet, *Hegel, der unwiderlegte Weltphilosoph*〔『ヘーゲル，反論されない世界哲学者』〕, Leipzig 1870, S. 2 参照.
（30） Hegel XIII, 67.
（31） Hegel XIII, 66 ff.〔強調は著者による〕.
（32） Hegel XV, 689. X/1, 124 も参照.
（33） *Äneis*〔『アエネイス』〕, I, 33.
（34） *Vorlesungen über die Philosophie der Weltgeschichte*〔『世界史の哲学講義』〕, ed. Lasson, S. 200 und 779. A. Ruge, *Aus früherer Zeit*〔『昔の日々』〕, IV, 72 および 84 も参照．すでにフィヒテは自らのアメリカ移住の可能性を考えている（1807年5月28

日の妻宛の手紙).

(35) Rosenkranz, *Hegels Leben*, Berlin 1844, S. 304 f. また, Prutz, *Historisches Taschenbuch*〔『歴史文庫』〕, 1843, D. Tschizewskij, *Hegel bei den Slaven*〔『スラブにおけるヘーゲル』〕, a. a. O., S. 148 も参照.

(36) Napoleon, *Mémorial de Saint-Hélène*〔『セントヘレナでの思い出』〕, 1816年11月6日の記述, A. de Tocqueville, *Demokratie in Amerika*〔『アメリカのデモクラシー』〕, 第1巻の終結部, Heine, *Lutezia* IX 参照.

(37) Die Darstellungen von A. Ruge, *Aus früherer Zeit*〔『昔の日々』〕, IV, 431 ff. および von K. Fischer, *Geschichte der neuern Philosophie*〔『近代哲学史』〕, VII, 200; Dilthey, *Ges. Schr.* IV, 256 参照.

(38) Hegel XIII, 70 および 118. XIV, 276 f. も参照.「私は日ごとにその確信を強めているのですが, 理論的な仕事は, 実際的な仕事よりも多くを世界に実現させます. ひとたび想念の世界に革命が起きるなら, 現実はそれに耐えて行くことはできません」(Hegel, *Br.* I, 194).

(39) ブルーノ・バウアーはヘーゲルのこの箇所を, 明白に進歩的＝革命的な意味で, 現在の事態の批判として解釈している(*Die Posaune des jüngsten Gerichts...*, a. a. O., S. 79 f. これよりもっと穏やかな表現でだがL・ミシュレも, チェシュコフスキーの本についての書評で, 歴史的実践の将来のあり方を, ヘーゲルの諸原則から演繹している(W. Kühne, *Cieszkowski*, a. a. O., S. 64).

(40) これに関してはヘーゲルのベルリン大学教授就任演説を参照. *Enc.*, ed. Lasson, S. LXXII.「プロイセンおよびドイツで哲学が持っていた歴史的＝国家中心的関係」についてはローゼンクランツから興味深い知見が得られる. Rosenkranz, *Neue Studien*〔『新論文集』〕II, Leipzig 1875, S. 186 ff.

（41） Hegel VIII$^2$, 7 ff.; XIV, 274 ff.

（42） Hegel, *Logik*, ed. Lasson, II, 156; *Enc.* § 6.

（43） Hegel VIII$^2$, 20.

（44） ヘーゲルへの反論は Marx I/1, 612 f. 参照.

（45） Hegel VIII$^2$, 18 f.

（46） Hegel VIII$^2$, 17 および XI, 200 f. *Enc.* § 6; § 24, Zus. 2: § 213, Zus.; § 445, Zus.

（47） Hegel, *Enc.* § 552; IX, 440.

（48） Hegel XI, 5 および 15; *Die Vernunft in der Geschichte*〔『歴史における理性』〕, a. a. O., S. 18 f.

（49） Hegel, *Br.* II, 377.

（50） Rosenkranz, *Hegels Leben*, a. a. O., S. 543. ヘーゲルの *Geschichte der Philosophie*, 1938, S. 220 f. も参照.

（51） Hegel XII, 228 ff.; *Phänomenologie*, a. a. O., S. 529.

（52） Hegel XII, 209, 228, 235; *Enc.* § 482. また，Michelet, *Entwicklungsgeschichte der neuesten deutschen Philosophie...*, a. a. O., S. 304 も参照．ヘーゲルにおいて精神のすべての圏域は，「ひとえに，神が永遠に人間となり，なったさまざまな様態なのである」.

（53） Hegel XII, 238 ff. それへの反論は Kierkegaard IX, 73 ff. 参照.

（54） Hegel XII, 244. これについては「神の国」と題したキルケゴールの揶揄に富んだ短編小説（XII, 98）を参照のこと.

（55） Hegel, *Br.* I, 13 および 18.

（56） *Rechtsphilosophie* § 270; *Enc.* § 552.

（57） Rosenkranz, *Hegels Leben*, a. a. O., S. 557.

（58） ここでのヘーゲルの議論は，ヤコービとシュライエルマッハーに向けられているが，中味として考えれば，キルケゴールにもあてはまる．キルケゴールは，シュライエルマッハーの「心情」を自己の「情熱」にまで濃密化し，理性に対立させて考えた．キリスト教についてのキルケゴールの論争的概念については，特に

XII, 29 および 47 ff. を参照.

(59) Hegel, *Rechtsphilosophie* § 270.

(60) Hegel, *Enc.* § 552. 宗教的良心という言葉でヘーゲルが考えていたのは，プロテスタント的良心のことである．彼は，このプロテスタント的良心を，倫理的良心および宗教的良心が統一されたものと捉えていた.

(61) Über Philosophie und Christentum, in Beziehung auf den der Hegelschen Philosophie gemachten Vorwurf der Unchristlichkeit〔「哲学とキリスト教，ヘーゲル哲学に対してなされた非キリスト教的との非難との関連で」〕(1839), I, 42 ff.

(62) Ebenda, II, 179 ff.

(63) Ruge, *Br.* I, 269.

(64) *Tagebücher*, ed. Ulrich, a. a. O., S. 128 ff. 264 および 463 f. も参照.

(65)「神は自己に対峙する自由な存在を創造することができた．これこそ，哲学には担うことのできない十字架である．哲学はこの十字架を担うことはできず，その十字架にかけられたままなのである」．これは，カントからヘーゲルにいたる自由の哲学についてのキルケゴールの断定である（*Tagebücher*, ed. Ulrich, a. a. O., S. 338）.

## 第２章

(1) *Streitschriften zur Verteidigung meiner Schrift über das Leben Jesu*〔『拙著イエス伝を擁護する論争の書』〕, 3. Heft, 1837; Th. Ziegler, *D. F. Strauß*, Straßburg 1908, S. 250 参照.

(2) *Geschichte der letzten Systeme der Philosophie in Deutschland*〔『ドイツにおける最近の哲学諸体系の歴史』〕, 2. Teil, Berlin 1838, S. 654 ff. および Hegel, *der unwiderlegte Weltphilosoph*〔『ヘーゲル，反論されない世界哲学者』〕, Leipzig 1870, S. 50 ff.; Rosenkranz,

*Hegel als deutscher Nationalphilosoph*〔『ドイツの国民哲学者としてのヘーゲル』〕, Leipzig 1870, S. 311 f.; J. E. Erdmann, *Grundriß der Geschichte der Philosophie*〔『哲学史要綱』〕, Berlin 1870, § 329, 10; § 336, 2; § 337, 3 参照.

(3) バウアーは最初は，ヘーゲルの法哲学の正統派的な解釈の立場に立っていた．彼が急進左派系の宗教批判へと立場を替えたかどうかは，この点についてのM・ケーゲルがエルランゲン大学に提出した博士論文(ライプツィヒ，1900年)の主張にかかわらず，いまだ十分に解明されたとは言えない．

(4) W・キューネ(W. Kühne)のチェシュコフスキーに関するモノグラフィーにおけるまとめ，a. a. O., S. 84 ff. 参照.

(5) この論争の最初のきっかけとなったのは，フォイエルバッハの『死と不死についての考察 Gedanken über Tod und Unsterblichkeit』(1830年)である．シュトラウスの論文以外にも1840年までに以下の論考が出されている．F. Richter, *Die Lehre von den letzten Dingen*〔『究極の問題についての教え』〕(1833/4)，*Die neue Unsterblichkeitslehre*〔『不死についての最近の教え』〕(1833)(ここでは，フォイエルバッハの先の著作が，直接にヘーゲルから導き出されたものとして論じられている), J. E. Erdmann, *Vorlesungen über Glauben und Wissen als Einleitung in die Dogmatik und Religionsphilosophie*〔『信仰と知に関する講義，ドグマおよび宗教哲学入門』〕(1837)，K. F. Goeschel, *Von den Beweisen für die Unsterblichkeit*〔『不死の証明について』〕(1835), *Beiträge zur spekulativen Philosophie von Gott und den Menschen und von dem Gottmenschen*〔『神，人間および神人に関する思弁哲学論集』〕(1838)，J. Schaller, *Der historische Christus und die Philosophie*〔『歴史上のキリストと哲学』〕(1838)，K. Conradi, *Christus in der Gegenwart, Vergangenheit und Zukunft*〔『現代，過去および未来におけるキリスト』〕(1839), L. Michelet, *Vorlesungen*

*über die Persönlichkeit Gottes und die Unsterblichkeit der Seele* 〔『神の人格および霊魂の不滅に関する哲学講義』〕(1840)およびチェシュコフスキーの *Gott und Palingenesie*〔『神および輪廻再生』〕(1842)第1部．また，J. E. Erdmann, a. a. O., § 335 および Rosenkranz, *Neue Studien*〔『新論文集』〕II, 454 も参照．

(6) 例えば，Krugs, 3. *Beitrag zur Geschichte der Philosophie des 19. Jahrhunderts*〔『19世紀哲学史に関する第三論稿』〕, *Der Hallische Löwe und die marzialischen Philosophen unserer Zeit*〔『ハレのライオンおよびわれわれの時代の好戦的哲学者たち』〕, 1838, S. 5 (「ハレのライオン Der Hallische Löwe」とは「ヘーゲル屋」を批判したレオ〔Leo＝ライオン〕の文書のこと)．さらにアイゼンハルト(Eisenhart)の論争の書である *St. Georg, Ein Versuch zur Begründung des Neuhegelianismus*〔『聖ジョージ，新ヘーゲル主義建設の試論』〕(1838)．

(7) Rosenkranz, *Hegels Leben*; *Hegel als deutscher Nationalphilosoph*〔『ドイツの国民哲学者としてのヘーゲル』〕, Leipzig 1870. 以下の文献も参照のこと．*Neue Studien* IV (Zur Geschichte der neueren deutschen Philosophie, besonders der Hegelschen〔「最近のドイツの哲学，特にヘーゲル哲学の歴史」〕), Leipzig 1878; *Neue Studien* I und II, Leipzig 1875; *Aus einem Tagebuch von 1833 bis 1846*, Leipzig 1854; *Politische Briefe und Aufsätze*〔『政治的書簡および政治論集』〕, *1848 bis 1856*, herausgegeben von P. Herre, Leipzig 1919.

(8) チェシュコフスキーの『歴史哲学へのプロレゴメーナ』には「行動の哲学」という章がある．Cieszkowskis, *Prolegomena zur Historiosophie*, 1838. これについてはW・キューネのモノグラフィー，a. a. O., S. 25 ff. 参照．

(9) *Neue Studien* II, a. a. O., S. 460 ff. また，K. Fischer, Feuerbach und die Philosophie unserer Zeit〔『フォイエルバッハとわれわ

れの時代の哲学』，ルーゲ編の哲学日記である『アカデミー *Die Akademie*』に掲載された〕, a. a. O., S. 128 ff. 参照.

(10) *Hegels Leben*, a. a. O., S. XIX f.

(11) 同じ反論をマルクスはシュティルナーに対して行っている．マルクスに言わせればシュティルナーは，いっさいの規定された特殊性をただ例として挙げるのみである．それによって構築された抽象的な骸骨に，内容があるかのような見せかけを与えているだけなのだ．その点では「ヘーゲルの論理学でも，〈対自存在〉を説明するのに，例として原子を持ちだそうが，人物を使おうが，どちらでもかまわないのとおなじだ」(V, 261 f.).

(12) この課題を果たすことが，シュヴェーグラーの編集になる『現代年報 *Jahrbücher der Gegenwart*』(1843年から1848年)であった．執筆者として特に取り上げるべきは，E・ツェラー，F・Th.・フィッシャーである．またL・ノアクが編集していた『思弁哲学および経験科学の哲学的探求年報 *Jahrbücher für spekulative Philosophie und die philosophische Bearbeitung der empirischen Wissenschaften*』(1846年から1848年，のちに『学問と人生年報』)もそのひとつである．この雑誌には，ミシュレが1843年に創設した哲学協会の仕事が掲載された．この二冊の年報は，1827年にヘーゲルとガンスが創刊した『学問批判年報』にとって代わった.

(13) Rosenkranz, *Aus einem Tagebuch*, a. a. O., S. 116. また Marx III, 153 ff., Kierkegaard VII, 46, Feuerbach X², 142 も参照.

(14) Rosenkranz, *Aus einem Tagebuch*, a. a. O., S. 140 f. 同じく本書には，ルーゲ，フォイエルバッハ，バウアー，シュティルナーの巧みな性格描写がある．S. 109 および 124, 140, 110 f. および 113, 112, 116 および 132. 彼らは皆，真のソフィストで，「安っぽいことを天才的に見える表現で言う」術を，そしておたがいにその術で相手の上を行くことを心得ている(S. 133 und 141).

(15) *Neue Studien* II, a. a. O., S. 124 ff.「1831 年から 1845 年にかけてのドイツにおける形而上学」と題した論文参照.

(16) *Hegel als deutscher Nationalphilosoph*, a. a. O., S. 317. 同じ時期に出たミシュレの記念文集(*Hegel, der unwiderlegte Weltphilosoph*, a. a. O.)も参照.

(17) Rosenkranz, a. a. O., S. 316 f.

(18) *Neue Studien* II, a. a. O., S. 568.

(19) *Neue Studien* I, a. a. O., S. 548. このローゼンクランツの論文と「雨の日曜日に午後の礼拝に行かねばならない」ような気分だという，ブルクハルトの言葉を比較してみるといい(1872 年 10 月 3 日のプレーン(Preen)宛の手紙).

(20) *Neue Studien* I, a. a. O., S. 413.

(21) Ebenda, S. 464 f.

(22) R. Haym, *Hegel und seine Zeit*〔『ヘーゲルとその時代』〕, Berlin 1857. これに関するローゼンクランツの批判は，*Neue Studien* IV, 375 ff. 参照．これについてはハイムの以下の著作とそれに対するフォイエルバッハの反論も参照．R. Haym, *Feuerbach und die Philosophie*〔『フォイエルバッハと哲学』〕, Halle 1847, L. Feuerbach, *Br.* I, 423 ff.

(23) これについては以下を参照．Rosenkranz, *Kritische Erläuterungen des Hegelschen Systems*〔『ヘーゲル哲学の批判的討究』〕, 1840, *Die Modifikationen der Logik*〔『論理学の変形』〕, 1846, *System der Wissenschaft*〔『学の体系』〕, 1850, *Meine Reform der Hegelschen Philosophie*〔『私なりのヘーゲル哲学の改革』〕, 1852. Die Modifikationen der Logik との関連では，ラサールの批判を参照．Lassalle, *Die Hegelsche und Rosenkranzsche Logik*〔『ヘーゲルとローゼンクランツの論理学』〕, 1859; 2. Aufl., Leipzig 1928.

(24) *Hegel und seine Zeit*, a. a. O., S. 4 ff.

(25) Haym, a. a. O., S. 7 und 444 ff.

(26) Dilthey, *Ges. Schr.* XI, 224 ff. 参照.

(27) F. Meinecke, *Die Entstehung des Historismus*〔『歴史主義の成立』〕, München 1936, Bd. 1, S. 5 参照.

(28) これに関してはクーノー・フィッシャーの進化論的なテーゼも参照のこと．また，D・シュタンベルガー(D. Sternberger)の *Panorama oder Ansichten vom 19. Jahrhundert*〔『19 世紀におけるパノラマもしくは風景』〕中の「魔術的単語としての〈発展〉」を論じた第4章を参照のこと．

(29) *Versuch einer wissenschaftlichen Darstellung der Geschichte der neueren Philosophie*〔『最近の哲学の歴史の学問的記述の試み』〕, III, 3, S. 557.

(30) 以下については第2節 b(210 ページ以降)のヘーゲルの思弁をフィヒテの活力によってあらたに覚醒させるとするルーゲの意図を参照.

(31) フォイエルバッハについてのフィッシャーの論稿，a. a. O., ならびにルーゲのフィッシャー宛の手紙も参照.

(32) O. Wigand, *Epigonen* (1848) V, 277 ff. およびシュティルナーの反論は『小論集』, a. a. O., S. 401 ff.

(33) Dilthey, *Ges. Schr.* IV, 403 ff. 参照.

(34) E・ツェラーは，ドイツ哲学の歴史を扱った本で，ヘーゲルによる歴史の構築に対する批判に抗して次のように述べている．「今日のわれわれの歴史記述は，伝統を学識豊かに描くだけでもないし，批判的に文献校訂をするだけでもない．あるいは，事実を並べたり，実用的観点から説明したりするだけでもない．そうではなく，事件の包括的な連関を描くこと，歴史的発展とその発展を貫く大きな次元での精神的諸力を概念的に把握することをなによりもめざしている．これはこの学問の進歩であるが，この進歩はヘーゲルの精神の歴史が，ヘーゲル学派にいちども属したことのない人々にも及ぼした影響によるところが少なくないのだ」.

(35) ハイデルベルク大学就任講演.

(36) E. Grisebachs, Interpretation oder Destruktion〔「解釈あるいは破壊」〕, *Deutsche Vierteljahrsschr. für Literaturwiss. und Geistesgesch.*〔『文芸学及び精神史に関するドイツ四季年報』〕, 1930, H. 2, S. 199 ff. 参照.

(37) *Geschichte des Materialismus*〔『唯物論の歴史』〕, 3. Aufl. 1877, Bd. II, 72 ff.

(38) K. Rosenkranz, *Hegel als deutscher Nationalphilosoph*, a. a. O., S. 312.

(39) これについては W. Kühne, *Cieszkowski*, a. a. O., S. 349 参照. 後のヘーゲル主義がどんなものであるかのイメージは，ミシュレが編集していた雑誌『思考 *Der Gedanke*』(1860-1884)で得られる.

(40) L. Michelet, *Entwicklungsgeschichte der neuesten deutschen Philosophie, mit besonderer Rücksicht auf den gegenwärtigen Kampf Schellings mit der Hegelschen Schule*〔『最新のドイツ哲学の発展史，ヘーゲル学派に対するシェリングの闘争に特に着目して』〕, Berlin 1843, S. 246 および 304. これに関連してノアクの年報(*Jahrbücher*)に発表された「歴史的発展と絶対者の関係」についての議論も参照のこと．ノアクの年報，Jahrgang 1846, S. 99 ff. および Jahrgang 1847, S. 150 ff. および 223 ff.

(41) ノアクの年報，1846, H. 2, S. 90 ff. 前掲のノアクの年報に掲載の »Über das Verhältnis der Stände«〔「諸身分の関係について」〕, 1847, H. 1, S. 113 ff. 参照．またチェシュコフスキーの社会哲学的著作についてのミシュレ自身の書評も参照．これは，W・キューネのモノグラフィーにまとめて紹介されている(同書 S. 179 ff.).

(42) *Entwicklungsgeschichte der neuesten deutschen Philosophie*..., a. a. O., S. 315 ff. および 397 ff.

(43) *Geschichte der letzten Systeme der Philosophie*..., II, 800 f.

(44) *Entwicklungsgeschichte der neuesten deutschen Philosophie*...,

a. a. O., S. 398.

(45) 本書上巻220ページ以降参照.

(46) Goethe, *Maximen und Reflexionen*, a. a. O., Nr. 899.

(47) *Schriften zur Politik und Rechtsphilosophie*〔『政治論文集』〕, ed. Lasson, Leipzig 1913, S. 483 ff.; *Enc.* § 396, Zus.; *Phänomenologie*, ed. Lasson, Leipzig 1907, S. 310.

(48) 青年ヘーゲル派の人々をおもしろおかしく形容したそれなりに示唆に富むものとしては，ハイデルベルクの哲学教授フォン・ライヒリン・メルデッグがフォイエルバッハに宛てたポレミカルな回覧文書がある. *Die Autolatrie oder Selbstanbetung, ein Geheimnis der junghegelschen Philosophie*〔『自画自賛もしくは自己崇拝，青年ヘーゲル派の哲学の秘密』〕, Pforzheim 1843.

(49) K. Hecker, *Mensch und Masse*, a. a. O., S. 80 ff. 参照.

(50) ドイツにおける物書きの社会史については，以下を参照. W. H. Riehl, *Die bürgerliche Gesellschaft*〔『市民社会』〕(1851), 2. Buch, Kap. 3 (8. Aufl., S. 329 ff.), A. v. Tocqueville, *Das alte Staatswesen und die Revolution*〔『旧体制と大革命』〕, Leipzig 1857, 3. Buch, Kap. 1, G. Sorel, *Les illusions du progrès*〔『進歩の幻想』〕, Paris 1927, S. 83 ff., 107, 179.

(51) フォイエルバッハの論文は，Der Schriftsteller und der Mensch〔「著述家と人間」〕(1834), III[3], 149 ff.

(52) *Rechtsphilosophie* § 6, Zus.; § 7, Zus.; § 207, Zus.; *Philosophische Propädeutik* § 44 f., *Schr. zur Politik u. Rechtsphilos.*, a. a. O., 475.

(53) Hegel XV, 275 ff.

(54) F. Engels, *Feuerbach*, a. a. O., S. 5.

(55) M. Heß, a. a. O., S. 9 および A. Herzen, *Erinnerungen*〔『回想録』〕, Berlin 1907, Bd. I, 272 参照.

(56) Michelet, *Entwicklungsgeschichte der neuesten deutschen*

*Philosophie...*, a. a. O., S. 315 ff. und 397 ff. 参照.

(57) K. Fischer, *Feuerbach und die Philosophie unserer Zeit*, a. a. O., S. 148 ff. 参照．フィッシャーに言わせれば，「この世界の外に存在する神を，論理学のうちに埋葬するか，それとも人間学のうちに埋葬するかが問題なのである」．

(58) この部分の叙述に関しては以下も参照のこと．F. Lombardi, *L. Feuerbach*, Florenz 1935. 本書ではイタリアのヘーゲル主義者（スパヴェンタ，トマシ，ラブリオラ，デ・サンクティス）との歴史的平行関係も論じられている．

(59) Lombardi, a. a. O., S. 37 ff. 参照.

(60) Feuerbach, *Br.* I, 215. 同じような批判はシェリングもヘーゲルにぶつけている．ヘーゲルの概念は，感覚的表象を侮辱している，なぜなら，表象の領域に感性を取り込むことをヘーゲルはしていないからである，と(I. Abt., Bd. X, 162)．

(61) Feuerbach II, 413.

(62) フォイエルバッハの時代意識を知るには，1830 年の『死と不死についての考察』の序文の次の文章を参照のこと．「世界史の精神が語る言語を理解する者ならば，われわれのこの現代が，人類の歴史における大きな時期の終結の隅石であり，またそれとともに，新しい生の始まりでもあるという認識を見失うことはないだろう」．

(63) Feuerbach, *Br.* I, 214 ff.

(64) Hegel II, 18 ff.

(65) Hegel XVI, 33 ff.

(66) Ebenda, S. 50 ff.

(67) *Studien*, V. Teil, 3. Folge, S. 326, Feuerbach, *Br.* I, 238 および 241 参照．ローゼンクランツは彼の二つ目のヘーゲル伝で(S. 313)，「ヘーゲルの『精神現象学』の最初の三分の一以上読めなかった人々，あるいは，『論理学』の第 1 巻以上に進めなかった

人々全員に」，フォイエルバッハのヘーゲル批判は「大変な喜びをもたらした」と書いている．

(68) Feuerbach, *Br.* I, 390.

(69) Feuerbach, *Br.* I, 388 f.

(70) Feuerbach I, 256, *Br.* II, 120. また，ローゼンクランツの批判 *Studien* V. Teil, 3. Folge, S. 325 ff., Hegel, der Fakultätsphilosoph und Feuerbach, der Menschheitsphilosoph〔「ヘーゲル，学部の哲学者，フォイエルバッハ，人類の哲学者」〕(1842), さらには，「純粋な即自存在」とヘーゲルを形容したD・F・シュトラウスも参照. D. F. Strauß, *Ausgewählte Briefe*〔『書簡選集』〕, herausg. von E. Zeller, Bonn 1895, S. 8.

(71) Feuerbach, *Br.* I, 407, 宗教及び哲学の根としての「欲求」については，I, 207 ff. 参照.

(72) K. Hecker, *Mensch und Masse*, a. a. O., S. 29 ff. および 77 ff. 参照.

(73) Feuerbach, *Br.* I, 349.

(74) Feuerbach, *Br.* I, 365.

(75) フォイエルバッハのヘーゲル批判は以下の箇所にある. *Hegels Geschichte der Philosophie*〔「ヘーゲルの歴史哲学」〕(II, 1 ff.); *Kritik der Hegelschen Philosophie*〔「ヘーゲル哲学批判」〕(II, 185 ff.); *Über den Anfang der Philosophie*〔「哲学の起源」〕(II, 233 ff.); *Vorläufige Thesen zur Reform der Philosophie*〔「哲学改革のための暫定的命題」〕(II, 244 ff.), *Grundsätze der Philosophie der Zukunft*〔『将来の哲学の根本命題』〕(II, 269 ff.); *Der Spiritualismus der sog. Identitätsphilosophie oder Kritik der Hegelschen Psychologie*〔『いわゆる同一哲学の精神主義，もしくはヘーゲル心理学の批判』〕($X^2$, 136 ff.); *Kritik des Idealismus*〔『観念論の批判』〕($X^2$, 164 ff.); Br. I, 387 ff.

(76) Kierkegaard VII, 30 ff. と比較参照.

(77) Feuerbach II, 262; Grundsatz 21, *Br.* I, 407 f. 参照.

(78) Feuerbach II, 264 ff.; Grundsatz 54.

(79) *Die Akademie*, a. a. O., S. 158 f.

(80) Grundsatz 24 ff.; *Br.* I, 95 ff. 参照.

(81) Feuerbach $X^2$, 136 ff. フォイエルバッハの感覚主義への批判として以下を参照. J. Schaller, *Darstellung und Kritik der Philosophie Feuerbachs*〔『フォイエルバッハ哲学の紹介と批判』〕, Leipzig 1847, S. 28 ff.

(82) Feuerbach $X^2$, 164 ff.; Grundsatz 41, 59, 61 ff.; これについては次の拙著参照. Löwith, Karl, *Das Individuum in der Rolle des Mitmenschen*〔『共同存在の現象学』〕, Tübingen 1928, S. 5 ff.

(83) Feuerbach, *Br.* I, 409.

(84) *Angriff auf die Christenheit*, a. a. O., S. 457.

(85) Feuerbach, *Br.* I. 410. エンゲルスの次の文章も参照.「国家および宗教の本質は, 人類の自分自身に対する不安である」.

(86) Feuerbach, *Br.* I, 411.

(87) Ruge, *Br.* I, S. XXVIII, *Br.* II, 32, 41 f., 55, 271 f., 285, 290, 350, 404, 410 f., Engels, *Feuerbach*, a. a. O., S. 1 および 1870 年 8 月 15 日のマルクス宛の手紙(III/3, S. 349 f. および 351), Lagarde, *Deutsche Schriften*〔『ドイツ論集』〕, Göttingen 1892, S. 82, P. Wentzke, 1848, *Die unvollendete deutsche Revolution*〔『未完成のドイツ革命』〕, München 1938 参照.

(88) Feuerbach, *Br.* II, 59.

(89) Feuerbach, *Br.* 215 ff.

(90) Ruge, *Br.* I, 216; *Br.* II, 165.

(91) Ruge, *Br.* I, 186.

(92) Ruge, *Br.* I, 300.

(93) *Hallische Jahrbücher für deutsche Wissenschaft und Kunst*〔『ドイツの学問と芸術のためのハレ年報』(通称『ハレ年報』)〕,

Jahrgang 1840, S. 1217.

(94) Ebenda, S. 1243.

(95) *Unser System*, a. a. O.

(96) Ruge, *Br.* II, 51 und 68; *Aus früherer Zeit*, IV, a. a. O., S. 126.

(97) *Hallische Jahrbücher*, a. a. O., Jhg. 1841, Vorwort, S. 2.

(98) Hegel X/2, 2. Aufl., S. 229; XIV, 275 (neue Ausg. 1938, S. 39 f., 72, 125, 148 f.)参照.

(99) Hegel XV, 535 および 685. K. Korsch, *Marxismus und Philosophie*〔『マルクス主義と哲学』〕, 2. Aufl. Leipzig 1930, S. 60 ff. も参照.

(100) *Aus früherer Zeit*, IV, 12 und 16.

(101) Hegel XV, 686.

(102) *Aus früherer Zeit*, IV, 599.

(103) これについては Ruge, *Aus früherer Zeit*, IV, 443 ff.; Rosenkranz, *Hegel als deutscher Nationalphilosoph*, a. a. O., S. 315; *Aus einem Tagebuch*〔『ある日記から』〕, a. a. O., S. 109 ff.; J. E. Erdmann, *Grundriß...*, II, § 340; *Reichls philosophischer Almanach*〔『ライヒルの哲学年鑑』〕, Darmstadt 1924, S. 370 ff. 参照.

(104) *Aus einem Tagebuch*, a. a. O., S. 109 さらに Ruge, *Br.* I, 271 f. 参照.

(105) ここでルーゲの念頭にあるのは，イギリスの「憲法改革案批判」である.

(106) *Hallische Jahrbücher*, a. a. O., Jhg. 1840, S. 1209 ff.

(107) *Rechtsphilosophie*, § 257 und § 265, Zus.

(108) 序章の注(30)を参照．ルーゲがフィヒテに遡ったことについては，以下を参照．W. Kühne, *Cieszkowski*, a. a. O., S. 41. フィヒテに対するキルケゴールの関係については，以下の本が教えてくれる．E. Hirsch, *Kierkegaardstudien*〔『キルケゴール研究』〕II, 471 ff. フィヒテに対するフォイエルバッハの関係については，R

Haym, a. a. O., S. 23 ff.

(109) ヘーゲルの *Rechtsphilosophie*, § 316 から § 318 参照. ――公共の見解(世論)の評価に関してのヘーゲルからルーゲへの変化をローゼンクランツのある論文が扱っている. Rosenkranz, *Studien* II. Teil, Leipzig 1844, S. 222 ff.――世論の主体は「国民の精神」もしくは「自由な国民」であると言われている.

(110) これについては「精神」と「大衆」についてのマルクスの発言を参照. また, Marx III, 249 ff. および Gutzkow, *Die geistige Bewegung*〔『精神運動』〕, 1852 も参照. 軍隊も選挙民もおなじように服することになる時代精神の真の運動とはいまやまさに, 大衆精神の鍛錬である, とそこでは言われている.「服従の精神」こそは今や世界史的な重みを持ち始めたようだ.

(111) *Hallische Jahrbücher*, a. a. O., Jhg. 1842, S. 755 ff. (以下に掲載されている. *Aus früherer Zeit*, IV, 549 ff.).

(112) *Aus früherer Zeit*, IV, 571 ff. Feuerbach, Grundsatz 28 も参照.

(113) *Aus früherer Zeit*, IV, 575. Hegel, IX, 439 および XV, 552 f., Marx I/1, 608 ff. をも参照.

(114) 反対しているのはローゼンクランツである. *Hegel als deutscher Nationalphilosoph*, a. a. O., S. 148 ff. 参照. ここでは, 逆に, 当時のドイツの状況に鑑みて, ヘーゲル『法哲学』のまさに進歩的性格なるものが, 証示されている.

(115) *Rechtsphilosophie*, § 4 から § 7.

(116) *Aus früherer Zeit*, IV, 581 f.

(117) Ebenda, 550 ff.

(118) Ebenda, 559 ff.; Dilthey, *Ges. Schr.* IV, 285 ff. 参照.

(119) マルクスの批判は, Marx V. 175 ff. 参照.

(120) ヘーゲルのハイデルベルク大学とベルリン大学の就任講演参照.

(121) *Deutsche Jahrbücher für Wissenschaft und Kunst*, V. Jhg.

1843, S. 6.

(122) *Aus früherer Zeit*, IV, 570.

(123) *Die Akademie*, a. a. O., S. 125.

(124) »Kritik und Partei«〔「批判と政党」〕についての論文は, *Deutsche Jahrbücher*, V. Jhg. 1842, S. 1177 ff. 参照.

(125) Ruge, *Br.* I, 343 f., 367, 380.〔343ページ「それにマルクスは, 独特の人物で, 学者と著述家に向いていますが, ジャーナリズムには完全にだめです. たくさんの本を読み, 猛烈に勉強し, 批判的な才能を持ってもいます. この才能は, 時として傲慢へと堕落しがちな弁証法となります. でも彼はなにも終わりまでしません. どれもこれも途中で投げ出し, また新たに無限の本の海に飛び込んで行きます. 彼はその学者的性向からしてまったくドイツの世界に属していて, いかなる革命的思考からしても, ドイツ的世界から抜けていません. 彼には長いこと相当な関心を持っていましたが, まさにこの点こそが彼との別れの理由だという不快な認識に至りました」(フォイエルバッハ宛, 1844年5月15日). 367ページ「マルクスはまったく卑劣な男で, 破廉恥なユダヤ人です. フライシャーに, この私も同じように卑劣であると思わせるためにどんなことでもするのです」(母宛, 1844年10月6日). 380ページ「彼は私を本屋の店員とか〈ブルジョア〉とか言って, 追及しています」(1844年12月6日, フレーベル宛)〕. Feuerbach, *Br.* I, 358, 362をも参照.

(126) Marx I/1, 13.

(127) Marx I/1, 132.

(128) Marx I/1, 132 f. Hegel, XII, 224をも参照.

(129) マルクスと同時にインマーマンも危機のイメージに薄明を使っている.「まだ薄暗がりで, 認識のさまざまな形態がまじりあっている. 日の出の光にあたれば, こうしたさまざまな形態もそれぞれの場で, はっきりした姿となって切り離されてくることだ

ろう」(『回想録，二十五年前の青春――教訓と文学』)．ところが，すでに1815年の時点で，アイヒェンドルフの『予感と現存』において，時代は，不確かな薄明のイメージで以下のように描き出されている．「わたしたちの時代は，はるかな，そしてよく見えない薄明と似ているように見えます．光と影が，どちらが勝つともわからないままに，激烈な大きさで激しく戦いあっているのです．その間には黒雲が，不吉な運命を宿しているかのように流れています．はたしてこれは，死をもたらす雲なのか，祝福をもたらす雲なのかわかりません．世界は遥か下の方に，沈んだ静かな期待のうちに横たわっています．流れ星や奇蹟のしるしが天に繰り返し現れます．私たちの宵闇をまたしても亡霊がうごめき，物語のなかのセイレンが，新たな雷雨が近づいているかのように，また海の面に浮き上がって来て，歌を歌っています．わたしたちの青春には，父たちのように，気楽に苦労なく人生を過ごす楽しみはないでしょう．わたしたちは，人生の厳しい現実に早くからつかまってしまったのです」．

(130) Marx I/1, 63 ff. また，III, 164 も参照．

(131) Marx V, 533(「フォイエルバッハにかんするテーゼ」の第1番)．

(132) Marx V, 31 ff.

(133) フォイエルバッハに対するマルクスの評価については，Marx III, 151 ff. 参照．マルクスとフォイエルバッハの違いは主として，マルクスがフォイエルバッハの立場に立ちながら，客観精神についてのヘーゲルの考えを，フォイエルバッハの人間学に対抗させて主張したところにある．マルクスに言わせれば，彼がフォイエルバッハに対抗したのは，フォイエルバッハが抽象的な人間のみを，つまり，世界から切り離された抽象的な人間のみを哲学の基盤にしたからである．だがまさに政治的かつ経済的な関係としてのこの世界こそ，ヘーゲルの『法哲学』が見えるようにしてくれ

たものである．フォイエルバッハにおいて論争の余地なく確かなのは，彼が絶対精神なるものを，人間に帰着させた功績のみである．だが，フォイエルバッハが人間存在を自然主義的な類的本質として具体的に定義しているその仕方をマルクスは示して，結局のところフォイエルバッハはヘーゲルを「隅に押しやった」だけで，「批判的に克服したのではない」としたのである．フォイエルバッハが作り上げた人間なるものの現実は，最終的にはブルジョアの私人の生活を映し出しているにすぎない．「わたし」と「あなた」についてのフォイエルバッハの理論は，マルクスから見れば，実生活におけるブルジョア的私人と同じに，個々人の私的関係に依拠しているだけで，その際に，見かけ上「純粋に人間的に」見える諸関係のみでなく，感覚的確実性の最も原初的な対象物といえども，われわれが生きている世界における普遍的かつ社会的な，そして経済的な関係によってあらかじめ定められているのだ，ということを見ていない．ヘーゲルは，その哲学的要求によって具体的な分析をだいなしにしてしまったが，マルクスはこのように議論することで，このヘーゲルの具体的分析をフォイエルバッハに対して主張し，他面で，原則的にはフォイエルバッハの人間学的立場に立って，そこからヘーゲルを捉えることができた．マルクスがフォイエルバッハに対してヘーゲルを守ったのは，普遍という決定的な意味を把握しているからである．同時に，彼がヘーゲルを攻撃したのは，歴史の一般的状況を哲学的に神秘化したからである．

(134) K. Korsch, *Marxismus und Philosophie*, a. a. O., S. 102 ff. および『ドイツ・イデオロギー』第1部の，レーヴァルター(E. Lewalter)による解釈の試み．*Archiv für Sozialwiss. und Sozialpol.*, 1930, H. 1, S. 63 ff. 参照．

(135) F. Engels, Vier Briefe über den historischen Materialismus〔「歴史的唯物論に関する4つの書簡」〕, in: Marx-Engels, *Über*

*historischen Materialismus*〔『歴史的唯物論について』〕, herausg. von H. Duncker, Berlin 1930, 2. Teil, S. 138 ff.

(136) 著者の M. Weber und K. Marx〔「ウェーバーとマルクス」〕, *Archiv für Sozialwiss. und Sozialpol.*, 1932, H. 1 und 2, insbesondere S. 207 ff. 参照.

(137) Marx I/1, 10 und 51. 80 f. および 110 ff. をも参照. プルタルコスの「頭脳の神学的傾向」を批判する討論はエピクロスを批判した次の箇所にある. Zur Geschichte des modernen Materialismus〔「近代唯物論の歴史」〕, Marx III, 302 ff. 参照.

(138) Marx I/1, 608.

(139) Marx I/1, 608 f.

(140) Engels, *Der deutsche Bauernkrieg*〔『ドイツ農民戦争』〕, herausg. von H. Duncker, Berlin 1930 参照.

(141) Marx I/1, 612 f.

(142) Hegel XV, 535.

(143) Hegel XV, 553.

(144) Marx I/1, 614.

(145) この点については本書下巻第2部第1章第3節を参照.

(146) Marx V, 7.

(147) Marx V, 7 f.

(148) Marx V, 8.

(149) Marx V, 9 f.

(150) Marx V, 16. 自己自身を前提とするというヘーゲルの概念に対する批判としては, 以下を参照. Marx V, 245 ff.

(151) K. A. Mautz, *Die Philosophie M. Stirners im Gegensatz zum Hegelschen Idealismus*〔『ヘーゲルの観念論に対抗する M・シュティルナーの哲学』〕, Berlin 1936 参照. 驚くべきことにこの本では, シュティルナーのヘーゲル主義についてのマルクスの分析は存在しないものとして扱われている. だが実際には, このマルク

スの分析こそが著者のテーゼを証する唯一の論文なのだが.

(152) Marx V, 109 ff. および 118.

(153) *Der Einzige und sein Eigentum*, a. a. O., S. 111.

(154) *Kleinere Schriften*, a. a. O., S. 369.

(155) シュティルナーのモットーのきっかけとしては,「すべては空《くう》の空の, また空」というゲーテの詩を挙げてもいいかもしれない〔この語は旧約聖書の, 以前は「伝道の書」と訳されていた「コヘレトの言葉」の冒頭にある「コヘレトは言う. なんという空しさ, なんという空しさ, すべては空しい」から来ている. 本書上巻523ページも参照〕. キルケゴールもこの点に気がついた.『日記』(ed. Ulrich, S. 145)のなかで彼はこの詩を「大変興味深い」としている. つまり, きわめて偉大な個性であるゲーテのニヒリスティックな「人生論的帰結」として見ると面白い, というのだ.

(156) Marx V, 243.

(157) バウアーの仕事で知られているのは, 以下の著作群である.

神学的・哲学的著作.

*Zeitschrift für spekulative Theologie*〔『思弁的神学雑誌』〕, Berlin, 5 Hefte, 1836/7.

*Herr Dr. Hengstenberg, Ein Beitrag zur Kritik des religiösen Bewußtseins*〔『宗教意識批判への論考』〕, 1839.

*Die evangelische Landeskirche Preußens und die Wissenschaft*〔『プロイセンの州立教会と学問』〕(無署名), 1840.

*Kritik der evangelischen Geschichte Johannes*〔『ヨハネ福音書の物語の批判』〕, 1840.

*Die Posaune des jüngsten Gerichts über Hegel...*〔『無神論者と反キリストであるヘーゲルへの最後の審判のラッパ――最後通牒』(『ヘーゲルを裁く最後の審判ラッパ』)〕(無署名), 1841.

*Hegels Lehre von der Religion und Kunst...*〔『宗教と芸術についてのヘーゲルの理論』〕(無署名), 1842.

*Die gute Sache der Freiheit und meine eigene Angelegenheit*〔『自由というよいこと，私の関心』〕, 1842.
*Kritik der evangelischen Geschichte der Synoptiker*〔『共観福音史家の福音書への批判』〕, Bd. I-III, 1841/2.
*Das entdeckte Christentum...*〔『キリスト教の発見』〕, 1843.
*Die Apostelgeschichte, eine Ausgleichung des Paulinismus und des Judentums innerhalb der christlichen Kirche*〔『キリスト教会内部のユダヤ精神』〕, 1850.
*Kritik der Paulinischen Briefe*〔『パウロの書簡の批判』〕, Teil I-III, 1851/2.
*Philo, Strauß und Renan und das Urchristentum*〔『フィロ，シュトラウス，ルナンと原始キリスト教』〕, 1874.
*Christus und die Cäsaren, der Ursprung des Christentums aus dem römischen Griechentum*〔『キリスト教とシーザーたち．ローマにおけるギリシア精神に由来するキリスト教の起源』〕, 1877.
*Das Urevangelium und die Gegner der Schrift Christus und die Cäsaren*〔『原始キリスト教と聖書の批判者たちキリストとシーザーたち』〕, 1880.

政治的・歴史的著作

*Die Denkwürdigkeiten zur Geschichte der neueren Zeit seit der Französischen Revolution*〔『フランス革命以降の最近の歴史の重要事態』〕, 1843.
*Die Septembertage 1792 und die ersten Kämpfe der Parteien der Republik*〔『1792年9月の日々．共和国における最初の政党間抗争』〕, 1844.
*Geschichte der Politik, Kultur und Aufklärung des 18. Jahrhunderts*〔『18世紀の政治，文化および啓蒙の歴史』〕, I/II, 1843/5.
*Geschichte der konstitutionellen und revolutionären Bewegungen im südlichen Deutschland in den Jahren 1831-34*〔『1831-34年

の南ドイツにおける憲法運動および革命運動の歴史』〕, Bd. I–III, 1845.

*Geschichte Deutschlands während der Französischen Revolution*〔『フランス革命期におけるドイツの歴史』〕, 1846.

*Vollständige Geschichte der Parteikämpfe in Deutschland während der Jahre 1842–46*〔『1842–46年におけるドイツの政党間抗争の完全な歴史』〕, Bd. I–III, 1847.

*Der Fall und Untergang der neuesten Revolutionen*〔『最近のいくつかの革命の失敗と没落』〕, 1846–50.

*Die bürgerliche Revolution in Deutschland seit dem Anfang der deutsch-katholischen Bewegung bis zur Gegenwart*〔『ドイツ・カトリック運動の初期以来のドイツにおける，現在までの革命運動』〕, 1849.

*Der Untergang des Frankfurter Parlaments*〔『フランクフルト国民議会の没落』〕, 1849.

*Rußland und das Germanentum*〔『ロシアとゲルマン世界』〕, 1853.

*Einfluß des englischen Quäkertums auf die deutsche Kultur und auf das englisch-russische Projekt einer Weltkirche*〔『ドイツ文化および世界教会設立に向けたイギリス＝ロシアの計画に及ぼしたイギリスのクエーカーの影響』〕, 1878.

*Zur Orientierung über die Bismarcksche Ära*〔『ビスマルク時代の理解のために』〕, 1880.

(158) *Rußland und das Germanentum*, S. 1 f.

(159) Ebenda, S. 7 f.

(160) Ebenda, S. 83 f.

(161) Ebenda, S. 44 ff.

(162) Ebenda, S. 45 f.

(163) これに関しては，バウアーの『1842–46年におけるドイツの

政党間抗争の完全な歴史』の第3部の「貧困」と「大学運動」に関する章を参照.

(164) *Rußland und das Germanentum*, S. 47 ff. これに関しては, Verf. Burckhardt, S. 159 ff. および 233 ff. 参照.

(165) Ebenda. S. 76.

(166) Ebenda, S. 77.

(167) この点に関してはキルケゴールが「イロニー」概念に潜む「絶対的な否定性」を積極的〔肯定的〕なものとして解釈していることを参照.

(168) *Rußland und das Germanentum*, S. 121.

(169) 1932年から35年にかけて抵抗出版社から出たE・ニーキッシュおよびO・ペトラの『ポスト・キリスト *Post Christum*』参照.

(170) Kierkegaard XI, 61 f. (=*Angriff auf die Christenheit*, S. 76 f.).

(171) Kierkegaard X, 93 (=*Angriff auf die Christenheit*, S. 473); Kierkegaard VII, 59; *Tagebücher* I, 58 ff. および II, 367; *Kritik der Gegenwart*. また, J. Wahl, *Études Kierkegaardiennes*〔『キルケゴール調』〕, Paris 1938, S. 172 f. およびチェシュコフスキーにおける時代の性格描写, a. a. O., S. 444 も参照.

(172) *Über den Begriff der Ironie*, S. 204 ff.

(173) Kierkegaard VI, 214 f.

(174) Kierkegaard VII, 7, 30 f., 51 ff.

(175) Kierkegaard VII, 51 f.; vgl. 42 f.

(176) Kierkegaard VII, 6. Anm.

(177) *Tagebücher* I, 324 および 328. *Der Begriff des Auserwählten*〔『選ばれた者という概念』〕, a. a. O., S. 30; *Angriff auf die Christenheit*, a. a. O., S. 475.

(178) *Das Eine, was not tut*, a. a. O., S. 4; *Der Begriff des Auser-*

*wählten*, a. a. O., S. 273 ff. und 170 ff. über das Wesen der Autorität〔「権威の本質」〕.

（179） Ebenda, S. 6.

（180） N. Berdiajew, *Wahrheit und Lüge des Kommunismus*〔『共産主義の真理と虚偽』〕, Luzern 1934 参照.

（181） Kierkegaard, *Tagebücher* I, 169 ff.; Marx-Engels *Ges. Ausg.* I/2, 173 ff. 1842年6月13日のキンケル宛のブルクハルトの手紙.

（182） Kant, *Kr. d. r. V.*〔『純粋理性批判』〕(Reclam, S. 468 ff.). Schelling II. Abt, Bd. 1, S. 285 ff. および Bd. 3, S. 46 も参照.

（183） Schelling I. Abt. Bd. 10, 212 ff.; II. Abt. Bd. 3, 80 ff.

（184） Schelling X, 126 ff.

（185） 1843年だけで以下の著作が出ている.

L. Michelet, *Entwicklungsgeschichte der neuesten deutschen Philosophie mit besonderer Rücksicht auf den gegenwärtigen Kampf Schellings mit der Hegelschen Schule*〔『最新のドイツ哲学の発展史，ヘーゲル学派に対するシェリングの闘争に特に着目して』〕, Berlin; Ph. Marheineke, *Zur Kritik der Schellingschen Offenbarungsphilosophie*〔『シェリングの啓示哲学の批判』〕, Berlin; K. Rosenkranz, *Über Schelling und Hegel, ein Sendschreiben an P. Leroux, Königsberg; Schelling*〔『シェリングとヘーゲルについて，P・レルーへの書簡』〕, Danzig. また，*Aus einem Tagebuch*, a. a. O., S. 80 ff. および 97 ff.; Chr. Kapp（無署名）, *Schelling, ein Beitrag zur Geschichte des Tages*〔『シェリング，現代の歴史への論考』〕, Leipzig も参照.

（186） Trendelenburg, *Logische Untersuchungen*〔『論理学探究』〕, Leipzig 1840, Bd. I, 23 ff. ヘーゲル主義者たちに対するトレンデレンブルクの位置どりについては，W・キューネのチェシュコフスキ論に記述がある. a. a. O., S. 128 f.; Kierkegaard, VI, 67, 194; VII 1, Anm.; *Tagebücher* I, 314 f.; Pap. VI A, 145. Rutten-

beck, *Kierkegaard*, 1929, S. 79 ff. 参照．ルッテンベックは，ヘーゲルに対する反対運動の内部におけるキルケゴールの位置について適切なまとめを行っているが(S. 57 ff.)，挙げている材料を十分に評価しきれていない．なぜなら，この反抗運動の歴史的独自性は，「非合理主義」「主観主義」「現実主義」といったあいまいな概念では，捉えきれないからである．

(187) Kierkegaard V, 78; VI, 67 参照．

(188) Marx III, 169 f. 参照．

(189) Kierkegaard VI, 196 参照．

(190) Kierkegaard VII, 1 および 30 ff. 参照．

(191) Kierkegaard V, 4 参照．

(192) Kierkegaard V, 3 ff.; VI, 193 ff., 206 参照．

(193) Schelling, a. a. O., S. 212 f.

(194) 『端緒の弁証法について』の批判は，Kierkegaard VI, 194 ff. および Feuerbach, Grundsatz 26 参照〔ただ，しかも抽象的にのみ思考する本質存在は，存在，実存，現実についていかなる表象ももっていない．存在とは思考の限界である．存在としての存在は少なくとも抽象的で絶対的な哲学の対象とはならない．思弁哲学はこのことを，この哲学にとっては存在はそのまま無存在——つまり無であるということで間接的に語っている．しかし無とは，思考の対象ではない．……〕．

(195) a. a. O., S. 214. 143 も参照．

(196) a. a. O., S. 215, Anm. および 1834 年 11 月 3 日のヴァイセへのシェリングの手紙．ヘーゲルの存在の概念に対する批判については Feuerbach, Grundsatz 27 参照〔フォイエルバッハ『将来の哲学の根本命題』27「ヘーゲル論理学の存在は，古き形而上学の存在である．つまりいっさいの事物についていかなる区別もない陳述の可能な存在である．なぜなら古き形而上学にしたがうならば，いっさいの事物は，存在しているということで一致しているから

である．この区別なき存在はしかし抽象的な思考である．現実なき思考である．存在はこうして存在する事物と異なったものになっている．……」〕．

(197) a. a. O., S. 216.「存在するなにかもしくは存在するということ，あるいは本質および実存について」は，Schelling II. Abt., Bd. 3, S. 57 ff., 70 ff., 90 ff., 163. 参照

(198) a. a. O., S. 127. また，Feuerbach, Grundsatz 24 も参照．

(199) Hegel XIII, 88 および Feuerbach, Grundsatz 23 参照．

(200) a. a. O., S. 160 f.

(201) ミシュレとマールハイネケのふたりによる講義内容の紹介はこの点で一致している．Michelet, a. a. O., S. 174 ff. および 195, また Marheineke, a. a. O., S. 20 ff., 36 ff., 41.

(202)『存在と時間』29 節．ハイデガーの実存論的存在論はそれ以外にも間接的には，ヘーゲルとの対決にも影響されている．このことは，ドゥンス・スコトゥスについての教授資格論文（Tübingen 1916, S. 241）の結論部からも推測できる．

(203)『存在と時間』9 節．

(204) 実存の意味での現実と可能性については，以下を参照．Kierkegaard VII, 17 ff.; VIII, 12 ff.――ハイデガーの歴史的位置をキルケゴールとマルクスの関係において描こうとした，唯一の，しかし不十分な試みとしては以下の諸論文がある．M. Beck und H. Marcuse in dem Sonderheft über Heideggers *Sein und Zeit: Philosophische Hefte*〔M・ベックとH・マルクーゼによるハイデガーの『存在と時間』についての論文．『哲学ノート誌』特集号〕, Berlin 1928, H. 1.

(205) Kierkegaard VII, 33. V, 14 および 55 の注参照．

(206) Schelling II. Abt., Bd. 3. 90 ff.

(207) *Aus Schellings Leben in Briefen*〔『書簡から見たシェリングの生活』〕, Leipzig 1870, Bd. III, 63.

(208) Ebenda. S. 173.

(209) Marx-Engels, *Ges. Ausg.*, II, 173 ff.; F. Engels, *Schelling über Hegel*〔「ヘーゲルに関してのシェリングの見解」〕(1841); *Schelling und die Offenbarung*〔「シェリングと啓示」〕(1842); *Schelling, der Philosoph in Christo*〔「シェリング，キリストのうちなる哲学者」〕(1842)参照．アーノルト・ルーゲは，1841年夏にシェリングの知己に浴することになり，『独仏年報』をシェリングが誉めたので，悪い気はしなかった．しかし，すでにその半年後にローゼンクランツへの手紙で，あのときシェリングは自分に「真っ赤な嘘をついたのだ」と認めざるを得なかった(Br. I, 174, 236, 272 f.)．

(210) Nietzsche, I, 487 ff.; X, 297, 304, 348参照．哲学へ向かうこの転回を証する興味深い文章は，メッテルニヒについてのシェリングの次の発言である．「数日前ですが，信頼できる筋からメッテルニヒ公の親展の手紙の話を聞きました．この手紙の中で公は，政治の世界についての嫌悪感を苦悩にあえぎながら述べているそうです．きわめて重要な国事行為を重ねて年を取ってきたこの強力な権力を持った老人は，……哲学に生きたい，それ以外のなにものも望まないと言っているそうです．まさかそんなことを彼が言っているとは，誰も思わないでしょう．しかし，これも時代のせいでしょう．現在の危機，凡庸さ，惨めさから救ってくれる最終的な決断はやはり精神的な決断以外ではありえないこともたしかでしょう」(*Aus Schellings Leben...*, a. a. O., III, 197)．

(211) Rosenkranz, *Neue Studien* II, 571 ff. 所収のDie philosophischen Stichwörter der Gegenwart〔「現代哲学のキーワード」〕およびH. Vaihinger, *Hartmann, Dühring und Lange*〔『ハルトマン，デューリング，ランゲ』〕, Iserlohn, 1876参照．本書では，デューリングとハルトマンがヘーゲル学派とどのような関連にあるかも示されている．

(212) *Tagebücher* II, 244, 344 ff., 351 f., 367 参照.

(213) K. Korsch, *Marxismus und Philosophie*, a. a. O., S. 57 ff. 参照.

(214) *Ciò che è vivo e ciò che è morto della filosofia di Hegel*〔『ヘーゲル哲学における生けるものと死せるもの』〕, 1907（ドイツ語訳は1909年）. イタリアにおけるヘーゲル主義の歴史については, E. Grassi: Beziehungen zwischen deutscher und italienischer Philosophie〔「ドイツ哲学とイタリア哲学との関係について」〕, *Deutsche Vierteljahrsschr. für Literaturwiss. und Geistesgesch.* 1939, H. 1. の記述参照. デ・サンクティス（De Sanctis）については B. Croce, *Saggio sullo Hegel*, Bari 1913, S. 363 ff. 参照.

(215) *Parerga und Paralipomena* II, Kap. 20.

(216) 1926年から31年までのヘーゲル研究についてのJ・ブレヒトの報告だけでも50以上の文献を論じている. *Literarische Berichte aus dem Gebiete der Philosophie*〔『哲学分野からの文献報告』〕, herausg. von A. Hoffmann, Erfurt 1931.

(217) H. Levy, Die Hegelrenaissance in der deutschen Philosophie〔「ドイツ哲学におけるヘーゲル・ルネサンス」〕, *Vorträge der Kant-Gesellschaft*〔『カント協会における講演集』〕, 1927; H. Glockner, Krisen und Wandlungen in der Geschichte des Hegelianismus〔「ヘーゲル主義の歴史における危機と変化」〕, *Logos* XIII, 1924/5 参照.

(218) Dilthey *Ges. Schr.* IV, 187.

(219) Ebenda, S. 219.

(220) Ebenda, S. 244 f., 248 f.

(221) Ebenda, S. 219 f.; vgl. 246.

(222) Ebenda, S. 218.

(223) Ebenda, S. 220, 223.

(224) Hegel XVI, 47 f.

(225) Dilthey *Ges. Schr.* IV, 229 f. ヘーゲルの思考が根拠のないも

のであることの証明はディルタイから見れば，すでにトレンデレンブルクによってなされていた．

(226) Ebenda, S. 227 f.

(227) Ebenda, S. 249 und 254.

(228) Ebenda, S. 250; vgl. V, S. XXII ff.

(229) Dilthey VIII, 175 ff.

(230) *Präludien* I⁵, 273 ff.

(231) Ebenda, 279.

(232) *Was heißt Hegelianismus?*〔『ヘーゲル主義とはなにか？』〕1916.

(233) *Relativer und absoluter Idealismus*〔『相対的観念論と絶対的観念論』〕, 1910.

(234) Kroner, *Von Kant bis Hegel*〔『カントからヘーゲルへ』〕, Tübingen, Bd. I und II, 1921 および 1924; *Die Selbstverwirklichung des Geistes*〔『精神の自己実現』〕, Tübingen 1928. 以下については，System und Geschichte bei Hegel〔「ヘーゲルにおける体系と歴史」〕, *Logos* 1931, Bemerkungen zur Dialektik der Zeit〔「時間の弁証法に関して一言」〕, Verhandlungen des 3. Hegel-Kongresses〔第 3 回ヘーゲル会議議事録〕, Tübingen 1934, S. 153 ff.「クローナーのヘーゲル主義への批判」については，S. Marck, *Die Dialektik in der Philosophie der Gegenwart*〔『現代哲学における弁証法』〕, 1929, I.

(235) Kroner Bd. II, S. X.

(236) *Was heißt Hegelianismus?* 1916.

(237) *Idee und Wirklichkeit des Staates*〔『国家の理念と現実』〕, 1930.

(238) H. Glockner, *Hegel*, I, S. XV ff.; Krisen und Wandlungen in der Geschichte des Hegelianismus〔『ヘーゲル主義の歴史における危機と変化』〕, a. a. O., S. 346 f.

(239) 初期のヘーゲル主義者たちが，歴史と絶対者の関係をどのように見ていたかのおよその雰囲気をつかむためには，ガーブラーのテーゼについての以下の議論を見るのがよい．Über das Verhältnis der geschichtlichen Entwicklung zum Absoluten〔「歴史的発展と絶対者の関係について」〕, in *Noacks Jahrbüchern*, a. a. O., 1846, H. 4, S. 99 ff., および 1847, H. 1, S. 150 ff. および H. 2, S. 223 ff.

(240) *System und Geschichte*, a. a. O., S. 248 ff.

(241) Kroners Eröffnungsrede zum 2. Hegel-Kongreß〔第2回ヘーゲル会議におけるクローナーの開会の辞〕, 1931 参照.

(242) *Von Kant bis Hegel*, II, 505.

(243) Hegel, *Br.* I, 141.

(244) *Von Kant bis Hegel*, II, 506, Anm.

(245) Hegel XV, 34, 95 f.

(246) Hegel XVI, 174.

(247) *System und Geschichte*, a. a. O., S. 256.

(248) Die Bedeutung der Hegelschen Philosophie für das philosophische Denken der Gegenwart〔「現代の哲学的思考にとってのヘーゲル哲学の意義」〕, *Vorträge der Kant-Gesellschaft*〔『カント協会における講演集』〕, 1921.

(249) a. a. O., S. 31, 39, 59.

(250) a. a. O., S. 46.

(251) Plenge, *Marx und Hegel*〔『マルクスとヘーゲル』〕, 1911; *Hegel und die Weltgeschichte*〔『ヘーゲルと世界史』〕, Münster 1931.

(252) a. a. O., S. 13.

(253) プレンゲの建設的なマルクス批判については，彼の著書の9ページ以下にまとめられている示唆的発言を参照のこと．

(254) a. a. O., S. 35 ff.

(255) 以下の示唆に富む論文を参照のこと．W. Kaegi: Voltaire und der Zerfall des christlichen Geschichtsbildes〔「ヴォルテールとキリスト教的歴史像の解体」〕, *Corona*, Jahrg. VIII, H. 1〔第8巻第1号〕.

(256) a. a. O., S. 65. S. Marck, a. a. O., I, S. 57 も参照.

(257) a. a. O., S. 66.

(258) a. a. O., S. 70.

(259) これについては，「歴史の哲学においてヘーゲルは最も古くさくなっている．そしてマルクスによって追い越された」というヘーゲル歴史哲学についてのレーニンの批判的見解を参照のこと．Aus dem philosophischen Nachlaß Lenins〔「レーニンの哲学的遺稿集」〕, *Marxistische Bibl.*, Bd. 23, S. 175.

(260) a. a. O., S. 71 f.

(261) これについては，第2回および第3回ヘーゲル会議のクローナーによる開会演説およびA・W・ルナチャルスキーの演説を参照のこと．A. W. Lunatscharski, Hegel und die Gegenwart〔「ヘーゲルと現代」〕, in der Zeitschrift »*Das neue Rußland*«〔『新しきロシア』〕, Berlin, Nov. 1931. クローチェによるヘーゲルにおける死せるものと生けるものとの区別を念頭におきつつ，ルナチャルスキーはこう述べている．「われわれもわれわれなりの仕方で，しかも徹底的に両者を区分してきた」.

## 第3章

(1) *Logik*, ed. Lasson, Leipzig 1923, II, 156 ff.

(2) *Jenenser Realphilosophie*, Leipzig 1932, I, 214 ff. 参照.

(3) *Enc.* § 6; vgl. § 24, Zus. 2; § 213, Zus.; § 445, Zus.

(4) Hegel VIII², S. X.

(5) 前述の，212ページ以降参照.

(6) Haym, *Hegel und seine Zeit*, a. a. O., S. 368 ff., 387 ff., 462 参照.

(7) 前述の，188ページ以降参照.
(8) Feuerbach, Grundsatz 24.
(9) Feuerbach, Grundsatz 43.
(10) Feuerbach, Grundsatz 24.
(11) Feuerbach, Grundsatz 51.
(12) Feuerbach, Grundsatz 26.
(13) Feuerbach, Grundsatz 27.
(14) Feuerbach, Grundsatz 28.
(15) Feuerbach, Grundsatz 33 および 28 および I, 256.
(16) Feuerbach, Grundsatz 48. また，Feuerbach II, 258; Marx III, 161 をも参照.
(17) キレーエフスキーは，1830年にヘーゲルの講義を聴いている．そして特にE・ガンスと交際があった．彼の最も重要ないくつかの論文はドイツ語でも出版されている．Kirejewski, *Drei Essays*〔『三つのエッセイ』〕, München 1921 (Das 19. Jahrhundert〔『十九世紀』〕, 1832. Über den Charakter der Zivilisation Europas und ihr Verhältnis zur Zivilisation Rußlands〔「ヨーロッパ文明の性格およびそのロシア文明との関係」〕, 1852. Über die Notwendigkeit und Möglichkeit einer neuen Grundlegung der Philosophie〔「哲学の新たな根拠づけの必然性と可能性について」〕, 1856).
(18) a. a. O., S. 114.
(19) a. a. O., S. 121.
(20) *Hegel bei den Slaven*〔『スラブにおけるヘーゲル』〕所収の D. Tschizewskij, Hegel in Rußland〔「ロシアにおけるヘーゲル」〕, a. a. O., S. 193 ff. この論文は非常に優れた分析と記述を含んでおり，以下で感謝を込めて利用させていただく．この論文は，ヘーゲルの歴史的影響を初めてその全体像において解明したものである．B. Jakowenko, *Ein Beitrag zur Geschichte des Hegelianismus in*

*Rußland*〔『ロシアにおけるヘーゲル主義の歴史に関する論考』〕, Prag 1934, A. Koyré, Hegel en Russie〔「ロシアにおけるヘーゲル」〕, *Le monde slave*〔『スラブ世界』〕, T. II, 1936 参照.

(21) Tschizewskij, a. a. O., S. 196.

(22) Ebenda, S. 222.

(23) ゴーゴリの『死せる魂』の第7章「日常の詩人への讃歌」参照のこと.

(24) *Russische Meisterbriefe*〔『ロシアの巨匠の書簡』〕, herausg. von K. Nötzel, München 1922, S. 177 und 179.

(25) Tschizewskij, a. a. O., S. 226.

(26) Briefwechsel mit Ruge〔「ルーゲとの往復書簡」〕, Marx-Engels *Ges. Ausg.* I/1, 566 参照.

(27) 以下についてはW・キューネ(W. Kühne)のモノグラフィーを参照. a. a. O., 特にチェシュコフスキーとミシュレの関係を論じた箇所. 本書でも感謝して引かせていただく.

(28) W. Kühne, a. a. O., S. 429.

(29) Ebenda, S. 264 ff.

(30) Ebenda, S. 28 f., 43 f., 65 f.

(31) Ebenda, S. 73.

(32) Ebenda, S. 22, 45, 98.

(33) Ebenda, S. 93 ff., 96.

(34) Ebenda, S. 110.

(35) Ebenda, S. 13, 25 ff.; B. Croce, *Saggio sullo Hegel*, Bari 1913, S. 149 ff. 参照.

(36) Ebenda, S. 89 ff., 251 ff.; 14, 161, 179 ff., 347.

(37) 以下におけるマルクスとキルケゴールとの対峙の叙述は, ニーチェとキルケゴールを対峙させた描き方の訂正を含んでいる. この両者の対立関係こそは, これまでで唯一生産的なものとなっている. この対立関係について筆者自身が議論を書いたことがあ

るが，その頃筆者はまだ，マルクスとの歴史的関係をその射程全体において十分に捉えきれていなかった．これについては以下を参照．著者の *Kierkegaard und Nietzsche*〔『キルケゴールとニーチェ』〕, Frankfurt a. M. 1933, *K. Jaspers, Vernunft und Existenz,* 1. Vorlesung〔『カール・ヤスパース――理性と実存』第1回講義〕, Groningen 1935, A. Baeumler, *Studien zur deutschen Geistesgeschichte*〔『ドイツ精神史研究』〕, Berlin 1937, S. 78 ff. および 244 ff., J. Wahl, *Études Kierkegaardiennes,* a. a. O., S. 207 ff. および 429 ff.

(38) Marx I/1, 476.

(39) Marx I/1, 492.

(40) Marx I/1, 437, 499.

(41) Marx I/1, 494.

(42) Marx I/1, 538.

(43) Marx I/1, 437.

(44) *Kierkegaard, Über den Begriff der Ironie*〔「イロニーの概念について」〕, a. a. O., S. 274.

(45) Kierkegaard, *Tagebücher* I, 169（＝Pap. III A, 179）．ローゼンクランツのような物静かな学者でも，キルケゴールと比べて勝るとも劣らない期待に満ちた緊張を感じていることも考えあわせていただきたい．「シェリングの就任講義だ．呑み込むように聞いた．彼が約束していることの半分だけでも実現させたら，彼は人生のキャリアを始めたときよりも遥かに偉大な存在となって終わるだろう．緊張を込めて話す技術に関して彼は，すごいものだ．彼は人類をこれまでの意識を越えて導いて行こうとしている．もしそれができたら，彼は哲学者以上の存在だ．宗教の創始者だ」．さらに次のようなメモもある．「今年は，シェリング，ずっとシェリングだ．彼はそれにあたいする．偉大な人間がいかにいっさいを動かすことか！　知恵を求めての最初の闘争の領野から低劣

な情熱の領野まで……いっさいが彼の息吹に触れて興奮している．ヘーゲルの後継者としてガーブラー〔ゲオルク・アンドレアス・ガーブラー(1786-1853)．ヘーゲルの忠実な弟子として知られる〕を招聘したとき，四週間ほどは彼が話題になっていたが，4週間で終わってしまった．だが，シェリングに関しては招聘後，何カ月もすぎたが，どの新聞も，どの雑誌も，どのパンフレットもシェリングの話でもちきりだ．ベルリンでは誰もが宗旨替えをはじめている．多くのヘーゲル主義者は，ヘーゲルに反対するシェリングの方がひょっとして正しいのではないか，と自分自身を相手に外交の下交渉めいたことをはじめている．もしかしたら公式の場で宗旨替えを表明した方がいいのではなかろうか，というわけだ」．Tagebuch, a. a. O., S. 79 f. および 107 f.; Engels II, 173 f. 参照．

(46) Kierkegaard, *Tagebücher* I, 176.

(47) Kierkegaard I, 29.

(48) Kierkegaard, *Tagebücher* II, 127 f.

(49) Kierkegaard, *Tagebücher* II, 86. Feuerbach, Grundsatz 22 および 25 も参照．ヘーゲルの批判については，*Logik*, ed. Lasson, I, 74 f.; XII, 368 ff. 参照．

(50) Kierkegaard VI, 207; VII, 3, 27 ff. Feuerbach, Grundsatz 24 も参照．

(51) Kierkegaard VII, 1. Feuerbach, Grundsatz 28 も参照．

(52) *Logik*, ed. Lasson, II, 238 ff.; *Enc.* § 112 より § 114; *Rechtsphilosophie* § 270, Zus.

(53) Kierkegaard VI, 206.

(54) Kierkegaard V, 3 f.

(55) Kierkegaard VI, 196.

(56) Hegel VII, 15; III, 180 f.

(57) Hegel, *Logik*, ed. Lasson, I, 74 参照．

(58) Kierkegaard V, 14. Anm.

(59) Kierkegaard VII, 13; vgl. *Kritik der Gegenwart*, a. a. O., S. 54.

(60) *Motto zu Entweder-Oder* I〔『あれかこれか』〕; V, 15; VI, 272 ff.; VII, 3, 47; *Tagebücher* I, 170; *Kritik der Gegenwart*, a. a. O., S. 5 ff. および 43.

(61) Kierkegaard VI, 196 f., 265. キルケゴールのカテゴリーの枠内で見るならば，決断された情熱は，イロニーのなかでの漂いとも，退屈及び憂鬱への沈潜の相互関係とも異なるものとされている．

(62) Kierkegaard VI, 190.

(63) Kierkegaard VI, 196 ff.; V, 10, Anm.

(64) Kierkegaard VII, 15.

(65) Kierkegaard VII, 41.

(66) Kierkegaard VII, 16, 25, 27 ff.

(67) Kierkegaard VII, 5. ヘーゲルの *Schriften zur Politik und Rechtsphilosophie*〔『政治論文集』〕, a. a. O., S. 368 および $I^2$, 131 参照.

(68)『経済学批判』のなかでこの連関が明確に強調されている．「歴史にかかわる社会科学ならばどんなものでもそうだが，経済的カテゴリーの成り行きに関して常に確認しておかねばならないのは，……近代市民社会が所与として存在するということである．さらにはそれゆえに，個々のカテゴリーは，この特定の社会の存立形式，存在規定，時にはその特定の一面を……表現しているということである．そして，経済というのは，学問としてであっても，ただ経済それ自身について語られるところから始まるといったものでは決してない，ということである」(*Zur Kritik der pol. Ök.*, a. a. O., S. XLIII).

(69) *Enc.* § 123, Zus.

(70) *Rechtsphilosophie* § 41 ff.

(71) Ebenda, § 61.

(72) Ebenda, § 67 und Zus.

(73) *Kapital*, I⁶, a. a. O., S. 130 ff. und I/1, 251 ff.

(74) K. Hecker, *Mensch und Masse*, a. a. O., S. 62 参照.

(75) *Die Revolution von 1848 und das Proletariat*〔『1848年の革命とプロレタリアート』〕(1856).

(76) 以下についてはG. Lukács, *Geschichte und Klassenbewußtsein*〔『歴史と階級意識』〕, Berlin 1923, S. 94 ff.

(77) Marx I/1, 266 ff.

(78) Marx I/1, 304.

(79) Marx V, 25 ff.

(80) Marx V, 21 ff., 39 ff. Engels, *Anti-Dühring*〔『反デューリング論』〕, 11. Aufl., Berlin 1928, S. 312 ff.

(81) Marx, *Kapital*, I⁶, 38 f.

(82) ジンメルは，この対象化の問題を「文化の悲劇」として美学的観点から展開しようと試みている．*Philosophische Kultur*, 3. Aufl., Potsdam 1923, S. 236 ff.

(83) 利子を生む資本が持つフェティシュ的性格については，以下を参照．*Kapital*, III/1, 339 ff.

(84) これが単なる「装いの仮面」であり，その裏にはどんな場合にも生産条件の支配が隠れていることは，マルクスにとっては自明のことだった．*Kapital*, III/2, 326 f.

(85) Marx, *Kapital*, I⁶, 43 ff.

(86) 1867年6月22日のマルクスのエンゲルス宛手紙参照〔「その価値がそれ以外のいっさいの商品との関係としてではなく，それ自身の自然としての形態とは区別されたものとしてのみ表現されるようなきわめて単純な商品形式といえども，貨幣形式の秘密のすべてを，そしてそれとともに労働生産物の市民的形式のいっさいを含んでいる」〕.

(87) Marx III, 21, 117, 307 f. *Zur Kritik der pol. Ök.*, a. a. O., S. XIV; *10. These über Feuerbach.*「類的人間」に対する批判については，シュティルナーの『唯一者とその所有』，バウアーの『1842-46年におけるドイツの政党間抗争の完全な歴史』の第2巻第4章および第3巻の30ページ以降，185ページも参照のこと．

(88) *Kritik der Gegenwart*, a. a. O., S. 54; *Tagebücher* I, 315 f. 参照．「〈大衆〉なるものこそは本当のところ私が論争の的にしているものだ」．これとインマーマンの『回想録』第1巻(1839年)の以下の箇所を比較参照のこと．「本当にこの時代は，エネルギーに関して奇妙な出し物を見せてくれている．一人一人の精神とその博愛的結合の精神についての，誰でも知っているシラーの対句が思い出される．この対句をパロディ的に逆転させて，こう言ってもいいかもしれない．〈たくさんの人がまとまって行動すると巨人が動いているように見えるかもしれないが，実は一人一人をよく見ると，パン屑みたいにこなごなの，ただの小人なのだ〉と．まさにここにこそ，主観の時代から客観の時代への移行を示すポイントが見えてくるのだ」．

(89) F. C. Fischer, *Die Nullpunkt-Existenz*〔『ゼロ＝ポイントの実存』〕, München 1933, S. 203 ff. 参照．

(90) Kierkegaard XII$^2$, 17 ff. これに関しては同じくひやかしたっぷりのフォイエルバッハの批判を参照のこと．Feuerbach I, 98 ff.

(91) Ebenda, 5 ff.

(92)「国民についてのグルントヴィのおしゃべりは……異教への回帰である．グルントヴィの狂信化した信徒たちがいかに狂った振る舞いで登場しているかは信じがたいほどだ．例えばTh・フェンガーは，誰も国民の道を通る以外には，真のキリスト者にはなりえない，などと述べている．だが，キリスト教は，異教世界の諸国民の神々の聖化を撤廃しようとしたはずではないか」．「この〈なにもかもとつきあっていよう〉というのは，つまるところ，妄

想のあり方でしかない」.「若い頃の彼は，原始＝原始キリスト教 Ur-Ur-Christentum を信じていた．太古のふるぼけた，大昔のそれである．ところが今や老年の日々になって彼は，時代風潮に便乗した土地貴族(ユンカー)気取りである」.「いずれにしても今日キリスト教といわれているものは，キリストがまさに排除に取りかかったものという事態に立ち至っている．この点は特にプロテスタンティズムで実現している．特にグルントヴィの一党のプロテスタンティズムにおいてである．つまり彼らは，見事にユダヤ人なのだ．……彼らは血統についての真にユダヤ的な迷信を抱いている．さらには，神の選民であるという妄想も抱いている．……この妄想はユダヤ的なオプティミズムである．……これが，新約のキリスト教だとは，なんと言うことだ！」(『裁判官の書』). a. a. O., S. 177 ff.

(93) マルクスの研究に関してはフランツの以下の研究を参照．C. Frantz, *Louis Napoleon*, 1852, neue Ausg. von F. Kemper, Potsdam 1933.

(94) K. Hecker, *Mensch und Masse*, a. a. O., S. 96 および 113, また Immermann, *Epigonen*, I, 10 (1830)参照.

(95) Kierkegaard, *Tagebücher* I, 328.

(96) Kierkegaard, *Tagebücher* I, 64.

(97) 内面性と外面性の関係については，以下を参照．Hegel, *Logik*, ed. Lasson, II, 150 ff., 156, 169; *Enc.* § 139 ff. Kierkegaard I, 3 f., 21; IV, 253, 409, 444 f. Marx III, 160 ff.; V, 26 ff.

(98) *Enc.* § 123, Zus.

(99) Kierkegaard IX, 74 ff. 参照.

(100) Hegel, *Br.* I, 26 ff.

(101) F. Rosenzweig, *Hegel und der Staat*〔『ヘーゲルと国家』〕, München 1920, I, 73 ff.

(102) Hegel, *Br.* I, 321.

(103) Hegel XVI, 171.

(104) Hegel $\mathrm{I}^2$, 168 ff., 173; XIII, 66; vgl. XVI, 47.

(105) Hegel $\mathrm{I}^2$, 246; *Theolog. Jugendschr.*, a. a. O., S. 348; *Vorlesungen über die Philosophie der Religion*, ed. Lasson, I, 240 ff.

(106) Rosenkranz, *Hegels Leben*, a. a. O., S. 88 ff. および Haym, *Hegel und seine Zeit*, a. a. O., S. 62 ff.; Dilthey, *Ges. Schr.* IV, 122 ff. 参照.

(107) マルクスはこの事態についての間接的な想念を，ローゼンクランツのヘーゲル論によって抱きえたであろう．しかし，それも1844年以降のことである．この本では，ヘーゲルがスチュアートの国家経済学についてコメントしている箇所について言及(S. 86)されているが，そのコメントのマルクス主義の立場からの再構成をG・ルカーチが，1932年，フランクフルトでの講演で試みている．だが，この講演は，私の知るかぎり，未公開である．

(108) Rosenkranz, a. a. O., S. 88; Marx I/1, 585 ff. 参照.

(109) これに対して公共の議論(öffentlichen Meinung)についてのヘーゲルの後年の見解は『法哲学』315節以下にあるので，参照されたい．同じく Rosenkranz, a. a. O., S. 416.

(110) *Jenenser Realphilosophie*, a. a. O., II, 249, 傍注および *Philosoph. Propädeutik* 56節参照.

(111) 『法哲学』190節 ff., 241節 ff. におけるこの矛盾の止揚を参照のこと．また，矛盾の解消のために外国移住を考えている Hegel IX, 200も参照のこと．

(112) Rosenkranz, a. a. O., S. 90.

(113) Ebenda, S. 92 ff.（＝*Schr. zur Politik und Rechtsphilos.*, S. 151 ff.).

(114) 1795年段階ではヘーゲルは，現状の変革は「いっさいがそうあるべき(soll)だとする理念(Idee)の拡大」に期待していた(*Br.* I, 15)．当時の彼はまだ理念(Idee)を理想(Ideal)として理解して

いた．そして，いっさいを「あるがままに」甘受する「出来上がった人々の無関心」に対立していた(*Br.* I, 194 および詩「エレシウス Eleusis」参照)．

(115) Hegel, *Schr. zur Politik und Rechtsphilos*〔『政治論文集』〕, S. 5.

(116) Hegel XV, 95 f. 参照.

(117) Haym, a. a. O., S. 368 ff., 387 ff., 462.

(118) Hegel, *Br.* I, 11 f.

(119) Hegel, *Theolog. Jugendschr.*, a. a. O., S. 215; Lagarde, *Deutsche Schriften*〔『ドイツ論集』〕, Göttingen 1892, a. a. O., S. 183.

(120) だがこの 30 年後にヘーゲルは宗教改革の記念祭でラテン語の祝辞を述べることになる．

(121) Hegel, *Theolog. Jugendschr.*, S. 215 f. 以下については，Rousseau, *Contrat Social*〔『社会契約論』〕IV, 8 参照.

(122) Ebenda, 219 f.

(123) Ebenda, 220.

(124) Gibbon, *Untergang des römischen Weltreichs*〔『ローマ帝国衰亡史』〕, Kap. 15 参照.

(125) Hegel, *Theolog. Jugendschr.*, S. 71, 223, 229 f.; *Schr. zur Politik und Rechtsphilos.*, S. 472 f. 参照．こうした私人の生活にとって，財産の保証と個人の安寧が最大のものであり，死こそ最も恐ろしいものである——こうした記述には，のちの市民社会批判の核がすでに見られる．市民社会の精神にとって死の恐怖がもつ原則的な意味については，以下を参照のこと．Leo Strauß, *The Political Philosophy of Hobbes*〔『ホッブスの政治哲学』〕, Oxford, 1936, S. 57 f., 105 f., 122 f.

(126) Hegel, *Theolog. Jugendschr.*, S. 225 さらに *Geschichte der Philosophie*, XV, 116 f. これについては，ヴェルハウゼンによる，

バビロン虜囚以後のユダヤ精神とそれ以前の旧イスラエルとの区別を参照のこと．こうした区別にしたがってヴェルハウゼンが描いた古代イスラエルは，ヘーゲルがギリシアのポリスに関して作り上げたイメージと同じものとなった．これについては以下を参照．Die Marburger Diss. von F. Boschwitz, *J. Wellhausen, Motive und Maßstäbe seiner Geschichtsschreibung*〔『J・ヴェルハウゼン，その歴史記述のモチーフと基準』〕, Marburg 1938, S. 26 および 35 ff.

(127) Hegel, *Theolog. Jugendschr.*, S. 229.

(128) Ebenda, 228. この点に関しては，本書下巻の第2部第5章における，バウアーによる，主観性の原則から導きだしたヘーゲル宗教哲学の解釈を参照のこと．

(129) Ebenda, 245 ff.

(130) Ebenda, 342.

(131) Hegel, *Enc.* § 552.

(132) Hegel, *Br.* I, 13 および 18.

(133) Hegel, *Theolog. Jugendschr.*, S. 225 und 71.

(134) Rosenkranz, a. a. O., S. 557.

(135) Hegel XIII, 171 ff., XVI, 139.

## 第4章

(1) A. Baeumler, *Nietzsche der Philosoph und Politiker*〔『ニーチェ，哲学者および政治家』〕, Leipzig 1931. 拙著，*Nietzsches Philosophie der ewigen Wiederkunft des Gleichen*〔『ニーチェの永遠回帰の哲学』(邦訳『ニーチェの哲学』)〕, Berlin 1935; K. Jaspers, *Nietzsche, Einführung in das Verständnis seines Philosophierens*〔『ニーチェ――その哲学への入門』〕, Berlin 1936; K. Hildebrandt, Über Deutung und Einordnung von Nietzsches System〔「ニーチェの体系の解釈と位置づけ」〕, *Kantstudien* 1936 参照.

(2) ニーチェとマルクスの歴史的結びつきについての示唆は以下に見ることができる．H. Fischer, *Nietzsche Apostata*〔『ニーチェの背教者たち』〕, Erfurt 1931, S. 13 ff.; E. Troeltsch, *Der Historismus und seine Probleme*〔『歴史主義とその諸問題』〕, 1922, S. 26 および 497 ff. また W. Schubart, *Europa und die Seele des Ostens*〔『ヨーロッパと東洋の魂』〕, Luzern 1938, S. 195 f. をも参照．

(3) オーファーベックの見解は，*Christentum und Kultur*〔『キリスト教と文化』〕, Basel 1919, S. 287 参照．

(4) Nietzsche X, 253 および 264; XV, 35.

(5) Nietzsche XV, 211 f.

(6) Nietzsche XV, 218. XIV, 178; X, 279 ff. も参照．

(7) Nietzsche I, 426 f. III, 264 および XIII, 335 も参照．

(8) Nietzsche I, 510 f.

(9) Nietzsche X, 250; VIII, 129.

(10) Nietzsche VIII, 13.

(11) Nietzsche III, 128 および 265 f.

(12) Nietzsche III, 89.

(13) Nietzsche IV, 179 f.; VIII, 111 ff.

(14) Nietzsche VIII, 163 f. また人間のできのよさについては，XV, 12 f.

(15) 1829 年 12 月 25 日のゲーテのツェルター宛の手紙を参照．また，ゲーテのイロニーについては，E. Franz, *Goethe als religiöser Denker*〔『宗教的詩人としてのゲーテ』〕, Tübingen 1932, S. 62 ff. 参照．

(16) Nietzsche XV, 272; VIII, 50 および 165.

(17) Nietzsche VI, 428 ff.; XII, 383; VII, 315 および初期の詩 »Vor dem Kruzifix«〔「十字架の前で」〕.

(18) 1828 年 7 月 27 日のゲーテのツェルター宛の手紙．

(19) Goethe, *Gespräche* III, 504.

(20) Nietzsche III, 90.
(21) Nietzsche V, 300 ff.
(22) Nietzsche IV, 7 f.
(23) 著者の『ニーチェの哲学』S. 81. Jaspers, *Nietzsche*, S. 317 および 325 参照.
(24) Nietzsche XV, 439 f. および 442.
(25) Nietzsche V, 301.
(26) Nietzsche I, 353 ff.
(27) テーヌへのヘーゲルの影響については, Nietzsche VII, 225, および Rosca, *L'influence de Hegel sur Taine*〔『テーヌへのヘーゲルの影響』〕, Paris 1928 参照.
(28) Nietzsche VII, 145.
(29) *Schopenhauers Briefe*, herausg. von Griesebach, Leipzig, S. 300.
(30) Ebenda, S. 77.
(31) Ebenda, S. 78, Anm. および 82. ショーペンハウアーについての書評は, 『ハレ年報』第4巻第2部29ページ以降に掲載された. ショーペンハウアーはこの手紙で, 1841年5月号の『パイロット』誌に出た「ヘーゲル哲学にくだされる最後の審判」にも触れて, この論の著者は, 「感激的なまでに適切な仕方で」自分について述べている, と書いている. おそらくバウアーの「最後の審判ラッパ」についての論文が扱われている論文だと思われる. さらに自分の説の「きわめて適切な解説」をしたヘーゲル主義者の例として, ショーペンハウアーはさらにデ・サンクティスの『ショーペンハウアーとレオパルディ』(1858/9年)を挙げている.
(32) *Schopenhauers Briefe*, a. a. O., S. 266. 128 も参照.
(33) Ebenda, S. 285.
(34) K. Hildebrandt, *Wagner und Nietzsche im Kampf gegen das 19. Jahrhundert*〔『19世紀に対する戦いにおけるヴァグナーとニ

ーチェ』〕, Breslau 1924, S. 9 参照.

(35) これについてはカーライルの『過去と現在』(1843 年)に附したフリードリヒ・エンゲルスの評価を参照のこと．Marx-Engels, *Ges. Ausg.*, II, 405 ff.

(36) K・ヒルデブラントによる引用は，a. a. O., S. 44. R. Huch, *M. Bakunin*, Leipzig 1923, S. 103 f., 113 ff., 116 f., 119 f. 参照.

(37) 当時チューリヒに政治亡命していたヴァグナーは，フォイエルバッハをチューリヒ大学に招聘しようと試みて，彼に「未来の芸術作品」(1850 年)を献呈している．ヴァグナーを「未来なき音楽」ときめつけたニーチェの批判(VIII, 191 ff.)も参照のこと.

(38) Nietzsche IX, 412;「大学で成功しなかったというだけの理由で著述活動をしているのだ」とそっけなく人から言われたというルーゲの言葉も参照のこと(Br. I, 289).

(39) Nietzsche I, 250.

(40) Nietzsche VIII, 197 ff. VII, 403 参照.

(41) Nietzsche XIV, 168.

(42) Nietzsche VIII, 33 f.

(43) Nietzsche, *Ges. Br.* III, 201, 274. 同じくガスト宛の手紙(*Br.* IV, 81 f.)．ニーチェの『反時代的考察』第一論文については以下のバウアーの著作を参照．*Philo, Strauß und Renan und das Urchristentum*〔『フィロ，シュトラウス，ルナンと原始キリスト教』〕, Berlin 1874, 特に S. 16 ff. フォイエルバッハに対するケラーの関係，およびそれに理由を持つ，ニーチェのシュトラウス攻撃への拒否的態度ついては，以下を参照．A. Kohut, *Feuerbach*, Leipzig 1909, S. 230 ff.

(44) Nietzsche *Ges. Br.* IV, 54. また同 94 およびガストのニーチェ宛ての手紙(München 1923/4), Nietzsche I, 220, 225; Nietzsche II, 162 を参照.

(45) C. A. Bernoulli, *Overbeck und Nietzsche*〔『オーファーベック

とニーチェ』〕, Jena 1908, I. 441.

(46) 本書下巻第2部の第5章第5節. D. Tchijewsky, Hegel et Nietzsche〔「ヘーゲルとニーチェ」〕, *Revue d'histoire de la philosophie*〔『哲学史展望』〕, Paris 1929, S. 338 ff.; E. Benz, Nietzsches Ideen zur Geschichte des Christentums〔「キリスト教の歴史に関するニーチェの思想」〕, *Zeitschr. für Kirchengesch.*, Bd. LVI, H. 2/3, 1937 参照.

(47) C. A. Bernoulli, a. a. O., I, 135 f., 148 ff., 238 f., 427 ff. Ch. Andler, *Nietzsche*, IV, 166 ff. 参照.

(48) 例えばE・バーニコル(E. Barnikol)である. E. Barnikol, *Bauers Entdecktem Christentum*〔『バウアーのキリスト教の発見』〕, Neuausgabe, a. a. O., S. 79.

(49) Tchijewsky, Hegel et Nietzsche, a. a. O., S. 331 ff. 参照.

(50) *Zeitschr. für die deutsche Wortforschung*〔『ドイツ語研究誌』〕, 1900, I, 1, S. 3 ff. および 369 ff.

(51) M. Heß, *Sozialistische Aufsätze*, a. a. O., S. 149 および 188 ff.

(52) *Das entdeckte Christentum*, § 12.

(53) これについてはニーチェを論じた拙著『ニーチェの哲学』を参照のこと(S. 36 ff.).

(54) ルーゲの書簡集を検討していたときに, ニーチェとルーゲのあいだに親戚関係のあったこともあきらかになった. ルーゲの妻アグネスの結婚前の姓はニーチェだった. 彼女は, ニーチェ自身と同じく, ゴットヘルフ・エンゲルベルト・ニーチェ(1714-1804)の三代あとの世代にあたる. これについては Ruge, *Br.* I, 19, 23, 43.

(55) Hegel $I^2$, 153; *Phänomenologie*, ed. Lasson, a. a. O., S. 483; XI, 352 ff.

(56) Nietzsche VI, 456.

(57) Nietzsche XIV, 348.

(58) D'Annunzio, *Per la morte di un distruttore*〔『破壊者の死のために』〕; A. Gide, Nietzsche, *Jahrbuch der Nietzsche-Gesellschaft*, München 1925; R. Pannwitz, *Einführung in Nietzsche*〔『ニーチェ入門』〕, München-Feldafing 1920; G. Benn, *Nach dem Nihilismus*〔『ニヒリズムののちに』〕, Stuttgart 1932; R. Thiel, *Generation ohne Männer*〔『男たちのいない世代』〕(insbes. Die Kap. über Th. Mann und St. George) Berlin 1932. G. Deesz, *Die Entwicklung des Nietzschebildes in Deutschland*〔『ドイツにおけるニーチェ像の発展』〕, Bonner Diss. 1933 参照.

(59) *Fröhl. Wiss.*〔『悦ばしき知識』〕, アフォリズム 377. 1887 年 3 月 24 日のニーチェのオーファーベック宛手紙.「ついでに, わたしがますます意識せざるをえなくなってきた奇妙な事実を述べておきましょう. わたしはますます〈影響力〉があるようです. もちろん, 地底を通っての影響ですが. どのラディカルな党派でも(たとえば, 社会主義者, ニヒリスト, 反ユダヤ主義者, キリスト教正統派, ヴァグナー主義者たち), わたしは不思議なことに, そしてきわめて神秘的でよくわからない名声を得ているようです. ……『反ユダヤ通信』(この雑誌は私的に〈信頼できる党友〉なるものにのみ送られているのだが)では, わたしの名前がほとんどどの号にも出てきます. ツァラトゥストラ, この神のごとき人間は, 反ユダヤ主義者たちに大変気に入られています. ついでに言えば, わたしは〈当局〉に, ドイツの学者, 芸術家, 作家, 俳優, 指揮者たちのなかで, 完全なユダヤ人の血を持っているもの, 半ばユダヤ人の血統の者たちの丁寧なリストを作ってはどうかという提案をしておきました. こうしたリストはドイツ文化の歴史にとってとても役立つのではないでしょうか. もちろんドイツ文化の批判にも」.

(60) Nietzsche XIV, 420. *Ges. Br.* I, 534 参照.

(61) Nietzsche *Br.* I, 515.

（62）以下の点に関しては拙著の『ニーチェの哲学』(S. 36 ff.)を参照のこと.

（63）Nietzsche XVI, 422.

（64）Nietzsche VI, 203 ff., 210; XV, 80; XVI, 515 および 401 f.

（65）Nietzsche VI, 295 f.

（66）Nietzsche VI, 206 f. また XVI, 201 および 409; XIV, 219; *Wille zur Macht*〔『力への意志』〕, アフォリズム 617 および 708 参照.

（67）Nietzsche VI, 18, 304; XV, 96.

（68）Nietzsche XV, 48 および「最後の意志」と題した詩.

（69）Nietzsche VI, 294 f.

（70）*Vorrede zur Morgenröte*〔『曙光』序文〕, 3 および 4 節. ニーチェの永遠回帰の思想と奇妙な平行関係をなしているロシアの哲学者ストラホフの思想を参照. 以下の書に彼の思想の要約がある. Tschizewskij, *Hegel bei den Slaven*, a. a. O., S. 327 ff.

（71）H. Ball, *Die Flucht aus der Zeit*〔『時代からの逃走』〕, München 1931; Th. Haecker, *Schöpfer und Schöpfung*〔『創造者と秘蔵物』〕, Leipzig 1934; M. Scheler, *Vom Ewigen im Menschen*〔『人間における永遠なものについて』〕, Leipzig 1923; L. Klages, *Der Geist als Widersacher der Seele*〔『魂の対庶物としての精神』〕, Leipzig 1929 ff.; K. Jaspers, *Philosophie*, Bd. III, Berlin 1932 参照.

（72）Nietzsche VI, 42 f.

（73）Nietzsche X, 233 ff. 拙著『ニーチェの哲学』S. 83 ff. 参照.

（74）*Maximen und Reflexionen*, a. a. O., Nr. 542. 1826 年 1 月 15 日および 21 日のゲーテからツェルター宛の二つの手紙の結末部分および冒頭部分参照.

（75）1830 年 11 月 21 日のゲーテのツェルター宛手紙.

（76）1816 年 11 月 14 日のゲーテのツェルター宛手紙.

（77）これについては 1772 年のシェ クスピアを論じた講演も参照

のこと．この中ではシェークスピアの戯曲について，「どの戯曲も，これまでいかなる哲学者も見たこともなければ，定義したこともない秘密の地点，つまり，われわれの自我の独特なところ，われわれの意志が主張する自由と，全体における必然の歩みとが合体する地点をめぐってできているのだ」(Weimarer Ausg. I/37, S. 133).

(78) 1794年2月27日の兄に対するフリードリヒ・シュレーゲルの手紙.

(79)『力への意志』アフォリズム749. ニーチェの自己批判については，*Br.* IV, 75 ff., 345, 355参照.

(80) Nietzsche XV, 85.

## 第5章

(1) Herder, *Briefe zur Beförderung der Humanität*〔『人間性の促進についての書簡』〕, I, 11.

(2) ヘルダーの1795年の論文 *Homer ein Günstling der Zeit*〔『時代の寵児としてのホメロス』〕参照.

(3) Herder, *Briefe zur Beförderung der Humanität*, II, 14.

(4) Ebenda, II, 15.

(5) Hegel, *Theolog. Jugendschr.*, a. a. O., S. 220. 228および229も参照.

(6) Fichte, *Werke* in 6 Bd., herausg. von Medicus, Bd. IV, 407 f.

(7) Ebenda, S. 639.

(8)「全能の」時間と「永遠の運命」とをおなじものとして見ることに関しては，ゲーテの「プロメテウス断片」(1773年)およびヘーゲルの『ドイツ憲法論』(1802年)を参照のこと．さらには以下も参照のこと．*Schr. zur Politik und Rechtsphilos.*, a. a. O., S. 74. ヘルダーリンの詩「わたしの頭上にすでにあまりにながく統べている……」(1799年)では，人間の精神を目覚めさせ，さらに

は強く揺さぶるものとして「時間という神」が形容されている．

(9) Immermann, *Die Epigonen*, I. Teil, 1. Buch, Kap. 8, und 2. Buch, Kap. 10; F. Gundolfs Vortrag über Immermann in: *Romantiker*, Neue Folge, Berlin 1931 および K. Hecker, *Mensch und Masse*, a. a. O., S. 72 ff. 参照.

(10) *Epigonen*, I. Teil, 2. Buch, Kap. 4（»Die Weltgeschichte ist das Weltgericht«〔「世界史は世界法廷である」〕）参照.

(11) Marx-Engels *Ges. Ausg.*, I. Abt., 2. Bd., S. 111 ff. und 126 ff. また，インマーマンの論文は，*Hallischen Jahrbüchern*, 2. Jhg., 1839 および 3. Jhg., 1840 参照.

(12) *Kapital*, III/2, 2. Aufl., S. 355.

(13) Hegel, *Br.* I, 13〔1795年1月ヘーゲルからシェリングへの手紙の末尾に近い箇所には共通の友人のヘルダーリンについてこう記されている．「世界市民的理念への彼の関心は，ますます高まっているようです．神の国が来りますように．そしてわれわれが手を懐でこまねいていないことを！」〕.

(14) *Angriff auf die Christenheit*, a. a. O., S. 458.

(15) Über die Geduld und die Erwartung des Ewigen〔「永遠なるものに耐え，待ち望む」〕, *Religiöse Reden*〔『説教集』〕, übers. von Th. Haecker, Leipzig 1938, S. 65 ff. und 181 ff.

(16) Kierkegaard V, 78 ff. und VII, 48. これについては拙著のニーチェ論の「正午と永遠」というニーチェの概念を論じた箇所（S. 64 ff. および 153 f.）を参照のこと.

(17) Kierkegaard V, 79, Anm. und 84, Anm.

(18) G. Kuhlmann, Zum theologischen Problem der Existenz〔「実存という神学的問題」〕, *Zeitschrift für Theologie und Kirche*〔『神学・教会誌』〕, 1929, S. 49 ff. また，著者の論文は，*Theol. Rundschau*, 1930, H. 5, S. 334 ff. 参照.

(19) Kierkegaard III, 180 参照.

(20) ハイデガーにおける死の先取りについてはKierkegaard VI, 242 ff. 参照.
(21) J. Wahl, *Études Kierkegaardiennes*, a. a. O., S. 465, 468, 470参照.
(22) *Sein und Zeit*〔『存在と時間』〕, § 53.
(23) *Kant und das Problem der Metaphysik*〔『カントと形而上学の問題』〕, Bonn 1929, S. 231 f.
(24) *Jenenser Logik*, ed. Lasson, Leipzig 1923, S. 202 ff.
(25) *Enc.* § 259, Zus.
(26) Vorrede zur *Rechtsphilosophie*〔『法哲学』序文〕.
(27) Hegel XI, 4.
(28) *Enc.* § 258.
(29) *Die Vernunft in der Geschichte*, ed. Lasson, a. a. O., S. 166.
(30) 『存在と時間』82節の最後でハイデガーはヘーゲルのテーゼを逆転させている.
(31) *Sein und Zeit*, § 82.
(32) Ebenda, § 68a および81節の末尾.
(33) Ebenda, § 74.
(34)「現存在 Dasein」という語は, ドイツ語の普通の使い方では, そしてヘーゲルやゲーテにあっても, ハイデガーの使用法とは異なっており, ハイデガーではそうあってはならないものを意味している. つまり, 現実に存在しているあり方を意味しているのだ.
(35) Goethe, *Gespräche* III, 36 f. 以下を参照. F. Rosenzweig, *Der Stern der Erlösung*〔『救済の星』〕, a. a. O., III. Teil, S. 36 ff. und: E. Staiger, Die Zeit als Einbildungskraft des Dichters〔『詩人の想像力としての時間』〕, Zürich 1939, S. 101 ff.
(36) Fragment über die Natur〔「自然についての断片」〕.
(37) 詩 »Vermächtnis«〔「遺言」〕, 第5連参照.
(38) *Maximen und Reflexionen*, Nr. 388.

(39) Goethes Briefwechsel mit M. Willemer〔『ゲーテのM・ヴィレマーとの往復書簡』〕, herausg. von Hecker, Leipzig 1915, S. 42 f. および 312 f. 参照.

(40) Goethe, *Gespräche* III, 446, IV, 160 f. 参照.

(41) Goethe, *Gespräche* III, 421.

(42) 1823年4月17日のゲーテのシュトールベルク夫人への手紙. 詩「遺言」第5連参照.

(43) Goethe, *Gespräche* I, 495.

(44) J. Hennig, Die Geschichte des Wortes Geschichte〔「歴史という語の歴史」〕, *Deutsche Vierteljahrsschr. für Literaturwiss. und Geistesgesch.*〔『文芸学及び精神史に関するドイツ四季年報』〕, 1938, H. 4 参照.

(45) *Die Vernunft in der Geschichte*, ed. Lasson, a. a. O., S. 191. これについては, アレクサンダー・フォン・フンボルト〔1769–1859年, 博物学者・地理学者. ヴィルヘルム・フォン・フンボルトの弟〕の皮肉な以下の発言がある.「あのヘーゲルのなかにあるのは, わたしから見ればもちろんのこと理念の森なのです. ……しかし, わたしのように昆虫とおなじに地面を這いつくばって自然の差異に目を奪われている者から見れば, アメリカやインドの世界についての純粋に偽りの事実や見解を抽象的に唱えるヘーゲルのやり方は, 自由を奪うもので, 不安にさせます. ……ヘーゲルが77ページで, アメリカの牛の肉よりずっとすばらしいというおとぎ話を展開しているヨーロッパの牛の肉なるものは喜んであきらめましょう. そして, 弱々しく力のない鰐(残念ながら25フィートもあるのですが)の隣で生活したいものです」(*A. v. Humboldts Briefe an Varnhagen von Ense*, 1860, S. 44 f.)

(46) *Rechtsphilosophie* § 337, § 345.

(47) 第2章第2節 b を参照のこと.

(48) B. Croce, *Ultimi saggi*, Bari 1935, S. 246 ff.「反ストイシズム」

の箇所.

(49) 両者の理論の歴史的なコンテクストをきわめてよく示すのは，ヘーゲル主義者マルクスが，ダーウィンを唯物弁証法の人と見て，彼に『資本論』を捧げようとしたことである.

(50) Nietzsche, I, 223 および 353 f.; X, 273 f. 参照. こうした歴史の成功重視論の最高の例は，古代世界に対するキリスト教の勝利である. 歴史におけるキリスト教の成功，世界の半分へのキリスト教の拡大，その継続性，そしてその力，これらは，キリスト教が精神的に優越していることの少なくとも間接的な証明であることは，ヘーゲルにとってのみでなく，それ以外のほとんどすべての歴史家にとっても決まりきったことだった. それに対してニーチェの以下の箇所を参照のこと. I, 340, 368, および X, 401; Kierkegaard VI, 140 ff. ニーチェとキルケゴールの両者は，キリスト教を真剣に受け止めたがゆえに，「何世紀にもわたる証明」を拒否したのだ.

(51) J. Burckhardt VII, 26. 198, 205 参照.

(52) L. Klages, *Die psychologischen Errungenschaften Nietzsches*〔『ニーチェの心理学的業績』〕, Leipzig 1926, Kap. 6 参照.

(53) ブルクハルトの『世界史的考察 *Weltgeschichtlichen Betrachtungen*』中の「歴史的偉大 Historische Größe」についての章参照.

(54) Goethe, *Gespräche* II, 159.

(55) 拙著 *Meaning in History: The Theological Implications of the Philosophy of History*. Chicago 1949 参照.

(56) Goethe, *Gespräche* III, 74.

(57) 1790 年 3 月 3 日のゲーテのヤコービ宛手紙. Annalen, Bd. 27. a. a. O., S. 9 und 19 f.; Goethe, *Gespräche* III, 61 f. 参照.

(58) Bd. 40, a. a. O., S. 446.

(59) 1829 年 1 月 2 日のゲーテのツェルター宛手紙. Tieck, *Goethe*

*und seine Zeit*〔『ゲーテとその時代』〕(1828)，および Gutzkow, *Über Goethe im Wendepunkte zweier Jahrhunderte*〔『ふたつの世紀の転換点におけるゲーテについて』〕(1835)参照.

(60) Bd. 25, a. a. O., S. 61.

(61) Ebenda, S. 225. Bd. 27, S. 46 und 226 参照.

(62) 1807年7月27日のゲーテのツェルター宛手紙．また，Goethe, *Gespräche* I, 491 ff. 参照.

(63) Goethe, *Gespräche* I, 449.

(64) 1812年11月14日のラインハルト伯爵宛のゲーテの手紙．また，1825年5月31日のCh・L・F・シュルツ宛のゲーテの手紙，Goethe, *Gespräche* III, 489 参照.

(65) 1802年3月9日のゲーテのシラー宛手紙および *Gespräche* I, 494 f. 参照.

(66) Goethe, *Gespräche* I, 546 f. 同じく III, 491 ff. および IV, 94 f., »Timur«〔「ティムール」〕im *Westöstlichen Diwan*〔『西東詩集』〕参照.

(67) 以下のヘーゲルの文章と比較してみること．「目覚めているなら，すべてが見えるはずだ．そして，それらいっさいについて，それがなんであるかを言うがいい．まさにこのことが理性なのであり，世界を支配することなのだ」(Rosenkranz, *Hegels Leben*, a. a. O., S. 540).

(68) Goethe, *Gespräche* IV, 476. 同じく II, 49; III, 96 f. および 492, 1828年7月18日のゲーテのボイルヴィッツ宛手紙参照.

(69) 戯曲『エピメニデスの目覚め』のモットー.

(70) Goethe, *Gespräche* I, 434 f.

(71) Goethe, *Gespräche* I, 435. 1831年9月4日のゲーテのツェルター宛手紙および9月7日のラインハルト宛手紙参照.

(72) Goethe, *Gespräche* IV, 290; V, 175. 1830年8月2日のエッカーマンとの対話.

(73) Goethe, *Gespräche* IV, 69; vgl. II, 40.

(74) Goethe, *Gespräche* II, 572.

(75) Goethe, *Gespräche* II, 6.

(76) Goethe, *Gespräche* II, 419. 同じく 416; III, 155; IV, 275, 1831年9月9日のフェリックス・メンデルスゾーン＝バルトルディ宛手紙参照.

(77) Goethe, *Geschichte der Farbenlehre*, Bd. 39, a. a. O., S. 59.

(78) Ebenda, S. 1. *Gespräche* II, 632 および IV, 51 参照.

(79) これに関しては，ゲーテにおいてナウシカ悲劇の犠牲に依拠して「植物学的先入見」がはびこっている〔ゲーテはイタリア旅行の途上，シチリア島で悲劇『ナウシカ』を書き始めたがじきに放棄し，シチリアでは原植物の研究に集中した．またオデュッセウスをナウシカが救うホメロスと異なって，ゲーテのこの未完の作品ではナウシカが愛のために死ぬ悲劇となる構想だった〕とブルクハルトが惜しんでいる箇所を参照のこと(XIV, 176)．ブルクハルトにおける精神と自然の区別については，Burckhardt VII, 18, Dilthey, *Ges. Schr.* VII, 88 ff. 参照.

(80) F. Meinecke, Goethes Mißvergnügen an der Geschichte〔「歴史に対するゲーテの不満」〕, *Berliner Sitzungsberichte*〔『学士院における会議報告』〕, 1933; *Die Entstehung des Historismus*〔『歴史主義の成立』〕, 1936, Bd. II, S. 480 ff. マイネッケがゲーテを歴史主義の成立の枠内に入れて見ることができたのは，彼が基本的にはヘーゲルに由来する歴史主義ではなく，生についての考え方の個人化をこの本で主題としていたからである．以下を参照．E. Cassirer, *Goethe und die geschichtliche Welt*〔『ゲーテと歴史的世界』〕, Berlin 1932; H. Cysarz, *Goethe und das geschichtliche Weltbild*〔『ゲーテと歴史的世界像』〕, Brünn 1932; A. Schweitzer, *Goethe*, München 1932.

(81) Goethe, *Gespräche* III, 489.

（82）Goethe, *Gespräche* III, 137.

（83）1824年3月27日のゲーテのツェルター宛手紙．また，*Gespräche* II, 571, *Maximen und Reflexionen*, Nr. 271, 1793年7月7日のゲーテのヤコービ宛手紙参照.

（84）Goethe, *Gespräche* I, 433 ff.

（85）これに関してはグンドルフ〔1880-1931年．ゲオルゲ派に近いドイツの文学史家〕の『ゲーテ』のなかの「歴史と政治」の章を参照のこと．この章にしたがえば，ゲーテにとって歴史は「象徴的な真理性」をもっているにすぎない．そして歴史はできごとの「イメージ」を描き出し，ファンタジーを刺激し，偉大な行為や人物を通じて性格を高めるかぎりで意味があるにすぎないことになる．「経験的正確さ」は顧慮されないし，歴史的＝文献学的批判は無視されている，というのだ．しかし，ルーデンとの対話，またゲーテとF・A・ヴォルフとの関係，そしてニーブールを高く買っていることをゲーテが示唆している箇所を見るだけでも（1827年4月4日のニーブール宛手紙，*Gespräche* IV, 317および353），歴史を「詩人や英雄」を基準に適当に刈り込むやりかたは，現実に関するゲーテの真剣な感性とまったくそぐわないことを認識するのに十分だろう．

（86）Weimarer Ausg. IV/22, S. 28. *Tagebücher* IV, 183 f. および1826年10月11日のツェルター宛手紙参照.

（87）ドイツ史の書きかえの典型的な例には（新生ドイツの歴史のための帝国研究院 Reichsinstituts für die Geschichte des neuen Deutschlands なるものの出版物以外にも）次のようなものがある．H. Schwarz, *Grundzüge einer Geschichte der artdeutschen Philosophie*〔『ドイツ種族の哲学史』〕, Berlin 1937; E. Seeberg, *Meister Eckhart*〔『マイスター・エックハルト』〕, Tübingen 1934; H. Mandel, *Deutscher Gottglaube von der deutschen Mystik bis zur Gegenwart*〔『ドイツ神秘主義から現代に至るドイツの神信仰』〕,

Leipzig 1930 等々.

(88) Nietzsche I, 336.

(89) Nietzsche I, 330 ff.

(90) これについては，事態をよく露呈してくれている H. Freyer の講演を参照のこと．H. Freyer, *Das geschichtliche Selbstbewußtsein des 20. Jahrhunderts*〔『20 世紀における歴史的自己意識』〕, Leipzig 1937.

(91) *Geschichte der Farbenlehre*, Bd. 39. a. a. O., S. 4 und 61.

(92) 1829 年 1 月 2 日のゲーテのツェルター宛手紙．また，1827 年 3 月 23 日から 29 日までの手紙をも参照.

(93) R. Oehler, *Die Zukunft der Nietzschebewegung*〔『ニーチェ運動の将来』〕, Leipzig 1938.〔本書下巻「付録　初版との異同」に長く引かれているエーラーの文章を参照のこと〕

(94) インマーマン『回想録 Memorabilien』のなかの「フランケン地方の旅，ゲーテの家」から.

「ジュピターからはじめ，ジュピターで終えよう」〔ゲーテはよくアポロやジュピターにたとえられた〕

「噴水があって生き生きした感じがする広場の横に，二階建ての家が建っている．少し暗く赤みがかった漆喰が塗ってあるこの家は，見た目には広壮に見えるが，豊かな市民の家の限度を越えたようなところはこれといって見あたらない．入り口のしきいをまたいで，奥に通じる廊下に出る．石の色が黄色っぽくて，明るく朗らかな感じがする．大きい石でできた手すりのついた階段を上って行く．階段の一段一段は，広く，きわめてゆるやかに上に伸びている.

上の回廊の広間の奥の壁のくぼみには，〈眠り〉と〈死〉の像が，そしてユーノー Juno〔ローマの最高位の女神〕の大きな頭像がわれわれを迎えてくれる．階段の上にはローマを眺望する図がかかっていて，あの国〔イタリア〕を思い起こさせてくれる．ゲーテは,

あの国を離れてからというもの，いちどとして本当の意味でしあわせだったことはない，と言うのが常だった．

次に，長めの黄色い小さめの広間にはいる．ゲーテはこの部屋で客を食事でもてなした．古代風およびプッサン〔Nicolas Poussin, 1594-1665年．バロック時代のフランスの画家．牧歌的風景の絵で有名〕風の情景を描いたマイアー〔Heinrich Meyer, 1760-1832年．画家でゲーテの長年の友人〕のスケッチが壁をおおっている．緑のカーテンの裏にゲーテは，このマイアーによる〈アルドブランディーニの婚礼〉の水彩模写を保存していて，これは自分の最も貴重な宝物だと思っていた．左右の部屋にも，この方向と時代の芸術に属する作品群だけが飾ってある．ゲーテが学んでいた時期にむさぼるように吸収したもの以外はなにも置いていない．そのあとにできた芸術作品は見ることができない．われわれは，この偉大な人間が自己啓発に用いた数少ない，そしていささか貧弱な品物を見やる．

この小部屋の右のいわゆる天井の間を覗き込む．……左側には，彼の青の客間，その奥にはいわゆるウルビノの間がある．これは，彼がイタリアから持ち帰ったウルビノ公の肖像である．客間の入り口で暖かみに溢れたSalve〔ようこそ〕の文字がわれわれを迎えてくれる．

彼の生きていた時代に，他の人々も入ることができた部屋はこれだけである．自分の仕事部屋には，最も親しい人々，つまり，クードライ〔Clemens Wenzeslaus Coudray, 1775-1845年．建築家，ヴァイマールの町の公共空間の形成に寄与〕，リーマー〔Friedrich Wilhelm Riemer, 1774-1845年．ヴァイマール宮廷の図書館長などを務めた〕，ミュラー，エッカーマン以外には誰も入れなかった．

死とともに，この巨匠が設定した立ち入り禁止令はなくなった．われわれは家の中の小さな談話室のいくつかを抜けて，彼の勉強

部屋ないし仕事部屋へと向かう．小部屋のひとつでわれわれは短く足を止めた．この部屋こそ，ゲーテが他の人のいないとき，子どもたちと一緒に食事をとったところだ．丸屋根が，緑の光を部屋中に投じている．ほんの一歩で庭に出る．そこは彼が自由な時間に，どんな短い時間でも明るい太陽を楽しんだところだ．庭の片隅にある東屋は，ゲーテが物理学の実験器具をしまっておいたところだ．

博物室の入り口では，壁際の棚やガラス箱のなかに，鉱物，岩石，貝殻や化石などが並んでいる．すべて，彼の自然科学上の観察の対象となったものだ．どれもきわめて清潔に管理されていて，並べ方にも多少の優美さがそなわっている．右側のドアを開けると，図書室が覗ける．彼が使えた費用から見ると，蔵書はいささか少なめに見えるかもしれない．ゲーテはヴァイマールとイエナの図書館が使えたので，意識的にそれほど本を集めなかった．また，貴重な本でも彼には無用と思われたものが増えて行くのを避けるため，ゲーテは，近くの人や遠くの人から恵贈された本の多くは，読んだあとは，人にあげてしまったのだ．

ここで，以前はゲーテの筆記係だった図書館管理者のクロイター氏が仕事部屋のドアを開けてくれた．すると私の前には感動的な光景があらわれた．……この天井の低い，飾り気のない緑色の小部屋，綾織りのブラインドがかかり，窓板はすり切れ，部分的にはくさりかかった窓枠のこの小部屋こそは，あれほど大量の輝かしい光が流れ出した場所なのだ．私は大変感動した．そして，気持ちが弱くなって涙ぐまないように，気をしっかり保たねばならなかった．もしも，涙ぐんでいたら，見る力を失ってしまったであろうから．

すべてがもとどおりで，もとの場所から動いていない．クロイター氏は，紙片ひとつ，羽ペンの削りくずひとつ，巨匠が亡くなった時のままに動かしていない．そのようにうやうやしくも厳し

く注意を払っている…….

ここではどんな隅っこも聖なる床であり，この小部屋に一杯の何千という品々は，この精神の本性と動きを語っているのだ．周囲の壁には引き出しのついた小さな箪笥があり，そのなかには，原稿が保存されていた．その上には物置き台があって，ゲーテはそこにちょうどやっている仕事関係の品々を置くのを常としていた．……彼は立ちながら読み，立ちながら書き，朝食も高いテーブルで立ちながらとっていた．彼は自分が興味を抱いている人すべてに自分とおなじように立っていろいろなことをするように機会あるごとにすすめた．生命維持にいいというのだ．おなじく，手を背中に合わせることもすすめた．その方が，彼の言うところによれば，胸がせばまったり，おしつぶされたりするのを防げるというのだ．

この厳かな仕事場をもうすこし丁寧に見てみよう．ドアの左側には，歴史に関する成績表がかかっている．一年にわたって彼は，最初の枠に，彼の見解によれば政治的に成功を収めるであろうと思われた国際的に重要な人物や組織を描かせ，それに続く枠には，その後の数年で，期待した成果が果たしてあがったか，どの程度あがったかを書き込ませている．彼はジャクソン〔アメリカ合衆国の第7代大統領〕には大いに期待していたが，インディアンに対するジャクソンの態度については続く欄で真っ黒なしるしがついている．

ボール紙でできた錐形は彼が自ら作ったもので，当初は物置き台の上に置かれていた．これは心理学に関するゲーテの思考実験として面白いものである．これを使ってゲーテは，魂のさまざまな力の相関関係を視覚化しようとしたのだ．ゲーテには，感性こそがいっさいの他のものの基盤と思えた．それゆえにこの三角形の底辺を感性の場とし，緑に塗ってある．想像力は深紅の色，理性は黄色となっている．そして悟性には水色の横向きの平面が与

えられている.

その横には，黒く塗ったボール紙でできた半球が置いてある．ゲーテは水を満たしたガラスの球を使って，陽がよく照っているときに虹の七色をこの黒い半球の上に投影して楽しんでいた．彼は，特に息子が亡くなってからは，この試みを何時間もやって飽きることがなかった．そして色とりどりの光が強く浮かび上がってくるのは，最高の楽しみだった．

およそ自然現象に出会ったときは，彼はとてもしあわせだった．ある場所には，エッカーマンがスイスからもってきたオパール製のナポレオンの小さな胸像が立っている．これは自らの色彩論のいろいろなことが正しいという確認に役立ち，彼は本当に喜んだ〔オパール石は，種類によっては光や紫外線があたるとさまざまな色を出す〕．別の机の上に置いてあるビンは，ゲーテが子どものように歓喜の声をあげたことがあるものだ．そのビンには赤ワインがはいっていて，横に寝かせてあった．そしてゲーテがたまたまそのビンを光にかざすと，そこには，ワインの酒石が葉や花のかたちをした最高に美しい結晶となって沈殿していた．彼は感動して，身近な人々を呼び集め，この光景を見せて，火のついたろうそくを持ってこさせると，彼の紋章を紋章用の封蠟でかたどったものを栓の上にかぶせ，なんらかの偶然でこの現象が壊されることのないようにした．その後もこのビンはずっと彼の部屋に置かれ続けていた．ナポレオンは，彼に光の分野で多くの示唆を与えてくれた．だがまた，ゲーテにとってナポレオンは，高い世界の光が届かないあの暗い領野のデーモンともなった．ナポレオンの胸像はライプチヒの諸国民会戦の日に，壁との接着剤が剝がれて落ちてしまった．像の縁の一部はかけてしまったが，この英雄の顔の部分は傷つかなかった．壊れたこの胸像はもとの棚の隅に今でもかかっている．ゲーテはルキアノス(Lucan)の詩句のパロディを作って，胸像のまわりに赤い字で次のように書かせた．

〈偉大な名前には非常に多くのものがついて回る〉

ここにはまた『ローマ悲歌』のオリジナル原稿が保存されているし，『ゲッツ・フォン・ベルリヒンゲン』の最初の原稿も置いてある．

ゲーテはきわめて几帳面だった．よく使っていた小さな覚え用の書き込みカレンダーが一年の終わりまできれいなままでないのが，彼には嫌だった．そこで特別に自分でボール紙製の鞘を作ったほどだ．

部屋の中央には，大きな丸い机がある．この机には口述筆記係が座り，口述筆記させているときのゲーテは，ひっきりなしにこの机の周囲を回っていた．口述筆記の仕事は朝8時にはじまり，いっさい中断なく，ときには午後の2時まで続いた．

最後の数年ゲーテは夕方になるといつもこの静かな部屋にこもった．そしてこの筆記係の召使いは，彼の目が親愛を込めて開いているかどうかを見たものだ．その目に，なにか伝えたい，もしくは誰かと会いたいという望みが光ると，筆記係は静かに安楽椅子を机のところに持って行き，その上に座布団を敷き，籠を横に置くと，ゲーテはそこに布を置いた．そしてゲーテはそこに座るのだった．誰か訪ねて来る者はいないか，と思いながら．すると近くにいる者にすぐにその知らせが届いた．時間さえあれば，喜んで来ないものがいるだろうか．そして誰かやってくると，彼は11時ぐらいまで小さなサークルで親しい者たちとの会話を楽しんだ．ワインと冷たい食事でもてなしながら．彼自身は，もう何年も晩の食事はとらなかった．

後はゲーテの最後の床を見なければならない．彼は寝たまま亡くなったのではない．英雄にふさわしく立ち往生というほどでなかったが，すくなくとも座ったまま亡くなった．仕事部屋の左に寝室がくっついている．やはりとても小さく，飾りもなく，仕事部屋よりも使い込まれていたんでいる．最晩年になってはじめて

彼は自分と自分の寝床に気を使いだし，ベッドとベッドが寄せてある壁とのあいだに，綿の毛布をリングで吊るさせて，壁からの冷気が来ないようにした．この仕掛けとベッドの前の細い絨毯以外には，自分を甘やかすようなものや快適さを与えてくれるものはいっさい見えない．ベッドそのものは低く，赤い絹製の上掛けがかかっていた．そしてベッドの幅も細く，どうやったら彼の大きな体がこの上に収まったのか想像がつかなかった．

偉大な賢人のイメージがこうした細部にいたるまで，見ているわれわれの心に染み通ってきた．飾りや装飾はその本来の場所に置きながらも，自分のすぐまわりには，最も質素なものしか置こうとしなかった．なぜなら，彼本人が最大の飾りだったのだから．

そしてベッドの頭の部分に，そうだ，あの寄りかかり椅子がおいてある．この椅子に座ったままあの偉大な人生が息を引き取ったのだ．すべての証言が一致しているのは，いっさいの苦しい戦いもなく，いかなる痛みも，近づきつつあるという気持ちもいっさいなく死が訪れたということである．それどころか，実際に死がいつ来たかは，誰も気がつかなかったとのことである．

ここにこそ若い人々を連れてきて，実直で正直に生きられた人生の印象を彼らが受け取るようにするべきだ．ここでこそ若い人々に三つの誓いをさせるべきだろう．三つの誓いとは，勤勉，誠実，そして筋を通して生きること，この三つである」

# 訳　　注

## 第 1 部

### 初版の序文

〔1〕〈作用連関 Wirkungszusammenhang〉(ここでは Wirkungszusammenhänge と複数で使われている)とは，元々はディルタイが未完の『精神科学における歴史的世界の構成(Der Aufbau der geschichtlichen Welt in den Geisteswissenschaften)』などで用いた言葉．歴史の結果としての時代の文化的精神的枠組み，その意味で「客観精神」であると同時に，そこからあらたな文化や精神がさらに生み出される「主観精神」をも，つまり生の連関(Lebenszusammenhang)をも意味した．

### 序　　論

〔1〕ヘーゲルは 1827 年プロイセン文部省の資金によるパリへの研修旅行の帰途ヴァイマールに寄り，ゲーテの歓待を受けた．その一部始終を妻に詳しく報告している．ほんの数日だったヴァイマール滞在の 2 日目にゲーテは，家族および何人かの友人も招いてヘーゲルのために昼食会を催している．レーヴィットが指摘する妻への手紙から，その箇所だけ引いておく．「私は，ゲーテの隣に座らされて，……彼に政治および文学に関して最近のフランスのさまざまな意見や関心のあり方について話すことになりましたが，どんな話も彼の興味を引いたのです．彼はまったく壮健で，健康で，昔のままの，つまり，常に若いゲーテのままでした．少しおとなしくなってはいたかもしれませんが．品のいい，また人のいい，そして陽気な頭脳で，接していると，天才であり，尽さ

ることのない才能とエネルギーの持ち主であることを忘れるほどでした．われわれ二人は，長い忠実な友人だから，どのみちおたがいに観察し合う関係ではないのですが」(1827 年 10 月 27 日の妻への手紙から)．

〔2〕いわゆる「ドイツ観念論最古の体系プログラム」と言われている原稿のことであろう．1913 年に初めて競売に付されたこの断片の筆跡はヘーゲルだが，著者としてはヘーゲルではなく，シェリングかヘルダーリンが有力とされており，断定的なことはもはや言えない．

〔3〕テオリアとは古代ギリシアにおいて哲学として評価され，元来「見ること」を意味していた．

〔4〕聖変化 Transsubstantiation は，パンがキリストの体に，ブドウ酒がキリストの血に変わるという聖体の秘蹟を説明するための神学的用語．物質としてのパンは一切変わらないが，その「実質 Substanz」が変化するのだという説明に用いられた．

〔5〕「レッシングの寓話」とは，ユダヤ教，イスラーム，そしてキリスト教の三大一神教のあいだの宥和を説いたレッシングの戯曲『賢者ナータン』の最後に語られるいわゆる「指輪の寓話」のこと．それをはめている者は，神と人の前で最も愛される存在になるという指輪があった．その持ち主であった人格者は三人の子どもの誰かにこの指輪を渡すのは，他の二人の差別になるので，忍びなかった．そこで，彼は，まったく区別不可能な精密な指輪を二つ作らせて，ひとつひとつを子どもたちに渡した．一つは本物．他の二つは偽物であるが，見た目には分からない．死後に三人の子どもは本物の認定をめぐって裁判を起こすが，裁判官も判断不可能である．そこで裁判官は，神と人から最も愛されるように生きた者が，本物の指輪の持ち主ということになろう，という忠告を述べて，法廷を閉じる．この寓話は，最近の宗教の問題にも良く引かれ，2001 年 9 月 11 日の米国での同時テロを受けて，その

冬のシーズンには，ドイツ各地の劇場で『賢者ナータン』が，それぞれ独自の解釈で上演された．

〔6〕「メルヘン」とは，ゲーテにあっては，「かつて存在したこともないほどのとてつもない事件についての話」という意味である．

〔7〕グレートヘンは，『ファウスト』に登場するファウストの恋人，彼との不義の子供を産んだあと，殺害したので，嬰児殺しのかどで逮捕され，処刑される．オッティーリエは『親和力』の主要登場人物の一人．不倫の恋の苦しみから，自ら食を断ち，やせ衰えて死んで行く．

〔8〕ヨゼーフス（フラヴィウス．Flavius Josephus, 37/38-100年以降）は，ユダヤ人の歴史を書いた歴史家．エルサレムの陥落前にローマ側に寝返り，最後はローマで暮らした．旧約聖書に描かれた時代以降，彼の時代までのユダヤ史の部分は，今日では失われた著述を下敷にしているので，貴重な資料的価値を持つ．

〔9〕この「自然について」の断片は元来は，ゲオルク・クリストフ・トーブラーが1780年に書いたもので，1783年『ティーフルト・ジャーナル』に掲載された．ゲーテは40年以上のちに，これを自分の作品とすることもあったが，まちがいと思われる．今でも，定評あるハンブルク版ゲーテ全集（Hamburger Ausgabe, Bd. XIII, Naturwissenschaftliche Schriften I, S. 45 ff.）にも掲載されているのは，ゲーテ自身の当時の自然観と断片の内容がゲーテ自ら言うとおり（1828年5月24日の宰相ミュラー宛の手紙も参照），一致しているからであろう．

## 第1章

〔1〕今なら社会学的に見て個人が相互に未分化な集団生活は，ヘーゲルでは〈実体 Substanz〉と呼ばれており，中国の家族などが彼の念頭にあった．集団生活の中に潜む潜在的な精神的能力でもある．精神の発展はこの実体から離脱し，自ら〈主体 Subjekt〉とな

ることに存するとされた.

〔2〕〈宥和 Versöhnung〉は，もちろんのこと，元来は十字架におけるイエスの死という贖罪による神と人間の〈和解 Versöhnung〉をも意味する.

〔3〕〈時代の徴候 Zeichen der Zeit〉は，『マタイ伝』16章3節の言葉．イエスを試す者たちにイエスが，あなた方は空気の予兆を見て明日の天気を言い当てるのに，「時の予兆」(もしくは「時代の徴候」)を見ないのか，と自らがメシアであり，時の満ちるのが近い徴候を見なさい，という趣旨の発言をしている．この言葉を時代診断的に使って大きな影響を与えたのがカーライルのエッセイ「時代の徴候 Signs of the Times」である．この時期から「時代診断」の意味で使われるようになった.

〔4〕原文は Versöhnung des Verderbens. 宥和がそのまま解体を内在させているということであろう．英語訳では destroying reconciliation となっている.

〔5〕Tantae molis erat se ipsam cognoscere mentem. これは次に引かれるウェルギリウスの『アエネイス』の一節のもじり.

〔6〕lucus は「やしろの森」の意味であるが，光 lux と発音などが似ているため，ラテン語を学ぶ学生は，lucus を見ると「光」の意味ではないか，と間違った推測をしやすい．それゆえ「ルークスといっても，光るものではないよ」という間違った語源論への皮肉の言い方が生まれた.

〔7〕「いっさいを灰色に」とはヘーゲル『法哲学』序文の有名な言葉である.

〔8〕邦訳書名は『ドイツ古典哲学の本質』(岩波文庫).

〔9〕ベルゼルカーは中世初期の北欧神話に出てくる猛り狂った戦士.

〔10〕ホーエンシュタウフェン朝のコンラーディン(1252-1268年). 1268年にシャルル・ドゥ・アンジューによって処刑された.

〔11〕フリードリヒ・ヴィルヘルム4世(1795-1861年). 1840年以

降プロイセン王.

〔12〕ヴィルト博士は自由主義派の政治家かつ文筆家.

## 第2章

〔1〕『聖家族』はマルクスとエンゲルスが初めて共同で執筆したブルーノ・バウアー批判.

〔2〕「世界史は世界法廷である. Die Weltgeschichte ist das Weltgericht」. 例えば,『歴史哲学講義』の最後に附された Heidelberger Enzyklopädie 448 節(ズールカンプ書店の 20 巻本のヘーゲル全集では, Bd. 12. S. 559)に, 世界法廷としての世界史という考え方が記されている. この表現は, Geschichte と Gerichte という言葉遊びが有効にはたらいたこともあって, さまざまに変奏されて使われた.

〔3〕1830 年代以降 F・Ch・バウアーの自由主義的な聖書解釈, 特に古代キリスト教の理解を中心に結集した聖書解釈の学派.

〔4〕引用は『精神現象学』の最後の文章である. このあとシラーの詩をもじった引用が二行続いて, この書は終わる.

〔5〕やはり検閲のために短命に終わった『ハレ年報』の後継誌. また, のちにパリで出た『独仏年報』の前身.

〔6〕「それと知らないままに」というのは, ヘルマン・ノールによるヘーゲルの『初期神学論文集』の出版は, 1907 年になってからだったので, 青年ヘーゲル派の人々は知るよしもなかった, という事情による.

〔7〕レッシングは啓蒙主義者としてプロテスタント正統派の牧師ゲッツに批判を加えた. 彼との論争は 18 世紀後半におけるドイツ語圏の最大の論争として歴史に残っている.

〔8〕ニーチェは, さまざまな箇所で自分のことを, 未来の先取りをする, 早生まれの〈先駆者〉と見なしている.『曙光』というタイトルからしてもそうである. ハイデガーでは,『存在と時間』の

「死への先駆的決断」も思い浮かぶが，むしろ晩年の存在史的思考のなかで，近代の中にあって，近代の外の思考という不可能めいたことを企てるみずからを，そうした思考の〈先駆け〉と見ていた．ただ，レーヴィットがこの本を書いた時点ではそうした思考はまだ展開されていなかったので，やはり『存在と時間』の当該箇所をさすのであろう．

〔9〕テミストクレスがペルシャの再度の侵攻を予測し，海軍を増強し，サラミスの海戦でペルシャ軍を打ち破った故事を示唆している．

〔10〕カッラーラは，フィレンツェ北西のトスカナ地方の町．白い大理石が切り出されることで有名．

〔11〕「コルポラツィオン」は，特にヘーゲルの『法哲学』で重要な概念．医師会や弁護士会のような特定の職能団体を表す．

〔12〕カンタベリーのアンセルムスの考案した，神の存在の証明方法．「それ以上大きいものが考えられ得ないなにものかが存在する」，そして，それは思惟のうちにとどまるならば，限定されたものでしかないから，定義に反する．それゆえに，そうしたものは存在するという議論．

〔13〕アメリカを「無限の可能性を持った国」と形容したのは，ドイツの経済人のルートヴィヒ・マックス・ゴルトベルガー(1848-1913年)である．アメリカ旅行中にニューヨークの新聞に出たドイツ語でのインタビュー記事に答えて述べた表現．帰国後ベルリンの雑誌『ヴォッヘ』で繰り返してのち，ドイツ語圏では誰でも知っている表現となった．Büchmann, Geflügelte Worte, 32. Aufl. 1972, S. 673 参照．

## 第3章

〔1〕洗者ヨハネをみごもったエリーザベトをマリアが訪れたときに，喜びのあまり「胎内の子がおどった」という『ルカ福音書』の1

章41節の表現をもじったもの．

〔2〕ヘーゲルの『論理学』第1部第2巻「本質論」の第3節は「現実」というタイトルがついている．

〔3〕ヘーゲルは『法哲学』の244節で，偶然に頼ってのみ生きている存在として，ラッツァローニと呼ばれるナポリの下層民の無頼の徒を挙げている．

〔4〕「木材窃盗法に関する論争」．森の樹木から折れて地面に落ちている枝は薪として誰が拾ってもよかったのが，樹木を切って盗むのと同じ窃盗と見なされるように改正されたプロイセンの森林法に，マルクスは1842年10月のライン新聞で抗議をした．所有というものをナイーブな自然態と考える行き方に対して，所有がいかに人間同士の関係，権力関係に依拠した概念であるかを示している．

〔5〕北ドイツ諸邦をはじめデンマークや北欧のプロテスタント圏では，新教の牧師は国家公務員かそれに準じるステータスを持っている．

〔6〕BC 494年とBC 449年の二度にわたり，古代ローマで平民たちがローマを去り，郊外の丘「聖なる山」へと退去した(聖山事件)．これは貴族階層に平民の要求を受け入れさせるための行動である．市民の発言力が増して来たキルケゴールの時代と重ね合わせているのだろう．

〔7〕ヘーゲルの『エンツィクロペディ』の最後の文章は，世界史の終結に至った精神が来し方を残りなく振り返りつつ，「精神は自らを楽しむ」という精神の「自己享受」を記述した文章で終わっている．

〔8〕この『初期神学論文集』は，1907年にノールによる編纂で刊行されるまでは知られていなかった．

## 第4章

〔1〕『力への意志』は，ニーチェの妹エリーザベトがニーチェの遺稿を改竄して作った偽書である．レーヴィットが本書を書いた時点ではそのことは知る由もなかった．日本でも長いこと『権力への意志』という標題で知られていた本書は，すでに戦前にもニーチェ文庫の研究者たちが捏造であることを一部明らかにしていたが，その実態が本当に知られるようになったのは，戦後である．このまぼろしの本の最後を飾る1067番のアフォリズムは，次のようなものである．

「そして君たちも知っていると思うけど，どうだろうか．〈世界〉というものがどんなものであるかを．世界を私の鏡に照らして君たちに見せてあげようか．この世界とは，強烈な量の力で，はじめもなく終わりもない，力の冷徹な定量なのだ．その量は増えることもなければ，減ることもない．消耗して消えることもない．ただ形態を変えるだけだ．しかし，全体としては変わることのない大きさで，消耗したり減少したりすることもないならば，増えることも取り込むこともない．自らの限界の外部の〈無〉に取り巻かれている．消えることも浪費して失われることもなく，無限の延長でもなく，定量の力として特定の空間に注入されたままなのだ．放っておけば〈空虚〉となるような空間ではなく，力としていたるところに存在している空間，力と力の波の戯れであり，一であるとともに多でもある空間．ここに溜まり盛り上がるかと思えば，同時にあちらでは減少する．嵐に逆か巻き，潮汐の力にあふれた海，永遠に変わり続けながら永遠に寄せ返し，再来に強烈な年月が経ち，形態が潮汐で転変する．単純な形態からきわめて多様な形態へと変転しつつ流れ出る．最も静かで固まったもの，最も冷えきったものが，灼熱に，乱れ狂う，そして自らに逆らって動くかと思うと，また充満から単純へと戻って行く．矛盾の戯れから調和の快楽へ．自らの軌道と年月の同一性のなかで自己を

肯定する．永遠に戻り来るものとしての自己を，いかなる倦怠も，いかなる飽満も，いかなる疲労も知らない生成としての自己を祝福する．永遠の自己創造，永遠の自己破壊，この二重の快楽の秘儀の世界としてのこのわたしのディオニュソス的世界，このわたしの〈善悪の彼岸〉，円環の幸福以外の目的は知らない世界，自らをめざす輪という良き意志以外の意志は知らない世界．君たちはこの世界の名前が知りたいか？　いっさいの謎を解く解を知りたいか？　君たちにとっての光を知りたいか？　君たち，最も隠れた人々よ．最も強く，怖じ気づくことの最もない，深夜の人々よ．この世界とは力への意志なのだ――それ以外のなにものでもない．そして君たちもこの力への意志なのだ．――そしてそれ以外のなにものでもないのだ！」．

〔2〕『曙光』の「序文」3の末尾でニーチェは，ルターが理性で理解できない不条理であるがゆえに信仰の重要性を説いたという議論を冷やかしの調子でしている．

〔3〕『ニーチェの心理学的業績』でクラーゲスは，精神 vs. 魂という図式に依拠して，精神の概念に対するニーチェの批判を賞賛している．

## 第5章

〔1〕「ソロモンの知恵」とも言われる旧約聖書外典「知恵の書」の当該箇所にはこう記されている．「知恵のうちには，霊がある．思いに満ちて，聖なる霊が　唯一かつ多様で，やさしく柔軟で，心に染み通る，そして汚れなく，清らかな魂が」．

〔2〕ヘーゲルの『法哲学』の序文に引かれている言葉．哲学による国家論は，未来の実現するかどうかもわからない理想の国家の構想をすることではなく，この現在の国家を理性的な存在として概念的に把握することである，というヘーゲル自身の意見を集約した表現．もともとは，「ロドス島で大跳躍をした」と法螺を吹く

男が，「それならここがロドスだと思って，ここで跳んでみろ」と注文されるイソップの逸話に由来する．

〔3〕死にゆくファウストの最後の言葉にある「最高の瞬間」とは次の数行の最後を言うのであろう．コンテクストを示すために，その前の数行とともに記すが，ここで言われている「自由な土地に自由な民と共に」はアメリカのことであるとされている．「おれもそのような群衆をながめ，／自由な土地に自由な民と共に住みたい．／そうなったら，瞬間に向ってこう呼びかけてもよかろう，／留まれ，お前はいかにも美しいと．／この世におけるおれの生涯の痕跡は，／幾千代を経ても滅びはすまい．――／このような高い幸福を予感しながら，／おれはいま最高の瞬間を味わうのだ」．（『ファウスト』第二部，岩波文庫，相良守峯訳）

〔4〕ここで取り上げられている靴は，元来は7マイルごとに宿駅のある郵便馬車の馭者の靴を意味したが，やがて童話やおとぎ話で一歩で7マイルを飛べる靴の意味になる．1814年にフランス出身のシャミッソーが『ペーター・シュレミールの不思議な物語』（邦訳書名『影をなくした男』岩波文庫）でこのテーマを取り上げて話題になっていたことが背景にあろう．

〔5〕ハイデガーは1938年の講演「世界像の時代」で，自然的対象を加工し，利用するだけの学問は学者がただ勤務して仕事をすればいいだけの組織的業務になってしまったと批判している．

# 人名注(上巻)

説明の末尾に初出ページを記す.
下巻で初出の以下の人名については，下巻の人名注を参照のこと.

〈ア行〉 アードラー，アナクサゴラス，イエリネック，ヴィネー，エーラー，オリゲネス
〈カ行〉 キンケル，クレメンス，クローデル，ゲンツ
〈サ行〉 シェイエス，シュヴァイツァー，スターン，スチュアート，スミス，セイ，ゾラ
〈タ行〉 デニーフレ
〈ハ行〉 バーク，パスカル，バレス，ファラースレーベン，ヘルヴェーク，ヘングステンベルク，ポーダッハ
〈マ行〉 マラー，マルサス，ミル
〈ヤ行〉 ユンガー
〈ラ行〉 ラガルド，リカード，レースラー，ロベスピエール

## ア　行

**アールント**，エルンスト・モーリッツ(Ernst Moritz Arndt 1769-1860)　ドイツの詩人．文章家．ナポレオンに対する解放戦争に参加．1848年のフランクフルト国民議会に結集した自由主義者であると同時に，ドイツ・ナショナリズムも煽った．評価は両義的で定まっていない．上 480

**アンセルムス**〔カンタベリーの〕(Anselmus von Canterbury 1033-1109)　スコラ哲学の創始者の一人．神の存在論的証明で有名．上 274

**アントニウス**〔聖アントニウス〕(Der Heilige Antonius 251-356) エジプトに生まれた．砂漠での修行や，同じ修行に励む者たちとの共同体を通じて最初の修道院運動の提唱者となった．彼への妖怪その他による誘惑は多くの絵画のモチーフとなった．上 403

**アンブロジウス**〔聖アンブロジウス〕(Der Heilige Ambrosius 340?-397) ミラノ大司教を務め，東方の教父の思想を西欧に受容するのに力があった．上 403

**インマーマン**，カール・レーベレヒト (Karl Leberecht Immermann 1796-1840) 作家．閉塞の時代のさまざまな生態を距離を持って描いた．上 11

**ヴァイセ**，クリスツィアン・ヘルマン (Christian Hermann Weiße 1801-1866) 神学者．ライプツィヒ大学教授．マルコ福音書の重要性を強調し，聖書批判学に功績があった．ダーフィット・シュトラウスのイエス論への強硬な反対でも知られる．上 134

**ヴィコ**，ジャンバティスタ (Giambattista Vico 1668-1744) ナポリの哲学者．歴史哲学を展開すると同時に，デカルト主義に抗して，雄弁術や共同体の知を重視した．上 311

**ヴィーラント**，クリストフ・マルティン (Christoph Martin Wieland 1733-1813) ドイツ啓蒙期の著述家．後半生は主としてヴァイマールで暮らし，ゲーテの友人でもあった．上 523

**ヴィルト**，ヨハン・ゲオルク・アウグスト (Johann Georg August Wirth 1798-1848) 自由主義派の政治家かつ文筆家．上 118

**ヴィンケルマン**，ヨハン・ヨアヒム (Johann Joachim Winckelmann 1717-1768) ドイツ古典主義の先鞭をつけた芸術史家．ギリシア建築を称揚した「高貴な単純と静かな偉大」の語は広く人口に膾炙している．上 541

**ヴィンデルバント**，ヴィルヘルム (Wilhelm Windelband 1848-1915) チューリヒ，シュトラースブルクの各大学の教授を経てハイデルベルク大学教授．人文学と自然科学の認識の相違などについ

ての功績がある．哲学史家としても有名．上 296

**ヴェルダー**，カール・フリードリヒ（Karl Friedrich Werder 1806-1893）　ヘーゲルの熱烈な弟子．ヘーゲル死後は，ベルリン大学員外教授として多くの友人と交際した．バクーニンらとも交流があった．上 341

**ヴォルフ**，クリスティアン（Christian Wolff 1679-1754）　ドイツ啓蒙期の代表的哲学者．理性の形而上学を展開したが，後にカントの批判哲学によって乗り越えられる．上 274

**ヴォルフ**，フリードリヒ・アウグスト（Friedrich August Wolf 1759-1824）　ベルリン大学にあって古典文献学の創設者の一人．歴史的批判的方法を確立した．ヴィルヘルム・フンボルトやゲーテとも協力した新人文主義者でもある．上 154

**エッカーマン**，ヨハン・ペーター（Johann Peter Eckermann 1792-1854）　1822 年にかねてより尊敬していたゲーテに送った論文が，ゲーテに認められたことがきっかけでヴァイマールに移り，ゲーテの死まで密接に交際する．秘書役だったと言われていたが，これは間違いである．ゲーテをしばしば訪問し，その会話を記録した『生涯最後の数年におけるゲーテとの対話』（通称『ゲーテとの対話』）は有名．上 28

**エピクロス**（Epikouros BC. 341-BC. 270）　煩瑣な日常生活から解放された静かな生活を唱えた古代ギリシア末期の哲学者．上 222

**エビングハウス**，ユリウス（Julius Ebbinghaus 1885-1981）　マールブルク大学教授．カントの法論は，空間・時間についての超越論的規定と別の領域のものであると論じた．またナチスの時期に，死刑宣告を受けた社会主義的文芸学者のヴェルナー・クラウスの減刑に努力し，達成している．戦後はしばらくマールブルク大学の学長も務めた．上 299

**エールトマン**，ヨハン・エドゥアルト（Johann Eduard Erdmann 1805-1892）　ハレ大学で哲学を教えた．『ヘーゲル以降のドイツ哲

学』などの著作がある．上 134

**オデュニッチ**，アントン・エドゥアルト（Antoni Edward Odyniec 1804-1885） ポーランドの詩人，スコットなどの英国ロマン派の翻訳者として名をなした．上 78

**オーファーベック**，フランツ（Franz Overbeck 1837-1905） バーゼル大学神学教授．ドイツ系イギリス人の父とフランス人の母とのあいだにサンクトペテルブルクで生まれた．パリ，サンクトペテルブルク，ドレスデンで教育を受けた英仏独露を自由に操るコスモポリタン的知識人．神学者としてはキリスト教会の初期からの空洞化を批判的に描く無信仰の学者．バーゼル時代のニーチェの親友．最後までニーチェの面倒を見た．上 75

## カ　行

**ガスト**，ペーター〔本名ハインリヒ・ケーゼリッツ〕（Peter Gast〔Heinrich Köselitz〕1854-1918） ニーチェの数少ない弟子の一人．ニーチェの晩年には原稿の浄書の手伝いなどもしていた．上 437

**ガーブラー**，ゲオルク・アンドレアス（Georg Andreas Gabler 1786-1853） イエナ時代にヘーゲルの弟子．ヘーゲルの死後，ベルリン大学の彼のポストを継承する．ヘーゲル哲学とキリスト教の一致のテーゼを広めようとした．上 133

**カーライル**，トーマス（Thomas Carlyle 1795-1881） 19 世紀イギリスを代表する言論人．特にゲーテその他のドイツ思想を受容して，時代批判の論陣を張った．「時代の徴候」の診断はドイツにも大きな影響を与えた．上 428

**カール大帝**（Karl der Große, Charlesmagne 748-814） フランク王国の王．今日の西欧の大部分を征服統一し，800 年にローマで教皇により神聖ローマ帝国の皇帝に戴冠される．上 399

**ガンス**，エドゥアルト（Eduard Gans 1797-1839） ヘーゲルの影響を強く受けた法哲学者．上記の『学問的批判のための年鑑』の設

立者のひとり．上 28

**キュヴィエ**，ジョルジュ(Georges Cuvier 1769-1832)　フランスの植物学者．古生物学の創始者のひとり．上 530

**キレーエフスキー**，イワン・ワシリエヴィッチ(Iwan Wassilijewitsch Kirejewski 1806-1856)　ロシアの文筆家．ヘーゲルやシェリングとも親交があった．スラブ主義者として西欧的思考とロシアの全体論的思考の合一を企てた．上 334

**クーザン**，ヴィクトール(Victor Cousin 1792-1867)　カント以降のドイツ哲学をフランスに紹介した．ヘーゲルとも知己があり，ミュンヘンで講義を聴いたシェリングが彼の著書に前書きを書いている．上 275

**グツコウ**，カール(Karl Gutzkow 1811-1878)　青年ドイツ派のジャーナリストかつ小説家．小説や評論がその自由思想のゆえに検閲によって再三発禁処分を受けた．ゲオルク・ビュヒナーの才能を早くに認めた評論家として，また政治体制に反抗し続けたエッセイストとして重要．晩年に精神障害をわずらったのには，ドイツ統一への状況が関係しているとも見得る．上 159

**クネーベル**，カール・ルートヴィヒ・フォン(Karl Ludwig von Knebel 1744-1834)　ゲーテのいわゆる「原友人」．ヴァイマールの皇太子の教育担当官としてゲーテをヴァイマール大公に紹介し，彼がヴァイマールに招かれるきっかけを作った．上 38

**クラーゲス**，ルートヴィヒ(Ludwig Klages 1872-1956)　ドイツの心理学者．ミュンヘンの世紀末文学社会で頭角を現す．奔放な性生活で有名．性格学，筆跡学を開拓し，冷徹な「精神」に対抗する「魂」あるいは「心情」という図式で一世を風靡した．この図式にもとづいたニーチェ論である『ニーチェの心理学的功績』はレーヴィットたちの世代に大きな影響を与えた．上 450

**グリム**，ヴィルヘルム(Wilhelm Grimm 1786-1859)　兄のヤーコプと同じにゲッティンゲン大学７教授事件のひとり．その後同じ

くベルリン大学教授．上 207

**グリム**，ヤーコプ(Jacob Grimm 1785-1863) ドイツ語学・歴史学・法律学の当時における中心的存在．1837 年ハノーバー王の憲法改悪に抗議して辞職したゲッティンゲン大学 7 教授事件のひとり．その後ベルリン大学教授．弟のヴィルヘルムとともにグリム・ドイツ語辞典とグリム童話でも有名．上 207

**グルントヴィ**，ニコライ・フレデリック・セヴェリン(Nikolaj Frederik Severin Grundtvig 1783-1872) デンマーク国教会の有力な存在であるとともに，シュレスヴィヒ・ホルシュタイン戦争も作用して，リベラリズムからナショナリズムまでさまざまな思想的変遷を遂げているが，デンマーク国民意識の形成に大きく寄与した．上 377

**クロイツァー**，ゲオルク・フリードリヒ(Georg Friedrich Creuzer 1771-1858) ロマン派の思想家．ハイデルベルク大学で文献学及び古代史の教授を務めた．古代神話の研究で有名．上 106

**クローチェ**，ベネデット(Benedetto Croce 1866-1952) イタリアの哲学者．ヘーゲルの影響下に歴史哲学や美学についての仕事がある．ファシズムにははじめのうちは共感を示したが，後に反対する．上 288

**クローナー**，リヒャルト(Richard Kroner 1884-1974) 西南ドイツ学派にあって新カント主義から出発したが，新ヘーゲル主義に属することになる．『カントからヘーゲルへ』によって哲学史に寄与．キール大学等の教授を務めるが，ナチス下に受け入れられず，1938 年イギリスに，翌年アメリカに亡命．上 299

**ゲオルゲ**，シュテファン(Stefan George 1868-1933) 19 世紀末から 1920 年代にかけてのドイツの詩人．来るべき聖なる帝国などを耽美的に歌い，ナチスの先駆的な詩想もなくはないが，本人はナチスから距離を取り，ナチス政権成立時にスイスに移住．上 11

**ゲーシェル**，カール・フリードリヒ(Karl Friedrich Göschel

1781-1861)　プロイセン政府の法務省で教会事項を担当していた．またザクセン州の宗務会議でも活躍したが，1848年の三月革命で職を退かざるを得なくなる．キリスト教とヘーゲル哲学の一致を志向していた．上83

**ケラー**，ゴットフリート(Gottfried Keller 1819-1890)　スイスの作家．代表作『緑のハインリヒ』．一時期フォイエルバッハの思想に共鳴していたが，この作品にもその影響が認められる．ニーチェはケラーを評価していた．上11

**ゲルツェン**，アレクサンドル・イワノーヴィッチ(Alexander Iwanowitsch Herzen 1812-1870)　ロシアの自由主義思想家．生涯の後半はヨーロッパ各地で暮らした．彼の子供の家庭教師はニーチェと親交のあったフェミズム女性のマルヴィーダ・フォン・マイゼンブーク．上339

**コッサク**，エルンスト(Ernst Kossak 1814-1880)　当時ベルリンを中心にさまざまな音楽雑誌および新聞の音楽評論欄で筆を揮った．上427

**ゴルトベルガー**，ルートヴィヒ・マックス(Ludwig Max Goldberger 1848-1913)　第一次世界大戦前のドイツのもっとも重要なユダヤ系経済人の一人．ドレスデン銀行の創設者の一人でもある．1901年に経済ミッションで旅行したアメリカの印象をまとめた『無限の可能性の国』(1901年)のタイトルは，アメリカを形容するドイツ語の定型句になった．上315

**コント**，オーギュスト(Auguste Comte 1798-1857)　フランスの社会学者．実証主義的な法則信仰をもち，社会学の基礎付けを行った．神話から哲学へ，哲学から科学へという知の三段階とそれに依拠した軍事から法へ，法から産業へという三段階発展論を唱えた．上155

## サ　行

**ザルトリウス**，ゲオルク・フリードリヒ（Georg Friedrich Sartorius 1765-1828）　歴史家．ゲッティンゲン大学教授．ハンザ同盟の歴史記述で有名．ゲーテは彼の次男の洗礼のときの代父を務めた．上536

**サンティレール**，エティエンヌ・ジョフロワ（Étienne Geoffroy Saint-Hilaire 1772-1844）　フランスの動物学者．脊椎動物と無脊椎動物が共通の進化の計画に基づいていると主張して，キュヴィエと論争した．上530

**シェーラー**，マックス（Max Scheler 1874-1928）　哲学者．初期現象学の一人．価値論などに貢献があった．上462

**シェリング**，フリードリヒ・ヴィルヘルム・ヨーゼフ・フォン（Friedrich Wilhelm Joseph von Schelling 1775-1854）　若い頃はヘーゲルやヘルダーリンとフランス革命に共鳴した．ヘーゲル亡き後，ベルリン大学の哲学講座に招聘され，太古の神話学や自我の奥底の知の及ばない領野などを説いて一世を風靡した．上11

**ジークヴァルト**，クリストフ・フォン（Christoph von Sigwart 1830-1904）　テュービンゲン大学哲学教授．倫理学や論理学，また哲学史に業績がある．上151

**シャラー**，ユリウス（Julius Schaller 1810-1868）　哲学者．『歴史的キリスト教と哲学』（1837年）などを通じてヘーゲル主義を擁護した．上134

**シュタイン**，ローレンツ・フォン（Lorenz von Stein 1815-1890）国法学者，経済学者．伊藤博文を通じて明治憲法に影響を与えた．『今日のフランスにおける社会主義と共産主義』などが有名．上79

**シュティルナー**，マックス（Max Stirner 1806-1856）　本名はヨハン・カスパー・シュミット．1840年代前半はブルーノ・バウアーやフリードリヒ・エンゲルスとも交友があった．主著の『唯一者

とその所有』では，フォイエルバッハなどを，基本的には敬虔な人々と形容し，激しく攻撃し，虚無の上に立つ自分の自我の絶対性を主張し，いっさいの道徳的とらわれからの解放を説いた．上 11

**シュトラウス**，ダーフィット・フリードリヒ(David Friedrich Strauß 1808-1874)　ヘーゲル左派の思考を神学に適用し，聖書の批判的歴史的研究に依拠して書いた『イエスの生涯』は大きな影響を及ぼした．また，『古き信仰と新しき信仰』(1872 年)を，ニーチェは『反時代的考察』第一論文で批判した．上 77

**シュトールベルク**，アウグスタ・ルイーゼ(Augusta Louise zu Stolberg-Stolberg 1753-1835)　ゲーテの友人のシュトールベルク兄弟の妹．ゲーテと直接会うことはなかったが，途中の中断はあったものの長きにわたって文通を続けた．上 500

**シューバルト**，カール・エルンスト(Karl Ernst Schubarth 1796-1891)　シュレージエン出身の哲学者，歴史家．シュライエルマッハーやヘーゲルにたてつき，不遇の人生を送った．ゲーテは常に彼を評価し，就職の世話などを試みている．上 54

**シュペングラー**，オスヴァルト(Oswald Spengler 1880-1936)『西欧の没落』(1918-1922 年)は，文明を発生，成長，興隆，衰退，没落といった生態史観で描いて，第一次世界大戦後の時代の気分をよく表していたため，ベストセラーとなった．基本的には保守革命の世界観に貫かれていたこともあって，ナチスは彼を引き込もうとしたが失敗．シュペングラー自身は，むしろ保守革命側からの抵抗の試みをしている．上 449

**シュペングラー**，ラツァールス(Lazarus Spengler 1479-1534)ニュルンベルク市参事会書記としてルターの宗教改革に積極的に参与．1521 年ヴォルムスでルターと知り合う．フランケン地方における宗教改革の功労者．上 60

**シュライエルマッハー**，フリードリヒ(Friedrich Schleiermacher 1768-1834)　ロマン主義神学の代表者，敬虔主義から発し，神

への帰依の感情を重視した．また解釈学に関する議論も重要．上175

**シュレーゲル**，フリードリヒ(Friedrich Schlegel 1772-1829) 兄のアウグスト・ヴィルヘルム・シュレーゲル(August Wilhelm Schlegel 1767-1845)やシェリングとともに1797年頃にイエナでいわゆるドイツ・ロマン主義の活動を始める．主体の自己反省を究極化するロマン的イロニーによって，極度に反省的な文学作品をめざす．しかし，それはまた伝統を反省的に捉え返すことを通じて，太古の文学やインドなどの遠方の世界への憧れと表裏一体だった．ゲーテやヘーゲルはこうした動きを「病的」として嫌った．上468

**ショルツ**，ハインリヒ(Heinrich Scholz 1884-1956) ハルナックの弟子で宗教哲学の教授になったが，その後ミュンスター大学では数学的論理学を教え，コンピュータ数学の始祖の一人となった．数学者アラン・チューリングとも交友があった．上308

**ジンメル**，ゲオルク(Georg Simmel 1858-1918) 社会学者．ベルリン大学員外教授を長くつとめた後に，1914年からシュトラースブルク大学教授．現代の都会生活の分析や文化論で有名．ベルリン大学では，解釈学のディルタイよりも遥かに聴講生が多かった．上244

**スターリング**，ジェームズ・ハチソン(James Hutchison Stirling 1820-1909) イギリスの哲学者．医師になったが後に哲学に転向．ヘーゲルを絶対視した『ヘーゲルの秘密』(1865年)によってイギリスにおけるヘーゲル理解に寄与した．またカントなどのドイツ哲学の紹介に大きな功績がある．上290

**ゼノン**〔キプロスの〕(Zenon BC 333/332-BC 262/261) ストア派の創設者．徳による完成をめざし，人生の有為転変を衝動の抑制によって乗り越える考え方を説いた．上225

**ソレル**，ジョルジュ(George Sorel 1874-1922) マルクス主義の理論家．ブルジョア民主主義を激しく攻撃した『暴力論』ではゼネ

ストの理論などを展開した．上 322

## タ 行

**ダウプ**，カール(Carl Daub 1765-1836) 神学者．ハイデルベルク大学教授．ヘーゲルの後押しでプロテスタント正統派復興に寄与した．上 135

**ダヌンツィオ**，ガブリエレ(Garbriele D'Annunzio 1863-1938) イタリアの詩人．ニーチェに心酔した．イタリア・ファシズムにも関係した．三島由紀夫は彼の崇拝者である．上 11

**ターレス**(Thales BC. 624 頃-BC. 546 頃) アリストテレスの言い伝えるところでは，万物のもとになるのは「水」であると述べた，とされている．いっさいの事物の原理を問うたという意味で，西洋における哲学の創始者ということになっている．上 104

**チェシュコフスキー**，アウグスト(August Cieszkowski 1814-1894) ポーランドの思想家．始めはヘーゲル主義者だったが，やがてヘーゲルから離れ，キリスト教的連帯の王国を作ることをポーランドに求めた．上 341

**ツェラー**，エドゥアルト(Eduard Zeller 1814-1908) ハイデルベルク大学およびベルリン大学教授．古代ギリシア哲学史の著作は今日でも読まれている．また自然科学の興隆の時代に新たな認識論を模索した．上 154

**ツェルター**，カール・フリードリヒ(Carl Friedrich Zelter 1758-1832) 音楽家．ゲーテの親友の一人．上 31

**ティール**，ルドルフ(Rudolf Thiel 1899-1981) ドイツの作家．一時期宗教関係の著作で名をなした．上 449

**ディルタイ**，ヴィルヘルム(Wilhelm Dilthey 1833-1911) いわゆる精神科学の基礎づけを歴史意識の立場から行った．シュライエルマッハーを受けて解釈学的哲学を発展させた．またヘーゲル復興にも寄与した．社会制度や文学作品，また言語などに適用する「客

観精神」などの用語をヘーゲルから受けながら独自に発展させた．上150

**テーヌ**，イッポリット（Hippolyte Taine 1828-1893） フランスの思想家．評論家．実証主義的であったが，フランス革命批判などではニーチェとも共通しており，晩年のニーチェと書簡の交流があった．上11

**テミストクレス**（Themistokles BC. 524/520-BC. 459/455） アテナイの政治家．軍人．サラミスの海戦でペルシャ軍を打ち破ったが，晩年はギリシアを追われ，ペルシャに亡命した．上226

**デモクリトス**（Demokritos BC. 460頃-BC. 370頃） 物質を構成する原子という考え方を唱えた古代ギリシアの哲学者．上222

**デューリング**，オイゲン（Eugen Dühring 1833-1921） 社会主義者であるが，実証主義的傾向を支持．エンゲルスの『空想より科学へ』はデューリングを批判した『反デューリング論』の一部を利用したもの．上11

**ドイブラー**，コンラート（Konrad Deubler 1814-1884） 上部オーストリア地方で，貧しい環境から独学で教養を身につけた．無神論を唱え投獄もされたが，地元の市長にもなり，フォイエルバッハと交流を結んだ．上200

**トクヴィル**，アレクシ・ド（Alexis de Tocqueville 1805-1859） フランスの政治家・著述家．1831-32年のアメリカ旅行での見聞をもとに著した『アメリカのデモクラシー』（岩波文庫）は，民主主義に対する特異なアンビヴァレントな態度で，アメリカ論およびデモクラシー論の古典となっている．上145

**ドノソ・コルテス**，フアン（Juan Donoso Cortés 1809-1853） スペインの貴族かつ著述家．カトリック保守思想によって，フランス革命以後の自由と「解体」に歯止めをかけようと試みた．上145

**トルストイ**，レフ（Lew Tolstoi 1828-1910） ロシアの作家．『アンナ・カレーニナ』『戦争と平和』で有名．絶対的な非暴力主義も

唱えた．上 11

**ドルバック**，ポール＝アンリ・ティリ（Paul-Henri Thiry d'Holbach 1723-1789）　ドイツ出身だが，フランスで活躍した自由主義知識人．彼のサロンには当時のヨーロッパの重要な知識人の多くが参加している．ディドローやダランベールの『百科全書』の企画にも参加した．上 207

**トレンデレンブルク**，フリードリヒ・アドルフ（Friedrich Adolf Trendelenburg 1802-1872）　ベルリン大学哲学科教授．アリストテレス主義者．上 138

**ドロイゼン**，ヨハン・グスタフ（Johann Gustav Droysen 1808-1884）『ヘレニズム史』や『プロイセン政治史』で有名な歴史家．ベルリン大学教授．ドイツ自由主義とナショナリズムの結びつきを体現した．歴史学の理論でも有名．上 11

## ナ　行

**ニートハマー**，フリードリヒ・イマヌエル（Friedrich Immanuel Niethammer 1766-1848）　哲学者．神学者．バイエルンの教育行政にあって，「人文主義的ギムナジウム」という表現を定着させた．ゲーテとも交友があった．上 506

**ニーブール**，バルトホルト・ゲオルク（Barthold Georg Niebuhr 1776-1831）　ドイツの古代史家．ボン大学教授．いわゆる歴史学派の重鎮．『ローマ史』でも知られる．上 79

**ネアンダー**，アウグスト（August Neander 1789-1850）　ユダヤ系だがプロテスタントに改宗し，ベルリン大学神学部の教会史担当教授となる．いわゆる覚醒神学の提唱者．教会史の全体を，敬虔な信仰を生み出す源泉とみなした．上 175

## ハ　行

**ハイム**，ルドルフ（Rudolph Haym 1821-1901）　フランクフルト

国民議会の議員を務めたのちにハレ大学ドイツ文学教授.『ヘーゲルとその時代』(1857年)で有名. 上136

**バウアー**, ブルーノ(Bruno Bauer 1809-1882) 1840年代にはフォイエルバッハと並んでヘーゲル左派の重要な存在. 聖書批判で知られるが, マルクスからはただの「批判的批判」と罵倒される. 1848年革命が挫折して以後は, 次第に保守に傾斜. 上11

**パウルス**, ハインリヒ・エーバーハルト・ゴットロープ(Heinrich Eberhard Gottlob Paulus 1761-1851) ハイデルベルク大学の哲学および神学教授. 合理主義的神学に依拠していた. 上174

**バクーニン**, ミハイル・アレクサンドロヴィッチ(Michail Alexandrowitsch Bakunin 1814-1876) ロシアの思想家. アナーキストとしてマルクスに対抗しながら, ヨーロッパの社会主義運動に大きな影響を与えた. 上221

**バックル**, ヘンリー・トーマス(Henry Thomas Buckle 1821-1862) イギリスの歴史家. 独学で歴史を学び,『英国文明史』を書いた. 父親の遺産で生活し, 生涯職につかなかった. チェスの名手としても有名. 上220

**バッハマン**, カール・フリードリヒ(Karl Friedrich Bachmann 1785-1855) イエナ大学教授. アリストテレス研究を通じて, 思考と存在の同一性というヘーゲル哲学の要点を問題視し,『反ヘーゲル』で有名になった. 上178

**バル**, フーゴー(Hugo Ball 1886-1927) チューリヒのダダ運動の創設者の一人. 第一次大戦中はスイスの首都ベルンでベンヤミンとも親交があった. 晩年はカトリックに傾斜. 上462

**ハルトマン**, エドゥアルト・フォン(Eduard von Hartmann 1842-1906)『無意識の哲学』で知られる. ニーチェが「生に対する歴史の利害」で攻撃した. また鷗外が本書を愛読したことは, 彼の『妄想』に出てくる. 上11

**パンヴィッツ**, ルドルフ・フォン(Rudolf von Pannwitz 1881-

1969）　ゲオルゲ派の詩人．1933年プロイセン・アカデミーから除名されたという意味ではナチスではなかったが，詩文には保守革命的情熱が溢れていた．上449

**ヒンリクス**，ヘルマン・フリードリヒ・ヴィルヘルム（Hermann Friedrich Wilhelm Hinrichs 1794-1861）　ヘーゲルの弟子で，ヘーゲル右派に属する．彼の『『ファウスト』講義』をヘーゲルは読んでいたと思われる．上28

**ファトケ**，ヴィルヘルム（Wilhelm Vatke 1806-1882）　ベルリン大学神学部教授．聖書のテクスト批判の基礎を築いた．上134

**ファルンハーゲン**，フォン・エンゼ・ラーヘル（Rahel Varnhagen von Ense 1771-1833）　ユダヤ人の商家に生まれる．ベルリンの彼女のサロンは，ヴィルヘルム・フォン・フンボルトを始めさまざまな文化人の交流の場となった．上28

**フィッシャー**，クーノー（Kuno Fischer 1824-1907）　ハイデルベルク大学教授．哲学史家として知られるが，彼の哲学史の記述は，ヘーゲルの世界史の図式に相応している．みずからは新カント派に傾斜していたが，哲学史におけるカントの部分の記述には異論が多い．講義は雄弁で人気を博し，当時における最も有名な哲学者であった．ヴィンデルバントの師でもある．上134

**フィッシャー**，フリードリヒ・テオドール（Friedrich Theodor Vischer 1807-1887）　テュービンゲン大学の美学および文学の教授．リベラル左派の知識人として，現在でもドイツ語圏では読まれる存在．上154

**フィヒテ**，ヨハン・ゴットリープ（Johann Gottlieb Fichte 1762-1814）　カントを継承して，自我を中心とした世界構成を説く．一方で無神論の疑惑も受けて，苦労した共和主義者でもあった．ナポレオン占領下のベルリン大学での連続講義『ドイツ国民に告ぐ』では，ドイツ民族と言語の深遠さからのナポレオンへの逆襲を説いた．上26

**フェルスター**，フリードリヒ・クリストフ(Friedrich Christoph Förster 1791-1868)　ベルリン王立美術館古銭部部長．晩年のヘーゲルの親友．上 135

**ブラニス**，クリスツィアン・ユリウス(Christian Julius Braniß 1792-1878)　宇宙や神についての思弁と哲学史の一体化を企てた．上 134

**ブランデス**，ゲオルク(Georg Brandes 1842-1927)　コペンハーゲン大学教授．デンマークの文学史家．哲学的評論をものした．一般のヨーロッパ読書界に先駆けてニーチェの存在に注目し，講義で紹介し，またニーチェとの文通で彼にキルケゴールを紹介した．日本でも『十九世紀文学思潮史』などを始めとして，戦前から戦後にかけて翻訳され，広く読まれた．上 412

**プラントゥル**，カール・フォン(Carl von Prantl 1820-1888)　ミュンヘン大学教授．アリストテレス研究で知られる．上 151

**フリードリヒ赤髭王**〔バルバロッサ〕(Friedrich der Barbarossa 1122-1190)　神聖ローマ帝国のフリードリヒ１世．十字軍の遠征中に小アジアで水泳中溺死．その死をめぐるさまざまな憶測もあって，ドイツ国民の民間伝説に記憶され，ドイツの栄光の思い出の代名詞ともなった．上 399

**ブルクハルト**，ヤーコプ(Jakob Burckhardt 1818-1897)　スイスの歴史家．バーゼル大学教授．ベルリン大学に学ぶも，ヘーゲル的世界史像にはなじめなかった．また，ランケらのプロイセンの歴史家からも距離を取っていた．イタリアに遊び『イタリア・ルネサンスの文化』(新井靖一訳，筑摩書房，2007 年)は名著として有名．またギリシア史にも造詣が深く，既成のヴィンケルマン的ギリシア観に抵抗してギリシアの暗い側面にも注目した『ギリシア文化史』を書いている．バーゼル大学時代のニーチェとも知的交流があり，ニーチェは最後にいたるまで彼を尊敬していた．上 11

**プルードン**・ピエール・ジョセフ(Pierre Joseph Proudhon

1809-1865）「財産，それは強奪である」という名言に象徴されるフランスの無政府主義者．2月革命に参加．マルクスは彼の著書『貧困の哲学』を批判して，プルードンにおける経済的知の欠如とヘーゲル曲解を批判した『哲学の貧困』を書いた．上 118

**プレンゲ**，ヨハン（Johann Plenge 1874-1963）　ミュンスター大学教授．国家学．1914 年第一次大戦勃発時の「国民共同体」の思想に感銘を受け，反ユダヤ主義でもあったが，社民党保守派に属し，ナチス時代に大学を追われる．上 312

**プロクロス**（Proklos 412-485）　新プラトン主義者．プラトンが創立したアテナイのアカデメイア学園の最後期の塾頭．プラトンの著作の注釈などを通して古代ギリシア哲学の諸概念が中世世界に継承されるのに寄与した．上 104

**フローベール**，ギュスターブ（Gustave Flaubert 1821-1880）　フランスの小説家．『ボヴァリー夫人』が有名．上 11

**フンボルト**，ヴィルヘルム・フォン（Wilhelm von Humboldt 1767-1835）　プロイセンの貴族．外交官．ベルリン大学創立に寄与した．教育と研究の一致，教授会の自治などの近代大学の理念を確立した．弟のアレクサンダー・フォン・フンボルト（Alexander von Humboldt 1769-1859）は博物学者・地理学者．上 75

**ヘス**，モーゼス（Moses Hess 1812-1875）　青年ヘーゲル主義者でドイツ初期社会主義運動の主導者の一人．マルクスやルーゲとつながりがあった．シオニズムにも傾斜していた．上 439

**ヘッカー**，テオドール（Theodor Haecker 1879-1945）　両大戦間に，またナチス時代にもカトリック信仰に基づくヨーロッパの再生を語り続けた思想家．上 462

**ベナリ**，アガトン（Agathon Benary 1807-1860）　古典文献学者．ベルリンでギムナジウムの教員をしながら，ベルリン大学でも私講師として教鞭をとった．特にインド＝ヨーロッパ言語学にも通じ，その知識を元にラテン語の音韻体系に関する著作を残した．上 134

**ヘニング**，レオポルト・フォン(Leopold von Henning 1791-1866)　ヘーゲルの弟子．ヘーゲル学派の中心的雑誌となった『学問的批判のための年鑑』の編集も担当．上 28

**ベリンスキー**，ヴィッサリオン・グリゴーリエヴィッチ(Wissarion Grigorjewitsch Belinski 1811-1848)　ロシアの社会批判に大いに力のあった文筆家．農奴制などを激しく攻撃した．バクーニンやゲルツェンと交友があった．上 337

**ヘルダー**，ヨハン・ゴットフリート・フォン(Johann Gottfried von Herder 1744-1803)　ゲーテ時代の哲学者．ゲーテとシュトラースブルクで知り合い，いわゆる疾風怒濤時代(Sturm und Drang)の幕を開けるのに寄与した．晩年は諸国民の固有の詩歌の重要性や歴史哲学を展開した．上 66

**ヘルダーリン**，フリードリヒ(Friedrich Hölderlin 1770-1843)　三十代半ばで狂気の闇に閉ざされ，当時のドイツの歴史的運命を象徴する詩人．ヘーゲルやシェリングとともにテュービンゲン大学神学部に学んでいた当時，フランス革命の自由の思想に共に感激する．上 383

**ベルトラム**，エルンスト(Ernst Bertram 1884-1957)　ケルン大学ドイツ文学教授．『ニーチェ　ある神話の試み』(1918 年)で有名．トーマス・マンとも親交があった．ナチスに協力したかどで，戦後は大学を一旦追われた．上 449

**ベルネ**，カール・ルートヴィヒ(Karl Ludwig Börne 1786-1837)　青年ドイツ派の文学者．『パリからの手紙』などの政治批評の文章は現在でも重要．上 11

**ベン**，ゴットフリート(Gottfried Benn 1886-1956)　詩人．第一次大戦前からニーチェの影響を受けた詩を書いた．上 449

**ボイムラー**，アルフレート(Alfred Baeumler 1887-1968)　ニーチェをナチスに利用した思想家．ベルリン大学教授．戦後は教職を追われる．上 450

**ボップ**，フランツ（Franz Bopp 1791-1867）　ベルリン大学教授．言語の歴史的比較研究を通じてインド＝ヨーロッパ言語学の創設者の一人となる．上 154

**ホートー**，ハインリヒ・グスタフ（Heinrich Gustav Hotho 1802-1873）　ベルリン大学美学教授．ヘーゲルの『美学講義』の編纂者として広く知られている．上 135

## マ　行

**マールハイネケ**，フィリップ・コンラート（Philipp Konrad Marheineke 1780-1846）　神学者．ベルリンの三位一体教会の説教師．ヘーゲル死後ベルリンにおけるヘーゲル右派の中心的存在．上 134

**ミシュレ**，カール・ルートヴィヒ（Karl Ludwig Michelet 1801-1893）　ヘーゲルの下で学位を取る．ベルリンのフランス・ギムナジウムの教員の傍らベルリン大学員外教授．ダーフィット・フリードリヒ・シュトラウスなどを教えた．上 133

**ミュラー**，フリードリヒ・フォン（Friedrich von Müller 1779-1849）　1815 年にザクセン＝ヴァイマール＝アイゼナハ大公国の宰相に就任．ゲーテの友人の一人．上 30

**ムージル**，ローベルト（Robert Musil 1880-1942）　オーストリアの作家．第二次大戦中はスイスに亡命．未完の大作『特性なき男』は戦後に広く読まれたが，ニーチェ思想の影響の濃い部分がある．上 449

**メッテルニヒ**，クレメンス・ヴェンツェル・ロタール・ネポムク・フォン（Klemens Wenzel Lothar Nepomuk von Metternich-Wiineburg zu Beilstein 1773-1859）　オーストリアの宰相．ヴィーン会議で活躍するも，1848 年の三月革命で失脚し，ロンドンに亡命．上 11

**メンデルスゾーン**，モーゼス（Moses Mendelssohn 1729-1786）　ドイツ啓蒙主義期のユダヤ人思想家．カントやレッシングとも交流

があった．特に後者との関係は深く，レッシングの『賢者ナータン』の主人公ナータンのモデルともされている．上 217

**モムゼン**，テオドール(Theodor Mommsen 1817-1903)　ベルリン大学古代史教授．『ローマ史』で 1902 年にノーベル文学賞を受賞．弟子の 1 人にマックス・ヴェーバーがいる．上 11

## ヤ　行

**ヤコービ**，フリードリヒ・ハインリヒ(Friedrich Heinrich Jacobi 1743-1819 )　ゲーテ時代の重要な思想家．信仰にもとづく思想を模索したが，それと並んでスピノザ論争の重要な存在でもあった．「ニヒリズム」の語は彼に発する．上 66

**ユーバーヴェーク**，フリードリヒ(Friedrich Überweg 1826-1871)　著書『哲学史要綱』は哲学史のスタンダードとして著名．のちにマックス・ハインツェ(Max Heinze 1835-1909)が改訂補充し，通称ユーバーヴェーク＝ハインツェとして知られている．上 287

**ヨゼーフス**，フラヴィウス(Flavius Josephus 37/38-100 以降)　ユダヤ人の歴史を書いた歴史家．上 70

## ラ　行

**ラインハルト**，カール・フリードリヒ(Karl Friedrich Reinhard 1761-1837)　ドイツ生まれだがフランスの外交官．ゲーテとの往復書簡が有名．上 523

**ラヴァーター**，ヨハン・カスパー(Johann Kasper Lavather 1741-1801)　啓蒙期のスイスの思想家．観相学を唱え，ゲーテその他の関心を引いた．上 66

**ラサール**，フェルディナント(Ferdinand Lassalle 1825-1864)　後の社会民主党の前身の社会主義労働者党の創設者の一人．マルクスの国際主義とは袂を分かっていた．上 11

**ラッソン**，ゲオルク（Georg Lasson 1862-1932）　神学者および哲学者．牧師の本業の傍らヘーゲル研究にいそしみ，ヘーゲルの批判的全集，いわゆるラッソン版を編んだ．上55

**ラッハマン**，カール・コンラート・フリードリヒ・ヴィルヘルム（Karl Konrad Friedrich Wilhelm Lachmann 1793-1851）　ベルリン大学ラテン文献学およびドイツ文献学の教授として文献批判の方法を確立した．古典古代の著作家や聖書の校註．『ニーベルンゲンの歌』についての研究，さらにはレッシングの歴史的批判的全集などで知られる今日でも重要な存在．上154

**ランケ**，レオポルト・フォン（Leopold von Ranke 1795-1886）　ドイツの歴史家．資料批判に依拠した国家の歴史を書いた．歴史とは「かつてあったがまま」を記すことだというキャッチ・フレーズが有名．上11

**ランゲ**，フリードリヒ・アルベルト（Friedrich Albert Lange 1828-1875）　労働運動にも関係したのち，高校教師を経てマールブルク大学哲学教授．ヘルマン・コーヘンの招聘に寄与したこともあり，新カント派の創設者ともされる．ニーチェや森鷗外（『妄想』参照）も読んだ『唯物論の歴史』で有名．上159

**リスト**，フリードリヒ（Friedrich List 1789-1846）　歴史学派の立場から，保護関税などを重視する経済政策論を展開した．主著に『政治経済学の国民的体系』がある．上165

**リッター**，ハインリヒ（Heinrich Ritter 1791-1869）　ベルリン，キール，ゲッティンゲン大学で哲学教授．12巻の浩瀚な哲学史はヨーロッパのほとんどすべての言語に翻訳されたほど定評がある．上151

**リントナー**，エルンスト・オットー（Ernst Otto Lindner 1820-1867）　ベルリンの文化ジャーナリストでショーペンハウアーの信奉者．哲学講師としては挫折したが，所属していた『フォス新聞』などでショーペンハウアーの思想の普及に力があった．上427

**ルーゲ**，アーノルト(Arnold Ruge 1802-1880)　3月前期(1848年三月革命前の数年を指す)からのヘーゲル左派の論客．『ハレ年報』の創設者．一時期はマルクスの盟友としてパリで『独仏年報』の編集に加わる．1848年の三月革命の失敗後はイギリスに亡命して，マッツィーニらとヨーロッパ共和国建設運動などもしたが，次第に政治から引退し，最後にはビスマルクのプロイセンに希望を託することになる．上11

**ルーデン**，ハインリヒ(Heinrich Luden 1778-1847)　歴史家．イエナ大学教授．『ドイツ国民史』を書いて，ドイツ国民意識の高揚に力があった．上528

**ルナン**，エルネスト(Ernest Renan 1823-1892)　フランスのオリエント学者．コレージュ・ド・フランス教授．のちに学長も務める．イエスを傑出した「人間」として理解する啓蒙的な『イエス伝』によって物議を醸したが，他方で，フランス植民地主義のイデオローグでもあった．上12

**レッケル**，アウグスト(August Röckel 1814-1876)　作曲家および指揮者．ドレスデンでヴァグナーと親交を深め，「五月蜂起」に参加．逃亡できたヴァグナーと異なり，逮捕され，死刑判決を受ける．のちに減刑され，13年の懲役となった．上431

**ローゼンクランツ**，カール(Karl Rosenkranz 1805-1879)　ヘーゲルの弟子．『ヘーゲル伝』(中埜肇訳，みすず書房，1983年)で有名．上76

# 邦訳文献一覧(上巻)

上巻の本文，引用書誌，原注，人名注で取り上げられた主な文献のうち，邦訳のあるものを著者ごとに掲げる．配列は，最初に全集を掲げ，それ以降は書名の五十音順．邦訳が複数あるものは主に岩波文庫または最新刊の訳書のみとした．

アリストテレス
『新版　アリストテレス全集』内山勝利・神崎繁・中畑正志編，岩波書店，全 21 冊，2013 年より刊行中
ヴァグナー
『芸術と革命(他 4 篇)』北村義男訳，岩波文庫，1953 年
エッカーマン
『ゲーテとの対話』山下肇訳，岩波文庫，全 3 冊，1968-69 年
エンゲルス
『マルクス＝エンゲルス全集』ドイツ社会主義統一党中央委員会付属マルクス＝レーニン主義研究所編，大内兵衛・細川嘉六監訳，大月書店，全 30 冊，1959-72 年
『共産党宣言』大内兵衛・向坂逸郎訳，岩波文庫，1971 年(マルクスとの共著)
『聖家族』石堂清倫訳，岩波文庫，1953 年(マルクスとの共著)
『ドイツ・イデオロギー』古在由重訳，岩波文庫，1956 年・改版 1978 年，広松渉編訳／小林昌人補訳，新編輯版，岩波文庫，2002 年(マルクスとの共著)
『ドイツ農民戦争』大内力訳，岩波文庫，1950 年
『反デューリング論』粟田賢三訳，岩波文庫，1974 年
『フォイエルバッハ論』松村一人訳，岩波文庫，1960 年

カント
『カント全集』坂部恵・有福孝岳・牧野英二編，岩波書店，全23冊，1999-2006年
『純粋理性批判』篠田英雄訳，岩波文庫，全3冊，1961-62年
『判断力批判』篠田英雄訳，岩波文庫，全2冊，1964年
ギボン
『ローマ帝国衰亡史』村山勇三訳，岩波文庫，全10冊，1951-59年
キルケゴール
『キルケゴール著作集』浅井真男・桝田啓三郎他訳，白水社，全22冊，1995年
『死に至る病』斎藤信治訳，岩波文庫，1957年
クローチェ
『十九世紀ヨーロッパ史』坂井直芳訳，創文社，1982年
ゲーテ
『ゲーテ全集』登張正実他編，潮出版社，全16冊，1979-92年
『ヴィルヘルム・マイスターの遍歴時代』山崎章甫訳，岩波文庫，全3冊，2002年
『西東詩集』小牧健夫訳，岩波文庫，1962年
『色彩論』菊池栄一訳，岩波文庫，1952年
『詩と真実』山崎章甫訳，岩波文庫，全4冊，1997年
『ファウスト』相良守峯訳，岩波文庫，全2冊，1958年
『若きウェルテルの悩み』竹山道雄訳，岩波文庫，1951年・改版1978年
コジェーヴ
『ヘーゲル読解入門――『精神現象学』を読む』上妻精・今野雅方訳，国文社，1987年
コルシュ
『マルクス主義と哲学』平井俊彦・岡崎幹郎訳，未来社，1977年

シャミッソー
『影をなくした男』池内紀訳，岩波文庫，1985 年
シュティルナー
『唯一者とその所有』片岡啓治訳，現代思潮新社，全 2 冊，2013 年
シュトラウス
『イエスの生涯』岩波哲男訳，教文館，全 2 冊，1996 年
シュペングラー
『西洋の没落』村松正俊訳，五月書房，全 2 冊，2015 年
ショーペンハウアー
『意志と表象としての世界』西尾幹二訳，中央公論新社，全 3 冊，2004 年
ソレル
『進歩の幻想』川上源太郎訳，ダイヤモンド社，1974 年
『暴力論』今村仁司・塚原史訳，岩波文庫，全 2 冊，2007 年
トクヴィル
『アメリカのデモクラシー』松本礼二訳，岩波文庫，全 4 冊，2005-08 年
『旧体制と大革命』小山勉訳，ちくま学芸文庫，1998 年
ニーチェ
『ニーチェ全集』浅井真男・西尾幹二他訳，白水社，全 25 冊，1979-87 年
『偶像の黄昏／反キリスト者』原佑訳，ちくま学芸文庫，1994 年
『権力への意志』原佑訳，ちくま学芸文庫，全 2 冊，1993 年
『この人を見よ』手塚富雄訳，岩波文庫，1969 年
『曙光』茅野良男訳，ちくま学芸文庫，1993 年
『善悪の彼岸』木場深定訳，岩波文庫，1970 年
『ツァラトゥストラはこう言った』氷上英広訳，岩波文庫，全 2 冊，1967・70 年

『道徳の系譜』木場深定訳，岩波文庫，1964年
『ニーチェ書簡集』塚越敏訳，ちくま学芸文庫，全2冊，1994年
『反時代的考察』小倉志祥訳，ちくま学芸文庫，1993年
『悲劇の誕生』秋山英夫訳，岩波文庫，1966年
『悦ばしき知識』信太正三訳，ちくま学芸文庫，1993年
ハイデガー
『ハイデッガー全集』辻村公一他編，創文社，102巻，1985年より刊行中
『存在と時間』熊野純彦訳，岩波文庫，全4冊，2013年
バウアー
「ヘーゲルを裁く最後の審判ラッパ」大庭健訳，良知力・広松渉編『ヘーゲル左派論叢』第4巻所収，御茶の水書房，1987年
フォイエルバッハ
『フォイエルバッハ全集』船山信一訳，福村出版，全18冊，1973-76年
『キリスト教の本質』船山信一訳，岩波文庫，全2冊，1965年
『将来の哲学の根本命題(他2篇)』松村一人・和田楽訳，岩波文庫，1967年
プラトン
『プラトン全集』田中美知太郎・藤沢令夫編，岩波書店，全16冊，2005-06年
『国家』藤沢令夫訳，岩波文庫，全2冊，1979年
ブルクハルト
『イタリア・ルネサンスの文化』新井靖一訳，筑摩書房，2007年
ヘーゲル
『ヘーゲル全集』真下信一・宮本十蔵他訳，岩波書店，全32冊，1994-2001年
『自然哲学』(『エンツィクロペディ』第2部)，長谷川宏訳，作品社，2005年

『宗教哲学講義』山崎純訳，創文社，2002 年
『小論理学』(『エンツィクロペディ』第 1 部)，松村一人訳，岩波文庫，全 2 冊，1951-52 年，改版・1978 年
『政治論文集』金子武蔵訳，岩波文庫，全 2 冊，1967 年
『精神現象学』長谷川宏訳，作品社，1998 年
『精神哲学』(『エンツィクロペディ』第 3 部)，船山信一訳，岩波文庫，全 2 冊，1965 年
『哲学史講義』長谷川宏訳，河出書房新社，全 3 冊，1992-93 年
『哲学史序論』武市健人訳，岩波文庫，1967 年
『哲学入門』武市健人訳，岩波文庫，1952 年
『美学講義』長谷川宏訳，作品社，全 3 冊，1995-96 年
『法哲学講義』長谷川宏訳，作品社，2000 年
『歴史哲学講義』長谷川宏訳，岩波文庫，全 2 冊，1994 年

マイネッケ

『歴史主義の成立』菊盛英夫・麻生建訳，筑摩書房，1968 年

マルクス

『マルクス＝エンゲルス全集』ドイツ社会主義統一党中央委員会付属マルクス＝レーニン主義研究所編，大内兵衛・細川嘉六監訳，大月書店，全 30 冊，1959-72 年
『共産党宣言』大内兵衛・向坂逸郎訳，岩波文庫，1971 年(エンゲルスとの共著)
『経済学批判』武田隆夫・遠藤湘吉・大内力・加藤俊彦訳，岩波文庫，1956 年
『資本論』向坂逸郎訳，岩波文庫，1969-70 年
『聖家族』石堂清倫訳，岩波文庫，1953 年(エンゲルスとの共著)
『ドイツ・イデオロギー』古在由重訳，岩波文庫，1956 年・改版 1978 年，広松渉編訳／小林昌人補訳，新編輯版，岩波文庫，2002 年(エンゲルスとの共著)
『フランスにおける階級闘争』中原稔生訳，国民文庫，1960 年

『ユダヤ人問題によせて／ヘーゲル法哲学批判序説』城塚登訳，岩波文庫，1974 年
『ルイ・ボナパルトのブリュメール十八日』伊藤新一・北条元一訳，岩波文庫，1954 年

マルクーゼ

『ヘーゲル存在論と歴史性の理論』吉田茂芳訳，未来社，1980 年
『理性と革命――ヘーゲルと社会理論の興隆』桝田啓三郎・中島盛夫・向来道男訳，岩波書店，1961 年

ムージル

『特性のない男』高橋義孝訳，新潮社，全 6 冊，1964-66 年

ルカーチ

『歴史と階級意識』平井俊彦訳，未来社，1962 年

ルソー

『ルソー全集』小林善彦・佐々木康之他訳，白水社，全 16 冊，1978-84 年
『社会契約論』桑原武夫・前川貞次郎訳，岩波文庫，1954 年

レーヴィット

『ウェーバーとマルクス』柴田治三郎・脇圭平・安藤英治訳，未来社，1966 年
『キェルケゴールとニーチェ』中川秀恭訳，未来社，2002 年
『共同存在の現象学』熊野純彦訳，岩波文庫，2008 年
『ニーチェの哲学』柴田治三郎訳，岩波書店，1960 年
『ヘーゲル・マルクス・キェルケゴール』柴田治三郎訳，未来社，1967 年

ローゼンクランツ

『ヘーゲル伝』中埜肇訳，みすず書房，1983 年

ローゼンツヴァイク

『救済の星』村岡晋一・細見和之・小須田健訳，みすず書房，2009 年